공동체 정체성을 위한 교육목회

한국신학총서 22

공동체 정체성을 위한 교육목회

펴낸 날 · 2012년 6월 20일 | **초판 1쇄 찍은 날** · 2012년 6월 13일
지은이 · 손디모데 | **펴낸이** · 김승태
등록번호 · 제2-1349호(1992. 3. 31) | **펴낸 곳** · 예영커뮤니케이션
주소 · (136-825) 서울시 성북구 성북1동 179-56 | **홈페이지** www.jeyoung.com
출판사업부 · T. (02)766-8931 F. (02)766-8934 e-mail: edit1@jeyoung.com
출판유통사업부 · T. (02)766-7912 F. (02)766-8934 e-mail: sales@jeyoung.com

copyright ⓒ 2012, 손디모데
ISBN 978-89-8350-799-0 (03230)
    978-89-8350-570-5 (세트)

값 14,000원

한국신학총서 28

공동체 정체성을 위한
교육목회

손디모데 지음

예영커뮤니케이션

40년 평생을 섬김의 종으로
그리스도의 몸 된 교회를
기쁨으로 섬기셨던 고 손용택 목사님과
침묵으로 사랑을 노래하며,
복음의 동역자로 섬김의 길을
함께 걸어오신 안정헌 사모님께
감사드리며 이 책을 헌정합니다.

추천사 1

곽요셉 목사 _예수소망교회 담임, 새세대연구원 원장

손디모데 교수의 『공동체 정체성을 위한 교육목회』는 교회가 사회문화적으로 존재하는 분명한 현실성을 진지하게 고려하면서도 교회의 본질적 교회다움을 재정립하고 추구하려는 교육목회적 접근으로서의 성찰이 가져온 노력의 결과이다. 수많은 세속적 도전으로 인하여 교회가 스스로 교회 됨의 의미와 가치를 잃어버린 이 시대에 공동체의 정체성이라는 다소 진부하게 보이나 가장 중요한 교회의 본질적 의미를 깊이 숙고하며 출간한 이 저작에 목회자로서 고마운 마음을 표한다.

교회는 하나님의 역사와 임재와 신비를 거룩하게 경험하고 보전하는 살아 있는 그리스도의 몸 된 공동체이며, 복음의 현실을 이 땅에 실현하고 있는 실체이다. 교회야말로 살아 있는 생명을 갖고 있으며, 자연스럽고도 의도적으로 이루어지는 목회와 기독교교육이 실재하는 가장 확실하고도 분명한 장이다. 그렇다면 예수 그리스도와 함께 십자가에서 못 박혀 죽고, 부활하신 승리의 복음적 메시지로 그와 함께 더불어 살아가는 공동체에서 그리스도께서 주신 존재의 목적과 또한 사명과 책임이라는 가치 안에서 교회의 목회와 교육은 참된 의미를 가질 것이다. 공동체의 정체성을 목

추천사

적으로 하여 교회 내에서 이루어지는 교육목회의 다양한 방법들을 분석하고 해석하며, 새롭게 정립하려는 시도는 도전하고 변화하는 새로운 세대와 문화의 형태 속에서도 상실하지 말아야 할 교회 내의 동질성이 무엇인지를 상기시켜 주고 그것을 회복하고 보존하는 데 기여하고 있다.

작금의 교육목회가 사람들의 흥미와 호기심을 자극하며, 임시적이고 유행적인 프로그램의 형태로 전락하고 있는 우려의 상황 속에서 교회가 무엇인지, 무엇을 위해 존재하는지, 무엇을 사명으로 감당해야 하는지에 대한 저자의 성찰과 연구를 귀중히 생각하며, 교회를 섬기는 일선의 목회자와 신앙교육을 위해 헌신하는 기독교 교육자와 다양한 실천적 영역에서 교회를 섬기며 봉사하는 모든 이에게 가까이 두고 읽으며, 깊이 참고해야 할 책으로 기꺼이 추천한다.

추천사 2

이재훈 목사 _온누리교회 담임

목회 현장의 대부분의 사역은 교육이다. 따라서 교회 지도자들에게 반드시 필요한 것은 교회 공동체의 체질과 습성 그리고 신학적인 세계관과 저들의 사역 방향을 결정할 수 있는 여러 요소들을 바르게 이해하는 것이다.

미국은 물론 한국에서도 공동체의 특성을 올바르게 이해하는 것을 돕는 연구들은 그리 흔하지 않다. 이유는 간단하다. 목회자들은 자신들의 목회 현장을 좀 더 객관적으로, 분석적으로 바라볼 수 있는 여유와 시간을 확보하기 어렵고 반대로 대부분의 신학교 교수들은 충분한 목회 경험을 가지지 못했기 때문에 교회 공동체에 대해 심도 있게 이해하기가 쉽지 않은 것이다.

『공동체 정체성을 위한 교육목회』는 저자의 지난 12년간의 이민목회의 경험적 토양과 7년간의 기독교교육학 교수로서의 학문적 견해를 함께 담은 책이다. 목회에서 필요한 이런저런 요소들을 첨가해서 교인들의 구미에 맞는 레시피를 만들어 내는 요리사가 아니라, 왜 이 음식이 신학적이고 교육적인 입장에서 반드시 필요한 것인지를 설명해 줄 수 있는 책이다. 즉 목회 체험과 실제가 서로 조화를 이루고 있다.

추천사

만일 목회자들과 평신도 지도자들이 지금까지 달려온 목회의 길을 솔직하게 분석하고 또 앞으로 가야 할 목회사명의 길을 재조명하고 더욱 신실하게 달려가기를 원한다면, 이 책이 반드시 필요하게 될 것이다. 이런 면에서 예영커뮤니케이션에서 이 책을 '한국신학총서 제22권'에 포함한 것은 의미 있는 일이다. 개혁의 물줄기를 붙잡고 비전을 제시하며 힘차게 목회하기를 원하는 모든 목회자들과 평신도 리더들에게 이 책을 적극 권장한다.

추천사 3

김현숙 교수 _연세대 기독교교육학

　오늘날의 기독교 신앙 공동체 구성원들은 근대화과정의 급격한 변화가 초래한 기독교적 정체감의 재정립이라는 과제와 더불어, 후기 현대사회의 특징적 현상인 극심한 개인주의로 인해 공동체의 정체성을 재확인해야 하는 이중적 문제를 경험하고 있다. 현대 산업사회 및 정보화 사회로의 이행과정은 인간 생활의 편리함을 증대시키는 반면, 동시에 여러 부정적인 현상을 동반하고 있는데, 이러한 현상은 후기 현대사회 속에서 생활하는 기독교인들의 종교적 삶과 공동체의 정체성마저 위협하는 심각한 도전으로 다가오고 있다. 따라서 한 기독교인의 종교적 삶과 기독교 공동체의 정체성에 대한 질문은 교육목회를 담당하고 있는 대다수의 목회자 및 교육자에게 가장 중요한 문제이며, 후기 현대사회의 기독교교육의 중요한 목적으로 부각되고 있다.

　손디모데 교수님의 저서는 후기 현대사회의 가장 중요하면서도 어려운 문제로 여겨지는 공동체의 정체성 문제를 명쾌하게 다루고 있다. 교육목회의 측면에서 손 교수님은 하나님의 뜻을 이루며 공동체가 성취해야 하는 사명을 감당하기 위한 다양한 과정을 계획하고 훈련과 양육을 통해

추천사

이를 이루어 나가는 교육의 다양한 측면을 의미 있게 제시하고 있다. 또한 다양성과 개인주의적 성향이 두드러지게 나타나는 미국의 목회 현장에 대한 다양한 연구를 토대로 개혁신앙의 전통 안에 기반을 두고 있으면서도 동시에 인근 지역사회와 목회 상황의 구체적 토양을 모두 고려하는 공동체 정체성의 형성을 제안하고 있다.

교육목회의 현장에서 공동체 형성과정은 중요한 문제임과 동시에 목회자와 교육자에게 많은 인내와 노력을 요구하는 과정이라고 볼 수 있다. 또한 정체성에 대한 지나친 집착은 사회 속의 다른 집단과 유리된 편협한 세계관으로 이어질 수 있는 위험성도 지니고 있다. 이 책은 정체성과 관련된 이러한 중요성과 위험성을 예리하게 지적하면서 공동체의 정체성을 발견하고 양육하는 데 적절한 6가지 목회방향, 즉 ① 영성개발과 육성, ② 가르침과 교육, ③ 공동체의 양육, ④ 선지자적 사명, ⑤ 관계성 회복, ⑥ 예배 중심의 교육목회를 제시하고 있으며, 다양성의 현상을 인정하면서도 동시에 하나님 앞에서의 일치unity in diversity를 보일 수 있는 공동체 형성을 제안하고 있다.

손 교수님은 미국 목회 현장에서 얻은 생생한 경험과 예화를 토대로 다양성을 강조하는 후기 현대사회의 교육 상황 속에서 정체성 문제로 고민하고 있는 모든 기독교교육학자, 목회자 그리고 평신도 사역자들에게 의미 있는 질문을 제기하며, 더 나아가 교육목회가 앞으로 나아가야 할 비전과 방향을 제시함으로써 한국 교회와 학문 전반에 많은 시사점을 제공하고 있다. 학문적으로나 목회적으로 많은 시사점을 제공하고 있는 손 교수님의 저서를 추천할 수 있게 된 것을 영광스럽게 생각하며, 기독교교육학자와 교육목회에 종사하는 목회자들이 필독해야 하는 저서로 추천하고자 한다.

추천사 4

이규민 교수 _장신대 기독교교육과

손디모데 교수님의 저서 『공동체 정체성을 위한 교육목회』는 건강한 교회, 바람직한 목회, 효율적인 교육을 위해 공동체 정체성corporate identity & community identity이 얼마나 중요한 것인가를 잘 보여 준다. 신앙 공동체의 바른 정체성은 성경적 토대, 신학적 전통, 목회적 컨텍스트의 삼위일체적 만남과 조화를 필요로 한다. 성경적 토대 없이는 기독교의 진리주장truth claim을 할 수 없고, 신학적 전통 없이는 통전성integrity과 일관성consistency을 유지할 수 없다면, 목회적 컨텍스트를 무시할 때 부적절성과 부적응을 초래하게 된다.

저자는 학자, 목회자, 신앙인으로서의 깊이와 진정성을 가지고 공동체 정체성을 세워 나가는 교육목회의 방향과 가능성을 제시하고 있다. 학자로서의 학문적 깊이와 통찰, 목회자로서의 수용성과 돌봄, 신앙인으로서의 고백과 참여가 이 책에 녹아 있다. 많은 저서들이 사변적인 이론으로만 흐르든지 실천적인 프로그램으로만 나아가는 경우가 많지만, 이 책은 이론적 성찰과 더불어 저자 자신의 교육 및 목회 경험에 비추어 실천적인 지혜들을 담고 있다.

추천사

이 책이 가진 많은 장점과 강점 중에서도 돋보이는 것은 처음부터 끝까지 수미일관首尾一貫하게 '정체성' 문제를 신앙공동체와 더불어 논하고 있는 점이다. 정체성의 문제는 모든 사람과 공동체에게 있어서 근본적이고도 핵심적인 문제임에 틀림없다. 분명하고도 건강한 정체성 형성 없이는 생명력 있고 영향력 있는 개인이나 공동체를 기대하기 어렵기 때문이다. 이 책이 중요한 정체성의 이슈에 대해 심도 있게 이론적, 실천적, 교육적 성찰을 하고 있기 때문에 그 가치가 더욱 돋보인다.

손디모데 교수님은 한국과 미국, 학교와 교회, 이론과 실천 양쪽을 아우르는 깊이 있는 삶과 풍부한 경험을 가지고 있다. 그 삶과 경험을 가감이나 여과 없이 이 책에 담고 있기 때문에 더욱 설득력 있을 뿐 아니라 독자의 공감과 참여를 자연스레 불러일으킨다.

이 책을 통해 유익한 도움을 받을 수 있는 독자층과 폭은 매우 넓다고 생각된다. 한국과 미국의 목회자와 사역자, 기독교 계통의 학교와 교회에서 목회 또는 가르침을 수행하는 분들, 이론적 성찰과 함께 실천적 지혜를 소중히 여기는 모든 분들께 이 책의 일독一讀을 권한다. 신학대학원과 목회전문대학원의 석사 및 박사과정에서 공부하는 분들께는 이론적 성찰이 현장에서의 실천에 어떻게 적용되고 활용되어야 하는가를 보여 주는 하나의 전범典範으로서 이 책을 권한다. 이 책을 읽는 모든 독자들이 학문과 목회의 광야 속에서 한그루 신선한 야자수를 만난 기쁨을 맛볼 수 있으리라 기대하며 기쁨과 확신으로 이 책을 추천한다.

공동체 정체성 교육에 관한 이슈와 동반되는 오해들

1. 공동체 정체성에 관련된 중요한 이슈들

'나는 누구인가?' 그리고 '우리는 누구인가?'는 어떻게 보면 본질적으로 동일한 답을 추구하는 질문이다. '나는 누구인가?'라는 정체성에 대한 질문을 의미 있게 대답하기 위해서는 반드시 2가지를 고려해야 한다. 하나는 변화하는 외부적 상황과, 그 변화의 강요에도 불구하고 결코 변하지 않고 변할 수도 없는 것을 스스로 발견하고 대답할 수 있어야 하는 것이다. 이것은 정체성의 일관성과 지속성에 관한 것으로, 마치 처음 사과나무에 달린 덜 익은 풋사과나, 탐스럽게 익은 빨간 사과가 크기와 색깔이 다르더라도 사과라는 본질적인 면에서 다르지 않는 것처럼, 어떤 공동체도 처음 생성될 단계와 나중에 성숙한 조직일 때가 본질적으로 변함이 없는 일관성을 보존한다는 말이다. 공동체 내에 이렇게 변하지 않는 본질적인 것들은 정체성의 핵심적 요소를 구성하며 공동체의 동일성을 지속한다.

또 한 가지는 나의 존재적 가치와 의미 있는 보존을 위해 '어떠한 목적을 가지고 오늘을 살아가는가?'라는 질문이다. 이것은 목적 원인론에 Teleological quest 입각한 정체성에 대한 추구이다. 이러한 목적의식은 깊은 차원에서는 위에서 언급한 정체성의 일관성과 지속성에서 비롯된다. 역사의 현장에서 상황적인 변화를 겪으면서 더욱 단단해진 핵심적 본질들은 마침내 공동체에 지속적으로 영적, 문화적 DNA를 이루게 된다. 이렇게 깊이 역사의 토양 안에 내려진 뿌리처럼 공동체의 핵심으로부터 말미암은 목적의식은 공동체로 하여금 과거를 회상하고 미래를 소망하게 되며, 현재 존재적 의미발견에 중요한 가치를 제공하게 된다.

비유적으로 우리가 테이블 위에서 동전을 일정한 방향으로 굴리게 되면, 한동안 동전이 일정한 방향으로 쓰러지지 않고 굴러가게 된다. 이렇게 쓰러지지 않고 모멘텀을 유지하는 순간이 곧 공동체가 정체성을 지속하는 모습을 확인하는 순간이다. 급변하는 상황 속에서 좌로나 우로 치우치지 않고 보존되어야 하는 공동체의 핵심적인 가치는 무엇인가? 정체성 형성의 중요한 부분이 바로 목적이 주도하는 삶의 모습을 외부적으로 표명하는 것이기도 하다. 왜 우리 공동체는 지금도 이런 독특한 사역을 고집하고 있는가? 왜 이러한 신앙고백과 실천이 공동체 안에서 중요하게 인식되고 있는 것인가? 바로 이러한 부분을 고려하면서 공동체 정체성에 대해 폭넓게 이해할 수 있게 된다.

그렇다면 공동체의 정체성에 대한 이해와 분석 그리고 실제적인 목회 방법론을 고려하면서 먼저 다음의 몇 가지 필연적으로 동반되는 이슈를 생각해 보자.

1) 교회라는 공동체는 사회적 조직인가 아니면 생명체인가?

특정한 역사의 한 모퉁이에서 교회 공동체는 독특한 사회문화의 영향력 안에서 성립되고, 목적을 구현하면서 성장하다가 최후를 맞기도 했다. 대부분 사도들을 중심으로 세워졌던 초대교회는 지금 거의 다 역사 기념물을 보존하는 박물관이 되었다. 비록 순례자의 발걸음은 끊이지 않지만, 정기적으로 모이는 예배 공동체로서의 실체는 찾아보기 어렵다.

세상에 흩어진 모든 사람들이 함께 모여서 예배드리고 신앙생활을 하는 것은 아니다. 그래서 미국의 교회 공동체와 한국의 교회 공동체는 비슷하면서도 저마다 독특한 문화 속에서 서로 다른 조직의 형태를 가지고 있다. 뿐만 아니라 교회 공동체 안에서도 문화적 영향 밑에 사역을 결정하고 이루어 가는 모습이 현저하게 다른 경우도 비일비재하다. 서로 다른 배경을 가진 성도들의 모임이 교회라는 공동체인 것을 감안할 때, 교회는 사회문화적 조직의 특성들을 함께 보유하고 있음을 알게 된다. 특히 교회 공동체 안에는 공동의회나, 당회, 집사회, 제직회, 평신도 중심의 위원회와 같은 여러 행정적 구조가 있다. 사회의 일반적인 기관과 별다를 바가 없을 정도로 구조적으로 비슷한 특징을 가지고 있다. 교회 안의 자원도 세상의 일반 기관들처럼 재정자원, 인적자원 등을 어떻게 사용하는가에 따라서 효율성과 결과 산출이 다를 수 있다.

그렇지만 교회 공동체는 반드시 조직적 기관만은 아니다. 교회의 머리는 예수 그리스도시다. 또한 교회에 속한 모든 성도들은 각 지체로서 고유한 사명과 책임을 감당한다. 이는 마치 살아 있는 생명체에 속한 지체들이 생명의 존속을 위해서, 더 나아가 생명력을 주위에 미치기 위해서 상호 협력하는 것과 같다. 살아 있는 생명체이기 때문에 외부의 도전과 위험을 무룹쓰기도 하고, 외부로부터 들어오는 여러 에너지와 자원을 공급받기도 한다. 구체적으로 희생적인 섬김이나, 재정적 기부, 사랑의 헌신, 성도 간의 관계를 위해서 희생이 요구되기도 하는 것이다. 교회의 생명체는 바로 그리스도의 영이 주관하시고 공동체 안에 그리스도의 사랑이 살아 있음에 근거한다. 사랑이 느껴지는가? 그리스도의 영을 체험하는가? 함께 모여 예배의 단을 쌓을 때마다 살아 계신 하나님의 임재가 느껴지는가? 마치 살아 있는 세포나 생명체가 외부로부터 에너지를 공급받고 또한 존재 목적과 의미를 가지고 활동하는 가운데 주위 환경에 다시 독특한 사역을 산출하듯 교회 공동체는 무언가 자취를 남기는 살아 있는 생명체이다.

공동체의 정체성을 논하기 앞서 우리는 이런 두 가지 면을 함께 연결해서 생각해야 한다. 더욱 효과적인 자원의 응용과 효율적인 행정을 위해 어떻게 공동체를 조직적인 관점에서 이해하고 분석하는가? 그리고 단순히 조직적이고 기계적인 관점에서 벗어나 살아 있는 생명체로서 어떻게 변화하는 주위 상황에 적용하며, 당면하는 도전과 위기를 극복해 가는가? 어떻게 성장하며 또한 어떻게 불가능한 일조차도 협력하여 가능케 할 수 있는가? 이것은 분명 조직적인 면보다도 더 중요한 생명체적 관점에서 교회 공동체를 이해하게 한다.

그리스도와 함께 스스로를 십자가에 못 박고 죽어야 함과 그리스도와 함께 다시 부활하는 환희에 동참하는 것이 바로 교회 공동체이다. 그러므로 단순히 '조직Organization인가?' 또는 '생명체Organism인가?'라는 양분화된 접근보다는 상호 보완하는 관점에서 연관성을 깊이 이해해야 한다. 아름다운 전통을 보존하고 존중하며, 신선한 개혁을 주도하는 교육목회를 위해 반드시 기억해야 할 사항이다.

2) 교회 공동체는 정적인가 아니면 역동적인가?

폴 카타누Paul Catanu는 *Heidegger's Nietzsche: Being and Becoming*에서
니체의 철학적 패러다임은 계속되는 생성적 사상을 중심으로 재생성을
위한 끊임없는 해체의 중요성을 강조하는 것 같지만, 오히려 니체의 깊은
내면에는 목적 원인론의 중요성을 생성적 철학사상에서 배제하려는 끊임
없는 분투와 노력 속에서 존재론적 신학Onto-theology 사상이 오히려 마치
햇빛 아래 생기는 그림자처럼 계속해서 동반되고 있는 사실을 분석하였
다.[1] 하이데거는 현대 철학의 흐름 중에 해체분석학의 물고를 트는 데 기
여했던 니체의 공업적 허무주의Industrial Nihilism가 계속적으로 추구하는 생
성적 갈망 속에도 여전히 부정할 수 없는 존재적 필연성과 일관적인 지속
성에 대한 니체의 심리적 갈등과 그 중요성을 재발견하게 된다고 분석하
고 있다.

정체성 발견의 길은 구도자의 길이다. 외로움과 고독함을 동반하며 자
아의 전적인 항복을 요구하는 벼랑 끝에 서서 지금까지 마음속에 고집하
고 있던 근본적인 패러다임 변화가 일어나야 한다. 더 이상 과거의 압박
속에 머무르지 않고 그 손아귀를 벗어나고자 하는 과감한 용기를 요구한
다. 새로움에 대한 갈망과 동경은 어느 누구에게나 동반되는 자아적 욕구
이다. 그러나 무작정 새로운 출발이나, 실존적 광야에서의 계속되는 방황
은 종국적으로 뿌리 깊은 존재적 안정을 갈망하게 한다. 이러한 면에서 흔
들림 없는 정적인 안정성과 새로움을 향한 창조적인 역동성은 공동체 정
체성의 발견과 양육에 있어 아주 중요한 동전의 양면으로 볼 수 있다.

교회 공동체가 정적인 면을 너무 강조하게 되면, 마치 근육 경직으로

---

1) Paul Catanu, *Heidegger's Nietzsche: Being and Becoming* (Montreal & New York: 8th House
   Publishing, 2010)을 참조하라.

고생하는 사람처럼 가능한 있는 현 상태를 그대로 유지하기를 원하게 된다. 이러한 양상은 자칫 교회 공동체의 조직적인 면이 부각되면서 생명체가 동반하는 역동성과 창의성을 손실하게 만든다. 마치 연결점들이 점점 부식하면서 작동조차 힘들어지는 낡은 기계처럼 공동체의 유동성이나 적응력을 저하시킨다. 그러나 반대로 역동성을 너무 강조하게 되면, 흐르는 모래 위에 서 있는 것처럼 늘 불안할 수밖에 없다. 오늘 일어나는 일들과 공동체의 사역이 어제와 아무런 연관성과 지속성을 유지하지 못하면 공동체는 알 수 없는 내일을 바라보면서 늘 불안할 수밖에 없다. 심리적 안정성을 찾을 수 없을 뿐 아니라 새로움에 대한 경이와 기대마저도 불안의 물결 속에 떠내려 보낼 것이다. 이러한 지속적인 안정성과 창의적인 변화의 상호 연관성은 공동체 정체성의 형성과정에 반드시 적절하게 조화를 이루어야 하는 중요한 교육적 과제이다.

3) 제도 존중주의Institutionalism의 도전들

역사적 관점에서 보면 제도의 생성은 언제나 중대한 사건과 원천적 경험을 중심으로 이루어졌다. 즉 성 금요일에 형용할 수 없었던 처절한 죽음을 당하신 예수 그리스도께서 사흘 후에 다시 부활하신 사건은 신학적으로, 신앙적으로 너무나도 중대한 사건이었다. 초대교회 그리스도인들에게 던지는 신학적 의미와 실체성은 이루 형용할 수 없는 기쁨과 소망 그리고 용기와 열정으로 이어졌다. 이러한 그리스도 사건을 중심으로 초대교회는 고백적 신앙의 순결과 신학의 순수성을 보존하기 위하여 교회 공동체를 중심으로 제도가 생성되기 시작한다. 특별히 그리스도께서 명하신 성찬예식의 제도적 요소들은 인류 구원을 위한 그리스도의 십자가 사랑과 희생을 기념하고 다시 회상하는 과정에서 인류 구원을 향한 하나님의 의도에 대해 중요한 신앙적, 성서적 문법을 제시한다. 원래 제도의 의도는 순수한 것이었다. 신앙의 순결과 신학의 순수성을 제도와 교리의 소중한 함안에 보존하고자 함이었다. 그러나 제도 존중주의가 지나치면 사회학자 막스 베버Max Weber가 종용한 대로 카리스마가 한낱 판에 박힌 무의미한 일상으로 전락하게 된다. 즉 처음 부활하신 예수를 만났던 감격이 시드는 것이요, 처음 가슴을 치면서 불렀던 찬양이 더 이상 양심의 북을 울리는 감동을 주지 못함이고, 처음 가슴을 울리며 십자가 아래 무릎 꿇게 했던 구원의 감격이 희미해지는 그런 현상이다. 한마디로 가장 소중하게 여기던 관계와 가장 아름다웠던 사건이 더 이상 지금 나에게 그 어떤 의미도 부여하지 못하는 그저 매일 행하는 루틴Routine에 지나지 않는 것이다.

교회의 탄생과 성장 그리고 성숙함에 이르는 과정을 살펴보면 바울 사도가 개척했던 소아시아 교회의 공동체 삶에서도 잘 드러난다. 마가렛 맥도날드Margaret MacDonald 교수는 바울의 교회들을 사회 역사적 관점에서 연구하면서 초대교회가 설립된 이후 약 50년 동안 어떻게 교회 공동체가 조직 중심의 제도적인 모습을 생성하게 되었는지를 잘 설명하고 있다.[2] 맥도날드 교수는 초대교회의 제도적 생성과정을 다음의 세 단계로 구분하고 있다. ① 공동체 건립을 위한 제도화과정 ② 공동체 안정을 위한 제도화과정 그리고 ③ 공동체 보호를 위한 제도화과정으로 구분한다. 주님의 승천 이후 초대교회는 주위의 여러 세속문화와 압력 아래 어떻게 하면 굴복하지 않고 기독교적 정체성을 보존하고 유지할 수 있을지에 지대한 노력을 기울였다. 특별히 고린도전서 16:15-18을 보면 바울 사도는 스데바나를

---

2) Margaret MacDonald, *The Pauline Churches—A Socio-historical Study of Instituionalization in the Pauline and Deutero-Pauline Writings* (SNTS, Monograph Series 60, Cambridge University Press, 1988)를 참조하되 특히 p.286 이하를 참조하라.

비롯한 브드나도와 아가이고의 리더십을 인정하고 이들의 수고에 함께 동참하며 복종할 것을 부탁했다. 그리고 빌립보서 1:1을 묵상해 보면, 감독들과 집사들의 의무와 책임이 명확하게 구분되어 있지는 않지만 뚜렷하게 이들의 리더십이 교회 공동체 내에서 제도화되고 있는 과정들이 생성되고 있음을 살펴볼 수 있다.

　이런 면에서 볼 때 제도화 자체가 부정적인 것은 아니다. 초대교회 공동체처럼 소중한 신앙의 핵심요소들이 제도화라는 보물함에 순결하게 보존하는 데 필요한 과정이다. 초대교회 공동체에는 제도화과정에서 카리스마를 가진 인물이 등장하여 확실한 리더십을 통해 여러 중대사에 관한 의무와 책임을 배정하였다. 문제는 최초 신앙의 순수성이 다른 세대와 문화적 형태 속에 전달되면서 본질이 점차 상실된다는 점이다. 예를 들면, 이스라엘 백성들에게 주어진 정체성의 핵심은 모세율법이었다. 이 율법을 통하여 하나님의 백성이 되고 이 율법을 준행함으로 주 여호와 하나님에 대한 경외함을 표현하고 실행하였다. 그러나 흔들릴 수 없고 타협할 수 없는 근본적인 율법의 정신을 선지자들은 새롭게 부상하는 상황적 현실에서 재고려해야 한다고 선포한다. 때로는 율법의 정신에서 벗어난 삶을 저들이 살아가거나 율법의 순수한 정신과 의미를 상실하고 껍질뿐인 경건함을 마음에 두면서 그저 예식적으로만 종교를 표현하기에 선지자들은 율법의 본래적인 순결과 회복을 위해 혼혈을 다해 부르짖었다.

　공동체에 당면하는 도전도 이와 마찬가지다. 세월이 지나고 역사적 상황이 변한다 할지라도 이 같은 도전의 본질적인 중요성은 동일하다. 어떻게 핵심적인 믿음과 정체성에 대한 가치관들을 재해석할 수 있을 것인가? 어떻게 주위 환경에 동화되지 않고 유일한 믿음의 정체성을 보존하면서 저들에게 신선한 충격과 함께 개혁을 유도할 수 있을까? 이것은 신앙

의 보물을 잘 간직하기 위해 견고하고 아름다운 보석함을 제도화하여 잘
짜는 것보다 더 중요한 이슈이다. 중요한 것은 무엇이 우리가 이 제도화된
보석함 안에 순결하게 간직해야 할 믿음과 정체성의 보석인가 하는 것이
다. 자칫 잘못하면 보석은 상실하고 보석함만 열정적으로 지키고자 하는
제도주의적 착각에 사로잡히게 된다. 그러므로 제도와 제도주의적 결단
은 늘 새로운 각도에서 비추는 말씀의 조명 아래 재해석하며 새로운 의미
와 중요성을 갈망할 필요가 있다.

4) 개인주의와 개인화Individualism and Individualization의 도전들

독특하길 원하는 개성에 대한 동경은 다른 사람들과 다르고 싶은 차별
화에서 비롯된 인간의 열망이기도 하다. 누구든지 모임이나 파티에서 다
른 사람과 같은 옷을 입고 싶어 하지 않는다. 남들과는 다른 자신만의 뚜
렷한 개성을 보이고 싶은 것이다. 이러한 열망은 종종 개인주의적인 행동
과 성향으로 나타나기도 한다. 특히 미국을 비롯한 서양문화에서는 이러
한 경향이 현저히 나타난다. 다수에 의한 민주적인 과정에서도 개인의 목
소리는 여전히 뚜렷하게 울려 퍼진다. 어느 누구도 한 사람의 목소리나 요
청을 무시할 수 없다. 이렇게 개인의 고유성과 개성을 존중하는 것은 좋은
것이지만, 때론 개인주의가 공동체 정체성 형성에 거침돌이 되기도 한다.
특히 개인주의의 뿌리에 대한 인식이 어긋날 때, 공동체의 연합에 타격을
주기도 한다.

공동체를 이루는 구성원은 모두 다 소중한 일원들이다. 지도자는 그들
의 고유성과 개인적인 의견을 존중할 필요가 있다. 그러나 모든 사람들의
개인적인 의견을 똑같이 인정하게 되면 어떠한 현상이 일어날까? 모두 다

소중히 여겨지는 것은 중요하지만, 이러한 평등주의 뒤에 도사리고 있는 또 다른 부작용은 모두 다 동일하게 중요하지 않은 사람이 될 수 있는 것이다. 과연 모두의 생각과 신념이 공동체를 위한 유익과 화평의 완전한 사고일 수 있을까? 이미 원죄 아래 타락한 인간은 결국 자신의 유익과 편의를 위해 행동하기 쉽다. 성령의 인도하심에 복종하여 성화되지 않는 한 지극히 빠지기 쉬운 함정에 불과하다.

캘리포니아 버클리대학의 사회학자인 로버트 N. 벨라Robert N. Bellah 교수는 *Habits of the Heart: Individualism and Commitment in American Life* 에서 이렇게 주장한다. "대부분의 미국인들은 개인 존재에 대한 존엄성을 소중히 여긴다. 이러한 생각은 미국인들에게 거의 종교적인 신념까지 간주되는데, 어떠한 집합적, 조직적 강요도 이러한 개인의 존엄성과 자유를 앗아 갈 수는 없다고 믿는다. 이러한 개인주의적인 신념은 개인으로 하여금 자족함과 자유, 자기 독립의 가치를 최고의 가치로 인정하게 한다."[3] 남에게 의지하기보다는 개인 스스로 인생의 항해를 책임지고 가야 한다고 믿는다. 흔히 그들의 표현대로 각 개인은 자기 운명의 배를 항해하는 선장이 된다. 인생의 배가 사고를 당하거나 암초를 피하지 못해 침몰하게 되면 이것은 오로지 선장인 각 개인에게 먼저 책임이 있다고 믿는다. 이러한 개척정신과 독립정신은 많은 미지의 세계를 개척하게 만들었지만, 또 다른 면으론 '당신과 나'라는 관계에서 왠지 거리감을 느끼게 만들었으며 서로가 서로에게서 격리되게 하였다. 이러한 사회적, 문화적 가치관이 오늘날의 많은 미국인들을 외로움의 동굴 속에서 고독의 눈물을 흘리게 한다. 어

---

3) Robert N. Bellah가 주관하고 Richard Madsen, William M. Sullivan, Ann Swidler, and Steven M. Tipton과 함께 집필한 *Habits of the Heart: Individualism and Commitment in American Life* (Berkeley, CA: University of California Press, 1996)를 참조하되, 특히 p.142 이하를 참조하라.

찌 미국인뿐이랴? 이러한 개인주의적 성향과 삶의 스타일들이 한국을 비롯한 세계 전체에 확산되고 있지 않은가? 자연스럽게 설탕과 소금을 빌리던 이웃과의 관계가 점점 멀어지고 있다. 만일 당신이 길 건너 이웃집에 가서 문을 두드리고 계란 몇 개 빌려 줄 수 있냐고 묻는다면, 대부분의 사람들은 당신을 약간 정신 나간 사람으로 취급할 것이다. 몇 십 년 전만 해도 지극히 자연스러웠던 행동들이 오늘날에는 거의 반사회적인 행동이 되었다.

　이러한 개인주의적 성향은 오늘날 교회 공동체에도 편만하게 깔려 있다. 전혀 다른 배경에서 인생의 길을 걸어온 사람들이 교회 공동체에 함께 모였다. 교육적 배경도 서로 너무 다르다. 사회·경제적인 삶의 스타일과 수준도 매우 다른 사람들이 모인 곳이 교회라는 믿음의 공동체이다. 이러한 사회문화적인 배경 외에도 철학이나 신앙이 서로 너무나도 다른 사람들이 함께 모인 곳이기도 하다. 한마디로 교회 공동체는 다른 어떠한 문화적 조직과 그룹보다도 가장 다양한 이질성―삶의 스타일, 신앙과 인생철학, 개인적 취향 등―을 내포하고 있다. 이렇게 너무나도 서로 다른 사람들이 모여 오로지 그리스도를 믿는 믿음 안에서 하나가 되어 하나님의 사역에 동참하는 것은 실로 기적 중에 기적이다. 한 가지 분명히 기억하자. 사회에 사랑의 흔적을 남기는 복음사역을 효과적으로 이루어 가려면, 믿음의 공동체는 반드시 이질성보다 더 크고 중요한 동질성을 발견해야 한다. 동질성은 외부적, 현상적인 것을 중심으로 발견할 수도 있지만, 가장 중요한 것은 보이지 않는 사람들의 가슴속 깊은 곳에서 서로 연결된 것이어야 한다. 당신과 나, 저들과 우리 모두를 하나로 엮을 수 있는 공감대 형성은 공동체가 함께 소유하는 존재의 목적의식과 핵심적 정체성을 발견할 때 가능하다. 마치 수학의 분수처럼, 공통분모를 가지지 않으면 상부상조할 수 없기 때문에 삶의 철학과 취향이 동일한 목적을 지향하는 공통분모로 개혁되고 변화되어 서로 주고받을 수 있어야 한다. 이러한 면에서 공통분모를 발견하는 일은 개인주의가 은밀하게 던지는 도전을 넘어설 수 있게 한다. 서로 함께 같은 마음을 가지고, 서로가 서로를 더 낫게 여기고 반드시 시행해야 할 복음적 사명을 함께 발견하고 동의할 수 있다면, 하나님의 교회로서 특성을 가지게 될 것이고 하나님께서 기뻐하시는 믿음의 공동체로 설 수 있을 것이다. 바로 이 과녁을 향해 작은 헌신의 화살을 날리기 위해 이 책을 쓰게 되었다. 이미 과녁을 빗나간 수많은 화살을 교훈으로 삼고 다시 한 번 최선을 다해 과녁에 좀 더 가까이 근접할 수 있기를 바란다.

2. 이 책에서 다루고자 하는 이슈들

이러한 작은 바람을 가지고 공동체 형성에 관한 여러 이슈들을 여기에 담았다. 아래 이슈들을 각 과에서 중점적으로 다루게 될 것이며, 쟁점적인 부분을 간략하게 설명해 보고자 한다.

1) 공동체 정체성 형성을 위한 교육목회

목회를 일반적으로 생각할 때 주로 성도에게 필요한 신앙 프로그램 운영을 중심으로 이해하는 경우가 많다. 물론 성도의 신앙 성장과 영성훈련을 위해 필요한 프로그램들이 있다. 하지만 목회는 근본적으로 프로그램 운영이 아니다. 프로그램의 관점에서 목회를 이해하게 되면, 목회는 끊임없이 프로그램을 운영하고 또 새로운 프로그램을 시도하고 운영하는 데 끝난다. 프로그램 중심적인 이해는 어떻게 하든지 사람들의 필요와 기호에 맞추어 입에 맞는 프로그램을 만들기에 관심을 쏟게 된다. 간혹 중형 이상 크기의 교회 공동체들이 수많은 프로그램을 운영하는 이유가 여기에 있다. 점점 더 다양해진 공동체 일원들과 그들이 요구하는 필요에 따라 프로그램들이 개발되거나 응용된다. 이는 자칫 소비자들의 필요와 취향에 부합하려는 함정에 빠지기 쉽다.

근본적인 면에서 목회는 일정한 공동체에게 원하시는 하나님의 거룩하신 뜻과 소원을 발견하여 그 섭리에 함께 힘있게 동참하기 위해 공동체 성도들로 하여금 비전을 보게 하고, 비전에 따라 세운 사명감을 완수하기 위해 저들을 잘 준비함으로 사역 현장에서 하나님의 능력을 나타내기 위하여 훈련과 양육을 통해 교육하는 과정이다. 새롭게 유입된 새교우들과 변화 속에 주어지는 목회 환경을 통해서 진정 하나님께서 우리 공동체를 통해서 이루시고자 하시는 목적이 무엇인지를 확실하게 이해하도록 하는 것이다. 이런 면에서 하나님 중심의 관점에서 성서적으로 타당한 방법론을 개발하고 채택해서 변화의 상황에 적절하게 대응하는 과정이 목회이다. 이렇게 볼 때 목회는 필연적으로 교육적 경향을 가지고 있다.

제1과에서는 교육목회에 대한 해부적 구조와 이해를 다지는 데 초점을 두었다. 하나님의 뜻을 이루어 나가며 공동체가 반드시 성취해야 할 사명들을 감당하기 위해 어떠한 변화를 주도해 가며, 어떠한 교육과정을 설정해야 할 것인지를 늘 의도적으로 고심하고 생각하는 것이 목회과정이다. 내가 서 있는 목회 현장을 철저하게 이해하고, 공동체의 장점과 약점들을 이해하면서 하나님께서 공동체의 사이즈에 관계없이 어떤 유일하고도 소중한 자원과 특성들을 허락해 주셨는지를 바르게 인식해야 한다. 그리고 공동체가 함께 공감대를 가지고 무엇을 향해 전진해야 하는지, 어떠

한 목적과 목표를 달성하기 위해 함께 노력하며 나아가야 하는지를 생각하는 것이다. 이 목적을 향해 나아가는 과정 자체가 대부분 교육적 목회과정이다. 어떠한 과정들을 통해 사명을 완수할 수 있을지를 공동체의 특성에 맞도록 목회과정에 응용한다. 이 목회과정에 필연적으로 동반되는 것들이 사회동화적 지속성과 변화를 불러일으키는 역동적인 양면성을 내포한다. 교육목회란 공동체에게 주어진 정체성에 기반을 내린 절대적인 사명감을 성취하는 과정이기에 이 과정 중에 목회자가 리더십을 쏟을 때 의도성과 변화성을 늘 감지해야 한다. 최선을 다해 모든 목회사역을 의도적으로 계획하고 교육한다. 그러나 성령께서 주관하시는 교육의 과정에 온전히 또한 창의적인 변화를 주도하실 수 있도록 열린 공간을 포용해야 한다.

그래서 제1과에서 공동체의 정체성을 발견하고 양육하는 교육과정의 6가지의 목회방향을 제시하였다. 대체로 다음과 같다. ① 개인의 영성개발과 육성을 위한 교육목회, ② 가르치며 교육하는 목회, ③ 공동체를 양육하는 교육목회, ④ 선지자적 사명을 위한 목회, ⑤ 가족 같은 공동체를 형성하는 관계 중심의 목회, ⑥ 하나님의 임재를 체험하는 예배 중심의 교육목회 등으로 생각할 수 있다. 이렇게 목회의 목표가 다를 수 있지만 이 모든 과정에서 동일한 공통분모는 '교육목회란 비전에 초점을 두고 목적이 주도하게 하는 의도적 과정'이라는 것이다. 각 목회가 지향하는 초점이 다를 수 있기에 공동체가 기대하며 사역하는 목회자의 역할, 평신도의 역할 그리고 무엇을 정당성의 근원으로 삼는지 그리고 이러한 특정적인 방향을 설정함에 따라 어떠한 긍정적 특징과 과정들이 이 교육목회과정에 보탬이 되는지를 깨닫게 한다. 마지막으로 교육목회자의 자세는 어떠해야 하는가를 성경적 관점에서 찾아보았다.

2) 공동체 정체성에 대한 이해

공동체의 정체성을 발견하는 과정은 공동체에 속한 모든 지도자들과 소속원들이 한결같이 열린 마음으로 대화의 과정에 임해야 하고 많은 인내를 요구한다. 제2과에서는 공동체 정체성에 대한 이해를 넓히고자 한다. 어떠한 커리큘럼을 개발할 것인지, 어떤 교육방법론이 공동체에 더 타당한지 하는 이 모든 질문은 '우리 공동체는 과연 누구인가? 그리고 무엇을 위해 존재하는가? 반드시 감당해야 할 사명은 무엇이며, 핵심적인 가치관은 무엇인가?'이다. 이러한 질문들에 대한 의미 있는 대답을 찾기 전에는 공동체의 정체성에 대해 거론하기란 어려운 일이다. 흔히 많은 사람들이 공동체의 정체성을 기능적, 조직적인 면에서 이해하려 한다. 하지만 기능적, 조직적인 체계는 공동체의 더욱 깊은 면에 뿌리내리고 있는 역사적 경험이 바탕이 된 인식의 토양 안에 뿌리내리고 있는 핵심적 가치관과 근본적인 신념에 대한 외부적 표현들에 불과하다. 공동체 내에서 행해지고 있는 많은 프로그램들과 활동들은 사실상 깊이 뿌리내린 내적 핵심 가치관들과 정체성의 근본 이념들에 의해 생성되며 실행된다. 이런 면에서 볼 때 공동체의 정체성을 올바르게 이해하려면 정체성의 기능적 존재성과 신뢰적 존재성을 함께 연관지어 연구해야 한다.

앞에서도 이미 언급했지만, 정체성의 올바른 이해는 정체성이 동반하는 필연적 양면성존재적 의미와 역동적 변화과정을 함께 인정하고 포용해야 한다. 이것은 마치 이스라엘 백성들에게 '하나님의 택한 백성'이라는 정체성의 근본을 제공한 모세율법과도 같다. 하나님의 계시가 택하신 영도자 모세를 통해 나타나고 이스라엘 백성들에게 전달되었다. '나는 저들의 하나님이고 저들은 내 백성이 되리라' 하신 하나님의 언약은 이스라엘 공동체에

게 '우리는 하나님의 백성이다'라는 정체성에 근본적인 뿌리의식을 제공
하였다. 일반적으로 하나님의 계시에 의해 주어진 율법은 타협의 대상이
될 수 없으며 결코 변할 수도 없는 근본적인 것이다. 이러한 'Torah'토라, 율법
가 이스라엘 백성들의 정체성에 불변하는 핵심이 된 것은 오늘날 교회 공
동체에 시사하는 의미가 높다. 과연 오늘날 교회들은 이러한 핵심적 토라
가 공동체 내에 있는가? 과연 그 무엇이 '우리는 이 사명을 위해 존재하며
이 사명을 감당하기 위해 혼혈을 다할 것이다'라고 고백하게 하는가? 이러
한 존재적으로 흔들리지 않는 측면이 정체성의 탑을 세우는 데 든든한 기
초를 제공한다.

공동체의 정체성을 구조적인 면에서 분석하면 여러 구성요소들이 포
함되어 있음을 볼 수 있다. 공동체가 유일하게 공유하는 역사적 사건들을
중심으로 생성된 역사적 의식들이 있다. 역사를 통해 그리고 문화와 교류
하면서 전해 내려오는 특이한 신앙적 유산들도 있다. 또 공동체가 유일하
게 나누는 주도적인 세계관들이 있다. 공동체에서 중요시되는 상징은 무
엇인가? 어떠한 특별한 예식을 통해서 공동체의 유일성들이 주입되며 상
기되고 있는가? 공동체를 이루는 소속원들의 통계적 구성은 어떠한가? 주
로 어떤 사람들이 주류를 이루고 있는가? 그리고 특정 그룹의 성품과 체
질은 다른 공동체와 비교할 때 어떻게 다른가? 이러한 여러 요소들을 신
중히 고려하고 분석할 때 더욱 확실한 공동체 정체성을 그려 낼 수 있다.

이러한 다양한 요소들을 함께 고려할 때, 정체성에 반드시 필요한 세
가지 중심적 부분에 대해 의미 있는 대답을 제공할 수 있다. ① 공동체가
결단하는 신학적, 신앙적 신념은 무엇인가? 이것은 그 어떠한 상황 속에
서도 결코 타협할 수도 없고 타협해서도 안 되는 신념의 결정체이다. 겉으
로 드러나는 행동을 조율하는 보이지 않는 핵심적 신념이요, 원칙들이다.

② 우리는 과연 무엇을 해야 하는가? 이것은 '무엇을 위해 존재하는가?'를 질문하는 중요한 정체성의 요소이다. 핵심적 신앙의 결정체와 밀접한 관계를 이루고 있다. 특별히 변화하는 목회 현장에서 가장 의미 있는 사명을 발견하는 과정에 필연적이다. 사명감에 대한 고찰은 신학적, 신앙적으로 연관되어 있으나 철저하게 상황적 변화에 타당하게 대응할 수 있는 방법과 과정에 대해 생각하게 한다. 마지막으로 ③ 우리 공동체가 가장 소중하게 여기는 가치관은 무엇인가? 공동체의 핵심적 가치관에 대한 질문이다. 마치 세포핵이 세포의 생명력을 주관하듯 핵심적 가치관은 공동체가 사명을 완수하는 과정에서 실행하는 여러 일들에 대해 '왜 이 일을 행해야 하는가?'에 대한 의미를 부여한다. 이러한 세 가지는 정체성에 필연적으로 동반되는 '지'사명감에 대한 올바른 지식, '정'중요한 가치관 그리고 '의'타협할 수 없는 확신적 신념를 함께 수용하며 상호 공존을 이루고 있다.

3) 공동체의 정체성 형성과 조직체적 교회

조직적인 견해로 접근하여 교회를 이해하는 것은 쉬우면서도 어려운 일이다. 성경은 제시하기를 교회 공동체는 살아 있는 그리스도의 몸이라 강조한다. 그러나 제3과에서는 생명체를 지니고 있는 교회 공동체의 해부적 구조를 신중하게 이해하는 데 초점이 있다. 마치 육상경기에 임하기 전에 선수의 신체적인 장단점을 이해함으로 구조적, 행정적인 면에서 변화해야 할 점들을 규명하고 교정하자는 것이다. 교회 공동체가 조직으로서 감당해야 할 사명감들을 어떻게 달성하고 있는지 그리고 어떠한 과정들을 통해 이런 일들을 감수하고 있는지 이해할 필요가 있다. 한 사회에 속하고 특정 문화의 영향력 아래 있는 기관으로서 공동체를 조직적인 관점에서 이해하는 것은 효과적인 목회를 위해 필요한 부분이다.

　제3과에서는 공동체의 조직을 이해하기 쉬운 도표를 통해 설명하려고 한다. 조직 자체가 변화와 개혁을 염두하고 있는 조직임을 강조하면서 그 안에 동반되는 사명감Mission, 교회조직에 대한 계획과 설계Organizational Design, 영성과 비전Spirituality and Vision 그리고 대인관계적인 관계성Interpersonal Relationship의 부분들을 깊게 연구하며 이해하고자 한다. 여기서 중요한 것은 교회 공동체가 한 조직적 시스템으로서 이러한 요소들이 각기 다른 기능을 담당하고 있다는 것이다. 가령 영성과 비전은 공동체 내에서 새로운 열정과 에너지를 창출한다. 그러므로 비전에 불타 있는 공동체는 힘과 의욕이 넘친다. 사명감은 이렇게 창출된 에너지와 자원을 목적달성을 위하여 소모한다. 이 과정에서 최소의 낭비를 통해 최대의 효율로 실행함이 중요하다. 그런가 하면 조직에 대한 계획과 설계는 이러한 실행적인 사역들이 실제적으로 잘 연결되어 에너지가 흘러갈 수 있도록 돕는다. 예를 들어 집에 있는 배관 파이프가 새거나 막히면, 많은 양의 물이 낭비되듯 이러한 불필요한 마찰과 낭비를 줄이기 위해 반드시 필요한 부분이다.

　그런가 하면 대인관계성은 공동체가 감당해야 할 사명들을 수행함에 있어 실제적으로 근육의 역할을 실행한다. 아무리 많은 에너지와 자원이 불타는 비전과 영성에 의해 창출된다 해도 근육이 상하거나 마비되면 아무 일도 행할 수 없다. 마찬가지다. 공동체가 새로운 일이나 사명을 잘 감당하지 못하는 경우는 이렇게 관계성에 병이 들었을 때다. 그러기에 이러한 사역의 여러 측면들을 조직적인 견해를 통해 분석하고 이해함이 중요하다. 이러한 측면들은 공동체 안에서 때로는 공식적으로, 아니면 비공식적 경로를 통해서 이루어지는 경우가 있다. 이러한 보이지 않는 약점들이

공동체 내에 존재하고 있다는 사실을 인식할 때 공동체를 조직적인 관점
으로 이해하고 목회에 응용함이 유익하다.

4) 공동체의 정체성 형성과 생명체적 교회

교회 공동체는 근본적으로 생명체이다. 그리스도 안에서 새 생명을 부
여받은 사람들의 공동체이기에 거룩한 하나님의 뜻을 사모하며 그 뜻을
이행해 나간다. 살아 있는 모든 생명체는 나름대로 고유한 존재목적을 가
진다. 그 목적을 이루기 위해 생명체는 존재하며, 그 과정 동안 존재적 의
미를 갈구하게 된다. 교회 공동체가 살아 있는 생명체임을 가장 잘 증거하
는 이유는 교회가 늘 변화하는 목회 상황 속에서 최선의 것으로 적응하며
복음을 증거하기 위해 개혁해 왔다는 점이다. 살아 있기에 변화에 적응할
수 있다. 생명이 없으면 모양과 형태는 유지할 수 있지만 스스로 변화하
거나 적응하지는 못한다. 이것이 교회가 살아 있는 증거이다. 마치 카멜
레온이 주위 환경에 따라 몸의 색깔을 변화시키며 적응하는 이치와 동일
하다. 생명체가 적응하는 과정에는 융합과정Assimilation Process과 순응과정
Accommodation Process이 필수적으로 동반된다. 생명체는 이러한 적응과정에
서 이 두 가지 양면을 잘 조화하고 긴장을 조절하여 변화하는 상황과 환경
에 적절하게 대응한다. 이러한 적응을 통하여 생명체는 더욱 성숙해진다.
교회 공동체도 마찬가지다. 융합과정과 순응과정의 관계를 잘 조절하고
조화를 이룸으로써 정체성의 핵심을 타협하지 않으면서도 변화에 적절하
게 적응할 수 있는 방법들을 몰색하게 된다. 정체성의 필수적 요소들은 반
드시 보존해야 하지만 동시에 비필수적 요소들은 과감하게 순응시킬 수
있는 적응력이 오늘날 교회 공동체에게 절실히 요구된다. 특별히 포스트

모던 사회에서 신앙의 필수적 요소들과 복음의 핵심을 타협하지 않고 효과적으로 말씀을 증거할 수 있는 방법을 고민하는 것은 목회가 당면한 과제이다.

살아 있는 생명체가 자연적으로 추구하고 갈망하는 것이 한 가지 더 있다. 생물체는 생존을 위해 그 생체 내에 일정한 균형을 유지한다. 이것을 생물학적 용어로는 '항상성'Homeostasis이라 부른다. 공동체나 조직 내에서 그동안 여러 해를 거듭해 오면서 경험을 통해 생성된 정신적, 신앙적, 감정적, 관계적 균형이 있다. 이러한 균형이 깨질 때, 공동체는 생명체로서 반응을 일으킨다. 예를 들어 새로 부임한 목회자의 신학과 세계관이 공동체가 가진 것과 상반된 것이라면, 생명체인 공동체는 당장 어떤 반응을 일으키게 된다. 마치 이물질이 체내에 투입된 것처럼 신앙적인 면에서 알레르기 반응을 일으킨다. 그래서 때로는 이해되지 않을 만큼 사활을 걸고 기존의 균형을 지키기 위해서 노력한다. 이러한 경향은 목회에서나 신학적 의견 차이에서 종종 극단적으로 나타나기도 한다. 목적을 위해 사역하는 교회목회는 이러한 생명체로서의 현상에 대해 신중히 고려해야 한다.

살아 있는 생명체는 존재 자체만으로도 주위 환경에 지대한 영향력을 행사한다. 주위 환경으로부터 도입하는 여러 요소들이 있을 것이다. 무엇을 새로 끌어들이는지, 어떠한 자원과 요소들을 영입하는지는 공동체가 살아 있기 때문에 자연스럽게 나타나는 현상이다. 때로는 인적 유입을, 다른 경우에는 기술적 유입 그리고 구조적, 사회적 유입과 더불어 영적 유입 등을 시도하면서 새로운 환경에 적응하려 노력한다. 이렇게 공동체 내에 유입된 요소들은 공동체의 사역의 동화과정을 통해서 언젠가는 특유한 산출물을 체외로 배설하게 된다. 주위 상황에 타당하게 적용하면서 상황에 유익한 산출물을 제공하는 교회가 있는가 하면 상황에 부적절할 뿐만 아니라, 오히려 해가 될 수 있는 산출물을 배설하는 교회도 있다. 교회가 살아 있는 생명체로서 어떠한 산출물을 주위에 제공하고 있는가? 이렇게 제공된 사역들은 과연 주위 환경과 인근 지역사회에 어떠한 기여를 하고 있는지 신중하게 생각해야 한다.

역사의 토양 안에 심겨진 공동체의 정체성은 마치 씨앗처럼 자라나 공동체 소속원들에게 많은 기억과 회상의 소제를 제공한다. 공동체는 이러한 기억의 실로 서로 엮어진 사랑의 옷감이라 표현해도 과장이 아닐 것이다. 이러한 회상은 공동체의 영성 형성에 중요한 영향을 미친다. 사람들은 과거의 사건들을 기억하고 그 의미와 중요성을 끄집어 내어 현재의 상황에 연유시킨다. 회상의 질과 중요성에 따라 현재 상황에서 응용하게 될 해석과 이해의 폭을 넓혀 간다. 그런가 하면 내일을 향한 소망과 긍정적 기대를 가질 수 있는 것도 현재 당면하는 상황에서 어떻게 적절하게 대응하며 이러한 대응들이 어떻게 긍정적으로 그리고 호의적인 정체성 형성에 영향을 미치는지에 연관되어 있다. 오늘 공동체가 열정으로 헌신하는 사역들이 궁극적으로 참다운 의미와 목적이 결여되고 또한 속이 허전한 공허감을 갖게 한다면, 이러한 경험들은 공동체가 내일을 바라보는 세계관에도 지대한 영향력을 행사한다. 이렇게 영성과 정체성 형성과정은 교회 공동체가 살아 있는 생명체로서의 특성을 잘 반영하고 있다.

5) 세계관과 공동체 정체성 형성

모든 사람들은 저마다 세계를 바라보는 눈을 가지고 있다. 이는 마치 특정한 도수와 색깔이 있는 안경을 쓰고 있는 것과 같다. 그 안경에 따라 같은 사건도 저마다 다르게 이해하고 해석한다. 공동체 구성원들이 가지고 있는 세계관 역시 제각기이다. 세계관은 공동체로 하여금 서로 일치되게 하는 접착제가 되는가 하면, 반대로 이질성을 극대화시키는 분리제가 되기도 한다. 그러므로 세계관을 바르게 이해하는 것은 목회전략에 커다란 이점이다. 제5과에서는 제임스 호프웰James Hopewell 교수의 세계관 연구를 토대로 네 가지 세계관을 분리한 후 특정한 현상과 관점 그리고 세계관이 목회에 어떠한 영향력을 미칠 수 있는지 살펴보고자 한다.

(1) 성서주의적 세계관

오로지 성경의 관점에서 공동체의 모든 것을 해석하고 이해하는 세계관이다. 이런 교회에서는 성경을 강조하는 여러 상징물과 포스터를 볼 수 있다. '우리 교회는 성경 중심의 교회다'라는 직설적인 선포도 흔히 들을 수 있다. 성경말씀 외에는 다른 어떠한 세속적 지혜나 지식도 권위를 얻지 못한다. 그러므로 공동체는 오로지 성경을 공부하고 묵상하며 성경말씀이 권고하시는 대로 신앙생활을 지향한다. 제5과에서 더 깊이 설명하겠지만 이러한 성서적 세계관은 대체로 세속적 사회를 멀리하며 때에 따라 의도적으로 공동체의 신앙문화를 세속문화와 격리하기도 한다. 신앙의 순결을 지키기 위해 세상과 격리되고 대항하는 믿음의 공동체를 이룬다.

(2) 영지주의적 세계관

성서적 세계관의 정반대적 입장을 고수하는 세계관으로 이 세상은 비록 정리되지 않은 불완전과 혼동을 경험하고 있지만, 범 우주적인 흐름에 순종하고 인간의 본래의 선한 모습을 잘 육성시킨다면, 범 우주적 조화를 이루어 갈 수 있다고 믿는 견해이다. 이렇게 선한 양심에 대한 인식을 고취시키고 긍정적으로 격려와 위로를 나누며 선한 삶을 살아간다면 언젠가 인류는 이 땅 위에 유토피아를 건설할 수 있다고 믿는다. 교회 안에서 요가 묵상도 시행하고 또 다양한 수정 돌들과 촛불을 밝혀 놓고 관상기도 등 흔히 전통적인 교회 공동체에서 경험할 수 없는 프로그램을 자연스럽게 접할 수 있다. 한마디로 세상을 사랑의 마음으로 그대로 부둥켜안고 살아갈 때 서로 조화를 이룰 수 있다고 믿는다.

(3) 경험주의적 세계관

경험주의적 세계관은 인본주의적 사상이 농후한 세계관이지만, 반드시 신앙을 제외하는 세계관이 아님을 명시해 두라. 성서주의적 세계관이나 카리스마적 세계관에 비해 신본 중심의 사상이 미약하기는 하나 인간의 성실함과 그리스도를 통해 인간에게 주어진 믿음의 능력과 잠재력을 인정하려는 순수성이 배려된 관점이다. 인간의 신실한 노력과 이성을 동원해 인생의 고난과 환란을 극복하는 인간 승리에 초점을 둔다. 삶을 판단하고 인생의 참된 의미를 발견하는 데 인간의 경험이 커다란 권위를 차지한다. 그러므로 사회에서 소외되고 어려운 처지에 있는 이웃에 대해 커다란 연정을 느끼며 저들도 우리와 같이 믿음 안에서 인간 승리에 동참할 수 있도록 도움의 손길을 펼친다. 어려움에 처한 사람들을 향해 영적 세계의 환희와 축복을 무조건적으로 선포하기보다는 오히려 저들을 위해 유용한 도움을 배려할 수 있도록 실제적으로 최대한 노력한다. 인생의 길을 걸어갈 때 충실한 사색과 번뇌 그리고 용기를 통해 이루어 낸 인간 승리의 감동적 드라마가 경험주의적 세계관이 주도된 공동체에서는 아주 의미 있게 취급된다.

(4) 카리스마적 세계관

경험주의자들과는 정반대에 위치하고 있는 카리스마적 세계관은 인간의 성실과 노력의 범주를 넘어 초자연적 영적 세상에 초점을 둔다. 신앙의 삶을 영위하면서 초월적인 영적 세계를 체험하기 위해 노력한다. 초자연적 세계에 대한 높은 관심으로 성령 충만과 그 능력을 힘입기 위해 금식하고 기도한다. 예배를 통해서도 성령의 임재를 갈망하면서 선지자적 선포와 치유를 위해 기도하며 머리에 손을 얹고 안수기도를 한다. 인간의 노력과 선행은 다 포기하더라도 오로지 성령님께 굴복하고 성령의 인도를 따르기를 소원한다. 인간 중심의 관점이나 간증은 이러한 공동체에서는 환영받지 못한다. 예배 중에 "할렐루야!"라고 소리를 지르기도 하고 두 손을 번쩍 들면서 자리에서 일어나는 교인들을 흔히 볼 수 있다.

제5과에서 중점적으로 다루고 있는 것은 이러한 다양한 세계관에 대한 이해를 높이고 또 이러한 세계관은 어떠한 종속적 관계에 있기보다는 서로 동일한 평면에 다른 특성을 지니고 있는 관점으로 다룬다. 성서주의적 세계관이 경험주의적 세계관보다 더 거룩하다거나 더 유용하다고 주장하기보다는 이렇게 서로 다른 세계관을 수용하면서 어떻게 목회 현장에서 신앙적, 교육적인 면에서 표출되는지 그리고 어떻게 잘 수용할 수 있는지를 살펴본다. 성서적 세계관이 주도적인 사람과 영지주의적 세계관이 주가 된 사람이 신앙적인 문제를 토론할 때 어떻게 견해가 엇갈리게 될지는 가히 짐작하고도 남는다. 목회자는 이러한 가능성들을 미리 이해하고 교육과정에서도 지혜롭게 응용하는 것이 중요하다.

그리고 세계관에 대한 발견을 위해 두 가지 유용 모델을 소개하고 있다. 처음 모델은 좀 더 목회 현장에서 볼 수 있는 카테고리를 중심으로 한 것이고, 두 번째 모델은 인터뷰나 설문을 통해 좀 더 깊은 차원의 의도와 배경을 이해하기 위한 것이다. 이 두 모델을 함께 병용하여 세계관 발견에 응용되기를 권장한다. 그리고 이러한 세계관은 세계관이 주축을 이루는 카테고리마다 교회와 성경에 대한 일반적 이해, 하나님과 예수님, 악, 시간적 관념, 권위의 초점이 무엇인지를 발견할 수 있는 좋은 자료가 된다. 이런 자료들을 함께 정리하여 도표로 작성했다. 마지막으로 세계관에 대한 이해는 개인 신앙생활이나 공동체의 연합적 신앙생활에 있어 현재 당면하고 있는 상황을 어떻게 해석하며, 이에 필요한 우리의 반응은 어떠해야 하며 원하는 해결책은 무엇인지에 대한 이해도 증진시킨다. 즉 목회자와 가깝게 목회사역에 참여하는 리더들에 대해 저들이 어떻게 생각하고 어떠한 반응을 할 것이며, 어떠한 해결책들을 원하는지 세계관 이해를 통해 그 폭을 넓힐 수 있다. 흔히 사람들이 말하는 대로 '우리 교회는 너무 보수적이다' 내지는 '우리 교회는 너무 진보적이다'라는 환원주의적 비평보다는 오히려 여러 카테고리를 놓고 신중히 생각할 수 있는 폭넓은 이해의 장을 열게 한다. 이러한 이해는 많은 부류의 사람들을 이해하고 목회 현장에서 동역자로 초청하는 데 아주 유용한 자료가 된다.

6) 세계관과 공동체 이미지 형성

모든 공동체는 나름대로 추구하고 있는 이상적 교회상들이 있다. 때로는 이러한 교회상과 목회자들에 대한 이미지는 과거의 신앙적 경험이 토대가 되기도 하지만, 더욱 중요한 사실은 세계관의 견해가 신앙의 의미를 추구하고 또한 자신이 속해 있는 교회 공동체의 이상적 이미지를 형성해 가는 데 지대한 영향을 미친다는 사실이다. 이러한 이상적 교회상은 때로는 상징적 이미지나 건물 구조, 공동체 안에서 반복되는 이야기를 통해 전달된다. 예배드릴 때 강하게 때로는 아주 잔잔하게 느껴지는 특성조차도 이러한 이상적인 교회상들에 대해 교육하고 있다. 이러한 교회상들은 어떠한 교회 조직이나 내규 그리고 공식적으로 성문화된 자료들과 공인된 프로그램만을 통해서 다 이해할 수 없다.

교회는 조직보다도 더 크고, 행사나 프로그램보다 더 깊고 통괄적인 생명체이다. 특별한 조직적 특성을 지니면서도 생명체로서의 삶을 나누고 있다. 세계관을 바탕으로 한 이상적 교회 이미지들을 이해하기 위해 네 가지 주축을 이루고 있는 관점들을 제6과에서 살펴보고자 한다. 첫째, '관계성을 얼마나 중요시하는가?'와 둘째, '어떻게 신앙의 전통과 유산을 잘 전수할 수 있는가?'이고, 셋째, '교회의 존재를 이 세상을 향한 봉사적 중요성에 두는 관점'이고, 마지막은 '사회를 향하여 어떻게 개혁의 씨앗이 될 수 있는가?'라는 관점에서 교회의 이미지들을 생각할 수 있다. 이렇게 네 가지 주축을 이루는 관점들과 네 가지 세계관을 함께 접합해 보면 목회에 유용한 정보를 얻을 수 있다.

먼저 관계성을 중시하는 측면으로 보면, 가족적 교회나 양육적 교회를 생각할 수 있다. 관계가 중요하므로 공동체의 모든 사람들이 한 가족처럼 서로 비슷한 문화와 언어를 공유하며 사랑하고 돌보아 주는 관계를 형성하는 데 초점을 둔다. 서로 끈끈한 사랑과 정으로 엮어진 관계는 때로는 목회자조차 끼어들 수 없는 벽이 되기도 한다. 이렇게 관계성이 중시되는 토양에서 어떠한 세계관이 주도하는가에 따라 교회가 함께 추구하고자 하는 이상적 이미지와 밀접한 연관이 있다. 이러한 관계를 제6과에서 도표와 그에 대한 분석을 통해 다루고자 한다. 예를 들면 성서적 세계관과 근접한 교회 이미지들은 한 면으로는 관계성의 중요성을 강조하며 또 다른 한 면으로는 신앙의 경건성을 강조하므로 가족적 교회나 정통적 교회가 이러한 세계관이 주축을 이루는 교회에서 생성되기가 쉽다. 그러므로 성서적 세계관이 특출하게 강한 목회자가 영지주의적 세계관이 주축이 된 공동체를 섬기게 된다면 우선적으로 지향하며 양육하고자 하는 교회 이미지가 처음부터 서로 상반되어 갈등을 유발할 수 있다. 신앙의 경건성을 추구하며 사랑의 아름다운 관계를 추구하고자 하는 목회방향과 사회 시민적 교회상을 추구하고 세상과 어울리며 함께 동화하고 조화를 이루면서 성경이 제시하는 평화와 화합의 유토피아를 바라보는 성도들이 어떻게 서로 긴밀하게 동역할 수 있겠는가? 불가능한 일은 아니지만, 수많은 눈물과 에너지 소비, 신뢰성을 인정받는 시험기간을 거치게 될 것이 분명하다. 이러한 관점에서 제6과에서 다루는 세계관과 이상적 교회 이미지는 목회자들이 반드시 염두해 두어야 할 것들이다.

7) 가치관과 공동체 정체성의 관계

공동체의 중심에는 언제나 가치관이 있다. 공동체의 정체성 형성과정에는 늘 핵심적 가치관이 지대한 영향을 미친다. 가치관이란 한마디로 공동체가 보존하기를 원하며 가장 귀중히 여기는 신념이나 이상을 말한다. 이것은 근본적인 원칙이나 신앙고백을 포함하기도 한다. 가치관은 공동체로 하여금 무엇이 절실하게 필요한 것인지 또는 그럴 필요가 없는 것인지를 말해 준다. 목회의 관점에서 볼 때 가치관의 중요성을 이루 말로 형용할 수 없다. 가치관은 세미한 핏줄처럼 사역의 전반적인 부분까지 영향력을 미치고, 가치를 발견하지 못하면, 피를 공급받지 못한 인체의 부분처럼 서서히 생명을 잃게 된다.

제7과에서는 가치관의 정의와 가치관의 독특한 특성들에 대해 설명하였다. 가치관 발견과 형성을 위한 실제적인 연습자료도 첨부시켰다. 가치관에 꼭 필요한 사항들은 무엇이며, 이러한 가치관이 목회 전반적인 면에서 어떠한 영향을 미칠 것인지 생각해 보았다. 가치관의 실제적 예를 통해 가치관을 다시 정립하고 형성하기를 원하는 지도자들에게 어떠한 방법으로 가치관 표현이 가능한지 알아 볼 수 있도록 하였다. 가치관이 정체성에 미치는 영향은 중대한 것이다. 왜냐하면 가치관은 목회의 중대사를 결정할 때 반드시 중요한 작용을 하기 때문이다. 공동체는 가치관에 동의한다면, 어떤 위험을 감수하더라도 특정 사역을 수행해 낸다. 그렇지만 가치관에 상반된 사역이라면, 위험을 무릅쓰면서도 진행하려 하지 않는다. 가치관은 또한 목표설정에도 지대한 영향을 미친다. 갈등을 해소하는 방법을 물색할 때도, 사회동화과정과 방식을 결정할 때도, 사역의 우선순위를 결정할 때도 반드시 그 영향력을 행사한다. 그러므로 가치관과 목회의 긴밀성은 말할 나위도 없다. 마치 종이 한 장의 앞뒷면을 정교하게 분리할 수 없는 것처럼, 가치관과 목회는 뗄 수 없는 긴밀성과 밀착성을 가진다.

그리고 이 과에서는 가치관을 어떻게 교육할 것인가에 대해서 생각하면서 가치관을 전달해야 하는 목회자와 리더들의 자세와 리더십의 신뢰도가 어떻게 가치관을 포용하고 가치관 때문에 실행하게 되는 언행의 일치에 대해서도 심각하게 생각해 보았다. 가치관은 목회적 인격의 특성을 강조하며 생성할 뿐 아니라, 공동체의 일원들로 하여금 사역에 열정적으로 참여하도록 유도한다. 공동체가 진실로 가장 중요하게 여기는 것은 무엇인가에 대해서 교육하며 전달하는 과정에 유용하면서도 효과적인 매개체가 가치관이다. 그리고 가치관은 특별히 공동체가 수난을 겪거나 과도기를 통과할 때 공동체의 통괄적 행동, 자세와 상황을 포용하는 태도에도 영향을 미친다. 마지막으로 제7과에서 가치관 교육을 어떻게 효율적으로 수행할 수 있는가에 대해 생각하면서 실질적인 목회방법들을 제시해 보았다.

8) 정체성 형성을 위한 실질적 목회과정과 단계

지금까지 정의하고 규명했던 정체성에 필수적 요소들을 조합하고 정리하면서 의미 있는 이미지로서 자화상을 그려 간다고 생각해 보라. 여러 색체들을 어떻게 배합할 것이며, 어떠한 선으로 정체성의 독특성을 부각시킬 것인가? 그리고 어떻게 명암을 드러내어 자화상의 고유성을 창조해 갈 것인가? 정체성을 형성해 가는 과정은 마치 자화상을 그리는 화가의 손놀림처럼 팔레트에 주어진 색깔들을 창의성과 예술성을 동원해 완성해 가는 과정과 흡사하다. 또 다른 이미지는 수백 개의 퍼즐조각들 안에 담겨 있는 이미지를 완성해 가는 과정이라고 생각하면 이해하기가 쉽다. 정체성의 확립을 위한 과정에서 어느 한 퍼즐조각이라도 분실하면 완전한 이미지가 완성될 수 없듯이 정체성에 필요한 모든 조각들을 신중하고 정확하게 맞추어야 한다. 모든 조각들이 제자리에 끼어들어 갈 때 완전한 이미지가 완성된다.

정체성을 파악하며 형성해 가는 과정에서 목회자들에게 다가오는 교육적 과제가 바로 이것이다. 정체성을 구체적으로 이해하기 위해 공동체가 처해 있는 현주소를 직시함이 중요하다. 이는 목회 환경을 바르게 이해하는 데 의미 있는 첫걸음이 된다. 공동체가 속해 있는 주변 사회에 어떠한 변화들이 일어나고 있는가? 이런 상황에서 공동체의 사명은 무엇인가? 공동체의 대부분의 일원들이 어느 곳에 거주하고 있는가? 공동체는 인근 지역사회에 어떻게 지도자의 영향력을 행사하는가? 이것은 신중하게 답해야 할 질문들이다. 제8과에서 더욱 자세한 질문 사항들과 현주소를 이해하는 과정들이 소개될 것이다. 이와 더불어 생각해야 할 것은 이렇다 할 근거가 없는 기대와 막연한 가정들에 대한 이해를 가져야 한다. 공동체 안에서 생성되는 근거 없는 가정들은 부정적인 영향을 미칠 수 있으며, 공동체의 열정과 패기를 저하시키거나 말살시킬 수도 있다. 즉 공동체에 어두운 그림자를 드리우고 순조롭게 진행할 수 있는 사역들을 비능률적으로 만들 수 있다. 이러한 막연한 가정들과 그로 인해 생성되는 비효율적인 습관으로부터 자유해야 한다. 작게는 어린아이들에 대한 기대와 가정에서부터 크게는 재정관리와 지도자 책정에 이르기까지 많은 영향을 끼칠 수 있다.

공동체 정체성에 대한 이해와 지향하고자 하는 정체성 형성을 위해 몇 가지 필수적 요소들을 제8과에서 소개하는데, 그것들은 ① 공동체의 역사성에 대한 이해, 특별히 타임라인으로 다시 생각하는 공동체의 역사, ② 공동체의 독특한 분위기와 개성, ③ 공동체에서 중시하는 상징들과 이미지들에 대한 이해와 분석, ④ 공동체에서 행해지는 중요한 예식들을 보면서 누가 참여하는지 그리고 누구를 중심으로 이루어지는지, 어떠한 의미와 중대성을 부여하고 있는지에 대해 생각해 본다. 또 한 가지는 ⑤ 공동체의 통계적 구성요소를 분석하고 특별한 사항에 대해 올바른 인식을 갖는 것이다. 이러한 정체성을 이루는 구성요소들을 이해한 후에 추가적으로 어떤 세계관이 공동체에 지배적인 영향을 미치는지 그리고 주도적인 세계관으로 인하여 이러한 점들을 고려했을 때 자연적으로 생성될 수 있는 교회의 이미지와 목회방향성에 대해 깊이 생각해야 한다. 주도적 가치관이 이끌 수 있는 목회방향은 어떤 것들인지 깊이 고려해야 할 것이다.

목회방향에 따라 시행될 수 있는 사역과 행사는 핵심적 정체성에 대해 타당성을 주장하며 정당화할 것이다.

특별히 제8과에서는 선셋힐장로교회의 사례연구를 통해 어떻게 정체성이 점진적으로 윤곽을 드러내는지 살펴볼 것이다. 어떤 원칙들이 규명되고 어떠한 핵심적 가치관들이 드러나며, 이 모든 것을 배경적으로 늘 주도해 가는 중심적 세계관은 어떻게 선셋힐 공동체의 목회방향과 사역에 영향을 미치는지 살펴볼 것이다. 특이할 만한 사항은 세계관과 가치관의 연관 관계성이다. 경험주의가 주도적인 경우 어떠한 독특한 가치관들이 사역의 우선순위가 되는지를 살펴보고 또 서로 다른 세계관들은 어떻게 다른 가치관들을 부각시키며 강조하게 되는지도 살펴본다. 이렇게 윤곽을 뚜렷하게 드러낸 세계관과 가치관을 연관지어 보면, 어떻게 이전에 기록되었던 공동체의 사명고백이 새로운 의미와 사역을 발견하게 되는지 살펴볼 수 있다. 이것은 모든 목회자들에게 아주 중요한 깨달음을 제공하기 때문에 관심을 가지고 살펴볼 필요가 있다.

9) 정체성 인식 형성을 위한 실제적 목회전략

지금까지 관심과 노력을 정체성 규명과 형성 그리고 정체성에 대한 인식에 초점을 맞추었다면, 제9과에서는 공동체가 함께 고백하여 백지에 쓴 공동체의 정체성을 사람들의 가슴속으로 전달하는 과정과 방법에 초점을 맞추게 된다. 오늘날 수많은 교회 공동체가 '우리는 과연 누구인가?'에 대한 의미 있는 대답을 얻기 위해 목말라하고 있다. 물론 교회는 예배 공동체이다. 하나님의 섭리하심 안에 선택되고 구별된 성민의 모임이다. 교회는 또한 살아 있는 그리스도의 몸이다. 이러한 정체성에 대한 대답은 모두

옳다. 그러나 문제점은 이러한 대답이 너무나도 일반적이며 거의 범 우주적이라는 데 그 효력을 잃는다. 다시 말해서 정체성은 반드시 이러한 일반적인 이해도 요구하지만, 실제적으로 공동체를 일관성 있게 목적이 주도하는 방향으로 인도하기 위해서는 구체적이고 지역적으로 타당한 정체성에 대한 대답들이 요구된다. 다시 말해서 예배하는 공동체인데 어떻게 구체적으로 예배하는 공동체인지에 대답해 주어야 하고, 선택되고 구별된 성민들인데 오늘을 살아가면서 어떠한 모습으로, 무엇을 실행하는 성스러운 백성들인지 올바르게 이해해야 한다. 이러한 의미에서 제8과에서 언급했던 공동체 정체성에 필요한 요소들에 대해 신중하고 성실하게 대답할 필요가 있다. 그래야 근본적인 의미에서 일반성과 상황관계성 안에서 구체적 의미를 함께 발견할 수 있다.

이렇게 심사숙고하여 형성된 정체성은 교회의 공식 문서에 기록된 핵심적 가치관이나 원칙을 넘어 사람들의 가슴속에 감동적으로 전달되어야 한다. 마치 어린아이들에게 밥을 먹이는 사랑스런 어머니처럼, 모든 성도들이 다 이해할 수 있고, 저들의 신앙생활 속에 의미 있게 정착할 수 있도록 교육적 노력을 기울어야 한다. 제9과는 정체성 형성을 위한 실제적이고 다양한 목회전략들을 소개하고 있다. 계속 반복되는 보강과 강화의 방법을 통하여 정체성의 핵심적 요소들을 주입하고 교육해야 한다. 여러 차원의 목회사역과 생활들을 통해 응용할 수 있는 실질적 방법들도 소개된다. 목회자와 지도자들의 삶을 통한 정체성 교육을 비롯해 성문화된 기록을 통한 교육 그리고 설교와 메시지를 통한 의도적 교육과 공동체 일원들의 비공식적, 공식적 대화를 통해서도 정체성에 대한 교육을 주도할 수 있다. 목회사역을 통해 정체성에 대해 교육하며 여러 시각적, 청각적 이미지와 매체들을 정체성을 형성하는 데 사용할 수 있다. 교회에서 발행하는 소책자나 광고 전단을 통하거나 공동체의 일상생활에서 유통되고 있는 신앙적인 언어와 표현 등을 가르침으로 정체성의 중요한 요소들을 교육할 수 있다.

마지막으로는 교육학자 랄프 테일러Ralph Tyler의 커리큘럼 성립과정과 평가에 대한 교육적 지혜를 동반하여 목회사역의 과정과 결과에 대한 평가과정도 소개하고 있다. 그러나 이러한 정체성과 핵심적 가치관의 형성과 인식주입은 하루 아침에 이루어지는 것이 아니기 때문에 목회 현장에서 발 벗고 뛰고 있는 모든 목회자에게 인내를 요구하고 모든 교육과정의 참 스승이신 예수님께 굴복하는 온유와 순종을 요구한다. 지속적으로 한 방울 한 방울씩 떨어지는 낙수처럼 의도하는 목표와 교육목표에 꾸준히 노력할 때 마침내 바위 속 깊이 자국을 남기게 된다. 3년 남짓 오로지 제자들에게 믿음의 정체성 교육에 전념하셨던 예수님처럼 그분의 가슴으로 교회를 포용하고 공동체를 교육하며, 그리스도의 손이 되어 모든 이들의 아픔을 감싸는 교육자가 될 수 있다면 얼마나 좋겠는가! 가르치고 교육하는 자들에게 더 큰 심판이 있을 것이라고 하신 주님의 음성을 기억하면서 성실히 꾸준하게 공동체를 교육하고 섬기며, 사랑해야 할 것이다.

3. 정체성 인식 교육과정에 동반될 수 있는 오해들

정체성 형성과정은 중요한 목회사역임이 확실하지만, 사실 목회자와 리더들에게 많은 인내와 노력을 요구한다. 그러나 다메섹으로 향하는 도상에서 예수 그리스도를 만난 바울은 자신의 변화된 새로운 정체성과 그 동기와 의미 그리고 궁극적으로 인류를 향한 구원의 중요성에 대해 자신의 인생을 헌신하며 이방인들을 전도했다. 그는 그리스도 안에서 발견한 너무나도 고귀한 정체성이기 때문에 인식교육과정에 심혈을 기울였다.

공동체에 속한 모든 사람들은 무엇을 어떻게 듣고, 보고, 경험하는가에 따라서 신학적인 패러다임이 변하게 된다. 공동체가 어떠한 가치관과 정체성에 대한 근본적인 원칙과 신념을 말하는가에 따라서 구성원들은 기대하는 바와 형성되는 세계관에 영향을 받게 된다. 어떻게 공동체 형성을 위한 인식교육을 적용할 것인가? 이것은 목회 현장에서 당면하는 중요한 이슈이다. 그렇다면 공동체의 정체성 인식교육과정에 동반될 수 있는 잘못된 생각들은 무엇이 있을까? 몇 가지 오해를 살펴보면서 정체성 형성을 위한 과정에 유의해야 할 점들을 생각해 보자.

1) 교회의 사명고백서Mission Statement

사명고백서는 공동체의 정체성에 대해서 거의 모든 것을 충분하게 말해 준다. 물론 명백한 사명감을 확실하게 서술한 고백서는 정체성의 중요한 것을 말해 주기는 하나, 공동체의 정체성 이해는 사명감에 대한 고백문만으로는 충분하지 않다. 많은 교회들이 사명에 대한 고백을 교회주보나 대표적인 홍보자료에 포함하지만 공동체의 사역과 전반적인 삶의 특성들이 사명과는 무관하게 전혀 다른 방향으로 초점을 맞추는 경우가 많이 있다. 이런 면에서 사명감에 대한 고백은 늘 새롭게 변하는 목회 상황에 비추어 그 타당성과 효율성을 고려할 필요가 있다. 이러한 사명들이 공동체가 추구하고자 하는 정체성의 DNA를 잘 나타내고 있는지를 신중히 살펴보아야 한다.

2) 공동체 정체성은 범 기독교적 신앙의 전통 안에 뿌리내리고 있다

공동체의 정체성이 목회사역에 실제적인 개혁과 양육의 힘을 발휘하기 위해서는 '범 일반적인 측면'과 '구체적인 측면'을 동시에 소유해야 한다. 넓게는 개혁신앙의 전통 안에 확실한 뿌리를 내리면서 실제적으로 열정을 자아낼 수 있는 구체적인 인근 지역사회의 목회 상황에 대해 철저히 이해해야 한다. 흔히 표현하는 것처럼 '생각은 크고 광범위하게 그리고 실행은 구체적이고 실제적으로'Think globally, act locally 할 필요가 있다. 그래야 각 공동체가 열정을 느끼며 성취하고자 하는 구체적 사명감이 크게는 2,000년의 기독교 역사의 전통과 유래에서 비롯되지만, 더 구체적으로는 오늘을 살아가는 사람들에게 우리는 필요한 사역을 실질적으로 감당하고 있다는 연관성을 경험하게 된다. 이것은 공동체 인식과정에 아주 중요하고도 필요한 요소이다.

3) 지나친 정체성 발견과 양육

이러한 오해는 가히 짐작이 간다. 스스로에게 지나치게 집착하게 되면, 공동체의 건강을 해칠 수 있다. 하지만 공동체 발견이란 '나는 누구인가?' 또는 '우리는 누구인가?'라는 질문에 성실하게 답하는 과정이기 때문에 더 나아가 '주위 사람들은 우리를 누구라 하는가?' 내지는 '하나님은 과연 우리를 누구라 하실까?'를 포함한 더 큰 범위의 질문을 통괄하게 되어 집착으로 인한 부정적인 열매를 맺기는 흔치 않다. 오히려 '우리는 누구이며, 과연 무엇을 해야만 하는가?'에 대한 질문을 소홀히 하면서 무언가를 성취하기 위해 몰두하는 과정이 위험한 것이다. 그리스도 안에서 발견된 이 사명을 함께 바라보고 헌신한다면, 공동체의 영적 성장에 유익하다.

4) 다양한 영상 매체

영상 매체는 공동체 정체성을 효과적으로 전달할 수 있다. 대부분 영상 매체와 이미지를 잘 응용하면 효과적인 인식교육은 물론 공동체의 정체성을 잘 전달할 수 있다. 그러나 이것은 부분적이다. 가끔 새롭게 개발된 영상 소프트웨어나 새로운 첨단 장비들을 주기적으로 업그레이드하면서 IT나 영상개발에 치중하는 교회가 있다. 물론 이러한 영상 매체를 효율적으로 이용하면 좋은 효과를 초래할 수 있다. 하지만 영상을 사용하는 그 자체가 중요한 것이 아니라, 영상을 통해 전하고자 하는 신념과 공동체 정체성의 DNA를 확실하게 전달하는 것이 중요하다. 다시 말해서 '고차원의 영상 기술에 비해 저차원적 영성'보다는 '저차원적 영상 기술이지만, 고차원적 영성'을 추구하는 것이 더욱 중요하다. 결국 가장 중요한 핵심은 신앙적 요소이고 다른 IT나 영상 매체들은 부수적인 것임을 기억해야 한다. 예를 들면 예배시간에 사용되는 영상 광고를 제작하는 영상팀은 재미있고 흥미롭게 제작할 실제적 방법론과 더불어, 함께 기도하면서 공동체의 핵심적 가치관과 신학적 신념을 잘 전달할 수 있도록 준비해야 한다. 이것이 바로 영상 매체를 제대로 사용하는, 영적으로 준비된 공동체이다.

수많은 광고업체가 영상 매체를 사용하여 시청자들에게 광고를 선사한다. 미국에서는 24시간 동안 약 4,500개 이상의 광고 이미지와 CM 송, 소비자를 충동시키는 광고 문구들이 해일처럼 밀려 들어온다. 오늘날 교회 공동체는 이러한 광고 문화를 통해 전달되는 부정적인 가치관들을 조심스럽게 여과할 필요가 있다. 무엇을 통해 전달되는지도 중요하지만 정작 어떤 의도를 가지고 전달하는지에 초점을 맞추어 광고의 내용을 새롭게 재조명해야 한다. 계속적인 반복을 통해 사람들은 쉽게 지워지지 않는 정보와 이미지를 갖게 된다. 어떤 교회는 영상 문화가 소비자 문화의 산물이고, 소비적인 성향을 부추기기 때문에 영상 매체 사용을 꺼리기도 한다. 이러 면에서 세속문화의 산물이긴 하지만 거룩한 목적을 위해 사용될 수 있도록 영상 매체와 문화를 성화시켜야 한다. 따라서 교회 공동체도 추구해야 할 사명과 양육하고 보존해야 할 공동체의 핵심적 가치관과 정체성을 반복적이면서도 창의적인 방법으로 흥미롭게 제작해야 한다.

5) 목회자의 언급

목회자가 강단이나 여러 모임에서 설교와 강연을 통해 정체성에 대해 강조한다면 그것으로 충분하다. 공동체의 가장 많은 인원이 모이는 예배 시간은 교육적으로 아주 중요한 시간이다. 이 시간에 선포되는 설교의 중점과 광고시간에 강조되는 메세지는 정체성 인식과정에 중요한 요소들이지만, 정체성의 형성과정은 언어적 표현 외에도 이미지와 메타포를 통해 효과적으로 전해질 수 있다. 이미지에 더욱 친근감을 느끼는 사람들이 부쩍 증가하고 있는 현 추세에서 언어 이상의 전달 매체로 이미지와 동영상을 통해 공동체의 DNA를 교육하며 계속적으로 인식시킬 필요가 있다. 한두 가지 극한된 감각을 통한 방법보다는 최대한 다양하고 다감각적인 체험을 통해 정체성을 교육하고 강조하면 더욱 효과적이다.

6) 공동체의 신앙

사람들의 마음이 하나님께서 기뻐하시는 바른 곳에 있다면 공동체의 정체성은 저절로 전달될 수 있다. 물론 복음사역에 함께 동역하면서 가장 중요한 것은 참여자의 마음이 어디에 있는가 하는 것이다. 그리스도께 영광을 돌리기 위함인가, 아니면 개인의 욕구 충족과 명예를 위함인가? 만일 공동체의 중심이 바른 곳을 향하고 있다면 이러한 신실성은 타인들에게도 전달될 수 있다. 그러나 가치관에 대해 말은 하지만, 진정성 있는 행동과 삶이 없다면, "소리 나는 구리와 울리는 꽹과리"고전 13:1에 불과하다. 진실된 믿음의 고백과 성서적 순수성과 가치들이 가슴 깊은 곳에 부재하다면, 인식 형성과 전달을 위한 노력은 헛수고가 될 수도 있다. 선한 동기로 정체성에 대해 말하며, 공동체를 섬기는 사람들이 필요한 기술을 익히고 적용할 수 있다면, 공동체의 성장과 확신에 이르는 정체성 형성을 효과적으로 수행할 수 있을 것이다. 새로운 방법이 중요한 것이 아니라 공동체의 정체성에 위반되지 않으면서, 신앙적이고 도덕적이고 윤리적인 공동체의 핵심적 DNA에 함께 부합할 수 있는 방법이 더 중요하다. '만일 그리스도인들이 서로 진심으로 사랑하면 하나님이 살아 계심을 증거할 수 있는 것'처럼 눈에 보이지 않는 공동체의 핵심적 정체성과 가치관은 이러한 공동체의 DNA에 부합되며, 이렇게 표출되는 프로그램과 사역들과 소통되는 신앙의 언어들을 통해 명확하게 전달되고 교육될 수 있다.

미국의 전기작가 피터 에반스Peter Evans는 그의 작품, 『가면 뒤의 가면』 *The Mask Behind the Mask*에서 영화배우 피터 셀러스Peter Sellers에 대해 이렇게 서술했다.[4] 피터 셀러스는 수많은 영화에서 여러 다른 배역을 맡았다. 너무나 다른 부류의 배역을 맡다 보니 그는 스스로가 누구인지 혼동될 정도로 곤란을 겪었다. 하루는 열렬한 팬이 그에게 물었다.

"당신은 피터 셀러스 씨가 맞죠?"

그랬더니 그는 대답하기를, "글쎄요, 오늘을 아닌 것 같습니다"라고 말

---

4) Peter Evans의 전기문 *Retro Bio Peter Sellers: The Mask Behind the Mask* (Signet Books, 1980)를 참조하라.

하고는 무대 뒤로 사라졌다고 한다.

　사역 현장에서 환경의 변화를 경험하는 믿음의 공동체가 직면하는 유혹이 바로 이것이다. 우리는 과연 누구이며, 어떤 사명을 위해 존재하는가? 복음사역을 위해 힘써 실행해야 할 일들은 산더미같이 쌓여 있다. 그러나 공동체에는 충분한 자원과 에너지가 부족하다. 마치 5,000명의 장정들에게 먹을 것을 줘야 했던 제자들처럼, 조그마한 것으로 엄청난 일들을 수행하기에는 불가능하다고 생각할 때도 있다. 수없이 많은 도전 앞에서 믿음의 공동체로서 우리는 무엇을 먼저 감당해야 할 것인가? 무엇은 절대로 포기해서는 안 되고, 무엇은 지금 포기할 수 있겠는가? 사역의 우선순위를 결정하는 것부터 최대의 관심사를 가지고 보존해야 하는 프로그램과 행사들은 결국 공동체의 핵심적 정체성과 가치관에 밀접하게 관련되어 있다. 따라서 복음사역을 더욱 힘 있고 능률적으로 수행하기 위해서는 정체성에 대한 올바른 이해와 교육이 필요하다. 온 마음과 정성과 뜻과 힘을 다하여 투자해야 할 것을 발견하는 일은 공동체의 가장 깊은 곳에 자리잡고 있는 핵심적 정체성을 먼저 바로 이해하는 일이다. 이렇게 중대한 목회적 과제를 안고 이제부터 함께 순례자의 길을 떠나 보자.

• 목차 •

공 동 체 정 체 성 을 위 한

교육목회

제1장

공동체 정체성 형성을 위한 교육목회

1. 교육목회 Educational Ministry 란 무엇인가?

전에 딸아이를 픽업하러 쇼핑몰에 간 적이 있었다. Garden State Plaza
는 뉴저지에서도 규모가 제법 큰 쇼핑몰이다. 원래부터 쇼핑몰에서 잘 헤
매는 터라 미리부터 안내도를 살피고 약속 장소인 모 여성의류 전문점으
로 갔다. 그런데 아무리 그곳을 찾으려 해도 찾을 수가 없었다. 수많은 상
점들이 즐비하게 늘어선 쇼핑몰은 내게는 방향을 좀 잡을 수 없는 정글과
도 같았다. 간판만 다를 뿐, 모두 다 비슷하게만 보였다. 아래층 입구에 있
던 안내도에 따르면 분명히 있어야 할 그 장소에 그 상점이 보이지 않았
다. 한참을 헤매다 더 이상 시간을 지체할 수 없어 다시 위층에 있는 안내
문을 자세히 살펴보니 왜 그렇게 헤맸는지 알 수 있었다. 어떤 장난꾸러기
가 아래층 안내판에 'You're Here!'라는 화살표를 엉뚱한 곳에다 붙여 놓았
던 것이다. 그러니 어찌 약속 장소를 찾을 수 있단 말인가? 시작부터가 잘
못된 것이었다.

교육목회란 무엇인가? 나는 한마디로 이렇게 정의한다. 교육목회란 '유도하고자 하는 결과를 달성하기 위해 목적이 주도하는 의도적 과정'이다. 즉 쇼핑몰의 경험을 빌어 서술하자면 교육목회란 내가 서 있는 목회의 현주소를 이해하고 필연적으로 가야만 하는 그 목적을 향해 나아가는 의도적 과정이다. 이런 면에서 교육목회는 본질적으로 의도적이다. 교회의 공동체 안에서 일어나는 모든 사건, 집회, 크고 작은 요소들이 다 필연적으로 약속의 땅을 향해 진군하는 데 필요한 과정이어야 한다. 때로는 집요하게, 때로는 유유하게 목적지를 향해 발걸음을 옮기는 것이다. 잠시 정도에서 벗어날 수도 있지만, 실수로 벗어난 발걸음도 다시 돌이키게 하는 회복과 교정의 과정이 교육목회이다. 또한 왜 다시 이 길을 걸어야 하는지, 왜 이것이 중요한지를 회중들에게 교육하고 그 목적과 비전을 나누며 교육하는 과정이다.

목회자에게 교육목회에 대한 이해는 중요하다. 마치 냇가를 건너가는 과정처럼 커리큘럼을 책정하는 것에서부터 매달 크고 작은 행사를 치르는 모든 과정들은 바로 징검다리를 하나씩 하나씩 놓는 과정이다. 지금 당장 눈에 보이는 결과가 없다고 낙심하지 마라. 믿음의 공동체가 함께 가야 할 그 길이 눈앞에 뚜렷하게 보이는 한 목회적 헌신은 결코 헛되지 않는다. 목회 현장에서 흘렸던 헌신의 땀방울과 기도의 눈물은 반드시 '심은 대로 거두게 하시는 하나님의 목회원칙'에 합당하게 부응할 것이다. 지금 여기에 열심히 심었는데, 싹이 나지 않는다고 낙심하지 마라. 여기 심어서 나오지 않으면, 반드시 저기에서 거두게 하신다. 오늘 헌신적으로 심었는데, 이렇다 할 결과가 보이지 않는다고 낙심하지 마라. 오늘 거두지 못하면 반드시 내일 당신으로 하여금 거두게 하실 것이다. 올해 심었는데 결과가 없다고 절망하지도 마라. 올해 거두지 못하면 반드시 내년에 거두게 하시는 하나님의 신실하심을 신뢰하라. 이 세대에 열심을 다해 심었는데 별로 얻는 것이 없다고 주저앉지도 마라. 이 세대가 아니면, 하나님께서는 반드시 다음 세대에 놀랍도록 거두게 하실 것이다. 하나님 앞에서 흘렸던 당신의 참다운 헌신의 땀방울을 전능하신 그분께서 결코 외면치 않으실 것이다.

한 단계만 더 생각해 보자. 평생을 다섯 교회를 개척하면서 온갖 고생을 다하신 목사님을 알고 있다. 오직 하나님 한 분만을 바라보셨던 목사님께서 내게 가르쳐주신 교육목회의 원칙은 이 생에서 풍성히 거두지 못한다면, 하나님께서는 반드시 저 영광의 나라에서 풍성하게 거두게 하신다는 것이다. 목회 현장에서 낙심되고 지칠 때마다 그 목회자의 고백을 되새기곤 한다. 그러니 기도하고 의도한 약속의 목적지를 향해 진군하는 교육목회과정에서 절대로 포기하지 마라. 사도 바울을 통해 주님께서 모든 목회자들에게 일러 주신다. "포기하지 아니하면 하나님의 때가 이르매 반드시 거두리라."갈 6:9

2. 교육목회의 해부적 구조와 이해
Understanding The Anatomy of Educational Ministry as An Intentional Process

변화를 주도해 가는 교육적 과정을 구조적으로 설명하는 데 다소 어려움이 있다. 다이나믹한 과정Dynamic Process은 구조적 분석Structural Analysis을 통해 충분하게 다 설명할 수는 없지만, 교육목회의 효율적인 영향을 위해 다음과 같이 간단하게 구조적 요소들을 살펴보며 설명하고자 한다. 변화와 창조를 유도해 가는 과정을 한눈에 살펴볼 수 있는 다이어그램이 목회 전략에 유용하다.

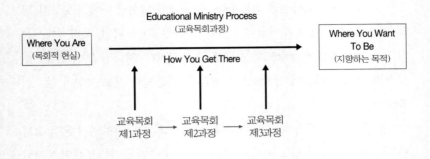

〈도표 1 교육목회의 해부적 구조와 이해〉

3. 현재 목회 현장의 상황적 고찰 Understanding 'Where You Are'

우선적으로 주목할 것은 목회 현실에 대한 철저한 이해가 얼마나 시급한가 하는 것이다. 손자병법의 손자는 이렇게 종용하였다. "내가 나를 알고, 또 적을 깊이 이해한다면 백전백승할 수 있다." 이는 마치 목회의 지도를 나름대로 가슴에 품고 있는 모든 목회자들에게 적용되는 충고이다. 아무리 잘 표기되고 모든 정보가 자세히 기록된 지도일지라도, 지금 어디에 있는지 현시점을 이해하지 못한다면, 그 지도는 무용지물이다. 지향하는 목적지로 이동하기 위해서는 어떠한 장애물이 앞에 있고, 또 어떤 산과 같은 도전을 넘어야 하는지를 알고 있으면서도, 만일 정작 지금 내가 처한 상황은 어디며, 우리 공동체가 서 있는 현주소가 어디인지를 바로 인식하지 못하면 지향하는 목적지를 향해 의미 있는 발걸음을 옮길 수 없다. 공동체의 신앙적 체질과, 함께 정의해 온 정체감에 관한 이해나, 교회 회중 간에 주로 언급되는 신학적 용어와 관점들을 철저하게 이해할 필요가 있다. 나는 주로 신학생들에게 이렇게 조언한다. 목회 현장에 뛰어들기 전에 상황 고찰에 대한 숙제를 최선을 다해 철저하게 준비하라!

주님께서 불러 주셨다는 감격에 매혹되어 이성적 사고를 매도하지 마라. 가능하면 뜨겁게 타오르는 불과 같은 열정과 냉철하고 차가운 이성의 얼음덩이를 함께 안고 목회하라. 가슴을 태우는 열정과 머리를 냉철하게 하는 이성이 함께 조화를 이루어야 좋은 목회자가 될 수 있다. 이것은 신학적 사고에 충실한 목회자 그리고 열정적으로 기도하는 신학자의 좋은 예이다. 사도 바울을 생각해 보라. 조상적부터 열정적으로 믿어 왔던 유대교는 그에게 생명 같은 것이었다. 철저하게 바리새인의 교육과 율법을 지키는 경건을 온몸으로 익힌 그에게, 모세율법의 본질을 뒤엎을 수 있는 과격하고 파격으로 해석하는 나사렛 예수의 가르침을 따르는 그리스도인들은 아주 위험하기 짝이 없었던 이단집단이었다. 여러 이적과 권능을 행하면서 신비스러운 재해석으로 종교적 패러다임을 뒤엎는 예수파는 온 생명을 바쳐서라도 처단하지 않을 수 없었던 이단집단이었다. 부활하신 예수 그리스도를 만나기 전까지 사울은 오직 전통적 유대교에 충성과 헌신을 다하는 열정적 종교인이었다.

그러나 부활하신 그리스도를 만난 후에 영과 육의 눈을 다시 뜰 수 있게 되었을 때, 바울은 가슴이 터질 것 같은 벅찬 감격과 깨달음을 얻었다. 그 후에 3년이라는 긴 세월 동안 미디안 광야에 거주하면서 먼저 자신의 모든 전통과 예식과 종교적인 열정을 버리고 부활하신 예수 그리스도와 그분의 처참했던 십자가의 죽음이 무엇을 의미하는지 철저하게 묵상하며 신학적인 체계를 정립했다. 목회자들은 우선 바울 같은 뜨거운 열정을 지녀야 한다. 열심을 다하지 않으면 주님께서 결코 사용하지 않으신다. 그러므로 목회자는 나름대로 뜨거운 가슴과 열정을 지녀야 한다. 그러나 동시에 뜨거운 가슴의 불을 다스릴 수 있는 냉철한 이성과 깊이 있는 신학적 이해를 넓혀야 한다. 그래야만 그리스도의 의도를 목회 현장에서 찾을 수 있고, 내 열심이 아닌 오로지 주님으로부터 말미암는 열심, 그 열심으로 인해 목회자 자신이 변화되고, 교회 공동체가 부활하고, 사회가 개혁되는 놀라운 변화의 사역이 일어날 것이다.

　이러한 상황적 고찰Contextualization은 목회자가 교육목회에 임하는 데 반드시 필요한 첫걸음이다. 일찍이 "네 자신을 알라"고 종용했던 소크라테스의 조언을 경시하지 마라. 내 자신도 모르고 어떻게 남을 가르칠 수 있겠는가? 또 자신의 약점과 장점도 이해하지 못하면서 어떻게 다른 이들의 은사 발견을 도울 수 있겠는가? 내가 처한 목회 현장, 보이는 형태를 넘어 도덕과 윤리 그리고 영적 전쟁이 일어나는 목회적 우주공간은 오로지 하나님의 공의와 예수 그리스도의 십자가의 구속적 사랑이 펼쳐져야 하는 거룩한 역사적 시간과 영적 공간임을 기억하자. 예수 그리스도의 피로 정화된 현장에는 그 누구의 개인적 소견과 야망이나, 집단적 이익이 펼쳐져서는 안 된다. 만일 그렇게 된다면, 그리스도께서 피값으로 주고 사신 당신의 몸 된 교회는 곧바로 사탄의 놀이터로 전락하고 말 것이다. 제2과에서 목회 현장의 상황적 관계고찰Ministry Contextualization에 대해 더욱 심도 있게 다룰 것이다.

4. 교육목회의 역동적 과정Educational Ministry Process

　두 번째로는 교육목회과정Educational Ministry Process을 살펴보자. 이미 언급했던 것처럼 교육목회는 지향하는 목적을 이루기 위한 의도적 과정이다. 과정 그 자체가 본질적으로 역동적이고 창조적인 흐름이다. 마치 개울물이 종국적으로 바다로 흘러가듯이, 목회를 주도해 가는 모든 과정들은 개울물과 비슷해서 종국적으로 지향하는 목적지를 향해 흘러가야 한다. 이런 면에서 교육목회과정을 이해하면 유용하다. 교육목회과정이란 '비전에 초점을 맞추고, 목적이 이끌어 가는 의도적 과정'a vision-focused and purpose-driven intentional process이다. 우리 교회는 정녕 무엇을 갈망하는가? 나는 목회자로서 목회의 궁극적 목적이 무엇이라 이해하는가? 내가 지향하는 목적은 과연 공동체가 갈망하는 목적과 얼마나 상통하고 있는가? 과연 우리가 함께 지향하는 목표는 변화하는 목회 상황 속에서 얼마나 타당성이 있는가? 앞으로 더 언급하겠지만, 이렇게 서로 나누어진 명확한 목적 달성을 위해 의도적, 계획적으로 나아가는 과정이 곧 목회자들이 지향해야 할 교육목회이다. 예를 들면, 제1과정의 교육목회 커리큘럼을 통해서는 무엇을 성취하기를 원하는가? 제2과정에는 어떠한 교육 프로그램과 양육체계로 하나님의 사람들을 목표를 향하여 한 발 더 가까이 접근하게 할 것인가? 제3과정을 통해서 지향하는 공동체의 변화와 사회개혁을 위해 과연 어떠한 훈련과 양육이 이루어져야 할 것인가? 마치 어린아이가 개울을 지날 때 조심스럽게 한 발 한 발 발걸음을 옮기는 것처럼 목회자들의 교육목회가 모든 교우들이 함께 성장하고 양육될 수 있는 단계적 과정을 배려해야 할 것이다. 이 과정은 포용적이고 초청적이어야 하며 어느 누구도 다 참여할 수 있는 환대적인 배움의 공간Hospitable learning space이어야 할 것이다.

5. 사회동화적 지속성과 역동적 변화의 합류
Confluence between Socialization and Transformation Process

지금은 고인이 되셨지만, 내 스승이신 제임스 로더James E. Loder 교수님
은 교육과정 안에 필연적으로 동반되는 두 부류의 역동적 합류에 대해 이
렇게 설명하셨다. 하나는 사회동화과정Socialization Process이고, 또 다른 하
나는 변화과정Transformation Process이다.[5] 어떤 공동체든지 간에 모든 공동체
는 본질적으로 교육적 잠재력을 소유한다. 공동체는 그 소속원들에게 공
식적 프로그램과 비공식적 프로그램 그리고 함께 나누는 여러 형태의 삶
과 이벤트를 통해서 공동체의 가장 핵심적인 가치와 소중하게 여기고 있
는 원리와 원칙들을 주입하고 교육한다. 공동체 내에서 사회동화를 주도
하는 사회동화과정은 공동체의 계속적인 존속과 유지 그리고 구성원들의
효과적인 조직 내 활동과 기여를 유도하기 위해 지대한 분량의 중요한 지
식과 정보를 제공한다. 계속 반복적으로 소통되고 주입되는 이러한 가치
관과 목적의식은 시간의 흐름에 따라 참여하는 구성원들의 의식 속에 깊
이 뿌리내리게 된다. 공동체의 문화적 요소 그리고 독특하고도 유일한 분
위기unique congregational atmosphere는 바로 이 사회동화적 교육과정을 통해
점진적으로 이루어진다. 함께 공존함으로 가슴 깊이 느끼게 된 것들, 함께
참여함으로 배우게 되는 가치관, 함께 나누는 공동체 생활의 희로애락을
통해 형성되는 공감대는 공동체의 독특한 문화를 창출한다. 특별히 공동
체를 섬기며 이끌어 가는 목회자의 독특한 삶의 철학과 신앙관, 신학의 경
향 그리고 함께 리더십에 참여한 평신도 지도자들의 신앙의 태도들이 공
동체 문화 형성에 미치는 영향은 지대한 것이다. 이렇게 형성되는 문화 속

---

5) 콜롬비아대학에서 박사과정에 있을 때, 프린스턴신학대학원의 James E. Loder 교수님으로
   부터 *Socialization and Transformation Process of Christian Education*이라는 출판되지 않은
   에세이 사본 한 편을 받았다. Loder 교수의 사상을 중심으로 재응용하였다.

에는 신선한 충격과 영향을 줄 수 있는 공동체 체질 내에 잠재해 있는 자연적 능력을 통해 생성되는 사역들이 있다. 이것은 시간을 요하는 과정이기 때문에 목회자의 조급함은 금물이다. 교육목회로 섬기는 목회자들은 길이 참고 인내하는 목회적인 성품이 필요하다. 그래서 야보고는 "인내를 온전히 이루라…주께서 강림하시기까지 길이 참으라"약 1:4, 5:7고 조언했다. 이 성품은 교육목회에 임하는 모든 목회자들이 반드시 개발해야 할 중요한 부분이다.

교육목회과정 안에 합류되는 또 다른 물줄기는 바로 역동적 변화를 주도하는 변화과정Transformation Process이다. 이것은 변화의 흐름 속에서 맥을 잡을 수 있는 교육과정으로, 새로운 목회 환경에 대처할 수 있는 예민한 감성을 육성시킨다. 지금껏 추종하고 맹목적으로 따랐던 경직된 전통을 새로운 각도에서 분석하고 이해할 수 있도록 도와준다. 많은 교회들이 소위 창립교인들에 의해 정의된 미션을 수십 년이 지난 후에도 그대로 따르고 있다. 물론 세상이 변하고 시간이 흐른다 해도 불변하는 비전도 있겠지만, 급변하는 목회 상황과 필요에 적절한 사역을 감당하기 위해서는 반드시 재검토되어야 하는 것이 공동체의 미션이다. 우리는 무엇을 위해 존재하고 있는가? 격동의 변화 속에서 방황하는 이 세대를 향하여 우리에게 요구되는 참된 변화는 무엇이며 또 우리는 무엇을 어떻게 해야 할 것인가? 어떤 사역에 더 중점을 두고 또 어떤 사역을 다시 활성화해야 할 것인가? 이러한 질문은 개혁의 물줄기를 잡고 목회하는 목회자들이 늘 당면하는 질문이다. 공동체를 주도해 가는 목적의식과 공동체 구성원 모두가 공감하는 목표들을 설정해 나가는 데 반드시 현상 유지status quo에 급급한 사고를 타파하고 과감하게 개혁의 렌즈를 투여하여 새로운 관점에서 목회 사역과 프로그램의 중요성을 재분석하는 것이 중요하다.

여기서 한 가지 유의해야 할 것은 변화를 주도하는 변화과정은 기존의 모든 전통과 전통적 방식을 타파하는 것에 초점을 두지 않는다는 점이다. 해 아래 진정 새것은 아무것도 없다. 새로운 목회적 착상과 아이디어조차 늘 기존해 있는 전통이라는 모판에서 생성되는 새싹임을 잊지 마라. 전통의 토양 속에서 일어나는 새로움은 개혁이라는 개념조차 전통의 테두리 안에서 계속 진화되고 있는 현재진행형Traditioning의 과정임을 인식하자. 재해석되는 전통의 중요성과 그 의미는 개혁 자체가 전통을 무조건적으로 해체하려는 천진난만한 혁명적 타파에 경고한다. 결국 개혁적 교육과정은 오히려 아무런 분석과 창조적 사고도 없이 막연하게 붙잡고 있던 전통주의적인 요소들, 공동체 체질 속에 깊이 앙금같이 잠적해 있는 부정적인 요소들을 청산하는 데 기여하게 된다. 자로슬라브 펠리칸Jaroslav Pelican이 언급했듯이 "전통은 죽은 자들의 참 믿음이 살아 있는 것이고, 전통주의는 산 자들이 무조건적으로 추종하고 있는 죽은 믿음이다."Tradition is the living faith of the dead, traditionalism is the dead faith of the living. 왜 전통을 따라야 하는지도 모른 채, 왜 그러한 특별한 예식을 행해야 하는지도 모른 채 오래전부터 행해 오던 풍습, 예식 그리고 사고방식을 고수하는 것은 너무나도 어리석은 일이다. 전통이 세워졌을 때 전통을 통해 고수하고자 했던 참된 신념과 믿음, 철학적 의미 그리고 역사적 중요성 등을 철저하게 규명하되, 그 전통이 던지는 의미와 중요성들이 과연 오늘날에는 어떠한 모습으로 타당할 수 있을 것인지를 깊이 고찰할 필요가 있다. 이것이 생각하고 기도하며 섬기는 교육목회자의 모습이다. 비로소 목회자는 생각하는 신학자의 영역에 영입되며, 신학자는 실천하는 목회자의 고된 사역의 현장에 발을 들여놓게 된다. 목회자와 신학자가 함께 만나는 이 공간은 교육목회가 지향하는 참다운 배움Teachable moment이 일어나는 신성한 목회영역이다.

교육적 목회과정의 역동적인 본질을 다시 정리해 보자. 명확하게 바라보는 목표를 향하여 공동체가 함께 목적지를 향해 나아갈 수 있도록 의도적으로 그리고 참신한 깨달음을 유도하는 과정의 징검다리를 성실하게 놓아가는 과정이 교육목회이다. 변화와 개혁을 유도해 가는 이 과정에는 사회동화를 위한 과정Socialization과 창조와 개혁적 변화Transformation의 두 역동적 과정의 물줄기가 함께 섞여 합류하게 되는데, 이 두 물줄기가 창출하는 생동력과 힘은 목회 강변을 휘감고 돌아갈 때마다 사역의 강둑을 새롭게 변형시킨다. 신뢰할 수 있는 영구성Ontological Security을 유지함과 동시에, 날마다 목회 현장에서 새로운 변화를 끌어안고 대처하는 끊임없는 목적이 주도하는 과정이 바로 목회자들이 가슴속 깊이 품어야 할 교육목회 과정이다. '새롭다' 또는 '새롭게 대처한다' 함은 내 안에 결코 변치 않는 신념적 지속성이 내재할 때 자연스럽게 나타나게 된다. 이는 그 어떠한 위협 속에서도 결코 타협할 수 없는 내적 자아상이 확고할 때 가장 개혁의 빛을 아름답게 발하게 된다.

6. 교육과정의 다양성들Different Channels of Educational Processes

목회 현장에서 가장 두드러지게 열매를 맺는 경우는 어떤 큰일을 이루기보다는 목적이 주도하는 교육과정들을 꾸준히 충실하게 이행할 때 나타난다. 어떤 목회자들은 모든 교인에게 40일 금식기도에 들어간다고 대대적으로 광고하고 떠나기도 한다. 물론 40일 금식기도는 아무나 시도할 수도 없고 40일 동안 식음을 전폐하고 기도에 매진하는 일은 대단한 영적 도전이다. 그러나 하나님의 온전하신 뜻이 어디 있는지 그 뜻과 목적을 찾기 위해 초점을 맞추지 못한 40일 금식기도라면 이것은 한낱 카리스마적 리더십을 쟁취하기 위한 종교적 노력에 지나지 않는다. 사람들의 시선을 사로잡고 말초신경을 짜릿하게 만드는 충격적이고 영웅적인 사건을 성취했을 때, 바로 그러한 성취 뒤에 도사리고 있는 바리새인적인 교만은 목회자의 발목을 잡는 덫이 될 수도 있다. 어떤 목회자는 교회 건축을 위해 자신의 통장을 모두 털어 교회에 봉헌하면서 건축을 추진하는 경우도 있다. 물론 이러한 사례는 많은 이들에게 감명을 안겨다 준다. 하지만 대부분 목회 현장에서 사역의 열매를 성숙시키는 과정에는 이러한 극단적 사건Radical Incident보다는 마치 말없이 떨어지는 낙수가 바위를 깊이 파고드는 것처럼, 별것 아닌 것 같은 작은 사건이 의도적으로 계속되는 크고 작은 사역을 통해서 이루어진다. 망치로 바위를 내려치지는 못할지언정 지향하고자 하는 목회 초점을 잃지 않고 계속 목표달성을 위해 꾸준히 반복되는 교육과정이야말로 결국 바위와 같은 장애물도 제거하게 된다.

그렇다면 이토록 비전에 초점을 맞추고 목적이 주도하는 교육목회가 추구하고자 하는 과녁들은 어떤 것들이 있을까? 궁수가 과녁에 집중하여 화살을 날리는 것처럼 목회자는 자신에게 주어진 환경 가운데 최선의 것을 선별하여 최대의 관심과 집중력을 동원하여 과녁을 향해 헌신의 화살을 날려야 한다. 우선 공동체가 추구하고자 하는 '우리는 누구인가?' 하는 자아형성Identity Formation을 위한 몇 가지 목회적 과녁을 생각해 보자.

1) 성숙한 영성을 키우는 예수 제자화를 위한 공동체Community for Individual Spiritual Formation

만일 목회자가 공동체에 속한 모든 개인들을 성숙한 영성을 지닌 예수의 충실한 제자로 성장시키고 이 세상에서 그리스도의 향기로 살아가는

것을 꿈꾸며 목회할 때, 이를 위한 교육목회과정과 전략은 어떠해야 할 것
인가? 이 과녁은 각 개인의 영적 성장과 성숙함에 초점을 두는 과정이므
로 공동체 내에서 실행되는 모든 프로그램들은 이 관점에서 고려할 필요
가 있다.

2) 말씀을 이웃에게 증거하는 공동체Community for Teaching and Instruction

우리 삶 속에 일어나는 여러 일들을 보면서 하나님의 의도와 그 뜻을
헤아리기 위해서는 반드시 풍부한 성경지식이 필요하다. 성경을 해석의
렌즈로 사용할 수 있는 능력을 증진시켜 줌으로 성경말씀을 타인들에게
도 증거할 수 있는 전도전략에 능숙하게 한다. 이렇게 의도적인 성서적 교
육과 지식 증진에 목적을 두는 목회자라면 교육 프로그램에서부터 비공
식적인 행사까지 다른 목회자들과는 다를 것이다.

3) 공감대를 이루며 함께 성장하는 공동체Community for Corporate Community Formation

모든 사람들에게는 소속감이 절대적으로 필요하다. 믿음의 공동체가
이러한 본질적인 사람들의 열망을 그리스도의 사랑과 관심 그리고 환대
와 도움의 손길을 몸소 실천함으로 함께 나누며, 함께 누리는 믿음의 공동
체로 성장할 수 있다. 이러한 의미 있는 소속감이 부재할 때, 사람들은 우
주의 고아 같은 실존적 외로움으로부터 결코 벗어날 수 없게 된다. 만일
목회자의 비전이 이렇게 방황하는 사람들과 함께 공동체를 이루어 서로
가 서로에게 힘이 되고 위로와 격려를 나누는 공동체로 성장하는 것이라
면, 그가 기도하며 준비해야 할 교육과정은 시작과 과정 그리고 모양이 다
른 과녁을 겨누는 목회자들과는 판이하게 다를 것이다.

4) 세상에서 선지자 사명을 감당하는 공동체 Community for Fulfilling Prophetic Callings in the World

공동체의 궁극적 사명이 도덕과 윤리의 순수성과 진리성을 상실해 가
는 이 세상을 향하여 선지자적 사명을 감당하고자 한다면, 선지자적 소명
의식을 고취시키고 그를 위한 교육 프로그램도 여러 방면에서 달라질 것
이다. 시대의 타락을 가슴 아파하여 회개를 촉구했던 아모스 선지자처럼,
인종차별과 빈부의 격차로 벌어진 사회경제적인 틈과 이데올로기의 차이
로 인해서 소외된 사람들의 아픔과 눈물을 닦아 주며 하나님이 원하시는
사회개혁과 회개 그리고 그리스도인들이 감당해야 할 선지자적 사명을
인식시키고 훈련하는 공동체는 분명 위에 언급한 다른 목회적 과녁을 겨
누고 있는 교회와는 성격상 많이 다를 것이다.

5) 한 가족처럼 밀접한 관계로 엮어진 공동체 Community for Relational Formation

하버드대학의 심리학자 로버트 케건Robert Kegan은 그의 저서 *The
Evolving Self*에서 다음과 같이 주장했다.[6] 모든 인간들에게는 두 가지 열
망이 존재한다. 하나는 어떤 그룹에든지 인정받고 소속되기를 원하는 열
망이요, 또 다른 하나는 어느 그룹에도 구속되지 않고 자유하고자 하는 열
망이다. 이 열망 자체가 함께 공존할 수 없는 모순이다. 소속되고자 함은
그룹의 영향과 구속을 피할 수 없게 됨이며, 자유하고자 함은 외로움을 전
제하지 않고는 소유하기 어려운 것이다. 그러기에 누군가에 소속되고, 어
떤 의미 있는 그룹에 소속되기를 열망하면 할수록 자신의 독특한 정체성
을 상실할 것 같은 두려움을 갖게 되기 마련이다. 반대로 자유를 갈망하는
사람은 '내가 자유를 추구함으로 사람들로부터 격리되지는 않을까?' 하는

6) Robert Kegan, *The Evolving Self: Problem and Process in Human Development* (Harvard
University Press,1982)를 참조하라.

두려움을 안게 된다.

공동체를 주도해 가는 맥락이 관계의 형성이요, 관계적 이상을 추구하기 위함이라면 교육목회를 리드해 가는 목회자들에게 새로운 패러다임을 요구하게 된다. 때로는 비능률적이라 할지라도 관계의 순수성과 정직성을 보존하기 위하여 희생할 것들과 그럼에도 불구하고 시행해야 할 것들이 있다. 우리는 이러한 갈등과 긴장을 목회 현장에서 수도 없이 겪어 왔다. 이 역시 목회자에게는 심혈을 기울여 겨냥해야 하는 또 다른 과녁을 암시해 준다.

6) 예배의 경건과 전통을 중시하는 공동체Community for Worship and Reverence in Spirit

내가 방문했던 교회 중에 유독 한 교회는 많은 프로그램을 운영하지 않았다. 오히려 교회의 건물이나 성도수에 비해 너무나도 적은 프로그램을 가지고 있었다. 그러나 이 교회는 모든 공예배를 최선을 다해 준비했고 경건하게 예배드리는 일에 모든 사역자와 인도자가 정성을 기울였다. 한마디로 예배를 중심으로 형성된 공동체다. 모든 신앙의 공동체가 사실 예배를 중심으로 형성되지만, 특별히 예배가 모든 것의 핵심으로 존중되는 공동체를 바라보며 큰 감동을 받은 기억이 있다. 예배가 공동체의 존재적 핵심으로 여기는 교회에는 과연 어떠한 방향의 교육목회가 이루어져야 할까? 분명 앞에서 언급한 공동체와는 많이 다를 것이다.

지금까지 간단히 언급한 교육목회의 초점과 여러 모양의 접근은 두 가지를 명시해 준다. 하나는 공동체가 함께 추구하는 교육목적이 무엇인지, 어떠한 결과를 바라보며 교육목회에 임하고 있는지 하는 것이고 또 다른

하나는 목적과 방향이 어디에 초점을 맞추든지 목표의 성취를 위해 목회
자는 의도적이고 적극적으로 교육과정을 준비하고 관여해야 한다. 목표
의 초점에 따라 교육과정은 분명 그 성격과 형식, 프로그램과 교육방법론
의 체질이 다르다. 이것은 마치 토끼를 사냥하는 사냥꾼과 붕어를 잡으려
는 낚시꾼이 준비하는 장비가 다른 것과 같다. 사냥꾼이 낚싯대로 토끼를
잡기 어렵듯이 적절하지 않은 교육과정은 무수한 시간과 노력, 공동체의
자원을 낭비하게 된다.

	개인 영성 육성을 위한 목회	가르치며 교육하는 목회	공동체를 양육하는 목회	선지자적 사명의 목회	가족 같은 관계적 목회	예배 중심의 목회
가치관	거듭남/전도	지식의 유입	성품개발	사회정의	충성	영적 체험
목회자의 역할	전도자	교사	개발 코치	개혁자	부모	예배 실행자
평신도의 역할	전도하는 사람들	열심 있는 학생	팀원 동역자	신병 모집자	순종하는 자녀	예배 참여자
강조점	영혼 구원	배움	조화/일치	보살핌	소속감	임재와 체험
응용자료	믿음의 결단	강의와 세미나	체계적 양육	사회운동과 참여	친교와 관계육성	다양한 형식의 예배
지향하는 목적	중생한 생명	지식이 풍부한 교인	상호적 믿음성장	사회운동가 교인들	안정된 그리스도인	영적 능력이 충만한 교인
정당성의 근원	구원받은 사람 수	성서적 설교 성경공부	하나되는 공동체	정의를 위한 원인	전통과 뿌리의식	성령 충만
긍정적 특징	불신자를 향한 사랑	성경지식에 대한 애착	성장과 일치	소외된 자/긍휼함	확실한 정체성	공동체의 생명력

〈도표 2 다양한 교육목회의 초점과 방향〉[7]

7) 위의 도표는 J. L. Seymour, D. E. Miller, S. P. Little, C. R. Foster, A. J. Moore & C. A.
Wehrheim, *Contemporary Approaches to Christian Education* (Nashville, TN.: Abingdon
Press, 1982) 의 공동연구자료를 바탕으로 새롭게 재구성한 것이다. 공동체 정체성 형성에
초점을 두고 접근하는 교육목회의 다양한 방법론들이다.

모든 공동체가 나름대로 이러한 교육과정에 임하고 있다. 문제는 '내가 어떠한 교육과정을 도입하고 있는가?'를 의식하지 못하는 데 있다. 예를 들면, 공동체가 그리스도 안에서 모두 한 가족이 될 수 있도록 관계적 신앙생활을 추구하면서, 그 교육과정은 전혀 거리가 먼 선지자적 교육방식을 도입할 수도 있다. 실제로 목회 현장에는 이런 경우가 비일비재하다. 인근에 있는 지역교회가 어떤 프로그램을 도입하여 성공을 거뒀다는 말에, 그 프로그램이 교회 공동체의 체질에 맞는지 심사숙고하지도 않은 채 무조건 도입한다면, 어떤 결과가 초래되겠는가? 또 이 세상에서 선지자의 사명을 감당하고 세상에 대항하여 살아가는 그리스도인을 양육하기를 원하면서, 어떻게 하나됨을 지키기 위해 선지자적 사명을 희생할 수도 있는 관계 중심적인 공동체의 체질을 수용할 수 있겠는가? 이렇게 목회의 초점이 빗나갈 때, 교회 내부에 얼마나 많은 갈등이 유발되겠는가? 이는 목회자들이 왜 의도적으로 교육과정에 임해야 하는지를 말해 준다.

7. 성경이 제시하는 교육목회자의 자세

소망의 씨앗을 심고 가꾸며 추수의 계절을 소원하는 목회자의 심정은 어떤 것일까? 각자 지향하는 목적이 있으므로 그 목적을 달성하기 위해 전념으로 헌신하는 목회자들에게 바울은 갈라디아서 6:7-10을 통하여 목회 현장에 심어 놓은 목회원칙들을 발견하도록 교훈한다. 결과보다는 과정에 더 충실해야 하는 부름 받은 목회자들에게 아주 유익한 깨달음을 제시하고 있다.

복음사역을 위해 부르심을 받은 목회자들은 누구나 제각기 섬김의 텃밭이 있다. 때로는 큰 밭, 혹은 아주 작은 밭일 수도 있다. 하지만 밭의 크기를 막론하고 모든 목회자들에게 섬김의 텃밭이 있음을 명심하자. 남들에 비해 너무 협소하다거나, 양지도 아닌 가파른 언덕에 위치해 있을 때 우린 가끔씩 하나님께서 주신 섬김의 텃밭을 보면서 실망하거나 의욕을 상실할 때가 있다. 물론 사회경제적인 요소를 감안할 때, 남보다 더 열악한 환경에서 목회의 텃밭을 가꾸고 일굴 때 느끼는 생각이리라. 어디 그뿐인가? 나에게 주어진 텃밭은 왜 그렇게 잡초가 무성하고 돌도 많고 엉겅퀴 같은 쓴뿌리들과 가시덩굴이 많은지! 바라만 보아도 의기소침해지고 한심하게 느껴질 때도 있다. '아이구, 하나님도 너무하시지! 어떻게 이런 텃밭을 저에게 주시나이까?' 하면서 포기하고 싶을 때도 수없이 많으리라. 여기서 모든 목회자들에게 중요한 것은 현재 나의 텃밭이 어떠한 상황에 있다 할지라도, 일단 텃밭을 허락하신 하나님께 중심으로부터 감사해야 한다. 이는 티끌보다도 못한 우리를 복음사역의 동역자로 불러 주신 은혜에 감사함이다. 분명 하나님께서 의도하신 뜻이 담겨 있는 섭리의 보물단지가 섬김의 텃밭 어딘가에 묻혀 있음을 알고 감사해야 한다.

또 한 가지 생각해야 할 것은 주어진 텃밭에 인생의 사계절이 다가온다는 것이다. 희망찬 가슴을 안고 소망의 씨앗을 뿌리는 봄이 다가온다. 정말 가슴 벅찬 순간이다. 하고자 하는 의욕이 넘쳐 그냥 앉아만 있을 수 없는 시기들이다. 그런가 하면, 어느덧 고개 든 새싹들을 가꾸고 보살피는 여름이 다가온다. 뜨거운 태양 아래 결리는 허리를 두드리며 길쌈해야 하는 기나긴 여름 날을 기억할 것이다. 밤새 섬김의 터에 사탄이 뿌리고 간 잡초를 뽑아내야 하고, 이리저리 터진 텃밭의 둑도 보완해야 하고 한참 자라나는 줄기를 다듬고 거름도 주어야 한다. 이렇게 땀 흘리며 길쌈해야 하는 여름은 길게만 느껴진다. 어쩌면 지금 목회의 밭에서 여름의 강한 햇빛과 씨름하며 수고하고 있을지도 모른다. 그런가 하면 어느덧 황금물결치는 들판을 바라보면서 추수의 시기를 맞이하는 사역자들도 있을 것이다. 기나긴 봄과 여름의 수고를 거치고 마침내 거두어들이는 농부의 심정으로, 눈물로 씨앗을 뿌린 후에 기쁨으로 단을 거두는 시기야말로 감사와 감격의 시간들이다. 노력한 만큼 주어진 대가로 인해서 감사와 찬양을 드리는 시기이다.

다 이룬 것 같은 여유와 쉼의 공간이 있는가 싶더니, 섬김의 텃밭에 어김없이 쓸쓸하고 차가운 시련의 계절이 돌아온다. 주위의 사람들이 다 떠난 것 같은 쓸쓸함을 안고 눈보라치는 겨울 들판을 홀로 걸어야 하는 것이 목회자들의 발걸음이다. 살을 에는 듯한 칼 같은 추위에 속살을 드러내고 하나님의 뜻을 구해야 하는 시간이다. 그러나 이러한 시련과 연단의 시간이 없이 어찌 목회의 성숙에 이를 수 있으며, 어찌 나이테에 영적 성숙의 한 자리를 더할 수 있으랴? 나도 목회할 때 저녁을 들다 말고 멍하게 허공을 쳐다본 적도 있었다. '왜 그렇게도 나를 힘들게 할까?' '당연히 해야 할 사역인데 왜 그렇게 반대하는 것일까?' '난 정말 목회자의 자격이 없는 사람일까?' 등등 많은 생각들이 무거운 머릿속을 채우기도 했다. 모든 목회자들이 목회 현장을 다시 묵상하고 솔직하게 물어야 한다. '지금 내가 섬기는 사역의 텃밭은 어떤 상태에 있는가? 그리고 우리 교회는 어느 계절을 지나고 있는가?' 하나님께서 부르시는 사역의 들판으로 나가기 전에 반드시 묻고 대답해야 할 질문이다.

섬김의 텃밭을 휘감는 시간의 강변에서 반드시 물어야 할 세 가지 질문이 있다. 하나님의 뜻을 헤아리며 섬김의 터에서 반드시 열매를 맺기 위해서 반드시 물어야 할 질문이다. 바울 사도가 갈라디아서 6장에서 제시한 성서적 교훈을 찾아보자.

1) 여기에 무엇을 심을 것인가?

목회방향과 목적에 관한 질문이다. 과연 어떤 씨앗을 심을 것인가? 속 담에도 있듯이 '콩 심은 데 콩 나고, 팥 심은 데 팥 난다.' 한마디로 심은 대 로 거둔다는 진리이다. 사역자가 사랑을 심으면 사랑의 달콤한 열매를 거 둘 것이다. 인내를 심으면 인내가 가져다주는 감동적인 열매를 거둘 것이 다. 용납과 이해를 심으면 관용이 바탕이 된 용서의 열매를 거둘 것이다. 그러나 만일 섬김의 텃밭에 늘 교인과 투쟁하면서 미워하고, 배척하고, 격 분한다면, 미움과 배척과 성냄으로 인한 쓰디쓴 열매들을 거둘 것이다. 이 것은 하나님께서 모든 인생의 텃밭에 심어 놓으신 근본적인 원칙들이다. 어느 누구 하나 이 근본적인 삶의 원칙을 피해 갈 수 없다.

그러므로 기억하자. 나는 허락하신 섬김의 텃밭에 무엇을 심을 것인 가? 생각하고 묵상하고 기도하면서 해답을 구하라. 미움을 심은 곳에서 절대로 사랑의 달콤한 열매는 맺히지 않는다. 배척하고 편을 가른 곳에 서 일치의 아름다운 열매도 생성되지 않는다. 불평을 심은 곳에는 감사의 열매가 열리지 않는다. 모든 목회자들과 섬김의 리더들은 반드시 기억해 야 할 것이다. 우리가 무엇을 심든지 그대로 거둔다는 진리를 망각하지 마 라. 만일 목회자의 마음속에 이것을 심고 저것을 은근히 기대한다면, 이것 은 섬김의 동기부터 잘못된 것이다. 첫 단추가 잘못 끼어진 것이므로 마지 막 결과는 볼 것도 없다.

그러므로 사역의 텃밭에 부름을 받은 모든 이들이 기억해야 할 것 은 너무나도 명백하다. 아름답고 좋은 것 그리고 하나님께서 기뻐하실 것들을 심으라. 프린스턴신학대학원에서 설교학을 가르치던 블랙우드 Blackwood 교수님은 남겨야 할 세 가지 유산을 이렇게 이야기했다. ① 우리

자녀들에게 '기쁜 기억'의 유산을 남겨야 하며, ② '좋은 습관'의 유산을 남겨 주어야 하고, 마지막 셋째는 ③ 높은 신앙의 이상으로 덧입은 '고귀한 생의 목표'를 유산으로 물려주어야 한다고 주장했다. 섬김의 텃밭에서 여러 사역의 동역자들과 리더들이 함께 힘써야 할 교육목회적 목표는 후세대들에게 아름다운 기억의 유산을 많이 남겨야 한다.

나는 지금도 교회 앞마당에서 앞치마에 떡을 가져다주시며, '하나님이 기뻐하시는 사람 되거라'라고 머리를 쓰다듬어 주셨던 권사님이 기억난다. 또 주일학교에서 공부가 끝난 후 '오늘 그 아이디어는 참 좋았다!'라며 칭찬해 주시던 선생님이 기억난다. 격려해 주시던 삼촌 같은 집사님과 장로님 그리고 항상 사랑의 손으로 감싸 주시던 이모님 같은 권사님. 이 모든 분들은 아름다운 기억을 유산으로 주신 은혜로운 분들이다. 그러므로 우리는 섬김의 텃밭에 일꾼으로 부르심을 받았을진대 마땅히 최선을 다해 아름다운 것을 심도록 노력해야 한다.

2) 얼마나 많이 심을 것인가?

이 질문에 대해서는 지극히 상식적인 대답을 할 수 있다. 가능한 최대한으로 많이 심으라. 시간과 자원이 허락하는 대로 많이 심으라. 고린도후서 9:6을 기억하자. "적게 심는 자는 적게 거두고, 많이 심는 자는 많이 거둔다." 섬김의 추수는 결코 우연의 일치에 의해 지배당하지 않는다. 섬김의 텃밭에서 많이 심으면 반드시 많은 열매를 거두게 된다. 반대로 적게 심으면 적게 거두게 될 것이다. 우연히 앞에 가던 차의 범퍼에서 이런 문구를 보았다. "인생은 짧습니다. 신나게 즐기세요!" 그러나 목회 현장에 선 우리는 이 문구를 이렇게 바꾸었으면 한다. "인생은 정말 짧습니다. 더 열

심히 사역하세요!" 너무나도 짧은 인생, 너무나도 아까운 시간이 우리에게
주어졌다. 시간의 강물은 오늘도 섬김의 발 주변을 쉬지 않고 깎아내리며
흐르고 있다. 시간은 결코 우리를 기다려 주지 않는다. "세월을 아끼라. 때
가 악하니라!"엡 5:16

　피츠버그신학대학원 학생들과 이런 연구를 한 적이 있다. 미국들이 약
70년 동안 산다고 가정할 때, 대부분의 사람들이 무엇을 하면서 70년을 보
내는가 하는 것이었다. 15명의 학생들과 함께 중간 집계로 대강 잡아 보니
아래와 같이 시간을 소비하며 살고 있다.

- 20년 정도를 잠으로 소비: 하루에 약 8시간
- 20년 가량은 풀타임으로 일하는 데 소비: 하루에 약 8시간
- 약 7년을 먹는 데 소비: 하루 3번 총 2시간 30분
- 약 6년 정도를 노는 데 소비
- 약 5년 정도를 화장하고 치장하는 데 소비
- 3년 반을 사람이나, 정류장에서 버스, 택시를 기다리는 데 소비
- 2년 반 정도를 술을 먹거나 담배를 피면서 친교하는 데 소비
- 2년 정도를 피곤해서 낮잠을 자거나 쉬는 데 소비
- 1년 이상을 전화하면서 소비
- 1년 반 이상을 기분이 상하거나 화내면서 소비
- 1년 가량을 화장실에서 소비
- 반 년 이상을 신발끈을 매거나 푸는 데, 넥타이 메고 단추 끼우는 데 소비

　인생을 70 평생 무언가를 생산할 수 있는 시간으로 계산하면, 우리에
게 남는 시간은 고작 2년에서 길어야 2년 반인 셈이다. 이것을 하루 24시

간으로 계산해 보면 우리에게 남는 시간은 고작 짧게는 17,520시간, 길게는 21,900시간이 남는다. 현실적으로 다시 생각해 보자. 아무리 열심히 하나님의 제단을 섬긴다 해도 만일 우리의 직업이 목회자나 풀타임 사역자가 아닌 이상 사역할 수 있는 시간은 70 평생에 고작 20,000시간이다. 그러니 이 짧은 시간을 가지고 한평생 주님을 섬기면 얼마나 섬길 수 있겠는가? 그것도 나머지 모든 시간을 전적으로 100% 사역을 위해 투자할 때 가능한 이야기이다. 만일 이 나머지 2년 정도의 시간에 좀 더 즐기고 여행하고, 화를 내거나 쓸데없는 이야기에 귀를 기울이면서 남을 험담하며 보낸다면, 과연 우리에게 남은 시간이 얼마나 되겠는가? 과연 얼마나 복음사역을 위하여 천국을 이 땅 위에 확장하는 데 사용할 수 있겠는가?

이런 관점에서 본다면 모든 목회자와 리더에게 던지게 되는 질문이 있다. 우리는 무엇을 위한 시간을 줄여야 하는가? 어떤 시간을 의미 없이 소비하기보다는 좀 더 의미 있는 시간, 좀 더 목표를 향해 더 가까이 나아갈 수 있는 시간이 될 수 있는지 더욱 의도적으로 우리의 삶을 재점검해야 한다. 당신은 과연 무엇을 줄일 수 있겠는가? 어떤 삶의 부분을 효과적으로 줄여서 하나님의 사역을 위해 더 투자할 수 있겠는가? 우리에게 70 평생에 실제적으로 2년 남짓한 시간이 있다고 하면, 전적으로 복음을 증거하기에는 너무나도 짧은 시간이다. 서로 사랑하고 한 생명 구원하는 일에만 매진해도 너무 짧다. 그러니 잠을 줄일 필요가 있다. 또 과하게 마시거나 먹는 시간을 줄일 필요가 있다. 과하게 치장하고 사치하면서 즐기는 데만 시간을 투자할 것이 아니라 좀 더 영원한 일을 위해, 인간 회복을 위해, 복음을 증거하고 구원의 은혜를 나누는 일을 위해 전적으로 투자해야 하지 않겠는가? 서로 부둥켜안고 사랑해도 모자라는 시간이 아닌가? 눈물을 닦아 주고 위로하고 격려해도 너무나도 짧은 시간이 아닌가? 기쁨을 마음껏 나누고 덕이 되는 좋은 일을 하고 살기에도 너무나도 아까운 시간들이 아니는가? 입술에 감사와 찬양을 담고 주님을 찬양하며 살기에도 아까운 나날들이 아니던가? 그런데 이렇게 소중한 시간들을 행여나 사탄 마귀가 안겨다 준 '섭섭하다!' 또는 '이 복수는 반드시 갚겠다!'고 증오의 노예가 된다면 이같이 허무한 일도 없으리라. 너무나도 짧고 소중한 시간인데, 우리는 그냥 그렇게 바보처럼 인생을 살아가고 있지는 않은지 십자가 앞에서 신중하게 다시 한 번 스스로를 성찰해야 할 것이다. 그러므로 세월을 아끼자. 가능한 한 열심히 살면서 많은 사역의 씨앗을 뿌리자. 복음의 씨앗, 사랑의 씨앗을 사역의 텃밭에 힘껏 뿌리자. 하나님 아버지께서 이 일을 기뻐하셔서 반드시 풍성한 은혜와 능력을 나타내실 것이다.

3) 어떤 마음가짐과 자세로 심을 것인가?

섬김의 사역자로 부름 받은 리더는 매일 인내하면서 믿음으로 심어야 한다. 갈라디아서 6:9에 보면 "우리가 선을 행하되 낙심하지 말지니 포기하지 아니하면 때가 이르매 거두리라"고 하셨다. 심은 대로 반드시 거두게 하신다는 언약의 말씀을 붙잡고 결코 포기해서는 안 된다. 내가 주저앉을 때, 그분께서 일으켜 주신다. 내가 포기할 때, 주 안에서 모든 것을 할 수 있노라 격려해 주신다. 내가 길을 잃고 헤매일 때 지팡이와 막대기로 나를 인도해 주신다. 섬김의 사역이 오로지 그리스도께로부터 말미암고 오직 그분의 능력 안에서 진행되며, 오로지 그분께 영광을 돌리기 위해 이루어진다. 반드시 기억하자.

희망을 포기하지 않기로 유명한 사람이 있다. 그는 제16대 대통령을 지낸 아브라함 링컨Abraham Lincoln이다. 그는 극심한 가난 속에서 태어났다. 아버지는 그가 초등학교 때 일찍이 집을 떠나 버렸기 때문에, 그는 홀어머니 밑에서 자라났다. 마지막 어머니가 하늘나라로 가실 때 물려받은 재산이라곤 어머님이 읽으시던 낡아 빠진 성경뿐이었다. 그러나 그 성경에 온 생애를 건 링컨은 마침내 고난과 시련의 통나무집에서 백악관의 주인으로 들어갈 수 있었다. 링컨의 일생을 살펴보면 눈물을 머금게 하는 처절한 삶의 연속임을 볼 수 있다.[8] 그의 삶의 연결고리는 절망과 실패 그리고 형용할 수 없는 고난과 좌절이었다.

- 1816년 링컨의 식구들이 사글셋방에서 쫓겨났다. 링컨은 부모를 돕기 위해 노동을 시작한다.
- 1818년 모친이 별세하면서 고아가 된다.
- 1831년 어른이 된 링컨은 첫 사업을 시도했지만 실패했다.
- 1832년 주정부의원으로 출마했으나 낙선한다.
- 1832년 직장에서 해고당하고, 법대에 입학원서를 제출했지만 낙방하였다.
- 1833년 친구들로부터 빚을 내어 다시 사업에 도전한다. 그러나 1년 만에 실패하면서 그때부터 17년간 빚을 갚기 위해 안간힘을 쓴다.
- 1835년 열렬히 사랑하는 여인을 만나 결혼하기로 약속했으나, 약혼녀가 병으로 사망하자 절망의 수렁에 빠진다.
- 1836년 정신착란증과 분열증으로 침대에서 약 6개월을 보내게 된다.
- 1838년 주정부의원 대표 의장Speaker으로 출마했지만 낙선한다.
- 1840년 선거인단Elector이 되려 하지만 실패한다.
- 1843년 미 연방 하원의원에 출마했지만, 보기 좋게 또 낙방한다.
- 1848년 미 연방 하원의원에 다시 출마하지만 또 낙방한다.
- 1849년 고향인 일리노이 주에 대출담당직원Loan Officer으로 일하려 했지만

---

8) Lord Charnwood, *Abraham Lincoln: A Biography* (Madison Books, 1998)와 David Herbert Donald, *Lincoln* (Simon and Schuster, 1996)을 참조하라.

거절당한다.

- 1854년 연방 상원의원에 출마, 또 낙방한다.
- 1856년 공화당 부통령에 출마하려는 추천을 받으려 했지만 100표도 얻지 못하고 낙방한다.
- 1858년 연방 상원의원에 다시 출마했지만 또 낙방한다.
- 1860년 드디어 미국 제16대 대통령으로 당선되어 백악관의 주인이 된다.

그는 도중에 포기할 수 있었던 모든 여건을 가지고 있었다. 너무나 참담한 참패의 연속에서 얼마든지 포기해도 이해할 수 있었을 것이다. 실패와 아픔 속에서 주저앉을 수도 있었을 것이다. 그러나 링컨은 결코 포기하지 않았고 소망으로 인내했다. 그리고 포기하지 아니하면 반드시 주어질 약속의 그날을 바라보며 승리했다.

사역의 제단에도 얼마든지 실망될 때가 있다. 때로는 들려오는 사람들의 수근거림으로 인하여, 때로는 당치도 않는 거짓 증거로 인하여 가슴이 내려앉을 때도 있다. 너무나 무거운 사역의 짐으로 인해 포기하고 싶을 때도 있다. 그러나 결코 포기하지 말자. 하나님의 때가 이르면 반드시 이루어질 것이고, 하나님의 때가 이르면 반드시 거두게 될 것이다. 모든 것을 합력하여 선을 이루시는 만군의 여호와의 열심이 반드시 승리하게 하실 것이므로 포기하지 마라. 심은 대로 거두게 하시는 하나님의 언약을 굳게 붙잡고 한 발 한 발 목적지를 향해 걸어가는 신실한 목회자와 리더가 되어야 할 것이다. 자기의 육체적 소욕을 위해 심기보다는 영원히 썩지 아니하는 성령을 위해 심는 사역자가 되라. 그리하면 반드시 성령으로부터 영생을 거두리라고 성경은 증거하신다. 이것이 교육목회과정 동안 모든 목회자들이나 리더들이 가져야 할 신념이요, 사명이다.

8. 지향하는 목적지를 향한 교육목회 Educational Ministry Toward 'Where You Want to Be'

미국 속담에 이런 말이 있다. '지향하는 뚜렷한 목적지가 없는 나그네는 길을 잃고 헤매지 않는다.' 목적 없이 방황하며 늘 추구적 과도기 Moratorium를 정처 없이 헤매는 사람들을 빈정대어 일컫는 말이다.

어느 눈보라가 내리치는 밤이었다. 폭설로 인하여 모든 길이 운전하기 힘들고, 앞도 제대로 분간할 수 없는 지경에 이르렀다. 그때 마침 앞에 가는 큰 트럭을 보게 되었다. 커다란 눈방울과 폭설로 인해 시야도 분간할 수 없었던 운전수는 '트럭을 따라가면 이탈하지 않고 안전하겠지'라고 생각하곤 열심히 트럭을 따라갔다. 트럭은 좌회전, 우회전을 계속 반복했다. 한참이나 열심히 트럭을 따라가는데, 마침내 트럭이 정지하고 운전수가 내리더니 창문을 두드리고 "아니, 당신은 왜 재설작업하는데, 위험하게 가까이 따라옵니까?"라고 말했다. 트럭은 커다란 쇼핑몰의 주차장에서 재설작업을 하고 있었다.

목회 현장에서도 이와 비슷한 일을 경험한다. 때로는 극악한 상황 속에서 열심을 다해 목회한다. 마치 앞을 잘 볼 수 없지만 나름대로 열심히 따라가면 어디론가 갈 것이라는 막연한 기대를 가지면서 투혼을 받쳐 교회를 섬기기도 한다. 그런데 그 희생적인 목회의 결과가 재설작업하는 트럭을 쫓던 운전수처럼, 매년 제자리 걸음을 일삼는다면 이 얼마나 허무한 일인가? 허다한 경우, 이는 목회자들의 탈진의 사유가 되기도 한다. 사도 바울도 경고하지 않았던가? 눈감고 허공을 향해 마구 주먹을 휘두르는 복서가 되지 말고 오직 이루고자 하는 목표를 향해 올인할 수 있는 목회자가 되라. 고전 9:26

공동체가 함께 가야 할 목적지인 약속의 땅을 어떻게 발견할 수 있는가? 이 추구의 과정에는 단면적으로 두 가지를 전제한다. 하나는 공동체 내에 이미 잠재하고 있는 장점들을 먼저 발견하고 인식하는 것이다. 추구하는 목적이 이상적이긴 하나, 공동체 내의 잠재적 능력과 체질에 정반대되는 것이면 '화중지병'인 셈이다. 실제적인 효과를 바랄 수 없는 이상은 뜬구름 같아서 오히려 교육목회에서 장애물이 된다.

- 내가 속한 공동체의 장점은 무엇인가?
- 내가 속한 공동체의 독특한 점은 무엇인가?
- 우리 공동체는 이미 어떤 사역들을 잘 감당하고 있는가?
- 그리스도의 몸 된 교회로서 '우리는 정녕 어떤 사명을 감당해야 할 것인가?'

이러한 스스로에 대한 깊은 성찰을 통해서 현재 직면하고 있는 상황의 변화와 목회 현장Ministry context에서 생성되는 긴급한 필요를 살펴야 한다.

- 지금 우리 공동체 안에서 대처해야 할 필요는 무엇인가?
- 어떠한 변화가 일어나고 있으며, 공동체는 이 변화들을 어떻게 수용하고 있는가?
- 변화의 원인이 공동체 내에서 비롯된 것인가? 아니면 공동체 외의 사회 정치적인 상황으로 비롯된 것인가?
- 우리 공동체가 시급하게 대처해야 할 교회 내의 이슈와 필요는 무엇인가?
- 우리 공동체가 대처해야 할 교외적 필요들은 어떤 것들이 있는가?

이러한 질문들을 가지고 솔직하고 열린 마음으로 공동체의 여러 지도자들과 상의하라. 기도하면서 성찰하는 자세로 깊이 묵상하라. 서로의 지

혜와 마음을 묶어 돌파구를 찾으라. 어느 한 사람의 선지자적인 계시보다
는 함께 갈등하고 기도하고 더듬어 가면서 발견하는 필요와 비전이 공동
체의 생명에 더 큰 힘과 동기를 더해 준다.

　다음 단계로 심사숙고해야 할 것이 있다. 그것은 목적을 달성하려는
과정에서 염두해 두어야 할 장애물은 어떤 것들인가 하는 것이다. 방향을
설정한 후 그 방향으로 공동체를 인도하면서 목회자는 항상 심사숙고해
야 한다. 어떤 숨은 장애물들이 있을 것인가? 물론 어떤 일을 추진할 때는
늘 도전이 있기 마련이며, 그런 도전과 장애물은 피하지 않고 대처해야 한
다. 그러나 불필요한 도전들, 공동체의 자원과 에너지를 낭비시키는 장애
물들은 피하는 것이 효율적이다. 몇 발도 진군하지 못하고 장애물에 걸리
고 몇 발자국 옮기기도 전에 또 덫에 걸리면 공동체의 도덕·윤리상의 견
해Moral Attitude에 큰 타격을 주게 된다. 계속 반복되는 피곤함과 실패 그리
고 별로 진전이 없는 장애물과의 의미 없는 씨름은 많은 사람들의 의욕과
긍정적 에너지를 상실하게 만든다. 그러므로 목회자는 교육목회를 잘 인
도해 가기 위해 미리 이러한 장애물들을 인식하고 제거함으로 공동체가
함께 장애물을 제거하고 수리하며, 뜻하지 않았던 도전을 함께 승리하는
연합적인 공감대를 형성해야 한다. 이것이 무한한 가능성의 세계를 여시
는 예수님의 마음을 품은 목회자이며, 지도자이다.

　당신은 긍정적 문화를 지닌 교회를 방문해 본 적이 있는가? 이러한 긍
정적이고 적극적인 공감대는 하루 아침에 성령의 역사로 이루어질 수도
있지만, 대부분 오랜 시간을 걸치면서 의도적으로 잘 준비된 교육과정을
통해 긍정적인 훈련과 경험을 함께 쌓아 가면서 길러 낸 아름다운 열매임
을 기억해야 한다. 향긋한 사과를 수확하기 위해 농부는 수년간 가지를 치
고 땅을 일구며 비료를 준다. 이렇게 사과나무 한 그루 한 그루에 지대한

관심을 쏟을 때 비로소 수확할 수 있다.

마지막 한 가지 목회자가 고려할 것이 있다. 어떤 미국 장로교회 목사님과 장로님들 그리고 안수집사님들을 대상으로 교육컨설팅을 하면서 이러한 것들을 함께 생각했다. 그때 난 그들에게 제시했다.

"앞으로 5년 후에 당신들은 어떤 교회를 꿈꾸고 있습니까? 어떤 교회야말로 이 지역사회에서 꼭 필요한 교회라고 생각하십니까? 어떤 교회상이 5년 그리고 10년 대계를 꿈꿀 때 가장 이상적인 교회라고 생각하십니까?"

작은 인덱스 카드에 저들의 생각을 적게 했다. 저들이 꿈꾸고 있던 교회는 너무나도 아름다운 교회였다. 다음의 몇 가지 예를 살펴보자.

- 우리 교회는 진정 서로 사랑하고 아껴 주고 보살펴주는 교회
- 다문화를 서로 존중하고 자축하면서 신앙 안에서 함께 성장하는 교회
- 남녀노소 할 것 없이 모두가 함께 예배하고 배우며 친교를 나누는 교회
- 다세대교회Inter-generational church, 즉 부모세대와 자녀세대가 함께 유대를 만들어 가는 교회
- 주위의 편모가정을 위해 교육 프로그램과 후원조직을 형성하는 교회
- 하나님의 말씀을 깊이 묵상하고 공부하며 말씀 안에서 자라나는 교인들
- 목회자들과 평신도가 서로 신뢰하며 위하여 도움의 손길을 펼치는 교회
- 어느 한 사람도 낙오되지 않고 외롭게 소외되지 않는 사랑의 공동체
- 교육적 사명에 투철한 비전을 가지고 하나님의 말씀으로 내일의 지도자를 양성하는 교회

이렇게 아름다운 꿈을 담은 수십 개의 카드를 모아서 목회의 여러 사역의 카테고리 별로 분류한 다음, 먼저 이상적 관심이 쏠리는 카테고리와

그 이상으로 인해 소외되거나 경시되는 사역들에 대하여 생각하게 했다. 그리고 이 모든 꿈과 이상을 포함해서 만일 지역신문에 교회 광고를 낸다면 어떤 헤드라인과 공동체에 대한 설명을 덧붙이겠는지 물어보았다. 소그룹으로 진행된 이 과정에서 저들은 참으로 아름다운 신문기사를 작성했다. 차후 제8과, '정체성 형성을 위한 실질적 목회과정과 단계'에서 이 통찰과정을 좀 더 심도 있게 다루기로 하자. 다음은 교우들이 함께 작성한 교회를 소개하는 신문기사의 예문이다.

> 지역사회를 사랑으로 안고 섬기는 교회!
>
> 모든 사람들이 존중받고 함께 사랑을 나눌 수 있는 교회가 여기 있습니다.
>
> 저희 교회는 마운트 레바논에 위치한 150년 전통을 가진 교회입니다.
>
> 우리 교회는 믿음의 공동체로서 다음의 가치관을 존중합니다.
>
> • 우리 교회는 예배를 통하여 살아 계신 하나님을 만나기를 소원합니다.
>
> • 그리스도의 사랑을 함께 나누고 격려하며 힘이 되기를 원합니다.
>
> • 우리 교회는 과거에 머무르지 않고 늘 새롭게 하시는 주님의 역사를 기대합니다.
>
> • 우리 교회는 모든 믿음의 식구들이 예수 그리스도를 만나고 새로운 삶의 목적을 발견하여 기쁨의 삶을 영위하기를 원합니다.
>
> • 어느 한 사람도 교회 안에서 낙오되거나 소외되지 않는 공동체가 될 것입니다.
>
> • 우리 교회는 열성적인 교육을 통해 건강하고 행복한 가정을 육성하는 데 최선을 다할 것입니다.
>
> 우리 교회는 열린 교회입니다. 모든 사람들의 의견을 존중하는 공동체입니다.
>
> 인근 지역사회를 위해 반드시 필요한 교회가 되기를 꿈꾸는 교회입니다.
>
> 당신과 당신 생활에 반드시 힘과 용기를 주는 사랑의 공동체가 될 것입니다.

당신의 자녀들이 확고한 성서적 가치관과 생의 철학을 배우게 될 것입니다.

그리스도의 사랑 안에서 참다운 우정과 관계를 경험할 것입니다.

지금 예수님께서 당신을 기다리고 계십니다.

구원의 주, 예수 그리스도를 만나고 그분의 사랑을 체험하는 주일예배에

당신을 초청하며 환영합니다!

제2장

공동체 정체성에 대한 이해

1. 교회 공동체 삶과 핵심적 정체성

"당신 교회가 가지고 있는 독특한 특징은 무엇이라고 생각하십니까?" 이렇게 물어보면 금방 대답하지 못하고 곤란해 한다. 한 교회에 몸담고 제단을 섬기면서도 우리 교회만의 독특한 정체성과 필연적 사명감에 대해 신중하게 생각하지 못하고 열심히 헌신하는 경우가 비일비재하다. 대부분의 교인들은 '당신 교회가 다른 교회와 비교할 때 가지고 있는 유일한 특징은 무엇입니까?'라는 질문에 교회가 소속되어 있는 교단적 배경이나, 우리 지역에서 가장 역사가 오래된 모체 교회라던지, 아니면 독특한 교회 건축양식에 대해 언급하거나, 좀 더 교회의 독특성에 대해 질문하면 신학적 노선, 또는 교회 소속원들의 다양성 등을 언급하게 된다.

이런 경우 자주 느끼는 것은 교인들의 이러한 대답을 들으면서 마치 저들이 퍼즐조각을 가지고 이리저리 맞추어 보려고 노력하는 모습을 보게 된다. 저마다 다른 모양과 크기와 색깔과 독특한 감촉을 지닌 수백 개의 퍼즐조각을 유일한 의미와 목적의식을 부여할 수 있는 이미지로 맞추어 가는 모습이리라. 어떤 면에서 보면 공동체의 정체성을 탐구하고 통찰해 가는 과정이야말로 바로 눈앞에 어질러져 있는 퍼즐조각들을 맞추어 가는 해석과정이라 볼 수 있다. 마치 이리저리 산재해 있는 삶의 모습들을 한 가닥의 신학으로 모양새를 만들어 가는 과정이다. 이러한 신학적 해석은 목회자를 포함한 지도자들에게 주어지는 중대한 사명이다.

마치 퍼즐조각들이 저마다의 의도대로 형태와 이미지가 있듯, 목회 현장에서 복음사역에 더 충실하고 효과적으로 대응하기 위해서 리더들은 하나님께서 의도하신 공동체를 향한 유일한 뜻과 목적을 깊이 통찰해야 한다. 물론 지금 당장 실행해야 하는 목회사역들이 있을 것이다. 사역의 일부가 기능을 발휘하지 못하거나, 당장 새로운 조율을 가해야 하는 경우가 있을 것이다. 그러나 교육목회의 본질적인 과정 자체가 늘 의도적이요, 지향하고자 하는 목적이 주도하는 역동적 과정이니만큼, 공동체의 확실한 정체성을 발견하고 또 성숙시켜 나감은 목회자들의 아주 중요한 사명이다.

나는 4대째 장로교 집안에서 자랐다. 부친 또한 목사님으로 한평생을 주님의 몸 된 교회를 섬기시다 소천하셨다. 나도 이민교회를 12년간 섬기다가 후진을 양성하는 신학교 교단으로 사역을 옮기게 되었다. 그동안 교회 안팎에서 지켜보면서 깨달은 것은 믿음의 공동체 안에서 표출되고 표현되는 많은 사역들이 늘 공동체가 나름대로 가지고 있는 자신들의 정체성에 의해 영향을 받고 또 정체성이라는 프리즘을 통하여 여러 모양의 사역으로 표출되는 점이다. 다음의 예를 생각해 보라. 당신의 교회에서 가장 중요시여기는 프로그램은 어떤 것이 있는가? 누가 이 프로그램에 깊이 연관되어 있는가? 이 프로그램이 교회 내에서 지지를 얻고 있는 이유는 무엇인가? 이러한 질문에 신중히 대답해 보라. 당신은 곧 늘 운영해 오던 어떤 프로그램이 단순히 오랜 역사를 가진 우리 교회의 프로그램이라는 이해를 넘어 이러한 사역의 부분들이 얼마나 공동체의 정체성과 깊이 연관되어 왔는지를 깨닫게 될 것이다.

하나님의 말씀, 즉 성경이 정체성의 중심이 된 교회를 지켜본 적이 있는가? 교회의 공예배로부터, 비공식적인 소그룹의 모임과 단체에 이르기까지 하나님의 말씀의 권위와 중요성 그리고 성서적으로 바르게 해석함이 얼마나 이 교회에서 강조되고 있는가 하는 것은 쉽게 살펴볼 수 있다. 이 교회의 예배를 참석하거나 예배 도중 드려지는 공식기도를 들을 때, 설교 도중에 새로이 시작되는 성경공부반을 광고하는 도중에도 줄곧 '성서적 공동체' 또는 '일점일획도 오류가 없는 성경의 권위' 그리고 예수 그리스도를 닮아 가고 하나님을 알아 가는 유일한 길은 오직 '성경을 열심히 묵상'하고 또 '성경이 명하는 대로 순종'하는 것이라는 말을 자주 듣는다.

제1과에서도 이미 언급했지만, 공동체 소속원들에게 사회동화과정을 통하여 성경 중심적 견해와 사고방식 그리고 성경의 유일한 권위와 유용성을 주입하고 강조하는 것을 볼 수 있다. 이러한 교회에서 공통적으로 발견하게 되는 것은 주로 모든 프로그램들이 성경공부 중심으로 짜여 있다는 점이다. 그리고 제자훈련 성경공부과정도 다른 어느 교회보다 더 세밀하게 커리큘럼이 정해져 있다. 여러 단계의 성경공부과정을 거쳐야만이 공동체가 인정할 수 있는 지도자의 자리에 설 수 있게 됨은 의심할 여지가 없다. 언급하고자 하는 것은 이러한 성경 중심의 사회동화과정이 도덕적, 신학적으로 더 우월하다고 말하기보다는 공동체를 주도해 가는 신학적 이데올로기와 공감대를 가지고 사용하는 공동체의 특이한 신학적, 신

앙적 언어의 표현과 그 언어표현의 테두리를 말하고 있는 것이다. 즉 현상적이나 공동체의 외부적으로 나타나는 사역의 모습과 표현들은 정체성이라는 깊은 샘으로부터 분출되어 흘러나오는 개울과도 같다.

공동체가 형성한 독특한 문화와 공동체적 삶의 유일성은 '우리는 ○○이다!'라는 정체성의 샘물에서부터 비롯된다. 선교적 프로그램이든 성경공부반이든 평신도 리더십 커리큘럼 그리고 신앙성장반 등 다양한 사역의 모습들은 결국 그 원천으로 거슬러 올라가면 저들의 역사의식 안에 깊이 뿌리내린 정체성에 의해 주도된다. 그러기에 미술가는 이런저런 일을 하다가도 결국 그림을 그리는 것이고 음악가는 잠시 방황할 때도 있겠지만 궁극적으로 음악을 연주하게 되는 것이고, 댄서는 자신들의 영혼을 이끄는 댄스에 매혹되어 무대를 떠날 수 없게 된다. 그렇다면 교회는 그리스도의 몸 된 교회로서 그리스도께서 몸소 보여 주셨던 사랑의 행함을 나눌 수밖에 없는 것이며, 각 교회는 공동체의 유일성과 독특한 문화를 포용하며 독특한 복음사역을 펼치게 되는 것이다. 이런 면에서 볼 때, 정체성의 뿌리는 기능적 존재Functional Being라기보다는 먼저 신뢰적 존재Ontological Being이어야 한다. 내가 어떤 기능을 잘 수행하기보다는 나라는 유일한 존재와 그 존재성은 나만의 독특한 어떤 기능과 유일한 행위를 행할 수밖에 없다. 기억하라. 공동체의 정체감은 외적으로 표출되는 기능성보다 더 깊은 차원의 신뢰적 존재성 안에 그 뿌리를 내려야 한다. 이것이 정체성의 핵심적 요소이다. 공동체의 정체성을 발견하는 일은 곧 의식의 토양 아래 깊숙하게 박힌 '뿌리 찾기' 사역이다.

1) 공동체 '정체성'에 대한 일반적 정의General Definition of 'Congregational Identity'

정체감을 일반적으로 정의할 때, 우리는 격동하는 변화 속에서도 변질되지 않고 꾸준히 일관성을 지켜 온 '우리'라는 공감대를 언급할 수 있다. 변화를 요구하는 외부적 압박에도 흔들리지 않고 공동체의 문화와 삶 속에 깊이 흐르고 있는 수맥과도 같은 것이다. 이 '우리'라는 변하지 않고 신실하게 지켜진 공감대는 공동체 안에서나 밖에서 관찰된다. 종종 외부 사람들이 말하는 것처럼, '사랑이 많은 교회' 또는 '어려운 사람을 외면하지 않는 교회'로 소개되기도 한다. 이와 반대로, '문턱 높은 교회' 아니면 '의사들이 주로 모이는 교회' 등으로 불리기도 한다.

회중연구학자 칼 S. 더들리Carl S. Dudley 교수는 공동체 정체성을 이렇게 정의한다. "공동체가 가지고 있는 어떤 끈기 있는 신념과 가치관들, 교회 행정을 완수하는 유일한 패턴, 고유한 상징들, 독특한 이야기들 그리고 리더십 스타일 같은 요소들이 함께 조화를 이룰 때 아주 독특하고도 유일한 공동체의 정체성을 형성한다."[9] 더들리 박사의 일반적 정의를 보더라도 느낄 수 있듯이, 공동체의 정체성은 다면적이고 입체적인 것을 알 수 있다. 아무리 완벽하고 멋있는 한 장의 사진이라도 그 한 장이 어떤 사람의 총괄적인 정체성을 다 설명할 수 없듯이, 어떠한 영웅적인 사건이나 몇몇의 특정 인물들을 통해서도 공동체의 다면적이고 입체적인 정체성을 제대로 설명하고 포착할 수 없다.

이 정체감은 오랜 시간을 거치며 공동체의 구성원들이 함께 대화하고 기도하며 여러 도전과 갈등에 대처하면서 목회 현장의 토양에 깊게 뿌리 내리며 느끼는 공감대이다. 어떤 면에서 보면 정체성을 담은 그릇 안에는

---

9) Jackson W. Carroll & Carl Dudley & William McKinney, *Handbook for Congregational Studies* (Nashville: Abingdon Press, 1986)의 2과 '정체성'을 참조하라.

공동체의 눈물과 기쁨 그리고 얼이 함께 담겨 있다. 함께 그렸던 이 세대를 향한 공동체적 '우리'라는 이해와 여러 상황과 시간을 지내며 함께 소통했던 중요한 가치관들이 서로 유통되고 나누어지면서 형성되는 금강석같이 정체성의 진가는 과도기에 더욱 영롱한 빛을 발하게 된다. 이렇게 함께 나누는 자신에 대한 이해를 가지고 공동체 일원들은 함께 두려움의 시간을 지내기도 했고, 기대에 찬 마음으로 내일을 꿈꾸기도 했으리라.

시간과 상황이 바뀌면서 정체성 또한 바뀔 수도 있다. 또 부분적으로 정체성이 수정될 수도 있다. 하지만 공동체가 함께 나누는 이 정체성은 마치 거울과도 같아서 늘 공동체 내에서도 변하지 않는 그 어떤 부분들, 결코 타협되지 않는 부분들에 대해 계속해서 인식하도록 도와준다. 하버드의 심리학자 에릭 H. 에릭슨Erik H. Erikson은 이러한 정체성에 대해 '자아가 끝까지 고집하는 자기의 본질적 모습'the persistent sense of self 또는 '외부적 압박과 변화가 요구될 때 자아가 적절하게 적응할 수 있도록 인도하는 근본적 원칙'the enduring and governing ideology of the self in times of transition이라고 설명한다.

이같이 정체성은 공동체 안에서 마치 핵심과 같이 공동체의 체질과 문화, 삶 속에 자리 잡고 있다. 이 핵심을 이해하고 찾아내어야만, 목적을 지향하는 교육목회가 역동적인 과정으로 참신한 개혁과 변화 그리고 전통과 신뢰성 있는 공동체의 일관성을 보존시켜 줄 수 있다. 어느 누구도 변화를 쉽게 수긍하려 하지 않는다. 그러나 변화를 두려워하게 만드는 것은 리더십에도 책임이 크다. 변화가 오더라도 공동체가 지향하는 긍정적 자아상과 소중한 가치관의 일관성과 함께 공동체의 유일한 문화적 장점과 함께 관계적 동일성을 지속할 수 있는 신뢰를 보여 주는 것이 중요하다. 마치 흐르는 모래처럼 변화가 계속되는 오늘날 포스트모던 사회에서 흔들리지 않는 정체성을 확립하는 것은 어느 공동체에게도 반드시 필요한 교육적 과제이다. 정체성이 확실한 공동체는 어떠한 변화의 급물살 앞에도 잘 흔들리지 않는다. 왜냐하면 무엇을 위한 변화인지 또는 타당한 변화의 범위는 어느 정도인지를 정체성을 바탕으로 스스로 판단하고 인식하기 때문이다. 변화를 무조건적으로 꺼리거나 반대하는 이유는 스스로에 대한 확실한 정체성이 부재하기 때문이거나, 새로운 변화가 동반할 수 있는 위협과 새로운 기회에 대한 이해가 부족하기 때문이다. 그러므로 확실한 정체성에 대한 이해와 공감대를 형성하는 것은 개혁적인 목회를 위한 첫걸음이다.

2) 공동체 정체성의 존재적, 역동적 측면들
Being and Becoming Aspects of Congregational Identity

목회 현장에서 많은 목회자들이 프로그램이나 결정을 유도하는 과정, 목회 상황 같은 부분은 많이 생각하지만, 관계적인 측면이나 잘 정의되지 않은 공동체의 정체감에 대해서는 충분히 고려하지 않는 경우가 많다. 대부분 코앞에 닥친 일들이 너무 많아서 바쁘다는 것이 입장이지만, 헌신의 열매를 맺기 위해서는 무엇이 공동체로 하여금 의미를 발견하게 하고, 자기 스스로 긍정적인 인식을 높여 가는 방법에 대해서 깊이 생각해 보아야 한다. 이러한 요소들은 공동체의 정체성을 발견하고 정의하는 데 많은 도움을 준다. 누가 부정해도 지울 수 없는 정체성, 어떠한 상황적 변화의 소용돌이 속에서도 소멸되지 않는 우선적인 가치관과 신념, 이것은 모든 공동체가 반드시 함께 발견하고 소유하며, 육성해야 할 교육목회적 과제이다. 오늘의 현장을 바라보며 나름대로의 목적과 정체성을 확고히 함은 분명 내일에 대한 더 큰 기대와 열린 가능성을 불러올 것이다.

공동체적 정체성에 대한 이해를 넓히기 위해 두 가지 양면을 고려할 필요가 있다. 그 하나가 정체성의 존재적 측면Being aspect이고 또 다른 하나는 역동적 측면Becoming aspect이다. 전자는 지속성과 안정을 추구함에 그 뿌리를 두는 반면, 후자는 개혁과 새로운 창조를 지향하는 데 초점을 맞춘다. 공동체의 정체성을 육성하는 과정에서 이러한 필연적인 요구는 구약학자 월터 브루그만Walter Brueggemann의 주장에서도 잘 나타나 있다. 이스라엘 백성들이 하나님의 백성으로서 공동체의 정체성을 형성할 때, 저들에게 반드시 필요했던 것은 공동체의 교육목회를 위한 정전 승인 Canonization process의 과정이었다. 이 과정 자체가 곧 교육목회과정과 특성을 그대로 서술해 준다. 브루그만 교수는 공동체 정체감 형성에 필요한 다음의 세 가지를 제시한다.[10] ① 하나님의 계시를 통해 백성들에게 주어진 모세의 율법, ② 새로움을 촉구하며 변화적 상황에 대처하는 선지자적 선포 그리고 ③ 지혜문서에 나타난 상반된 양면성에 대한 포용과 순종적 실천. 브루그만 교수의 제시를 기억하면서 공동체의 정체성 형성과정에 본질적으로 공존하는 'Being'과 'Becoming'을 신중하게 논하여 보자. 다음의 도표를 참고하면 양 측면에 나타난 일반적 특성을 쉽게 비교할 수 있다.

존재적 측면Being	역동적 측면Becoming
• 조직 내의 안정성과 견실성	• 창의적 변화와 새로운 기회
• 공식적인 프로그램과 법칙들	• 조직 내 하층류적 흐름과 역동적 요소들
• 공식적인 설명서와 기록된 목적	• 비공식적 신념과 목적
• 필수적이고 불변하는 신념과 언약	• 상황에 적절한 대응과 처세능력
• 믿음과 전통의 전승과 계승	• 해체적 해석과 새로운 관점에서의 설명

---

10) 다음 세 가지 사항들은 Walter Brueggemann, *The Creative Word: Canon as a Model for Biblical Education* (Philadelphia: Fortress Press, 1982)에서 제시한 세 가지 역동적 흐름에 근거한 것임을 밝혀 둔다.

• 지식과 정보의 계승을 위한 교육방법론의 중시 • 조직적 관계의 체계화 • 제사장적 교육목회	• 새로운 목적과 방향의 설정 • 조직적 관계와 체계의 평준화 • 선지자적 교육목회

〈도표 3 존재성과 역동성의 비교〉[11]

위에 나타난 표에서 볼 수 있듯이 존재적 측면과 역동적 측면은 서로 상반되는 모습을 보이지만 실상은 서로 보조적, 협조적인 역할을 감당한다. 어느 한쪽이 교육목회 현장에 부재하면, 다른 한쪽마저 큰 손실을 입게 된다. 지속성이 부재한 상태에서 늘 새로운 것만 추구하고 새로운 개혁만 부르짖는다면, 공동체의 앞날은 늘 모래 위에 탑을 쌓는 일이 될 것이다. 계속되는 과도기를 수용할 수 있는 사람은 아무도 없다. 누구든 늘 혁명적인 삶을 영위할 수는 없다. 인간에게는 새로움에 대한 갈망도 소중하지만, 영원히 변치 않는 영구적인 토대 위에 든든히 닻을 내려야 개혁과정이 불안하지 않다.

반대로 조직 내의 안정과 전통의 고수를 고집한다면, 그 공동체는 생명력을 상실하게 된다. 모든 일들이 생명이 떠난 예식이 될 것이고 새롭게 재조명되어야 할 비전과 목적도 타당한 관련성을 상실하게 된다. 마치 수천년 전에 발굴된 유물처럼 오늘의 목회 현장에 아무런 생명력과 관련성을 주지 못할 것이다. 만일 그리스도의 몸 된 교회가 전통의 계승과 형식의 유지에 사로잡혀 있다면 교회에 주신 생명력을 상실하게 될 것이다. 그러므로 존재성과 역동성, 즉 Being과 Becoming의 측면은 늘 정체성을 양

---

11) 이 도표는 Timothy D. Son의 논문 *Learning Through Rituals: Educational Roles of Rituals in The Process of Affirmation and Transformation of Congregational Identity* (New York: Teachers College/Columbia University, 2008)의 자료를 재구성한 것이다.

육하는 교육목회과정에 필연적 상반요소임을 기억하라. 어느 하나 없이
는 다른 하나도 제대로 그 구실을 못하게 된다. 반드시 늘 함께 상호 협력
적인 관계로 교육과정에 의도적으로 반영되어야 한다. 이러한 맥락에서
브루그만 교수가 제안했던 교육목회과정의 3가지 역동성을 고려해 보자.

(1) 모세율법Torah

이것은 이스라엘 공동체에게 하나님의 계시로부터 주어진 언약이다.
이스라엘이 이스라엘 됨은 모세를 통하여 그들에게 허락하신 율법에 있
다. 이 율법을 더함도 덜함도 없이 주어진 그대로를 믿음으로 수용하고 순
종해야 한다. 후세대들이 부모세대에게 '이 돌들은 무엇을 위함입니까?'
물으면 저들에게 하나님의 계시와 애굽으로부터의 해방과 약속의 땅을
향해 진군했던 조상들의 역사를 구두로 이야기해 주었다. 어느 공동체나
절대적으로 수용해야 하는 근원적 뿌리가 있다. 이것은 한 공동체 문화의
기본적 특성과 유일성을 갖게 한다. 전혀 타협하거나 변질될 수 없는 가장
기본적이고 근원적인 가치관과 신념 그리고 그 위에 세워 나가는 공동체
적 성품이 바로 '토라'적인 면이다. 하나님께서 택하신 성민들에게 나타내
신Disclose 신비한 뿌리적인 신념과 정신은 오늘 목회 현장에서 흔들림 없
이 복음사역을 감당해 나갈 모든 공동체에게 반드시 필요한 사항이다.

오늘날 하나님 나라 확장을 위해 전진기지로 세우신 교회에 정말 이
러한 근본적이고 근원적인 신념이 있는가? 과연 우리 교회는 무엇을 위해
존재하며, 무엇을 위해 생명을 바칠 준비가 되었는가? 이스라엘에게 모세
율법이 필연적 정체성의 뿌리였다면, 오늘날 온 세상에 흩어져 있는 디아
스포라 성민들에게는 어떠한 '토라'와 같은 뿌리의식과 근원적인 신념이
저들의 공동체 내에 핵심으로 자리 잡고 있는가? 반드시 목회자들과 지도

자들이 함께 신중하게 고찰해야 할 이슈임에 틀림없다.

(2) 선지자Prophets

아무리 율법이 제사장적 사역과 종교적인 조직을 확립했다 할지라도, 하나님의 계시의 말씀은 늘 새롭게 재조명되어야 함은 구약시대 이스라엘 백성의 전례에서 잘 찾아볼 수 있다. 애굽에서의 기적적인 탈출에 이어, 광야에서 방황할 때 하나님은 계속해서 모세를 통해 저들을 인도하시고 보살피며 다스리셨다. 약속의 땅을 정복하고 새로운 곳에서 뿌리를 내릴 때, 저들은 율법의 정신과 참된 의미를 여호와 하나님과의 관계에서 이해하지 못하고 주위 환경과 상황에 접목하지 못한 경직된 율법의 해석에 빠져들곤 하였다. 그럴 때마다 하나님은 선지자를 세우셔서 새롭게 깨닫게 하시고 회개를 촉구하셨다.

선지자적 선포는 한 조직 내에서 율법적인 테두리 안에 영원히 안주하려는 인간의 본질적인 나태함과 대하여을 정면으로 도전하게 만든다. 브루그만 교수의 표현대로 나는 이러한 형태의 목회를 '뒤흔드는 목회적 교육사명'Disruptive education이라 칭하고 싶다. 새롭게 변형해 가는 역사의 현장에서 모세를 통해 주어진 율법의 참된 의미는 무엇일까? 어떻게 율법의 참 정신을 이해하고, 어떻게 율법의 가르침에 순종하면서 대응하며, 어떻게 그 율법의 참 정신에 위배됨 없이 목회 현장에 새롭고 올바르게 적용할 수 있을까? 그러므로 선지자적 사명은 율법의 배척과 타파가 아니라, 율법을 통해 의도하셨던 하나님의 선하시고 온전하신 뜻과 목적을 오늘이라는 목회 현장에서 바로 이해하게 하는 데 있었다. 이러한 선지자적 사명이 오늘날 목회 현장에 시사하는 바가 크다. 우리는 공동체 안에서 뜻하지 않게 일어나는 작은 선지자들을 어떻게 포용하며, 저들의 선지자적 선포에 열린 마음으로 귀를 기울일 수 있는가? 수많은 선지자들이 순교당하고 또 변두리로 소외당하면서 사라져 간 것도 사실이다. 이러한 실수를 어떻게 다시 반복하지 않고 선지자들을 통해 새롭게 하시는 하나님의 의도를 살필 수 있을까? 목회 현장에서 의도적인 교육목회를 신중히 생각하는 목회자들에게 그냥 묵인할 수 없는 질문이다.

(3) 지혜문서 Wisdom

지혜문서를 통해 제시되는 교육목회의 본질은 결코 타협할 수 없는 '율법의 본질적 정신과 율법의 가르침을 어떻게 하면 선지자적 뒤흔들림을 통해 새롭게 해석하고 새로운 역사 현장에서 포용할 수 있는가?' 하는 것이다. 섞일 수 없는 물과 기름을 섞는 비밀이 지혜문서를 통해 나타난다. 불과 얼음의 공존을 목회 현장에서 가능케 하라고 촉구한다. 인간으로서는 불가능한 조화를 모든 것을 가능케 하시는 그리스도의 사랑 안에서 생명의 조화로 성화할 것을 촉구하신다. 근원을 본질적으로 상하지 않게 하면서 현실에 부합하는 새로운 해석과 길을 제시하기를 요구한다. 이것은 종종 교육목회 현장에서 경험하는 상반된 양면 Paradoxical incompatibility을 부둥켜안아야 하는 목회자들의 운명적 부름 Predicament이기도 하다.

시편과 잠언 그리고 전도서를 통해 나타나는 교육목회의 교훈은 바로 계시적으로 나타난 하나님의 언약들을 상황적으로 부상하는 새로운 요구와 조화를 이루는 데 있다. 깊은 성서적 인식을 통해서, 변할 수 없는 근원과 신념을 순결하게 보전하면서 동시에 창조적인 변화를 유도하는 목회 현실을 함께 조화롭게 융합하는 것이 중요한 핵심이다. 영어로는 이를 통찰력 있는 분별의 과정 Discerning Process이라 일컫는다.

일찍이 칼 바르트 Karl Barth는 성경과 신문이 신학자와 목회자들의 손에서 떠나서는 안 된다고 하였다. 성경의 본문Text과 목회 현실에서 부각되는 상황Context은 뗄 수 없는 필연적인 관계이다. 시간과 공간을 초월해서 하나님 말씀이 상황적 역사의 현장에 생명을 부여하고 만물을 새롭게 하는 창조적 능력으로 선포되어야 한다. 이와 마찬가지로 공동체의 삶 속의 근원이자, 공동체의 삶을 주도하는 근본적인 신념은 변화를 맞이할 때마다 목회 현장에서 타당한 연결점을 찾아야 한다. 이 연결점에서 말씀이 바로 오늘 우리에게 선포되는 생명의 말씀, 능력의 말씀 그리고 날 센 창검보다 더 예리한 능력으로 사역의 현장으로 다가온다. 이러한 말씀과의 만남은 그 옛날 아브라함이 모리아 산으로 아들 이삭을 받치러 가는 순례자의 여정을 함께 걷게 한다. 또한 모세와 함께 진정한 자유의 참뜻과 능력을 출애굽의 경험을 통해 깨닫게 한다. 우리는 믿음의 선조들과 함께 친구가 되기도 하고 저들과 함께 두려움에 떨기도 하지만, 오늘 목회 현장 가운데 서서 "너희에게 평강이 있을지어다"요 20:19라고 말씀하신 부활하신 주님의 격려로 다시 힘을 얻고 말씀을 들고 세상으로 힘 있는 발걸음을 내딛게 된다.

하나님의 의도가 택하신 백성들을 통해 목회와 역사의 현장에 나타나는 연결점을 끊임없이 찾으라. 공동체에 꼭 필요한 지속적인 요소들 그리고 핵심적인 신념을 가리되 새로움에 변화되어야 할 요소에 대해서도 열린 마음으로 신선한 거듭남과 개혁적인 변화를 위해 자유롭게 뛰어들어야 한다. 정체성의 존재성Being과 역동성Becoming이 함께 신비스럽게 어우러질 수 있는 사역의 장을 열어야 한다. 변치 않는 불변의 진리가 매일 새로운 의미로 다시 태어날 수 있는 열려 있는 배움의 공간을 창조해야 한다. 공동체 정체감을 형성해 가면서 목회자는 안정과 신뢰를 허용하되 늘 새로운 기대와 소망을 가지고 내일을 바라볼 수 있는 목회 현장이 되도록

힘써야 한다. 이것이 공동체적 정체감에 반드시 함께 공존하며 연결해야
하는 중요한 측면들이다.

3) 공동체 정체성을 이루는 구성요소들Inherent Elements of Congregational Identity

인상파 미술가들의 유화 작품들을 관람할 때마다 기묘한 붓 자국들과
여러 색체들이 함께 조화를 이루어 아름다운 이미지를 창출하는 것을 보
게 된다. 모네의 〈연꽃〉도 그렇고 특히 고호의 강렬한 빛과 붓 자욱은 마
치 그림이 살아 움직이는 듯한 느낌을 준다. 몇 발치 거리를 두면 이러한
모든 요소들이 완전한 조화를 이루어 아름다움을 창출하는데, 아주 가까
이 근접해서 그림을 살펴보면 여러 색상과 유화의 감촉들이 어지럽게 서
로 얽혀 있는 것을 볼 수 있다. 전체적인 이미지를 바라보고 또한 세부적
인 요소들을 함께 의식함이 작가의 사상이라든지 삶에 대한 절묘한 철학
을 함께 엿볼 수 있는 좋은 방법이다. 이러한 관점에서 공동체의 정체성을
이루는 요소들을 좀 더 세부적으로 살펴봄이 중요하다. 더 크고 총괄적인
정체성을 논하기에 꼭 필요한 이해이다.

(1) 공동체의 역사History

정체성의 근원은 역사적 의식이고 이해이다. 의미 있는 현재는 반드시
과거에 바탕을 둔다. 소망적인 미래 또한 어제와 오늘이 함께 창출하는 견
해이다. 과거에 중요했던 사건과 공동체의 본질을 흔들었던 일들을 올바
르게 기억하고 이해함은 공동체 정체성에 중요한 부분을 차지한다. 이러
한 역사적 회상과 의미를 추구하면서 공동체는 정체성의 필요한 부분들
을 확보하게 된다.[12] 공동체에게 타격을 주었던 사건은 무엇인가? 언제 가

---

12) Denham Grierson의 *Transforming a People of God* (Melbourne, Australia: The Joint Board

장 중대한 전환점을 이루었는가? 오늘까지 숭배되고 있는 영웅들은 누가 있는가? 이러한 모든 질문들이 바로 역사적 견해에서 이해되어야 할 것들이다. 이에 대한 의미 있는 대답들은 정체성 이해에 반드시 필요하다.

(2) 공동체의 문화적 유산Heritage

공동체 정체성과 정신적, 문화적 유산은 아주 긴밀한 관계를 형성한다. 비유적으로 말하면 정체성의 자아상을 그려 가는 화가에게 유산은 독특한 색상을 제공하기도 하고 제거하기도 한다. 의미를 구축해 가는 과정에서 유산은 전통의 과정에서 여과되고 숙성된 의식적, 문화적, 행동적 색상을 제공함으로 자아상을 형성하는 과정에서 실제적으로 영향력을 행사한다. 크고 작은 전통을 통한 연합적 경험들과 체험들은 이렇듯 목회 현장에 독특한 유산을 남긴다. 화가에게 필요한 것이 색상이고, 패션 디자이너에게 필요한 것이 옷감이듯, 공동체의 자아상을 그려 가는 과정에서 이러한 유산은 열린 가능성과 함께 뚜렷한 경계선을 제시하기도 한다. 이러한 유산의 산물로 공동체가 함께 추종하는 중요한 믿음, 신학적인 주제와 교회가 함께 중시하는 목적들이 직접적 그리고 간접적으로 나타난다. 사회학자 막스 베버가 논한 '친화성을 위한 선택'Selective Affinity의 효과를 보게 된다. 공동체의 독특한 유산들은 중요한 것을 결정하는 과정에서 기능적 원칙을 제공하여 무엇을 선택하며 어떤 것을 배제하는지, 왜 이것을 선택하는 동시에 저것은 버려야 하는지를 돕는다. 예를 들어 '교회는 선교를 수행하는 하나님의 오른팔이다'라는 이미지는 신앙적, 문화적 유산이 이끌어 내는 한 이미지이다.

---

of Christian Education of Australia and New Zealand, 1984), p.55 이하를 참조하라.

(3) 공동체의 세계관 World Views

세상을 바라보고 교회를 바라보며 또한 각자 인생을 바라보는 관념적 눈이 바로 세계관이다. 앞으로 제5과 '세계관과 공동체 정체성 형성'에서 심도 있게 다루겠지만 이는 사람들의 행동, 비전의 설립, 목적을 향한 추구의 방향과 방법론에 직접적으로 영향을 미친다. 공동체의 정체성을 논할 때, 세계관에 대한 올바른 이해는 필연적이다. 그래야 공동체 특별 언어나 표현 그리고 신학적 이념을 바로 이해할 수 있다. 대개 크게 네 가지로 구분할 수 있는데, 세계관의 중심축이 어디를 향하는가에 따라 공동체 정체성의 모양과 형태가 바뀌게 된다. 그리고 공동체에서 행하는 여러 프로그램과 행사들의 중요성도 변하게 된다. 예를 들어 특별 부흥회 동안 은혜를 받으며 '난 기적을 소망한다!' '하나님께서 내게 말씀하셨다' 내지는 '안수기도를 받으면 병이 낫는다' 등의 표현들이 다 독특한 세계관에서 비롯되는 것이다. 여러 사건들을 만날 때 세계관은 의미를 추구하는 나름대로의 방향과 사건의 의미를 표현할 수 있는 기본적 언어와 신앙문법의 틀을 제공하게 됨으로 중요한 역할을 담당한다. 예를 들어 성서적 세계관이 중심축을 이루는 교회 공동체는 영지주의적 세계관이 중시되는 공동체에 비해 나름대로 독특한 신앙의 표출과 프로그램을 진행하게 된다.

(4) 중요한 상징들 Symbols

상징은 보이지 않는 세계의 실상을 말해 주는 중요한 매개체이다. '표시판'과는 달라서 물리적 세계에서 다른 물질이나 사람에 대해 이야기하기보다는 상징이 전해 주는 표상들은 전혀 다른 차원의 의미, 때로는 궁극적이고 원천적인 의미를 제시하기도 한다. 십자가는 믿지 않는 사람들에게 최고로 수치스러운 사형틀이지만, 그리스도를 주로 고백한 자들에게는 오히려 하나님의 능력을 말해 주는 상징이 된다. 곧 상징이 표시하고자 하는 의미는 이토록 범 우주적이고 최대의 궁극적인 관심에 대해 해결책을 제시하기도 한다. 그러므로 '공동체가 어떠한 상징을 중요시하며, 이 상징이 제시하는 의미를 어떻게 이해하는가?' 하는 것은 정체성 이해에 아주 중요한 부분을 차지한다. 어떤 공동체는 주일예배 후 친교시간에 반드시 성대한 음식을 준비한다. 식탁을 통한 성도 간의 '코이노니아'가 이 공동체에게는 특별한 의미와 중요성을 가진다. 처음 미국에 이민 와서 갖은 고통과 어려움을 겪었던 대부분의 교인들이 서로 식탁을 대할 때마다 그때 그날을 생각하며 하나님께 감사한다. 그리고 주위의 어려운 사람들에게 정기적으로 식탁을 베풀면서 사역을 펼쳐 나가고 있다. 이 공동체에게는 '식탁 주위에 앉아 함께 식사를 나누는 행위' 자체가 예배의 연장이요, 거룩한 예식이다. 얼마나 신앙적으로 중요한 상징적 예식과 행동인가! 그리고 이러한 예식적 행위에 함께 동참할 때마다 공감하는 정체성을 확인하고 양육해 나간다.

(5) 특별한 예식들Rituals

대부분 사람들은 예식을 중요한 의미가 결여된 격식을 갖춘 행동적 패턴쯤으로 생각한다. 그러나 예식은 그것을 이루고 있는 모든 구성요소와 행동 그리고 언어들이 함께 연합하여 예식에 참여하는 모든 사람들에게 중대한 정보와 핵심 지식을 제공하고 교육한다. 예식을 통해서 중요한 의미와 결단 그리고 공동체의 핵심적인 신념과 정체성을 배울 수 있다. 유사한 범위의 테두리 안에 지속적으로 반복되는 행동들과 언어들이 변화무상한 과도기에 억압되어 있는 사람들에게 안정성과 지속성을 재확신시키기도 한다. 갓 태어난 아기가 어머니와 반복되는 만남과 교류를 통하여 불

확실한 세상에서 안정을 찾고, 필요가 채워지지 않는 궁핍한 상황 속에서 어머니의 젖을 빨 때마다 충만한 풍요를 체험하기도 한다. 반복과 지속 그리고 점점 더 익숙해지는 만남의 패턴을 통해서 깨어지기 쉬운 자아상을 조심스레 세워 나간다. 예식을 통한 교육은 인지적 교육뿐만이 아니라 인성과 감성, 확신을 유도하는 교육이다. 머리로만 배우는 것이 아니라 온몸과 행동을 통해 지식을 습득하는 과정이기에 데카르트의 몸과 마음의 양면성을 넘어 함께 전인격체적인 배움의 길로 무한한 가능성을 열어 준다.

예식은 별 의미 없었던 삶의 공간을 변형시켜 아주 특별한 의미와 중요성을 내포한 거룩한 장소로 변화시킨다. 두세 사람이 함께 모여 그리스도께서 가르치신 성찬의 예식을 함께 나눌 때, 그 장소가 어디든지 간에 그 장소는 하나님의 임재가 있는 거룩한 만남의 장소로 변한다. 이런 면에서 예식이 하나님께 예배하는 시간과 공간이 신령과 진정으로 드려지는 진정 살아 있는 예식이 될 때 하나님의 임재와 부활하신 예수 그리스도를 다시 한 번 부활의 동산에서 만나는 경이로운 체험을 가질 수 있다. 예식은 변화하는 과도기에 불변하는 지속성을 확신하게 하는 반면, 경직되어 있는 구조적 틀 안에서 억압되어 있는 사람들을 무한한 가능성과 창작의 자유를 누릴 수 있도록 노루처럼 뛰어노는 사역의 광야로 초대하기도 한다. 이런 면에서 공동체가 특별히 행하는 독특한 예식들을 주의 깊게 살펴볼 필요가 있다. 예식이 상징하는 의미는 무엇인지, 공동체의 정체성과 예식이 어떤 연관성을 가지고 있는지 등에 대해 반드시 깊게 생각해 보아야 한다.

(6) 통계자료 Demographic Picture

사회유동성이 심각하지 않았던 몇 십 년 전만 해도 목회자들이 통계자료에 민감하게 반응할 필요가 없었다. 그러나 많은 젊은 층의 직장인들이 2-3년에 한 번씩 직장을 옮기고 있는 실정에 이제는 공동체가 섬겨야 할 인근 지역의 인구통계자료를 심각하게 분석할 필요가 있다. 지역사회의 통계자료가 제시하는 특성들과 공동체 내에서 구성된 통계자료는 서로 상충하는가, 아니면 별로 연관성이 없는가? 목회자는 왜 상충하는지, 아니면 왜 별다른 연관성을 갖지 못하는지 그 원인을 반드시 알 필요가 있다. 공동체의 대다수를 구성하는 사람들은 어떤 부류의 사람들인가? 교육수준은 어떠하며, 어떤 직종에서 봉사하고 있는가? 경제적, 정치적, 신앙적 오리엔테이션은 어떠하며 무슨 필요를 절실히 경험하고 있는가? 이러한 질문은 겨우 빙산의 일각에 불과한 것들이지만 목회자는 이런 질문에 대해 어느 정도 확실한 답을 소유해야 한다. 명확한 통계자료는 현시점에서 어떤 교육 프로그램이 필요하고 앞으로 어떤 프로그램을 구상하며 계획해야 하는지 말해 준다. 이러한 통계자료는 공동체의 정체성에 아주 자연스러운 부분을 차지함으로 신중하게 연구할 필요가 있다.

(7) 그룹 내의 독특한 특성들Group Character

공동체의 특성은 마치 한 개인의 독특한 개성과 같다. 한마디로 당신의 교회가 주위의 다른 교회들과 비교할 때 무엇이 어떻게 다른지에 대한 대답이다. 어떤 소수의 개인적 특성으로 언급되는 것이 아닌, 연합적 삶과 행동들이 외부적으로 표출하는 독특한 부분들이다. 그러므로 특성을 언급할 때 우리는 위에 언급되었던 정체성의 구성요소들—상징, 특별한 예식, 역사성을 비롯한 핵심적 가치관—을 종합적으로 함께 고려함이 용이하다. 어떻게 보면 공동체의 특성은 도덕적 우주 안에서 공동체가 표출하는 도덕적이고 사역적인 표현들이다. 공동체가 무엇을 중시하며, 사역을 펼쳐 나갈 때 어떤 방법과 도덕·윤리적 과정을 통해 이루어 가는가를 살펴보면 공동체의 독특한 특성을 발견할 수 있다. 공동체는 언제, 어떤 일을 통해 위기를 경험했는가? 혹시 당신의 공동체 내에서 수치스럽게 여기는 프로그램이나 인물이 있는가? 누구이며 왜 그렇게 느끼는가? 공동체의 연합적인 삶을 통해 당신은 언제 하나님의 임재를 가장 가깝게 느끼는가? 공동체 사람들의 일반적인 행동 양식을 어떤가? 공동체가 위기를 경험할 때 어떠한 미덕을 보이는가? 이러한 질문들을 통해 목회자는 공동체가 가지고 있는 독특한 특성들을 더 깊게 이해할 수 있다.

이러한 정체성의 구성요소들을 통하여 전반적으로 얻을 수 있는 가장 소중한 자료는 공동체가 함께 나누는 이야기들이다. 이러한 이야기들을 잘 분석하고 종합해 보면, ① 공동체가 무엇을 강조하기를 원하는지 알게 되며, ② 공동체는 스스로 '우리는 누구이다'라고 설명하려는 의도와 배경을 이해하게 되고, 또 ③ 이러한 이야기들을 통해 공동체가 궁극적으로 지향하는 목적은 무엇이고 이와 관련해서 '우리는 무엇인가?'를 지속적으로 은연중에 고백하고 있다는 사실을 깨닫게 된다.

2. 성경에 제시된 공동체 정체성의 이미지들
Biblical Insights for Congregational Identity

공동체가 함께 공감하는 정체성을 확실히 발견하는 것은 변화에 적응하고 효과적인 목회를 주도하는 데 너무나도 중요하다. 정체성에 중요한 핵심요소가 되는 것 중 하나가 공동체가 함께 소유하는 사명감이다. 에밀 브루너Emil Brunner는 사명감을 이렇게 설명하였다. "교회는 사명감을 위해 존재한다. 마치 불이 태우기 위해 존재하는 것처럼!" 성경의 위대했던 인물들을 살펴보면, 저들은 한결같이 사명을 위해 생을 바쳤던 것을 볼 수 있다. 아브라함과 사라는 모든 민족의 아비가 되며 축복을 베푸는 자의 사명을 위해 고향 '우르'를 떠나 약속의 땅을 향해 정처 없는 순례자의 길을 떠났다. 요셉은 아비 야곱과 가족을 구원하기 위해 일찍이 버림받고 애굽으로 이주했다. 형들의 미움과 시기로 억울하게 노예로 팔려 간 고난의 삶이었지만, 하나님의 관점에서는 이스라엘의 구원을 위해 미리 파송받은 선구자였다. 13만이 넘는 대군을 300명의 소군으로 기적 같은 승리를 이끌어 낸 기드온은 오로지 여호와 짜바스의 섭리 안에서 전쟁은 오로지 하나님의 손에 달려 있음을 사명감으로 지켜 내고 온 만방에 이 진리를 선포하게 되었다. 주님의 탄생까지 수많은 선지자들이 그 시대를 향하여 하나님의 말씀과 계시를 선포하는 사명감으로 자신의 모든 것을 다 바쳤다. 이러한 사명의 삶은 예수 그리스도의 구원 사명을 통해 명백하게 나타난다. 인류의 구원과 천국의 선포를 위해 주님은 모든 고통과 핍박, 능멸과 천대를 다 감수하시고 마침내 십자가에서 처참하게 죽으셨다. 그리스도께서는 인류를 사랑으로 포용하시고 구원하시고자 하시는 하나님의 애틋한 사랑과 구원 사명을 끝까지 감당하셨다.

　공동체가 소유해야 할 사명감은 반드시 상황적 고찰에 충실해야 한다. 말씀을 선포하는 목회자에게 성경해석과 주석이 중요하듯이 목회 현장의 문화와 상황을 주의 깊게 해석하는 것도 이에 못지 않은 사명임을 기억하라. 그래서 늘 학생들에게 성경적 통찰과 해석Biblical Exegesis을 위해 최선을 다하되, 목회 상황적 통찰과 해석Congregational Exegesis에도 최선을 다해야 한다고 조언한다. 사명감 또한 이와 같은 맥락에서 늘 그 뿌리를 현실적 상황에 내려야 한다. 공동체가 필요로 하는 것은 무엇인가? 사람들은 지금 무엇에 목말라 하고 있는가? 무엇을 위한 거룩한 배고픔이 있어야 할까? 그러므로 공동체의 정체성에 중요한 사명감은 현실적 상황에 충실하고 사람들의 구체적인 필요와 목마름에 합당한 것이어야 한다. 세상을 향해 선포되는 복음이 상황적 현실에 명중해야 하듯, 공동체를 위한 사명감도 구체적 상황과 현실에 적중해야 한다. 이런 면에서 교육목회에 임하는 목회자는 한 면으론 사회학자요 또 다른 면으론 성서학자의 역할을 감당해야 한다. 공동체의 문화와 체질을 민감하게 직시할 수 있는 눈과, 복음의 진리를 파헤칠 수 있는 영감 있는 귀가 열려야 한다.

공동체의 사명감을 고려할 때 절대적으로 필요한 2가지를 이렇게 이해할 수 있다. 하나는 성서적 이미지와 강령이고 다른 하나는 상황적 현실성이다. 이것은 앞에서 언급한 바와 같이 정체성의 존재성Being과 역동성Becoming의 상호적 공존이 필요한 것과 비슷한 이치이다. 신앙의 역사적 뿌리에서 이탈되지 않으면서 하나님께서 공동체를 역사의 현장에 세우신 유일한 목적과 사명을 구체적으로 발견하고 감당해야 한다. 부분과 전체가 상호적인 의미와 목적을 함께 발견하여 동질성을 이루어 가는 것이다.

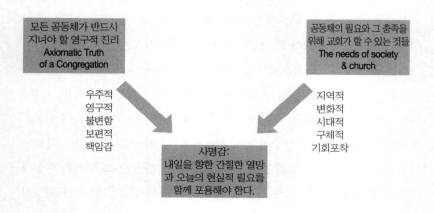

이에 대한 놀만 쇼척Norman Shawchuck과 로저 호이저Roger Heuser의 견식이 유용한 도움이 된다.[13]

성경이 제시하는 영구적 강령은 마태복음 28장에 나타난 지상명령이다. "그러므로 너희는 가서 모든 민족을 제자로 삼아 아버지와 아들과 성령의 이름으로 세례를 베풀고 내가 너희에게 분부한 모든 것을 가르쳐 지키게 하라 볼지어다 내가 세상 끝 날까지 너희와 항상 함께 있으리라 하시니라."마 28:19-20 모든 교회는 반드시 이 대강령을 지키도록 힘과 열정을 다해야 한다. 성서적 대강령을 신중하게 생각한다면 공동체는 복음을 선포하고 그리스도의 사랑을 사랑에 굶주린 영혼들에게 나누어야 하며, 하나님께서 의도하시는 '에덴의 회복'을 이 땅에 이루기 위해 봉사하고 교회와 사회의 참다운 변화를 주도해 가는 삶을 영위해야 할 것이다.

반면에 주님께서도 부탁하신 것처럼 '세상에서 소외된 자, 버려진 자 그리고 변두리로 밀려난 자'들을 위해 그리스도의 손과 발이 되어 섬겨야 할 것이다. 눈먼 자를 뜨게 하고 굶주린 자를 먹이며, 소외된 자들에게 존엄을 심어 주고 사회의 힘 없고 나약한 변두리 사람들에게 힘과 용기를 불어넣어 주어야 한다. 이것이 공동체가 지녀야 할 구체적이고 실질적인 사명이다. 파커 팔머Parker Palmer가 경고했던 것처럼, 사명을 정의하고 성립하는 과정에서 사명이 너무 우주적이고 보편적이면 사람들의 자그마한 가슴속에 자리 잡을 수 없고, 너무 세심하고 협소하게 구체적이면 사람들에게 포괄적으로 어필할 수 없는 사명이 될 것이다. 더하지도 덜하지도 않는 균형 잡는 과정이 의미 있는 사명감을 유도하고 구체화하는 데 필요하다. 적절한 중심을 유지하기 위해 다음의 질문을 고려해야 한다.

---

13) Norman Shawchuck & Roger Heuser, *Managing the Congregation: Building effective Systems to Serve People* (Abingdon, 1996)을 참조하라. 특히 제5과 '공동체의 사명'은 사명감에 대한 유익한 아이디어를 제공해 준다.

- 우리는 누구인가?Who are we?

- 우리가 해야 할 과제는 무엇인가?What is our business?

- 어떻게 이 일을 행할 수 있는가?How do we get it done?

이 세 가지 질문은 매우 중요한 질문이다. 항상 목회자들이 교육목회 과정에서 가슴에 품고, 반복해서 물어야 할 질문이다. 이 질문들을 마음에 새기면서 성경이 제시하는 다음의 세 가지 공동체의 이미지를 고려해 보자. 시간과 공간을 초월하고 변화하는 역사적 상황도 뛰어넘어 항상 생각해야 하는 교회의 이미지인 것이다. 2,000년 전에 초대교회가 그랬던 것처럼 오늘날 교회들이 깊이 상고해야 할 교회적 사명이다.

교회의 공동체 정체성을 생각하면서 보편적, 구체적인 범주를 떠나 늘 우리가 함께 고려해야 하는 본질적인 교회의 체질과 특성을 다음의 세 가지 성서적 이미지를 가지고 생각해 보자. 마치 팔레트에 짜인 빨강, 노랑, 파랑의 세 가지 원색처럼 공동체의 자아상을 그리는 데 반드시 필요한 성서적 이미지들이다. 분명 이외에도 공동체 정체성에 관한 수많은 성서적 이미지들이 있겠지만 다음의 이미지들이 시사하는 견식을 통해 교회가 교회 됨의 본질적 존재성을 다시 회복하기 위해 함께 생각해 보고자 한다.

1) 노아의 방주Noah's Ark as a Congregation with a Unifying Vision

창세기 6장에 기록된 노아의 방주가 믿음의 공동체에게 던지는 의미는 중요하다. 하나님을 영화롭게 하고 그분을 경배하며 기쁨으로 삶을 살아야 하는 인간들은 저들의 삶의 터를 죄악이 관영하는 쓰레기장으로 전락시켜 버렸다. 인간을 지으신 창조주의 실망과 한탄이 처음으로 뼈저리게 느껴진다. 하나님의 영이 떠난 인간들은 결국 향락과 죄악의 시궁창에서 뒹굴며, 이제 한낱 고기 덩어리에 지나지 않는 삶을 살아간다. "토브! 토브!"좋았더라! 하시며 기뻐하시던 하나님의 가슴에 대못을 박았다. 이러한 상황 속에서 하나님께서는 노아와 그의 가족을 택하시고 구원을 베푸셨다. 우리는 참담한 실패의 현장과 죄악이 관영하는 현실에도 불구하고 하나님을 경외하는 의인을 찾으시는 하나님을 볼 수 있다. 이는 마치 창세기 18장에서 소돔과 고모라를 멸하시기 앞서 단 10명의 의인으로 말미암아 그 성읍을 멸하지 않으시려 했던 하나님의 뜨거운 사랑을 연상시킨다.

노아의 방주는 인간을 구원하시고자 하시는 하나님의 뜨거운 사랑을 상징하는 결정체이다. 이 같은 하나님의 뜨거운 사랑은 이 땅 위에 세우신 그리스도의 몸 된 교회를 통하여 인간의 구원을 이루시기를 원하시는 하나님의 마음과 동일하다. 즉 험난한 파도를 헤치고 항해하는 교회야말로 죄와 죽음의 바다에 빠져 있는 사람들을 구원해야 할 방주인 것이다. 오래전 어떤 기독교 잡지에서 이런 만화를 본 적이 있다. 처음 컷은 망망한 대해를 표류하는 허름한 방주가 눈에 띈다. 특별히 자랑할 것이 하나도 없는 통나무 배였다. 그런데 다음 컷에는 수평선 저쪽으로부터 현대식으로 지은 크고 호화로운 크루즈가 다가온다. 온갖 볼거리와 먹거리, 최첨단 장비가 갖춰진 호화스러운 배였다. 이 배를 부러움의 눈으로 바라보던 방주에 탔던 사람들이 하나둘씩 배를 옮겨 타기 시작했다. 어느덧 거의 많은 사람들이 옮겨 타고 방주에는 소수의 인원들이 남았다. 그 다음 컷이 아주 인상적이었다. 이제 다른 방향으로 수평선 너머 항해하기 시작한 호화 여객선의 뒤에 새겨 있는 선박의 이름은 바로 '타이타닉 2호'였다. 향락주의와 물질주의 그리고 나의 이득과 행복만을 추구하는 개인주의가 범람하는 오늘날의 목회 현장을 풍자적으로 묘사한 만화였다.

성경에서 제시하는 노아의 방주를 다시 고려해 보자. 120일 동안 쏟아부은 대홍수로 인해 세상이 물에 잠기게 되었을 때, 방주 안에 거주하는 모든 동물들을 생각해 보라. 수많은 동물들이 비좁은 공간에 함께 있을 때, 어떤 일들이 있었는가? 성경을 아무리 자세히 살펴보아도 방주 안에서 호랑이가 토끼를 잡아먹었다는 기록이나, 코끼리가 쥐를 밟아 죽였다는 기록이 없다. 방주 안에 모인 모든 동물들을 생각해 보면, 이 세상 어느 공동체도 노아의 방주처럼 다양한 공동체는 없다. 이토록 서로 너무나도 다른 이질성을 안고 있으면서도 어떻게 이질성의 문턱을 넘어설 수 있었을까? 어떻게 물어 죽이고 잡고 잡히는 동물의 본능이 서로 통제될 수 있었을까? 그 대답은 한마디로 간단하다. 본능적 욕구보다 훨씬 더 큰 구원을 향한 열정이 있었기 때문이다.

노아의 방주가 오늘날 교회에게 제시하는 성서적 교훈이 바로 이것이다. 믿음의 공동체 안에는 너무나도 다른 이질성들이 산재하고 있다. 학벌, 직업, 취향 그리고 개인이 추구하는 이상도 다를 수 있지만, 중요한 것은 이러한 우리의 이질성을 뛰어넘을 만한 불타는 열망이 존재한다. 바다 밑으로 침몰하는 배에서 사람들은 누가 옳고 그른가를 시비하지 않는다. 다만 저들의 최대의 관심사는 '어떻게 이 침몰하는 배에서 살아남을 것인가?'이다. 마찬가지다. 세속의 범람하는 파도를 헤치고 나아가는 방주 안에서 어떻게 하면 하나님께서 의도하신 거룩하고 온전한 뜻을 성취할 수 있을까? 이것이 공동체의 최대 관심사가 되어야 할 것이다. 하나님의 최대 관심사였던 인류 구원을 어떻게 이룰 수 있을까? 우리는 이 막중한 사명에 어떻게 동참할 수 있을까? 어떻게 하면 우리에게 봉착한 필요와 도전을 하나님의 영광을 위해 헤쳐 나갈 수 있을까? 이러한 관심사, 하나님의 마음과 의도를 살피는 공동체가 되어야 한다. 그렇지 않으면 하나님의 교회는 공동체 내에 존재하는 이질성의 철장 안에서 자유하지 못하고 아무런 힘과 능력을 발휘하지 못할 것이다.

이것이 바로 공동체 안에서 서로 공감할 수 있고 마음으로 품을 수 있는 정체성을 찾아야 하는 이유이다. 함께 바라볼 수 있고, 함께 벅찬 마음으로 꿈꿀 수 있는 것, 우리의 관점이 다를 수 있고 생각과 의도들이 다를 수 있지만, 그럼에도 불구하고 우리 모두를 하나로 묶어갈 수 있는 것 이 바로 공동체가 열망하는 비전이요, 사명의식이다. 바로 이런 요소들을 묶어 나가며 세우는 것이 공동체 정체성이다. 우리는 정녕 무엇을 위해 존재하는가? 이 사명을 수행하기 위해 우리 모두가 힘써야 할 것은 무엇인가? 이 사명의 완수를 위해 다시 고려해야 할 우선순위는 무엇인가? 우리는 정녕 의도하고 지향하는 목적지를 향해 나아가고 있는가? 아니면 충동적이고 감정적인 요소들에 얽매여 교만과 자기 위선의 그물에 걸려 허덕이고 있지는 않는가? 목회자와 성도 모두가 진정 벌거벗은 마음으로 말씀 앞에 다시 서야 할 것이다. 복음전파와 인류 구원이 뿌리가 된 아름다운 꿈과 사명을 세워 갈 수 있을 때 하나님의 교회는 정녕 구원의 방주로서 사명과 역할을 감당할 것이다.

2) 베데스다 연못Looking after for One Another with Christ's Own Heart of Compassion

요한복음 5장에 기록된 '베데스다 연못'은 상당한 깨달음과 감명을 준다. 모든 사람들은 저마다 아픔과 상처를 가지고 무거운 인생의 멍에를 지고 있다. 이 세상의 어느 한 사람도 완전한 행복과 만족을 누리며 살지 않는다. 베데스다 연못은 바로 이러한 실존적인 인간의 현실을 너무나도 잘 묘사해 주고 있다. 가끔 천사가 연못의 물을 동하게 하는데, 누구든지 먼저 연못에 들어가는 자는 병을 치유받는 놀라운 구원의 소식이 있었다. 이 얼마나 기쁜 소식인가! 여러 병고로 인해 사람다운 삶을 살아 보지도 못하고 허덕이며 고통하는 사람에게 베데스다의 기적은 최대의 관심사였다.

영적으로 볼 때 우리는 다 병자일 수 있다. 눈먼 사람, 손과 발이 불편한 사람, 늘 앉아 있어야만 하는 사람, 가슴이 아프고 속이 쓰려서 이러지도 저러지도 못하는 사람, 의사도 이해할 수 없는 여러 병고로 인류는 삶의 현장에서 신음하고 있다. 이 신음과 통성이 하늘 문턱에 닿았을 것이다. 그래서 하나님께서는 역사의 현장 한곳을 택하셔서 치유와 회복의 기적을 베푸셨다. 수많은 병자들이 베데스다 연못가에 기거하면서 물이 동하기를 기다린다. 그리고 땅이 진동하고 물이 동할 때마다 '텀벙!' 하는 소리와 함께 감격의 함성을 듣는다.

"아, 하나님! 감사하나이다. 이렇게 저를 깨끗하게 해 주시니 높으신 당신의 이름을 경배하나이다!"

이런 찬양과 감사가 온 천지를 울린다. 가슴이 벅차다. 연못가의 사람들은 한결같이 '나도 이제 저런 은혜를 입을 수 있을 거야!'라는 소망을 품고 그 주위를 떠나지 못한다.

그런데 이 은혜의 장소에 사탄이 심어 놓은 저주의 씨앗이 있었는데, 그것이 바로 경쟁심이었다. '누구보다도 내가 먼저 연못이 동할 때 들어가야 한다! 반드시 1인자가 되어야만 하나님의 은혜를 입을 수 있다!'는 열망은 하나님의 은혜와 사랑을 갈망하던 저들의 순수한 마음을 변질시킨다. 제일 처음, 제1인자가 되어야 한다는 경쟁심은 마침내 베데스다 연못가의 사람들을 경박한 사람들로 타락시킨다. 이 얼마나 가슴 아픈 노릇인가! 고통 속에 있는 인간을 향한 하나님의 연민Compassion은 나만이 먼저 은혜를 누려야 한다는 경쟁Competition 속에 수장당한다. 이 경쟁이 도를 지나쳤던 것을 요한복음 5장의 기록을 통해 알 수 있다. 오죽하면 베데스다 연못가에서 38년 동안 버림받았던 사람이 있었을까? 이 환자 역시 '나도 언젠가는 나을 수 있다'는 실 가닥 같은 소망의 끈을 붙잡고 견뎠을 것이다. 일 년도 수 년도 아닌 38년의 긴 세월 속에서 무수히 들어왔던 '할렐루야!'의 찬양과 감사의 기도마저도 38년 된 환자에게는 비관과 격리의 함성으로 들렸을 것이다. 그래도 '누군가는 나를 들어 물이 동할 때 넣어 주지 않겠는가?' 하는 갈급한 바람을 가지고 그 자리를 지켰으리라.

만일 이 환자가 이팔청춘에 알 수 없는 병고에 고통하게 되었다면, 이제 그 나이가 50대 중반에 접어들었을 것이다. 한참 청소년기의 파란 꿈도, 친구들과의 우정도 나누어 보지 못한 채, 38년을 베데스다 연못가에 누워 있었다. 처음에는 가족이나 친지들이 저를 돌봤겠지만, 오랜 병에 효자가 없다고 기나긴 병세에 지쳐 버린 가족과 친지들은 하나둘씩 그의 곁을 떠났을 것이다. 이제 홀로 버림받은 인생, 고통과 절망 속에서 실오라기 같은 마지막 소망을 가지고 버티어 온 인생, 이 인생이야말로 영적으로 허덕이며 생존을 위해 안간힘을 쓰고 있는 수많은 현대인들을 비유함이 아닐까?

만일 이 환자가 나이 30세에 갑자기 중병에 걸려 오게 되었다면, 그는 석양을 바라보는 68세가 된 셈이다. 청운을 품고 삶의 현장에서 전심으로 달려가야 할 30세! 뜻을 향해, 무언가 이루기 위해 모든 것을 투자하며 달려가던 인생길에서 그냥 주저앉은 셈이다. 사랑하는 사람도, 가족도 모두 그의 곁을 떠나갔을 것이다. 주위에 남은 사람이 하나도 없는데도 새로운 인생을 꿈꾸고 싶어 치유와 회복의 현장, 베데스다 연못가에서 그렇게 버티고 있었으리라. 그러나 이제 68세, 한숨과 눈물로 누워 있던 거적을 물들였고, 외로움과 절망을 삼키며 지금까지 버티어 왔다. 당신이라면 어떻겠는가? 이러한 참담한 상황을 어떻게 수긍할 수 있겠는가?

이 베데스다 연못의 성서적 이미지는 공동체의 정체성을 발견하는 과정에서 우리 모두가 반드시 묵상해야 할 교회상이다. 치유와 회복을 꿈꾸는 교회에서 우리는 어느덧 무의식중에 때론 끔찍하지만 의도적으로 사람들을 격리하고 제외하였다. 의욕적으로 섬기려는 사람들을 배척하기도 했다. 순수하게 하나님을 바라보며 헌신하려는 사람들을 끌어내리기도 했다. 이는 마치 내가 1인자가 되어야만 하나님의 은혜를 누릴 수 있다는 강박관념 속에 하나님을 기쁘시게 하는 예수의 제자가 아닌, 사탄의 종 노릇 하는 자로 전락한 것이다. 내가 먼저 뛰어들기 위해 얼마나 많은 투쟁을 치렀는가? 내가 제일이 되기 위해 얼마나 많은 상처를 감당하며 또 초래하기도 했는가? 연민이 경쟁으로 전락한 공동체는 이미 사탄의 놀이터요, 인생의 시궁창이다. 여기에는 하나님의 치유가 나타날 수 없고 회복의 은총이 일어날 수 없다.

이 베데스다 연못가의 이야기를 교육목사 때 초등학생들에게 들려준 적이 있다. 한참이나 심각하게 이야기를 듣고 있던 아이들에게 물었다.

"여러분, 그러면 우리는 이렇게 버려진 사람들을 어떻게 도와줄 수 있을까요? 어떻게 하면 아무도 소외되지 않고 서로 도와줄 수 있을까요?"

한 아이가 손을 번쩍 들더니 이렇게 대답했다.

"목사님, 아주 간단해요. 연못가에 모인 모든 사람들에게 물가에 함께 손잡고 서게 한 다음에 '하나 둘 셋!' 하면서 모두 다 함께 뛰어드는 거지요! 그러면 모두 다 병이 낫지 않겠어요?"

나는 이 간단한 진리에 넋을 잃었다. 이 어린아이들도 가슴으로 알고 있는 간단한 복음의 진리를 왜 어른들은 모르고 있었단 말인가? 그렇다. 우리는 모두 주일마다 베데스다 연못가로 모인다. 세상에서 받은 상처, 마음의 병을 가지고 주님의 성전, 베데스다 연못가로 모이는 것이다. 낳고자 하는 갈망을 가지고, 나도 주 안에서 치유되고 회복되기를 소원하는 마음으로 주의 전에 모인다. 그렇다면 치유와 회복의 사역을 이루기 위해 우리는 모두 다 그리스도의 사랑의 마음을 가지고 손을 잡아야 한다. 사역의 손을 함께 잡고 섬겨야 한다. '나보다 남을 더 낫게 여기는 마음'으로 함께 손을 잡아야 한다. 그래야 오늘날의 교회가 생명력을 지닐 수 있게 된다. 어느 누구도 낙오되는 이 없는 공동체, 어느 누구도 왕따당하지 않는 공동체가 되어야 한다. 그리고 서로 기도하면서 성령께서 물을 동하게 하실 때 모두 함께 은혜의 연못에 뛰어드는 감격과 체험을 누려야 할 것이다. 이것이 분명 오늘날 교회를 향한 우리 주님의 애틋한 소원이다.

그러나 복음 중의 복음은 인간의 실수와 하찮은 방종으로 말미암아 이렇듯 소외된 자, 잘 살피지 못한 자, 사랑의 손길을 베풀지 못한 사람도 주님은 잊지 않으시고 반드시 찾으신다. 세상이 당신을 버려도 포기하지 마라. 주위의 모든 사람이 안 된다고 고개를 저어도 단념하지 마라. 계속 반복되는 실패와 절망이 당신을 아프게 내리칠지라도 절대로 포기하지 마라. 이 버림받던 경험이, 소외된 아픔이 38년이나 지속될지라도 결코 베데스다 연못을 떠나지 마라. 반드시 우리 주 예수 그리스도께서 당신을 찾으실 것이다. 그리고 당신에게 물으실 것이다. "네가 정녕 낫고자 하느냐?" 결코 포기하지 않으시는 주님의 사랑이 당신을 회복하실 것이다. 만군의 여호와의 열심이 당신을 찾으시고 치유와 회복의 손길을 펼치실 것이다. 불완전할 수밖에 없는 교회 그리고 불완전한 사람들이 모인 교회이기에 포기하지 않으시고 찾으시는 주님의 치유와 회복은 복음 중의 복음이다. 반드시 기억하자. 공동체를 주도할 수 있는 정체감을 생각할 때, 베데스다의 이미지는 반드시 고려되어야 할 것이다.

3) 생명체인 그리스도의 몸과 지체들Church as a Relational Living Body of Christ

교회를 설명할 때 흔히 '그리스도의 몸 된 교회'라는 표현을 종종 듣는
다. 특별히 고린도전서 12장에 나타난 이 몸과 여러 지체들은 하나님의 사
역을 감당하기 위해 오늘날 반드시 고려해야 할 성서적 이미지라 생각한
다. 우리 몸에는 여러 지체가 있다. 각 지체마다 고유한 특성과 기능이 있
다. 어느 하나 덜 중요하거나 더 중요함이 없다. 위험한 인생의 고속도로
를 질주하는데, 갑자기 눈이 피곤하다는 이유로 눈을 감아 버린다면 생명
에 치명적인 위험을 초래한다. 입이 피곤하다고 먹기를 거부한다면 어떻
게 되겠는가? 모두 다른 기능과 장단점을 지니고 있는 지체들이지만, 어
느 한 부분도 제외될 수 없다는 중요성을 오늘날의 교회에 가르쳐준다. 이
모든 지체들의 기능적 수행과 의무는 생산적이고 창조적인 일들을 수행
하는 것과 생존에 있어서 필수이다.

그런데 가끔 몸이 병들면, 각 부분의 기능이 감소하고 퇴화되는 것을
경험하게 된다. 그렇게 예민했던 감각이 둔해진다. 전에 벽에 그림을 걸
려고 망치질을 하다가 실수로 엄지손가락을 내리친 적이 있었다. 순간 눈
앞이 캄캄해지면서 얼마나 아프던지 나도 모르게 냉장고로 달려가서 재
빨리 얼음주머니를 만들고 있었다. 이 모든 과정을 뇌가 지시하는 대로 내
모든 몸이 착착 진행하고 있었다. 이것은 건강한 몸의 자연스러운 반응이
다. 모든 지체들이 협력해서 부상당한 엄지손가락의 고통을 덜기 위해 노
력하고 있었다.

공동체의 건강한 지체의 모습도 이와 같다. 건강한 몸은 각 지체들이
온전한 상태인지 아닌지에 민감하다. 즉 고통을 겪는 한 지체를 위해 다른
지체들이 신속하게 대응한다. 반대로 병든 지체는 민감함과 신속성이 떨

어진다. 다른 지체의 아픔과 고통이 신속하게 전달되지 않는다.

필립 얀시Philip Yancey의 저서 『내가 고통당할 때 하나님 어디 계십니까?』*Where Is God When It Hurts?*는 지체들이 느끼는 기쁨, 고통과 같은 여러 상황들이 얼마나 민첩하게 전달되어야 하는지 그 필요성에 대해 설명한다. 필립 얀시는 이 책에서 문둥병의 고통과 저주를 적나라하게 묘사한다. 문둥병에 걸리면 첫째로 나타나는 증상이 신경마비이다. 처음에는 별것 아닌 것 같지만 상태가 악화될수록 마비 상태는 더욱 심각해진다. 처음에는 손톱이 빠져나간다. 그런데도 특별한 고통을 느끼지 못한다. 신발이 발뒤꿈치를 비벼 피가 나게 된다. 그래도 별로 아픔을 느끼지 못한다. 급기야 뒤꿈치 살이 심하게 떨어져 나간다. 그런데도 별로 아픔을 느끼지 못한다. 가시에 손가락이 깊게 찔렸다. 별로 아픔을 모른다. 실수로 대못을 밟아서 그만 발등 위로 대못이 솟아올라 피가 흐른다. 그러나 크게 아픔을 느끼지 못한다. 눈꺼풀이 몹시 가렵다. 자꾸 문지르고 긁다 보니 눈꺼풀에 염증이 생겼다. 나중에 악화되어 눈꺼풀이 떨어져 나간다. 그리고 눈을 보호할 수 없게 되자, 눈에 염증과 탈수 현상으로 실명까지 이른다. 그러나 문둥병 환자는 별로 아픔을 느끼지 못한다.

우리는 아픔을 느끼지 못해 사회로부터 격리되어 소외된 삶을 살았던 10명의 문둥병자 이야기를 기억한다.눅 17:11-19 저들에게 간절한 소원이 있다면 그것은 다름 아닌 '나도 고통을 고통답게 느끼고 싶다!'라는 절규일 것이다. 고통을 느끼지 못해 사회로부터 천시받고 격리되어 살던 문둥병자들! 필립 얀시가 의도하는 것은 무엇인가? 특별히 공동체의 건강과 사명을 잘 감당하는 교회 육성을 목적으로 하는 교육목회에 이 이야기는 어떠한 깨달음을 제시하여 주는가? 그것은 그리스도의 보혈의 피값으로 세우신 그리스도의 몸 된 교회의 모든 지체들은 서로에게 기쁨과 슬픔, 성공과 실패 그리고 환희와 절망 등 각 지체들이 느끼고 있는 영적, 육적 그리고 심리적 상태들이 민감하게 전달되어야 한다. 지체하지 않고 신속하게 전달되는 영적 상태는 건강한 교회의 특성이다. 그러나 공동체의 한 지체가 느끼는 고통이 다른 지체들에게 제대로 전달되지 않는다면 분명 영적으로 병들어 있을 확률이 높다. 분명 건강한 교회는 이런 모든 상태들이 신속하게 온몸으로 전달되기 때문이다.

오늘날 우리 교회는 어떠한가? 영적 문둥병에 시달리고 있지 않는가? 이미 감염되었는데 전혀 모르고 있는 것은 아닌가? 신중히 생각해 보라. 당신은 매 주일 같은 교회에서 한 주님을 섬기며 은혜를 나누는 공동체 일원으로 당신 옆자리에 가까이 앉아 있는 성도와 얼마나 친숙한가? 매 주일 다른 자리에 앉기 때문에 잘 모른다? 어찌 이것이 변명이 될 수 있으랴? 앞줄에 앉아 있는 성도, 뒤편에 앉아 있는 성도들에 대해 무엇을, 어떻게 그리고 얼마나 친숙하게 알고 있는가? 저들을 위해 기도한다면 구체적으로 무엇을 위해 기도해야 하는지 알고 있는가? 매 주일 같은 주보를 보면서 같은 성경구절을 읽고 같이 찬송하고 기도하며, 함께 예배당에 앉아 동일한 설교를 듣고 있으면서 얼마나 믿음의 식구들에 대해 민감하게 알고 있는가?

당신이 거주하는 길 건너편 이웃에 대해 얼마나 알고 있는가? 당신 옆집 이웃에 대해서는 얼마나 알고 있는가? 우리는 참으로 모순된 삶을 지향하고 있다. 태양계 끝까지 탐색선을 발사하여 여러 정보를 수집한다. 지구촌 맞은편에 있는 사람들과 채팅을 하기도 한다. 전설과 낭만의 대상이던 달에 비로소 인간이 착륙하였다. 이렇게 상상할 수도 없는 먼 거리를 정복하면서도, 정작 우리는 바로 옆에 있는 이웃에게 사랑과 격려의 팔을 펴지 못한다. 사랑의 뜨거운 포옹을 한 번도 제대로 나누지 못한 채 한 교회를 섬기고, 한 예배당에 앉아 예배드린다. 얼마나 모순인가? 가장 가깝지만 가장 먼 거리를 그리스도의 사랑으로 정복해야 한다. 이제는 물리적 거리가 아닌, 관계의 거리를 정복해야 한다. 이런 면에서 고린도전서에서 비유되는 그리스도의 몸 된 교회의 이미지는 실로 중요한 공동체의 상이다. 모든 대화가 단절되지 않고 각 지체의 영적, 심리적 상태가 신속하게 전달되는 공동체, 바로 이것이 한 몸을 이룬 교회가 아니겠는가!

3. 공동체 정체감 형성에 고려되어야 할 3가지 측면들

우리는 앞에서 공동체 정체성을 고려하는 데 필요한 세 가지 성서적 이미지에 대하여 생각해 보았다. 피할 수 없는 다양성과 함께 동반되는 이질성을 포용하고 초월할 수 있는 비전이 필요함을 생각해 보았다. 공동체의 모든 구성원들을 한 초점, 한마음으로 묶을 수 있는 비전이야말로 이질성으로 인해 구심점을 잃어 가는 공동체에 반드시 필요한 요소이다. 그리고 인생의 광야에서 수없이 당한 영혼의 상처가 있다. 치유와 회복을 위한 복음사역을 위해 믿음의 공동체는 반드시 그리스도의 연민을 품어야 한다. '내가 먼저'라는 과열된 경쟁심을 '우리 서로 다 함께'라는 사랑의 마음으로 넘어서야 한다. 그리고 서로를 위해 사랑의 관심을 가지고 관계적 연대감을 키워야 한다. 세밀한 관심과 신속한 대화를 통하여 공동체의 필요와 의미 그리고 하나로 묶어 나가는 비전을 나누어야 한다. 이러한 세 가지 요소들이 좀 더 포괄적인 면 그리고 전반적으로 나타나는 성서적 이미지라면, 다음에 고려될 세 가지는 좀 더 구체적이며, 각 공동체에서 발견하고 정의되어야 할 정체성의 요소들이다. 이 요소들은 한마디로 상황적으로 타당할 뿐 아니라, 교회를 세우신 그리스도의 마음에 합한 의도와 목적을 지향하는 데 많은 도움을 준다. 다음의 ① 신학적 결단, ② 함께 공유하는 사명감 그리고 ③ 핵심적 가치관을 반드시 고려하라.

1) 신학적 결단Theological Conviction

결단은 정체성에 중요한 자리를 차지한다. 왜냐하면 결단 자체가 이미 전 인격적인 과정에서 비롯되는 산물이기 때문이다. '나는 이것을 신뢰한다' 또는 '우리가 믿고 신뢰하는 신학적 결단은 이것이다!' 이러한 타협될 수 없는 확신적 신념을 가진다는 것은 그 어떠한 상황에서도 불변하는 중요한 요소를 제공한다. 바로 이런 요소들이 시간과 상황 그리고 시대의 변화에도 변하지 않는 정체성의 핵심적 결정체를 이룬다.

한 미국인 교회를 컨설팅하면서 그 교회가 고수하고 있는 신학적 결심을 발견하게 되었다. 그것은 대부분의 교회 지도자들이 한결같은 마음으로 '좌로나 우로나 치우치지 않는 신학적 노선'을 고수하려는 노력이었다. 그래서 저들은 늘 한쪽으로 치우치지 않는 공동체 내 규칙이나 신앙고백을 가르치고 있었다. 이러한 결단적 확신은 변화와 개혁을 주도하는 과정에서도 나타나고 있음을 깨닫게 되었다. 저들이 고수하는 개혁과정은 혁명도, 무조건적인 전통도 아닌 열린 개혁과정이었다. 너무 재촉하지 않지만, 교회의 조직적 틀 안에서 안주하지도 않는 변화의 리듬을 나름대로 찾고자 노력했다.

잠언 23:7은 "마음의 생각이 어떠하면 그 위인도 그러한즉"이라고 했다. 마음의 생각과 사고가 그 사람의 삶과 인생을 주도해 간다는 의미이다. 보이지 않는 마음속의 의도는 겉으로 나타나는 현상적 행동을 유도한다. 결코 변하지 않는 신학적 결단은 흉용하는 해류에도 이리저리 밀리지 않고 그 자리를 지키게 하는 든든한 닻과도 같다. 한 공동체의 정체감을 이해하는 데 반드시 발견해야 할 요소이다. 공동체와 함께하면서, 사람들의 이야기에 귀를 세심하게 기울이며, 신뢰적인 관계 안에서 저들의 마음 속에서 토해 내는 결코 타협할 수 없는 신학적 신념과 신앙의 확신들이 무엇인지를 리더십의 광주리에 담을 필요가 있다.

2) 함께 공유하는 사명감Sense of Mission

'우리는 과연 누구인가?'라는 인식이 확실한 공동체는 확고한 인식 위에 저들이 함께 감당해야 할 확실한 사명을 세워 갈 수 있다. 사명감이란 정체성에 대한 확실한 이해와 인식이 기반이 된 열매이기 때문이다. 즉 사명감의 뿌리가 내려진 카테고리가 'Doing'이기보다는 오히려 'Being'에 더 가까이 접근한다. 즉 사명감 자체가 '우리는 무엇을 위해 존재하는가?'에 뿌리를 두어야 한다. 이 질문에 명확한 이해를 발견한 공동체는 '우리는 이제 무엇을 해야 하는가?'라는 확신적인 사명감을 세워 나갈 수 있다.

3) 핵심적 가치관Core Values

모든 생명체에는 핵심적 구성요소들이 있다. 단세포 안에 있는 세포 핵은 그 세포의 생명력을 주도한다. 그룹에서 나타나는 여러 행위적, 관계적 현상들 배후에는 핵심적 가치관들이 마치 핵처럼 그 과정과 결과를 주도하고 있다. 인간이 동물과 다른 중요한 점 하나가 바로 인간의 행위 뒤에는 가치관이 주도하는 의도가 있다. 사람들은 생각에 의해 그리고 생각하면서 행동한다. 이것이 인간이 인간 됨의 기본적 특징이다. 가끔 미처

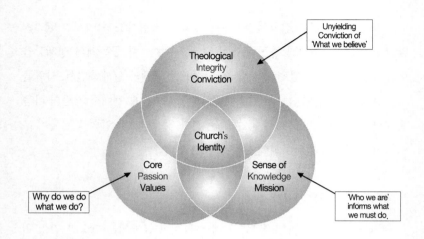

생각하지도 못한 채 먼저 행동으로 옮기는 조바심 때문에 공동체 내에서
도 아픔을 경험하기도 하지만, 일반적으로 생각과 사고가 행동을 주도해
나간다. 행동을 주관하는 생각과 사고의 배경에는 반드시 중요하게 여기
는 가치관이 있다. 이러한 가치관은 인간으로 하여금 독특한 이상을 추구
하게 하고, 특정한 사역을 갈망하게 한다.

공동체 안에서도 마찬가지다. 공동체가 이해하는 핵심적 가치관은 늘
'왜 우리는 지금 이 일을 행하고 있으며 또 그렇게 해야만 하는가?'에 대해
깨닫게 한다. 비록 의미의 연결점을 찾지 못하고 방황할 때도 있지만, 함
께 공유하는 가치관은 사람들로 하여금 현재적 행동과 섬김에 이유를 제
시하며 의미를 제공한다. '왜 하는가?' 그리고 '무엇 때문에 하는가?'에 대
한 답은 늘 가치관 안에서 발견된다. 이런 관점에서 볼 때 신학적 신념은
공동체가 진행하고 있는 사역의 옳고 그름을 신학적이고 성서적인 면에
서 말해 주고, 함께 공유하는 사명감은 결코 흔들리지 않는 정체성에 대한
확고한 인식을 주며, 핵심적 가치관은 가슴 깊이 심금을 울리며 열정으로

공동체가 형성해 가는 정체성을 떠받쳐 주고 있다. 한마디로 지확신적 신념, 정가치관, 의사명감가 함께 상호 공존하며 이루고 있다. 마치 삼위일체의 하나님께서 완전한 조화와 하나됨을 지키시는 것처럼, 공동체가 세워 가야 할 정체성도 사명감으로 교육된 확신적인 지적 이해와 핵심적 가치관으로 응결된 흔들리지 않는 열정과 어떠한 상황에도 흔들리지 않는 확고한 신념이 함께 조화를 이루며 생성된다.

4. 교회 안에서 전반적으로 나타나는 정체성의 표현들
Congregational Identity and Its Impacts on Various Levels of Congregational Life

생각의 씨앗을 뿌리면 관념의 새싹이 돋아나고 관념의 새싹은 행동의 나뭇잎으로 자라난다. 행동의 나뭇잎은 습관의 나뭇가지로 자라나 마침내 인생을 결정하는 운명의 열매를 맺게 된다. 정체성의 핵심은 내적, 확신적 결심과 가슴을 깊이 울리는 사명감이다. 선지자들의 발걸음이 이러했다. 부르심에 대한 확실한 신념은 그 부르심에 합당한 열매로 삶을 통하여 나타났다. 저들의 삶의 모습과 양상 그리고 선포되는 말과 행동은 처음부터 마지막까지 철저하게 선지자적 사명에 얽힌 정체성으로부터 시작된다. 외형적으로 나타나는 모든 것들이 철저하게 가슴속 깊이 심겨 있는 확고한 정체성으로부터 말미암는다.

이것은 마치 생오이를 양념 속에 버무려 오랫동안 항아리에 담아 두면 오이지Pickled cucumber가 되는 것과도 같다. 공동체의 삶이라는 항아리 안에 여러 모양으로 전반적으로 깊이 투여되어 있는 정체감의 요소들과 함께 공존하면서 자신의 깊은 존재 속으로 스며든다. 오래되면 오래될수록 공동체가 지향하는 이상과 중심적 이념 그리고 핵심적 가치관들이 함께 어우러져 공동체를 마치 오이지처럼 저려 버린다. 그 오이의 존재 전반적인 부분에 정체성으로 말미암은 이념과 철학 그리고 신학적 신념과 확신으로 침투되고 투여된다. 그러므로 '우리는 이런 정체성을 가진 교회이므로 철저하게 이렇게 사역할 수밖에 없다!'라는 고백이 스며 나오게 된다. 신앙고백이나 신앙적 행동들이 목회사역에 다방면으로 나타난다. 이러한 표현들은 결국 공동체가 함께 공감하는 정체성에서 비롯된다. 이것은 마치 오이지를 짜면 배어 있던 짠물이 그냥 흘러나오는 것과 비슷한 현상이다. 공동체 삶에서 표출되는 외적 현상들은 결국 보이지 않는 정체성에 뿌리를 둔 내적 확신과 신념에서 비롯된다. 이러한 이치를 다음의 도표를 살펴보면 이해가 용이하다.

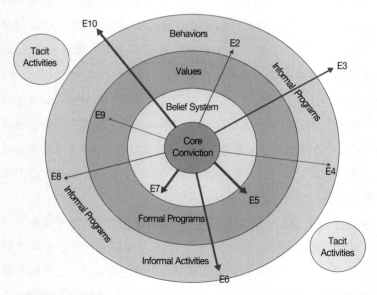

표기: 여기서 E1에서 E10은 다양한 방법으로 표현·표출되는 핵심적 신념을 나타낸다.
〈도표 4 공동체의 삶 속에 투여된 정체성의 다양한 표현들〉

정체성의 심장부에 핵심적 신념과 확신이 존재한다. 이 확신적 신념과 사명감은 여러 모양의 소신과 신념Belief System을 산출하게 된다. 예를 들어 '지역 선교를 위해 존재하는 교회'로서 오로지 성경의 강령으로 주어진 선교적 사명을 위해 존재하는 공동체는 선교적 사명을 성취하기 위한 독특한 소신과 신념들을 형성하게 된다. 선교가 우리 공동체의 '제일 우선순위이므로 우리는 무슨 일이 있어도 이 사명을 감당한다'는 소신들이 이러한 행동과 결정이 거듭되면서 정체성을 대신하는 신념으로 성장한다. 가치관은 이러한 신념의 가지에 형성되는 나뭇잎과도 같아서 가지가 더 자라면 자랄수록 가치관의 잎은 더욱 풍성해진다. 결국 공동체에서 나타나는 여러 모양의 행동들을 이러한 신념적 가지에서 가치관으로 성숙되어 열리게 되는 열매들인 것이다. 간단히 설명하면 아래의 흐름과 같은 순서대로 표출된다.

영향력과 변화를 유도하는 교육목회를 위해서 목회자는 공동체의 확신적 사명감이 무엇인지 신중하게 고려하고 발견해야 한다. 그리고 이러한 사명감을 성취시키기 위해 공동체 내에서 자연적으로 출현되는 여러 소신과 신념들이 무엇인지, 어떠한 목회 상황에서 유용한지 인식해야 한다. 그러면 공동체에 존재하고 있는 독특하고도 유일한 가치관들이 왜 중요한지, 그것들이 목회 현장에 던지는 의미를 더욱 깊게 이해할 수 있다. 공동체 안에서 나타나는 여러 프로그램과 활동들은 결국 이러한 핵심적 사명감의 성취를 위해 의도적으로 준비된 과정이어야만 교육적 효과를

나타낼 수 있다. 소신 있는 의미와 공동체가 공감하고 철저하게 인식된 핵
심적 신념과 사명감은 마치 교회 안에서 일어나고 있는 모든 행사와 프로
그램을 영구성을 지닌 의미의 실에 여러 구슬들을 꿰듯 공동체의 정체성
을 아름다운 인식적 목걸이로 만들어 갈 수 있다.

앞의 도표 4를 다시 한 번 신중히 고려해 보라. 핵심적 정체성이 중심
되어 공동체 내에 여러 모양으로 중심적인 신념과 확고부동한 소신들을
유일한 방법과 형태를 통하여 나타낸다. 가장 중앙의 '핵심적 사명감'으로
부터 외부 테두리를 향해 발산되는 화살표들을 보라. 이 화살표들은 중심
적 확신과 사명감이 목회의 여러 단계의 사역장 안으로 표출된다. 가까이
는 소신과 신념을 형성하는 것부터 시작해서 멀리는 행동의 반경까지 뻗
어 나간다. 마치 화살표의 방향이 목회 현장의 온 방향을 향해 뻗어 나가
듯, 여러 형태와 모양의 프로그램과 사역을 통해 표출된다. 여기서 한 가
지 유의해야 할 점은 목회사역의 장이 단지 평면적인 이차적 범위만은 아
니다. 사역의 범위가 오묘한 입체적 상태, 즉 적어도 세 단계의 계층으로
형성되어 있음을 기억하라.

(1) 공식적 목회계층Formal Dimension

공식적인 주보나, 광고지 그리고 공동체가 승인하는 공식적인 뉴스잡
지나 뉴스레터 그리고 공동체의 원칙을 규정하는 내규 등을 통해 관찰되
는 목회과정이나 성문화된 행정상의 규칙들을 의미한다.

(2) 비공식적 목회계층Informal Dimension

주로 공식적 자료나 성문화된 원칙보다는 구두적으로 서로 동의하는
부수적 규칙들과 과정들이다. 공동체의 어느 공식적 자료에는 기재되어

있지 않지만, 관계적 상황을 자세히 살펴보면 배우게 되는 성문화되지 않은 원칙들이다. 이러한 비공식적 원칙들은 때로는 승인과정에서 공식적 원칙들보다 더 큰 영향력을 발휘하곤 한다.

(3) 묵시적 목회계층Tacit Dimension

공동체가 함께 공존하기 위해 관계적 패턴 속에서 스며 나오는 묵시적 규칙들이다. 가령 분위기가 불편해질 때, 이 불편한 분위기를 무마하는 사람과 방법들을 생각할 수 있다. 예배 시 어떠한 행동의 테두리가 허용되며 또 어떤 행동들이 좋지 않은 행동으로 규명되며 비난을 받는가? 예배에 참석하는 성도들의 복장은 어떠한가? 정장을 하는가, 아니면 캐주얼룩도 가능한가?

앞으로 제8과 '정체성 형성을 위한 실질적 목회과정과 단계'에서 더 깊이 다루겠지만, 목회 현장과 과정들을 이러한 다방면적, 다계층적으로 이해할 때 효율적인 교육목회가 가능하다. 이것은 긍정적이고 비전에 초점을 맞추어 목적이 주도하는 목회를 유도하기 위해 반드시 필수적이다. 마치 적군의 진영에 나아가기 전에 적이 주둔한 기지가 어디에 있고, 지뢰가 어디에 있는지 또 어디에 위험에 도사리고 있는지 미리 정탐하는 것과 같다. 생각하지 않고 목회 현장에 뛰어드는 것은 마치 지뢰밭을 살피지도 않고 뛰어다니는 것과 동일하다. 즉 언제, 어디서 지뢰가 폭발할지 모르는 두려움과 근심을 안고 목회하는 것이다.

적그리스도 사탄은 하나님의 교회를 분열시키고, 공동체의 일치와 사랑을 흩어 놓기 위해 모든 계략을 다 동원하고 있다. 또한 하나님 나라의 확장과 공동체 안에 허락하신 그리스도의 치유와 회복을 방해한다. 헌신의 열심을 가지고 복음사역에 매진하려는 예수의 제자들을 대항하며 최대의 노력을 동원해 그리스도인들을 실족하게끔 한다. 깨어 근신하지 못하고 영적으로 잠들어 있을 때, 사탄이 사역의 터에 언제 교묘하게 '가라지'를 뿌리고 있을지 모른다. 언제 긍정적인 생각에 부정적인 생각을 심어 놓을지 모를 일이다. 그러므로 공동체의 문화와 삶의 근본적 체질을 깊이 이해하기 위해서는 공동체 삶과 체질에 대한 주석적 이해가 필수적이어야 한다. 하나님께서 공동체 안에 허락하신 잠재력을 꽃피우기 위해 목회자들이 반드시 달성해야 할 교육과제이다.

제3장
공동체의 정체성 형성과 조직체적 교회
Defining Congregational Identity within Structural Perspectives

1. 조직적인 견해로 접근하는 교육목회
Educational Ministry from a Structural Perspectives

교회라는 공동체를 조직적인 견해로 접근하고 이해하려는 노력은 쉬운 길이 아니다. 우선 믿음의 공동체가 원천적으로 살아 있는 '그리스도의 몸'이라는 견해는 이러한 조직적 이해에 대한 노력에 부정적인 인상을 준다. 그러나 세상에 존재하는 모든 공동체나 그룹이 그러하듯 하나님의 교회, 즉 믿음의 공동체를 효율적으로 인도하고 또 하나님께서 심어 주신 사명감과 이 땅에 세우신 그분의 목적을 달성하기 위해서는 반드시 이 조직적인 이해가 절실히 필요하다. 목회 현장과 주위에서 허심탄회하게 대화를 주고받는 평신도 지도자들로부터 자주 들었던 말이 있다. 그것은 '아무개 목사님은 설교도 참 은혜롭고 인품도 좋으신데 행정력은 영 아니다'라는 말이었다. 목회자에게 우선적으로 요구되는 것은 그리스도의 성품을 따라 사랑으로 성도들을 돌보는 것이다. 하지만 공동체가 이 땅에 존재해야 하는 분명한 목적을 두고 나아가는 순례자의 여정에 급류와 같은 장애물들을 대처하며 하나님의 거룩하신 목적과 뜻을 달성하기 위해 목회의 교각을 효율적으로 세워야 한다. 바로 이런 점에서 공동체의 삶과 체질을 조직적인 견해를 가지고 깊이 이해하는 것이 필요하다. 조지 파슨스George Parsons와 스피드 B. 리스Speed B. Leas는 일찍이 공동체를 조직적으로 이해함에 있어 몇 가지 부류의 접근적 견해를 설명하였다.[14] 이 견해는 공동체를 운영적인 관점에서 조직체로 간주하고 분석적으로 설명한다.

교회 내에 다루기 힘든 사람들을 한번 생각해 보라. 교회를 조직적인 면에서 관찰할 때, 조직원들이 무엇을 어떻게 하는지 또는 조직 내에서 누가 어떠한 과정들을 통해 이러한 목적을 달성하는지 하는 과정들을 목회자는 신중하게 분석하고 행정조직에 접근해야 한다. 주로 교회 내에서 일어나는 갈등과 문제점들을 '구성원들이 무엇을 시행하고 또한 의도적으로 어떤 일들을 시행하지 않는가?' 이런 점들을 분석하면 공동체의 조직적 체질을 이해하는 데 유용하다. 어느 공동체나 문제 있는 사람들이 있다. 이들은 마치 벌집을 내리치면 수백 마리의 벌들이 달려드는 것처럼, 시도 때도 없이 마구 화를 내고, 주위의 다른 구성원들을 괴롭힌다. 때로는 자기에 대한 혐오나 인생에 대한 불만과 두려움이 이렇게 교회 내에서 작용하기도 한다. 마치 믿음의 공동체가 이런 사람에게는 스스로를 과시하는 무대나 감정의 쓰레기를 내다 버리는 폐기물 처리장이 된다. 그곳에 임재하시는 하나님은 온데간데없이 오직 자기만 보이고 스스로를 과시하기 위해 열심히 노력한다. 한 가지 분명한 것은 이런 사람은 절대로 공동체 안

---

14) George Parsons & Speed B. Leas, *Understanding Congregations as a System* (Alban Institute,1994)

에서 지도자가 되면 안 된다. 결국 자기도 다치고 남들에게도 상처를 주기 때문이다.

조직적인 견해에서 본 공동체 내의 문제점은 다음과 같은 좀 더 넓은 견해와 이해를 돕는다. 문제를 일으키는 사람은 공동체의 조직구조 내에서 존재하고 있는 관계적 패턴이나 유산으로 물려받은 행정구조 안에서 자신도 모르게 행동할 수도 있다. 마치 이것은 문제를 범하는 개인의 문제일 수도 있지만, 더 중요한 것은 그 문제를 감싸고 키워 나가는 공동체 내의 병적인 체질이나 조직구조를 먼저 찾아내야 한다. 무엇이 그로 하여금 하나님의 성전에서 무례하게 행동하도록 방치하고 있는가? 어떠한 잘못된 견해가 이런 행동을 허용하고 있는가? 어떠한 관계적 보조구조들이 이런 부정적인 면들을 감싸고 있는지를 철저하게 규명하기 위해서는 때로는 하나님의 교회도 조직적이고 분석적으로 깊이 이해할 필요가 있다.

또 다른 예는 교회 내 갈등이 유발될 때, 갈등을 초래하는 개인이나 문제점들을 분명하게 규명할 필요가 있다. 그렇지 않고 '교회는 사랑의 공동체니 무조건적으로 서로 사랑하고 용납하라'라고 가르친다면, 잠재적으로 그 결과는 상당한 위험을 초래하게 될 것이다. 의도적 교육목회는 '무엇이 그리스도께서 의도하시는 사랑이며, 어떻게 서로 사랑하는지 그리고 함께 주님의 몸 된 교회를 서로 사랑하며 섬김이 무슨 의미가 있는 것인지를 심도 있게 생각할 수 있도록 도와야 한다. 무엇 때문에 갈등이 유발되는지 또는 누가 서로 이질성을 가지고 대립하고 있는지 그리고 이런 문제점들이 안전에 관한 사항인지, 아니면 인사이동을 둘러싸고 생기는 것인지, 아니면 교회 내에서 더 많은 영향력을 행사하기 위한 권력 다툼인지 등 이 모든 것들에 대해서 신중히 생각하고 접근해야 한다.

만일 이러한 문제점들을 조직적인 견해로 접근하고 이해한다면, 서로 대립하는 그룹들 간에 공동체가 당면한 절실한 필요들과 반드시 함께 이루어야 할 공동 목적을 분명히 이해하고 있는가 하는 질문에 대해 생각해야 한다. 정말 갈등의 유발점이 공동 목적을 성취하기 위해 서로 다른 방법을 주장하기 때문인지, 아니면 함께 세운 교회의 주된 목적과 사명을 성취함에는 아랑곳하지 않고 오로지 서로 힘겨루기에 초점을 맞추고 있는 것인지를 분석해야 한다. 교회에 대한 조직적인 이해는 이러한 부류의 갈등이 있을 때, 어떻게 함께 공동 목적과 사명을 달성해 갈 수 있는지, 이러한 이질성들이 이 목적을 달성해 가는 데 무슨 어려움과 고난을 초래할 수 있는지에 대해 객관적, 분석적으로 생각하게 하므로 효과적인 교육목회를 위해서 아주 중요하다.

결국 공동체에 대한 조직적인 이해와 견해는 반드시 필요하다. 공동체 구성원들이 어떠한 소신과 나름대로 믿고 있는 신념들이 있는지 또 그러한 신념들이 행정적인 면과 조직이 목적을 달성해 가는 과정에서 어떻게 유용하게 작용하는지, 아니면 오히려 부작용을 일으키는지를 생각하게 한다. 앞에서도 이미 언급했지만, 이러한 요소들이 결국은 공동체 내의 행동적 범위와 정보의 유통과정 그리고 크고 작은 목적들을 달성해 가는 교회적 과정에 아주 중대한 영향력을 행사하기 때문이다. 하나님의 교회는 세상을 변화시키고 또 에덴동산에 원래부터 깃들어 있던 하나님의 사랑과 공의 그리고 완전함을 회복시켜야 할 의무가 있다. 그러기에 하나님의 교회는 이 땅 위에 세움을 받았지만, 세상에 속하지 않고 세상과 타협하지도 않지만 그 세상을 부둥켜안고 그리스도의 눈물과 기도와 섬김과 교육을 통해 하나님의 본래 의도대로 변화시켜 나간다. 공동체가 한 사회에 속한 이상 사회적이고 문화적인 테두리 안에서 공동체가 달성해야 할 목적을 위해 그 조직의 활성화와 실리적 자원들의 사용과 합리적인 응용을 가

볍게 여겨선 안 될 것이다. 즉 교회도 사회에 속해 있는 한 기관임을 인정
해야 한다. 그렇다면 교회 공동체 조직이 내포하고 있는 장점과 단점 그리
고 개선해야 할 점들과 꾸준하게 활성화시키고 육성해야 할 것들이 무엇
인지를 기억해야 할 것이다. 목회자는 이러한 점들을 자세히 살피고 긍정
적인 격려와 인정 그리고 의도적 교육을 통해 공동체의 조직을 더욱 합리
적으로 육성하고 활성화해야 한다. 특별히 우리는 하나님의 교회, 즉 믿음
의 공동체 내에 선천적으로 존재하는 조직적 구성요소들을 신중히 살펴
볼 필요가 있다. 대체로 다음의 구성요소들을 생각해 볼 수 있다.[15]

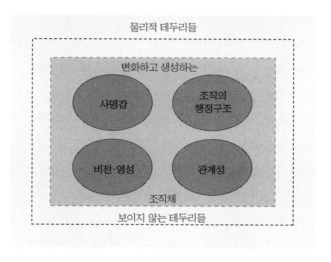

〈도표 5 교회의 조직적인 요소들〉

---

15) 공동체의 구성요소들을 소개하고 설명함에 있어서 Norman Shawchuck와 Roger
Heuser의 공동저서 *Managing the Congregation*을 중점적으로 사용하였다. 여기서 중요한
관점은 교회를 구성하고 있는 이러한 요소들이 과연 공동체의 주도적 정체성과 어떠한
상호적 관계와 영향력을 행사하는가에 있다. 바로 이 점이 Shawchuck와 Heuser가 다루지
못한 중요한 부분이다.

여기서 의도하는 것은 교회라는 믿음의 공동체를 조직적인 견해에서 이해할 때 위에 제시된 요소들을 바로 이해할 필요가 있다. 그리고 이러한 이해를 토대로 각 요소들이 공동체가 추구하는 정체성과 상호 관계를 통해 어떻게 서로 영향력을 행사하는가에 초점을 맞추고자 한다.

1) 보이는 범위와 보이지 않는 범위들Physical and Sentient Boundaries

교회를 처음 방문할 때, 첫눈에 들어오는 교회당과 앞마당 그리고 주차장으로 들어가는 샛길, 교회 간판과 그 둘레에 심긴 예쁜 꽃들, 하얗게 칠한 높은 종탑과 깨끗하게 칠한 예쁜 아치형의 정문. 이렇게 한눈에 들어오는 교회 건물과 주위 환경, 주차장의 정비 상태와 정원 주위에 예쁘게 심긴 꽃들은 이미 방문자들에게 나름대로 유일하고도 강한 첫인상을 준다. 첫인상이라는 것 자체가 신빙성 있는 것은 아니지만, 처음 마음에 간직한 것은 강렬한 감정적이고 회상적인 무의식의 세계에 중요한 요소들과 연결되는 효과가 있다. 외형적으로 보이는 이러한 시각적인 자극과 인상들은 이미 어떠한 사람들을 반갑게 초청하는가 하면, 반대로 다른 부류의 사람들을 거절하기도 한다. 물론 이것은 방문자들이 느끼는 내적 감정적 반응들이지만, 때로는 아주 중요한 역할을 한다.

오랫동안 한 교회를 섬기시던 장로님 한 분을 기억한다. 이분은 손수 교회 정원에 꽃과 나무를 심으시고 늘 교회 주위를 둘러보셨다. 오랫동안 교회 관리부장Property Committee을 지내시며 정성껏 교회를 돌보고 가꾸셨다. 지금도 그 장로님이 하시던 말씀이 기억난다.

"목사님, 우리 교회 모든 창문, 벽돌, 간판, 정문으로 들어오는 길에 있는 벽돌, 정원에 피어 있는 꽃들이 죄다 복음을 전하는 전도자들입니다."

　바로 그것이다. 이 장로님은 교회 관리를 주관하시면서 비록 부수적인 부분들이지만 이 모든 벽돌들이 우리 교회에 대한 어떤 이미지를 전달하고 있다는 중요한 사실을 깨닫고 계셨다. 이는 마치 어떤 사람이 자신의 직업에 걸맞는 옷을 입는 것과 같은 이치다. 교사는 교사답게, 의사는 의사답게 그리고 목회자는 목회자다운 옷을 입는다는 사실이 얼마나 중요한가? 가끔 아는 분들이 반바지를 입고 애완동물과 공원을 산책하는 나를 보면, 너무 생소해서 한마디씩 던지곤 한다. "목사님, 그런 모습 처음이에요" 또는 "전 처음엔 몰라봤어요." 아니면 좀 더 애써서 긍정적으로 말하는 사람은 "그렇게 입으시니깐 젊어 보이고 보기 좋아요!"라고 말하기도 한다. 모두 다 목사님의 뜻밖에 모습을 보았다는 말이다.

　새교우들을 맞이하고 교육하면서 가끔씩 듣는 이야기가 있다. "어떻게 저희 교회에 등록하시게 되었습니까?"라고 물어보면 심심치 않게 "교회가 제 모교회하고 너무나도 비슷한 느낌을 받았어요"라든가 "교회 건물과 분위기가 너무나 평화스러웠어요"라고 말한다. 내적인 결핍을 경험한 자아가 투사하는 허상이 첫인상이라지만, 교회 건물을 보고 이런 인상을 받는다는 것은 고맙고 감사한 일이 아닌가? 내가 거주하는 뉴저지도 그렇다. 한인타운에 가면, 가끔 한인식당에 들린다. 어떤 식당을 갈지 선택할 때 뭐가 유명한지도 보고 순두부가 정말 맛있다고 소문난 식당으로 가기도 하지만, 모든 것이 생소하고 다 비슷비슷해 보일 때는 식당의 외관에 따라 결정한다. 이처럼 교회 건물의 외부적인 인상도 공동체의 정체성이 어떠하며, 무엇을 지향하는 공동체인지를 말없이 선포한다. 이런 의미에서 '교회 건물의 모든 벽돌과 창문 그리고 앞마당의 꽃들도 다 전도자'라고 하신 장로님의 말씀을 다시 한 번 깊이 생각해 보아야 한다.

　반면에 보이지 않는 범위도 존재한다. 예배당에 들어섰을 때, 안내자들은 어떻게 방문자를 맞이하는가? 사람들의 얼굴 표정은 어떠한가? 교회 내 가구들과 실내는 어떻게 조화되어 있는가? 친교실은 깨끗한가? 주일학교 교실은 잘 정돈되어 있고 쾌적한 분위기인가? 예배 분위기를 어떤가? 기도자는 무엇을 위해 기도하는가? 설교는 어떤가? 신학적 메시지와 초점은 어디에 있는가? 성가대는 어떻게 찬양하는가? 교회 안에 들어선 사람에게는 이와 같이 수많은 질문들이 떠오른다. 계속 던지는 이와 같은 종교적, 감정적, 영적 자극들은 공동체가 무엇을 중요시하는지, 무엇을 배제하는지 그리고 무엇을 장려하고 강하게 권장하는지를 말해 준다. 예배시간에 성도들은 설교말씀과 성가대 찬양에 어떤 반응을 보이는가? 고개만 끄덕이는가, 아니면 큰 소리로 "아멘!" 하고 화답하는가? 말씀을 함께 봉독할 때 일어서는가, 아니면 자리에 앉은 채 봉독하는가? 교독으로 읽는가, 아니면 사회자가 혼자 봉독하는가? 예배순서마다 느껴지는 영적 분위기가 공동체에 대해 무엇인가를 말해 준다. 사람들은 친교시간에 서로 어떻게 대하는가? 따뜻하게 말을 걸어오는가? 친절하게 안내해 주는 성도들이 있는가? 처음 교회에 방문한 사람에게는 예배의 모든 순서 후에 집으로 돌아가기 전까지 교회에서 경험하는 모든 외부적인 인상과 경험이 교회의 중요한 신념을 말해 주는 수단이 된다. 외부적인 표출이 없더라도 내면에서 감지되는 부분이기 때문에 공동체가 제공하는 중요한 범위가 된다.

2) 공동체의 사명감Congregation's Mission

사명감은 늘 상황에 충실해야 한다. 공동체가 애타게 갈망하는 필요를 인식하고 그것이 어떻게 성서적, 신학적으로 상통하는지 의미를 찾아야 한다. 사명이 없는 공동체는 그 생명을 유지하지 못한다. 누구도 변명할 수 없는 목적과 반드시 함께 이루어야 할 사명은 공동체의 연합을 추진하고 공동체의 에너지를 발생시키며, 공동체 자원을 유용하게 사용하게 한다. 이미 제2과에서 사명감에 대해 잠시 언급한 바 있다. 무엇보다도 중요한 것은 공동체가 함께 공유할 사명감은 2,000년 기독교 전통에 깊이 뿌리를 내리지만, 오늘을 가장 현실적으로 유용하게 대처할 수 있는 삶의 맥박을 바로 찾아야 한다. 영구적 진리를 한 손에 잡고 또 다른 손을 펼쳐 지역과 시대가 요구하는 세대의 배고픔을 충족할 수 있어야 한다. 이런 의미에서 사명감이란 내일을 향한 간절한 열망과 소원이 오늘을 현실적으로 이해하며 또 절실한 필요를 포용하는 정체성에 필요한 요소가 되는 것이다.

공동체는 사명감이 뚜렷할수록 확실한 소명을 발견하게 된다. 이 소명의식이 조직 안의 자원들을 목적달성을 위해 사용하게 한다. 어떠한 자원을 필요로 하는가? 필요한 자원들이 우리에게 지금 유효한가? 목적을 달성하기 위해 우리에게 꼭 필요한 사명은 무엇인가? 즉 공동체가 공감하는 뚜렷한 사명감은 마음껏 공동체가 가지고 있는 힘과 능력, 유효한 모든 자원들을 동원하여 최대한 활용한다. 그러므로 사명이 부재한 공동체는 활동력이 저하됨은 물론, 내재하는 유효한 여러 자원들을 활용하지 못함으로 관계성과 시너지 효과를 손실하게 된다. 이러한 사명감은 공동체의 정체성에 직접적으로 연관되어 있다. 과연 공동체가 확신하여 고수하고 있는 신념은 무엇인가? 어떠한 신학적 확신이 우리 공동체로 하여금 하나님의 사람으로 발견해야 할 뚜렷한 소명의식을 제시하는가? '우리는 하나님으로부터 이 사명을 위해 부름 받았다.' 이렇게 확실한 소명의식이야말로 공동체 안에 활력과 생명력을 불어넣는다.

확실한 사명의식은 프리즘 같은 역할을 한다. 즉 공동체의 각계각층을 사명에 의해 비추면서 아름다운 조화를 이루어 낸다. 교육을 위한 프로그램, 선교와 봉사를 위한 프로그램, 서로 사랑을 나누며 돌보는 프로그램, 세상을 향하여 복음의 메시지를 담대하게 외치도록 준비시키는 프로그램 등 다양한 공동체의 삶과 생명력을 강건케 하는 프로그램을 산출한다. 교회가 하나님의 백성들로서 왜 이 땅 위에 존재해야 하는가? 우리 공동체가 감당해야 할 지역적이고 포괄적인 일은 무엇인가? 그렇다면 이러한 하나님의 뜻과 사명을 잘 감당하기 위해 정녕 무엇을 해야 하며, 어떻게 이 일을 잘 감당할 수 있을 것인가? 이러한 질문과 사고는 정체성과 바로 직결되어 있다. 뚜렷한 정체성은 뚜렷한 사명감을 창출하고 뚜렷한 사명감은 정체성의 본질적인 모습을 더욱 확실하게 재조명한다. 교회가 사회에 반드시 필요한 공동체가 되기 위해 반드시 필요한 필수조건이다.

3) 공동체의 비전과 영성 Congregation's Vision and Spirituality

"묵시가 없으면 백성이 방자히 행하거니와"잠 29:18라고 성경은 경고하고 있다. 비전은 지금은 보이지 않지만, 현실의 지평선을 넘어 반드시 기다리고 있는 것으로 볼 수 없는 것을 볼 수 있게 하는 통찰력이다. 지금은 아니어도 반드시 하나님께서 이루어 주실 것을 확신하는 것이다. 마치 약속의 땅으로 향했던 이스라엘 백성들처럼, 가슴속에 뜨겁게 타오르는 부활의 환희와 영원한 하나님의 나라에 대한 소망을 가눌 수 없어 복음을 들고 부활하신 그리스도와 복음을 전했던 사도들처럼 살아 있는 한 '앞으로 하지 않으면 안 되는 것'이다.

우리는 주위에서 비전에 사로잡힌 많은 사람들을 볼 수 있다. 월트 디즈니는 남들이 다 징그러워하는 생쥐를 보고 누구도 보지 못했던 귀여운 '미키마우스'를 창출해 냈다. 와트은 끓는 주전자를 보고 증기 엔진을 꿈꾸었다. 프랭클린은 번개 치는 무서운 밤에 전기에너지를 활용할 꿈을 꾸었다. 한마디로 평범한 세상 속에서 비범한 새 세상의 가능성을 볼 수 있게 하는 것이 비전이다. 이 비전은 힘센 말과 같아서 현실이라는 무거운 마차를 끌고 앞으로 나간다. 사람들을 사로잡는 비전, 공동체를 이끌고 앞으로 진군하게 만드는 비전은 목회자들이 반드시 무릎 꿇고 하나님께 구해야 할 필수적인 것이다. 목회가 죽느냐 사느냐 하는 생사기로가 여기에 달려 있다 해도 과언이 아니다.

비전은 공동체의 생명력을 증진시킬 뿐 아니라, 마치 그리스도의 몸된 교회에 더욱 활력이 넘치는 에너지를 창출하는 역할을 담당한다. 비전에 불타는 교회는 힘이 넘친다. 비전에 사로잡혀 그것을 바라며 초점을 맞추는 공동체는 마치 활력이 넘치는 젊은이에 비할 수 있다. 그러나 비전이 부재하고 초점을 잃은 사람은 생명력이 없이 무력하다. 공동체에 열정의 불꽃을 부채질할 비전의 신선한 바람이 불게 하라. 목회 비전을 위해 구하고 공동체가 한마음과 한뜻으로 공감하고 느낄 수 있는 비전의 형성을 위해 힘쓰라. 이러한 미래지향적인 비전은 공동체의 정체성을 늘 역동적으로 주도해 가며, 새로운 변화를 유도한다. 사명감이 실리적이고 현실적이어야 한다면, 공동체의 비전은 이상적이고 미래 지향적이어야 할 것이다. 다가올 미래적 현실을 꿈꾸는 비전이야말로 '지금'과 '그때' 사이에서 열심을 다해 순례자의 여정에 최선을 다하게 할 것이다.

4) 공동체의 조직적 설계Congregational Design

조직의 설계는 언제나 조직의 목적이나 효율적 기능을 감지한 계획이어야 한다. 가령 집이라는 공간은 사람들에게 안전과 편안을 제공하는 보편적인 기능을 포함하고 있다. 비를 막아 주는 지붕이 있고 외부로부터 위험과 사고를 방어하기 위한 벽과 쾌적하고 밝은 공간을 위한 창문이 있다. 이 공간의 크기와 넓이 그리고 지붕의 높이가 어떠한가 하는 것은 공간을 함께 공유하고 사용하는 집합적 구성원들의 취향과 그들이 함께 나누는 목적에 의해 양식을 달리할 것이다.

　미국의 가정집을 살펴보아도 이를 대략 알 수 있다. 1950년대 미국은 제2차 세계대전 후 엄청난 산업성장을 이루어 냈다. 특별히 자동차 산업이 활발해지면서 자동차를 중심으로 한 놀거리가 생겨나고 집의 구조도 바뀌게 되었다. 이전에 대문 앞을 중심으로 현관 앞에 지붕을 설치하여 만든 포치Porch는 이웃과 함께 앉아 대화를 나누는 유용한 만남의 장소였다. 그런데 자동차를 소유하는 인구가 늘어나면서 집 앞에 있었던 공간이 뒤쪽으로 옮겨졌고 집 앞은 자동차 두 대가 들어갈 수 있는 차고로 대치되었다. 자동차 안에서 집 안으로 들어와 집 뒤뜰을 바라보며 포치나 덱Deck에 앉아 조용히 가족들과 혹은 개인의 시간을 즐기는 삶의 형태로 전환하게 되었다. 이는 물론 사생활을 선호하는 미국인들의 취향에 따른 건축양식의 변화이다.

　이와 마찬가지로 교회가 무엇을 위해 존재하는지 그리고 어떤 사명을 달성하기 위해 총력을 기울이며 힘써야 하는지에 따라 공동체의 조직과 그에 타당한 행정적 설계가 필요하다. 나는 종종 교육전도사로 교회를 섬기는 학생들로부터 교회의 행정적 절차가 너무나도 비효율적이라는 불평을 듣곤 한다. 청소년부를 지도하는 한 전도사는 100달러 이상의 금액을 청구할 때, 불필요하게 거쳐야 하는 과정이 너무나도 많았다고 한다. 먼저 담당 장로님께 영수증을 건네고, 그 다음에는 한 달에 한 번 모이는 교육위원회의 승인을 걸쳐야 비로소 특별행사에 필요한 물품을 구매할 수 있었다. 물론 이런 절차를 통해서 계획적인 사역을 하는 데 도움을 얻기도 하겠지만, 상황에 따라 유동성이 있는 사역 환경에서 담당 사역자의 의욕을 저하시키는 원인이 되고 말았다.

이 예를 통해서 알 수 있는 것은 조직의 행정과 절차 그리고 공동체의 핵심적 목적을 달성하기 위하여 효율적으로 조직을 설계하고 운영하는 데 신중해야 한다. 그리고 새롭게 변화할 수 있는 사명의 초점에 근거하여 늘 새로움을 잃지 않는 마음으로 다시 재점검되어야 한다. 마치 사생활을 선호하는 미국인들이 자신이 원하는 대로 집의 형태와 시설을 변화시키는 것과 같은 이치이다. 이렇게 목적이 주도하는 조직의 설계는 상당 부분 공동체의 정체성과 밀접한 관계가 있다. 공동체의 핵심적 정체성에 따른 조직적 설계가 뒷받침되어야 원활하게 많은 사역을 감당할 수 있다.

가령 상호 협동적인 사역을 꿈꾸는 교회에서는 이러한 신념에 타당한 조직적 체계와 설계를 구성해야 한다. 만일 이전 세대들이 주로 고안했던 종속주의적 조직체계를 고수하고 있다면 어떠한 일들이 일어나겠는가? 어떻게 팀 사역을 선호하는 젊은 세대를 격려하며 내일의 지도자로 양육할 수 있겠는가? 그러므로 조직의 설계와 그에 타당한 행정체계는 늘 공동체의 중심적 정체성과 부합하여야 하며, 이를 위해 교회는 늘 개선되어야 한다. 그러므로 목회자는 교회 내규, 사명감에 대한 공동선언문, 공동체 구성원들의 취향과 장점들, 현 교회의 건물이나 시설 상태, 행정적 일을 처리하는 과정에 응용되는 원칙들과 유일한 소신과 신념들을 총괄적인 관점에서 신중히 살펴보아야 한다. 이러한 구성요소들이 진정 공동체의 핵심적 정체성에 합당하게 이용되고 있는 것인지, 아니면 오히려 공동체의 목적을 달성하는 데 걸림돌이 되고 있는 것인지 신중히 고려해야 한다. 개선되어야 할 것은 개선하고 더욱 강화하고 증진해야 할 것들은 교육목회를 통해서 훈련하고 인식시켜야 한다.

공동체의 조직과 행정체계는 마치 잘 설계된 배관 파이프와 같아서 목적을 달성하며 공동체가 성장하기 위해 유통되어야 할 조직의 에너지와 힘 그리고 사역에 필요한 많은 자원들을 원활하게 유통시켜 준다. 배관 파이프가 잘못 설계되어 막히거나 역류되면 얼마나 많은 문제를 초래하겠는가? 교회 안에 잡음이 많고 무슨 일을 할 때마다 역류 현상이 일어나서 사람 냄새를 피우게 되면, 어찌 이웃과 하나님 앞에서 자랑스럽게 설 수 있겠는가? 따라서 정체성을 이해하고 반드시 달성해야 할 사명을 분명히 할 때 공동체의 여러 배관들을 통해 창조적이고 생산적인 에너지들이 서로 유통되고 공급될 수 있을 것이다. 이런 면에서 볼 때, 교회의 조직구조야말로 마치 신선하고 맑은 피를 온몸에 유통시키는 데 필수적인 건강한 핏줄을 지님과도 같다. 이 얼마나 목회에 중요한 일인가?

5) 공동체의 관계 Congregational Relationship

나의 부친은 40년간 장로교 목사로 교회를 섬기셨다. 늘 그분을 통해 듣던 조언은 '목회는 시작이 관계요, 과정도 관계요 그리고 마지막도 관계다'라고 관계의 중요성을 강조하셨다. 기독교의 시작과 끝이 관계이다. 성삼위일체 하나님께서 신비로운 교제와 연합을 통해 인류 구원을 위한 사랑의 사역을 시작하셨다. 파괴된 하나님과 인간의 관계 회복을 위해 독생자 예수 그리스도를 이 땅에 보내셔서 사랑을 몸소 행함으로 보여 주셨다. 성경 전체가 이러한 사랑의 관계가 어떻게 성립되고 어떠한 과정을 거쳐 보존되며, 종국적으로 어떻게 이 관계를 통하여 하나님께 영광을 돌릴 것인지 관계를 핵심으로 한 하나님과의 사랑의 관계에 대한 이야기이다.

잘 아는 집사님 중에 부동산으로 성공하신 분이 있다. 내가 집을 구입할 때, 그분은 "목사님, 집을 구하실 때 중요한 것은 첫째도 위치, 둘째도 위치 그리고 마지막 셋째도 위치입니다. 잘 기억하세요"라고 조언하셨다. 그때 그냥 웃어넘겼지만, 지금 생각해 보니 정말 처음부터 마지막까지 제일 중요한 것이 '집이 어느 동네에 어떤 곳에 위치해 있는가?'였다. 아무리 좋은 집이라 해도 위치가 좋지 않은 곳에 있으면 그만큼 가치가 떨어진다. 목회도 마찬가지다. 비록 부족하더라도 목회에 입문하는 후배에게 조언하라면, 나 역시 이렇게 말할 것이다. "목회의 첫째 중요한 것도 관계요, 둘째로 중요한 것도 관계요 그리고 마지막도 역시 관계이다. 그러니 관계를 맺고 이 관계를 양육하고 아름다운 관계의 열매를 위해 최선을 다하라." 목회의 열매는 건강한 관계의 가지가 생성되지 않고는 불가능한 일이라 해도 과언이 아니다.

정체성을 형성하며 양육하는 교육목회과정에서 관계는 근육과 같은 작용을 한다. 건강한 관계와 교제가 이루어지는 공동체는 마치 건강한 근육을 가진 청년과도 같다. 관계가 건강하면 건강할수록, 공동체는 더 많은 사역을 무난히 감당할 수 있다. 목회자와 성도 간의 관계가 원활하면 불필요한 갈등을 미리 방지할 수 있다. 성도 간의 관계가 원만하면 기계의 연결 부속품들이 서로 잘 조화를 이루어 움직이듯 별 부작용 없이 많은 사역을 감당할 수 있다. 그러니 목회에 있어 중요하게 다루어야 할 양상 중 하나가 관계적 목회임을 분명히 밝혀 두고 싶다.

미국 플로리다 주에서 알고 지내는 선배 목사님이 있다. 한 교회를 수십 년간 섬기다가 얼마 전에 은혜롭게 은퇴하셨다. 다른 사람들을 통해서 그분에 대해 들은 한 에피소드가 있다. 이분은 평소 낚시를 아주 좋아하셔서 틈틈이 낚시를 즐기셨다. 한번은 낚시하기 아주 좋은 날씨여서 아침 일찍 낚시통을 둘러매고 근처 바닷가로 나가셨다. 다리 근처에서 한참 낚시를 하고 있는데, 지나가시던 장로님이 다리 밑에서 낚시하던 목사님을 보시곤 황급하게 말씀하셨다.

"아니, 목사님! 거기서 뭘 하십니까?"

"아니, 지금 낚시하고 있지 않소?"

장로님께서는 정색을 하며 말씀하셨다.

"아이구, 목사님! 오늘이 주일인 것을 깜빡 잊으셨군요?"

"네?! 오늘이 주일이라고요?"

정말 믿기지 않는 이야기지만 사실이다. 보통 목회자에게 이런 실수가 발생하면 그 목회가 얼마나 어려워지겠는가? 하지만 이 목사님에게는 그동안 좋은 관계와 덕을 쌓아 오신 덕분에 별문제 없이 잘 넘어갔다. 관계가 이처럼 중요하다. 실수를 모면하는 처세술이 아닌, 어떠한 일이 생겨도 서로를 근본적인 차원에서 신뢰할 수 있는 관계 형성은 매우 중요하다.

아무리 감동적인 설교를 하여 사람들의 심금을 울려도, 아무리 행정 능력이 뛰어나 실수 한 번 하지 않는다 해도, 아무리 박식하고 박사학위까지 취득한 목회자라 해도, 관계를 소홀히 한다면 은혜로운 사역을 펼치기가 그리 쉽지 않다. 그러나 꾸준한 모습과 신실함으로, 늘 차별하지 않고 공평하게 사람들과 친숙하게 지내면, 이 관계의 끈을 통해 충성과 헌신이 나타나고, 또 어려움에 봉착했을 때, 서로가 서로에게 힘과 위로가 될 수 있다. 좋은 관계의 토양 위에 아름다운 사랑의 열매가 맺히게 된다. 공동체가 나누는 관계의 질이야말로 공동체의 영성에도 민첩하게 직결된다. 좋은 관계 안에서 성경공부도 더 활발하게 진행된다. 좋은 관계를 지향하는 공동체가 더 생명력이 넘친다. '사랑은 두려움을 몰아낸다'요일 4:18고 성경은 말씀하신다. 나는 이렇게 말하고 싶다. '좋은 관계는 불필요한 두려움과 의심을 사역의 장에서 밀어낸다.' 그러므로 좋은 관계의 토양을 개량하려면, 목회자가 먼저 사랑의 마음을 지녀야 한다. 그리스도의 마음, 사랑의 마음으로 성도들을 섬기라. 성도들을 사랑하라. 성도들을 존중히 여기라. 그리고 성도들을 격려하고 힘을 북돋아 주라. 사랑의 관계는 성도의 사기를 올려 준다. 하고자 하는 의지를 강하게 만든다. 한마디로 공동체의 생명력은 좋은 관계의 질과 비례한다. 이 점을 명심해야 할 것이다.

2. 서로 다른 계약Contracts과 동의점들Agreements

지금까지 공동체의 체질과 구조를 조직적 관점에서 살펴보았다. 어느 조직이든 기능을 완수하기 위해 조직의 각 요소들이 상호적으로 작용하며, 목회의 여러 사역들도 서로 효율적으로 잘 연결되어 있어야 한다. 목회자의 교육목회적 사명은 공동체의 여러 부서들과 그 활동들이 서로 어떻게 보안작용을 하며, 서로 어떻게 공동체의 연합적 삶을 생동적으로 육성하고 서로 이행되는 활동들이 어디에 초점을 두고 시행되는지를 살펴야 한다. 그렇지 않으면 한정된 화살을 즉흥적인 겨냥으로 낭비하게 될 수밖에 없다. 교육목회의 중점이 공동체가 성취하고자 하는 목적과 비전을 수행하는 데 있다면, 이 점은 늘 목회 현장에서 고려되어야 할 사항이다.

공동체를 조직적으로 잘 분석한다 해도 목적달성을 위한 조직체라는 점을 감안한다면, 조직 내에서도 필연적인 역동성이 있다는 것을 기억하자. 마치 엔진에서 창출하는 힘을 변속기와 연결축이 바퀴에게 그 힘을 전달하는 이치이다. 비전에 의해 창출되는 열정은 공동체의 각 조직구성요소들에 전달된다. 엔진에서 생성되는 힘을 기관차 바퀴에 전달하듯, 공동체의 구조와 체계는 이러한 힘을 각 구성요소에게 효율적으로 전달해야한다. 지금까지의 목회 경험과 여러 목회자들과 상담하면서 느끼는 것은 조직체가 목적달성을 수행하기 위해서는 반드시 각 공동체만이 허용하는 구조적 과정이 있다는 것이다. 마치 필요한 물이 파이프라인을 통해 전달되듯, 공동체의 필요한 자원과 에너지는 공동체 내에 스스로 생성되고 진화된 과정들을 거친다. 당신은 과연 얼마나 이런 과정들을 이해하고 있는가? 공동체 삶 속에 나타나는 세 가지 모양의 역동적 과정을 살펴보기로하자. 그리고 나름대로 리스트를 한번 만들어 보라.

1) 공식적 과정Formal Process

어떤 목회자의 고백이다. 그분은 차세대를 위한 교육목회를 목회의 핵심으로 믿고 열심히 목회하였다. 결과적으로 교회가 급속도로 성장하게되었고 젊은 교인들이 많아지게 되었다. 급기야 주일학교 교실이 부족하여 학생들이 복도와 교회 잔디밭에 앉아 공부해야 하는 상황에 이르게 되었다. 교육관을 증축해야 할 필요를 절실히 느끼게 되자, 교인들의 필요를직감한 지도부는 당회를 거쳐 교육관 증축을 위한 위원회를 조직하게 되었다. 그런데 몇 달이 지나도 교육관 증축을 위한 실제적인 일들이 아무것도 실행되지 않았다. 분명 당회에서 정식으로 가결된 안건임에도 불구하고 실행되지 않았기 때문에 목회자는 실망하고 탈진하게 되었다.

무엇이 문제였을까? 목회 현장에서 정식으로 어떤 안건이 가결되었다 해도 그 일들이 실행되지 않을 수 있다는 점을 고려하라. 즉 이것은 정식적으로 합의를 보고 정식적 과정을 통해 가결된 사항이라 할지라도, 공동체 내면에 잔재하는 어떠한 신념이나 중요한 이념에 동의하지 않는 것이라면 많은 장애물을 겪을 수 있다. 위에 언급한 사례를 살펴보면, 교육관 증축을 애타게 원하는 교인들은 대부분 새로 등록한 젊은 교인층이었고, 외면할 수 없는 현실적인 필요에 따라 할 수 없이 정식으로 가결 처리한 당회원들은 소위 말하는 창립교인이거나 오랫동안 교회에 몸담은 교인들이었다. 대부분 이들의 자녀들은 이미 성장하여 타지역으로 갔기 때문에 그들에게 교육관 증축은 절실하게 필요한 사항이 아니었다. 게다가 이미 교회 건축과정에서 많은 수고와 헌신을 한 교인들이기에 또 다른 건축이나 증축은 심리적으로, 경제적으로 부담되는 일이었다. 그러니 정식적으로 가결된 교육관 증축안을 어찌 힘과 열성을 다해 추진하려 하겠는가? 함께 기도하고 공동체의 필요에 따라 가결한 안건이기에 최선을 다해야 하는 것이 그리스도인의 자세이겠지만, 현실적인 상황에 주춤하게 되는 것이 또한 인간 아닌가?

공동체의 목적을 완수하기 위해서 목회자와 평신도 지도자들은 이점을 잘 유의해야 한다. 이 공동체는 어떤 공식적 신앙고백과 조직과정이 있는가? 이 공식적인 과정을 이해하기 위해서 나는 신학생들에게 이렇게 조언한다. '새로 부임한 후에는 당분간 지난 10년 동안 당회록을 먼저 철저하게 읽고 공부하라.' 나름대로 질문하면서 잘 이해되지 않는 부분들을 주목하라. 그러면 공식적으로 혹은 비공식적으로 일어난 갈등요소들을 반드시 포착할 수 있을 것이다. 이렇게 공식적인 과정에 대한 이해를 가진 후에는 무조건 공식적인 과정으로만 밀어붙여 정식 절차를 거쳐 안건을 가결시키는 방법보다는 때로는 시간과 노력이 좀 소모될지라도 함께 공감하고 성취하려는 필요가 공동체의 물밑에 흐르고 있는 신념과 일치하는지 혹은 일치하지 않는지 신중하게 살펴야 한다.

2) 비공식 과정 Informal Process

공동체 내에는 정식으로 성문화된 항목이나 주보와 주간·월간 뉴스레
터, 교회 내규, 비전고백서를 통해서는 다 알 수 없는 많은 비공식적이고
불문화된 사항들이 있다. '이제는 교회를 더 잘 이해할 수 있을 것 같다'라
는 고백은 결국 이런 비공식적 고백과 신념, 실행과정들을 인식했다는 의
미이다. 교회에서 산재되어 있는 이러한 비공식적 요소들이 얼마나 많은
지 놀란 적이 한두 번이 아니다. 마치 갓 결혼한 한 쌍의 부부가 겪는 혼란
과 비슷하다. 서로 표현과 언어가 생소해서 "그건 그저 그래요!"라고 같은
말을 해도 각자에게 다른 뉘앙스로 다가올 수 있다. 어떤 목소리로 말하는
가? 얼마만큼 감정이 포함되어 있는가? 어떤 무언의 표현이 있는가? 여러
상황과 형태에 따라 말하는 사람의 뜻과 의도가 분명 다르게 전달될 수 있
다. 목회 현장이 바로 그렇다. 목회자는 어떤 면에서 아무리 목회경험이
풍부할지라도 새로운 공동체에 부임할 때, 반드시 선교사의 열린 마음과
자세를 가지고 임해야 한다. 같은 장로교회라 할지라도 공동체가 표현하
는 언어와 의사소통의 방법은 모두 다르다. 어떤 면에서는 이런 비공식적
인 요소들 때문에 공동체의 독특성이 더욱 드러나기도 한다.

비공식적 과정이 공식적인 과정과는 비교적으로 다른 점은 주로 비공
식적 과정은 비공식적으로 주고받는 일상적인 대화를 통해 나타난다. 예
배 후 친교시간에 성도들이 무슨 이야기를 주고받는가? 또한 신학적인 견
해를 어떤 방식으로 표현하는가? 교회의 공식적인 안건에 대해 동의하거
나 의견을 제시할 때 어떤 신학적, 신앙적인 언어로 표현하는가? 당신은
교인들과의 대화에서 귀에 들리는 대화의 내용만을 듣는가? 아니면 대화
중에 예고 없이 삽입되는 침묵의 순간들에 귀를 기울이는가? 과연 이 침

묵을 통해 무엇을 느끼며, 말하지 못한 의도를 듣고 있는가? 귀에 들리는 대화의 내용만으로 공동체의 긍정적이며 진취적인 결정을 내리기에 충분하지 않을 때가 많이 있다. "You got to read between the lines!"라는 말이 있다. 즉 문서를 읽을 때 문장에 다 나타나 있지 않는 문장 사이에 숨어 있는 의도를 잘 이해해야 한다는 것이다.

이런 관점에서 볼 때, 비공식적 신념과 의도 그리고 열망 등은 어떠한 면에서 공식적인 과정보다 더 꾸준한 생명력을 가지고 있음을 인정해야 할 것이다. 비공식적 신념들은 대부분 성도 간의 끈기 있는 관계 속에 뿌리를 내리는 경우가 많다. 만일 공동체 내에 유지되어야 할 A와 B라는 관계 라인이 있다면, 비공식적인 많은 영향력들이 이 관계의 평화적, 화해적 유지를 위해 노력과 에너지를 투자할 것이다. 비록 정식으로 안건이 가결되었다 할지라도, 만일 그 안건이 관계적 유대에 손상이 가거나 불안을 초래하게 된다면, 실제적으로 이루어지는 공동체의 과정에서는 거의 아무런 힘을 발휘하지 못한다. 나타나 있는 공식적 내용보다 더 중요한 것은 표면화된 과정 아래 흐르고 있는 강한 역류인 비공식적 신념들임을 반드시 기억하라.

3) 은둔적 과정 Tacit Process

은둔적 과정은 사역의 정글 속에 은밀하게 잠복하고 있는 경우가 많다. 성문화되지 않은 자료라는 면에서는 비공식적 과정과 유사하지만, 비공식적으로 구두로 전달되는 비공식적 과정에 비해 자세히 살펴보아야 알 수 있는 무언의 행동이나 상황에서 표출된다는 데 차이가 있다. 언어로 표현되지 않지만, 눈짓이나 헛기침 한 번으로도 충분하리만큼 공동체의 유산적 전례Legacy나 전통 속에 긴밀하게 연결되어 있다. 마치 각 가족 단위에서 가족원들이 여러 상황에 처할 때마다 알아서 필요한 직무를 감당하는 것과 같다. 그것은 습관적으로 공동체의 삶 속에 배어 있다.

가령 새로 부임한 목회자가 비전에 불타 새로운 비전을 쏟아 놓을 때 회의석상에 둘러앉은 참가자들을 자세히 살펴보라. 그들은 이미 나름대로의 은둔적인 과정을 통해 서로 소통하고 있다. 새로 등록한 선교위원회 회원의 행동이 불편하면, 구성원들은 각자에게 주어진 역할에 따라 기능의 완수를 위해 은둔적으로 처리를 논의한다. 안내위원들이 새로 방문한 교우를 영접하는 방법, 예배시간에 합당한 예배자의 자세, 교회 올 때의 복장, 은혜로운 말씀에 반응하는 법 등이 이에 해당된다. 이러한 요소들은 금방 표면적으로 나타나지 않고 관계가 성립되었을 때에 나타나는 무언의 것들이다. 이 은둔적 과정을 잘 포착하는 것이 교육목회를 주도하는 목회자들에게 절대적으로 필요하다.

이러한 은둔적 요소들이 공동체가 어떤 일을 추진하거나 달성하는 데 막대한 영향력을 행사하게 된다. 그리고 이런 은둔적 요소들을 목회 현장에서 지혜롭게 응용하고 사용하기 위해서는 무엇보다도 절실한 것이 바로 신뢰적인 관계의 성립이다. 지도자와 성도들이 신뢰적인 관계 안에서 서로를 향한 믿음의 닻을 내릴 수 있다면 은둔적이고 비공식적인 부분들을 목적이 이끄는 방향으로 창조적이고 생산적으로 이끌어 갈 수 있다. 은둔적 요소들을 빨리 깨닫는 것은 목회에 많은 도움을 준다. 어떻게 보면, 은둔적인 요소들을 빨리 파악하는 것은 그만큼 관계의 성립이 잘 되었다는 말이기도 하다. 관계를 두텁게 쌓아 가는 과정에는 결코 지름길이 존재하지 않는다. 왜냐하면 관계의 신뢰성은 결국 하나씩 신중하게 함께 관계를 위한 시간을 투자하고 나눔으로 형성되기 때문이다. 결론적으로 은둔적 요소들과 과정을 빨리 습득할 수 있는 지름길은 없다. 관계의 열매는 얼마나 함께 관계를 위해 '서로 시간과 정성을 투자했는가?'에 달려 있기 때문이다. 더 많은 은둔적 요소들을 이해하고 또 알 수 있다면 목적이 주도하는 목회 현장을 만들어 갈 수 있을 것이다. 그리고 쓸데없이 공동체의 에너지나 노력을 낭비하지 않게 될 것이다.

공동체를 조직적인 면에서 정의하고 이해할 때에 다음의 네 가지 근본적인 점들을 기억하자.

- 비전과 영성은 공동체 안에서 힘과 능력 그리고 에너지와 사역하고자 하는 의욕을 생성시킨다. 미래에 소망하는 현실을 향해 달려 나가며 공동체 소속원들에게 힘과 의욕을 부어 준다.
- 사명감은 공동체 안에서 유용한 에너지와 능력을 사용하며 소모시킨다. 공동체의 정체성에 부합하는 소중한 일들을 달성하면서 함께 성장하고 원숙해진다.
- 조직과 행정체계는 마치 혈관이 원활하게 신선한 피를 온몸에 유통시키듯이 공동체의 목적달성을 위해 모든 과정이 원활히 진행될 수 있도록 도와준다. 건강하고도 타당성 있는 조직은 공동체 내에 여러 중요한 자원과 에너지를 원활하게 유통시킨다.
- 관계적 측면은 공동체의 근육과도 같다. 건강한 관계는 그만큼 많은 일들을 부담 없이 수행할 수 있다. 관계의 아픔은 곧 근육이 마비되는 파킨스병과도 같이 그리스도의 몸 된 제단을 마비시킨다.

이러한 조직체적인 구성요소들을 잘 이해하면서 공동체의 유기체적 생명체로서의 모습을 다음 과에서 살펴보기로 하자.

공 동 체 정 체 성 을 위 한

교육목회

제4장

공동체의 정체성 형성과 생명체적 교회

Understanding Congregational Identity from Organism Perspectives

1. 유기체적 견해로 이해하는 공동체의 정체성

교회라는 믿음의 공동체는 조직이면서 동시에 생명체이다. 그러므로 교회 역시 생명체로서의 본질적 특성과 체질을 수용한다. 계속해서 새롭게 변하는 환경 속에서 교회는 존속과 성장을 위해 어떻게 적응하는가? 이 질문은 모든 생명체들에게 부여된 근원적 과제이다. 잭슨 W. 캐롤Jackson W. Carroll 교수는 *Congregations: Their Power To Form and Transform*에서 생명체적인 공동체의 특징을 카멜레온Chameleon에 비유하였다.[16] 카멜레온은 주위 환경에 적응하기 위해 스스로 몸의 색깔을 변화시킨다. 이러한 적응능력은 신비스럽기만 하다. 그렇게 색깔을 주위 환경

---

16) C. Ellis Nelson이 편집한 *Congregations: Their Power to Form and Transform* (Atlanta: John Knox Press, 1988)를 참조하라. 특별히 Hartford Seminary에서 교회 회중 연구에 많은 기여를 한 Jackson W. Carroll 교수의 카멜레온의 비유는 많은 깨달음을 주었다.

에게 적응시킴으로 위험을 모면할 수 있다. 모든 생명체가 그러하듯 교회라는 생명체 또한 그리스도의 몸 된 유기체로서 항상 변하는 주위 환경에 적절하게 적응하여야 한다. 환경에 적응하지 못할 경우, 더 이상 주변 사회에 긍정적인 영향을 끼칠 수 없는 무관한 조직이 되고 만다. 적응능력이 저하되면 주위의 외부적 상황의 요구에 적절하게 대응할 수 없다. 그만큼 위험한 상황에 버려지게 된다. 환경에 적응한다는 것은 교회가 생명체를 지닌 공동체라는 것을 확실히 증거한다. 일찍이 추위가 극심한 북반부나 남반부에서는 고도의 문명이 발전하였다. 겨울의 혹독한 추위를 이겨 내고 환경에 적응하기 위해서 온갖 노력을 해 온 것이다.

지구가 생각지도 못한 커다란 행성의 충격으로 표면에 짙은 재가 덮쳐 태양의 온기를 받지 못했을 때 지구는 냉각기를 맞이하게 되었다. 그때 덩치가 큰 공룡들은 그 추위를 신속히 벗어나지 못하고 그만 멸망하고 말았다. 아무리 크고 잘 설계된 공동체라도 변화에 적응하지 못하면 서서히 생명력을 상실하게 된다. 21세기 현대사회에서는 변화에 효율적으로 잘 적응하는 사람이나 공동체가 살아남을 뿐 아니라 더욱 성장할 수 있다. 문제는 공동체의 변화 속도가 환경의 속도보다 빠르지 못할 때이다. 공동체가 구습에 젖어 있거나 본래부터 내려오던 전통적 사고방식에서 벗어나지 못하면, 새로운 변화를 포용하기가 더 어렵게 된다.

좀 더 냉철하게 생각해 보면, 현대사회의 여러 조직들 중에 교회가 변화에 대한 적응력이 가장 느리진 않은지 우려가 되기도 한다. 특히 미국에 있는 이민 교회는 교회의 중진 지도자들의 이민시기에 따라 70년대, 80년대 또는 90년대의 문화요소들을 가지고 있다. 나도 미국에 온 지 32년이 지났다. 가끔 한국을 방문할 때마다 고등학교 친구들이 '30년 전 골동품이 돌아왔다'고 놀리기도 했다. 그도 그럴 것이 30년 전 고국을 떠나면서 그때의 전통과 사고방식, 생각을 그대로 간직했기 때문이다. 이민 목회의 어려움 중 하나가 바로 이런 것이다. 아마 이것은 한국 교회에도 동일하게 적용될 것이다. 지도자들의 사고방식이 옛 세대의 생각이라면, 과감하게 새 시대의 요구에 적합하게 개혁할 필요가 있다. 그렇지 않으면 20년 전 이념과 관점 그리고 생각의 틀을 가지고 새롭게 변화하고 있는 오늘의 상황을 끼어 맞춰 보려는 어리석은 과오를 범하기 때문이다.

일찍이 심리학자 피아제의 이론에 따르면, 생명체가 환경에 적응하는 과정Adaptation에는 두 가지가 있다. 하나는 융합과정Assimilation이고 또 다른 하나는 바로 순응과정Accommodation이다. 전자는 내가 가지고 있는 인식의 틀에 외부적 상황과 새로운 인식들을 끼워 맞추는 것이다. 이것은 마치 부드러운 진흙을 손에 쥐는 것과 비슷하다. 손에 움켜쥔 진흙은 손의 모양에 따라 형태가 변하게 된다. 바로 이것이 융합과정이다. 정체성의 기본 틀에는 변함이 없지만, 새롭게 인식된 정보나 지식이 존재하고 있던 인식의 틀에 보다 다양하고도 풍부한 이해를 증진시킨다. 반면에 순응과정은 외부로부터 말미암은 새로운 정보나 지식 또는 중요한 깨달음으로 인해 공동체에 존속하고 있는 정체성의 틀을 개혁하며 바꾸어 가는 것이다. 피아제의 환경 적응설에 의하면 적응의 과정 자체가 제1과에서 언급했던 것처럼 어떠한 환경적 변화에서 불변하는 일치성과 영구성이 요구된다. 또한 반대로 이러한 정체성의 영구적 요소들은 새로운 도전과 깨달음에 의해 새롭게 재해석되어야 하며, 새로운 의미를 유도해야 한다. 정체성에 필연적인 존재적 요소Being aspect와 역동적 요소Becoming aspect가 늘 함께 공존해야 함을 명시하고 있다.

이러한 융합과 순응의 갈등 속에 반드시 기억해야 할 것은 순응을 무시한 융합은 공동체로 하여금 깊이 없는 정체성을 고집하게 만든다. 즉 전통에 사로잡혀, 새롭게 다가오는 지식과 도전들을 전통성을 보강하는 요소로만 일방적으로 유입할 때, 정체성은 현존재의 조직적 형태Status quo만을 고수하는 고립적이고 융통성 없는 모습을 갖게 될 것이다. 마치 창조주 앞에서 벌거벗은 취약함Vulnerability의 은혜와 체험을 갖기보다는 늘 완벽하게 스스로를 보여 주고자 하는 허상의 가면을 쓰게 된다. 모든 공동체는 늘 자신의 정체성을 보존하기 위해 충실하게 핵심적인 사명감과 하나님께서 공동체에게 허락하신 목적의식이 변질되지 않게 노력해야 한다. 이것이 바로 공동체의 정체성에 필요한 변치 않는 요소이다. 하지만 이 사명감마저 때로는 새로운 환경과 상황 속에서 선지자적인 재해석과 전통에 대한 새로운 의미와 중요성을 추구하는 취약함을 잊어선 안 될 것이다. 이러한 균형 있는 교육은 모든 목회자와 지도자들이 반드시 기억해야 할 교육목회의 사명이다.

살아 있는 생명체로서 교회 공동체에게 부딪히는 질문은 이것이다. "어떻게 하면 복음의 진리와 정체성을 충실하게 보존하면서 동시에 새로운 환경에 적절하게 적응하며 타당하게 대응할 수 있는가?" 이것은 한마디로 그리스도인의 핵심적 정체성을 타협하지 않지만, 효율적으로 이 세상에 복음의 메시지를 전하며 변화의 상황에 적응하는 공동체가 될 수 있을 것인가 하는 질문이다. 오늘날 많은 공동체가 이 균형을 잃어버리고 이 세상에 좀 더 타당한 공동체로 접근하기 위해 핵심적 요소들을 세상의 기준에 맞추어 타협하고 변형시킨다. 교회의 십자가를 없애고 성경을 중시하지 않으며, 개인에게 감동적으로 다가갈 수 있는 이야기 중심의 설교로 비그리스도인들의 관심을 유도하려 한다. 공동체의 예배가 마치 록 뮤직 콘서트 같은 느낌이 들고 딱딱한 형식에서 벗어나 억지로 편안한 분위기를 만들려고 노력한다. 너무나도 많은 문화적, 종교적 특성들이 함께 혼합된 포스트모던니즘의 사회 속에서 그리스도인의 공동체가 세상과 차별화된 독특한 구별성을 잃게 되었다. 즉 하나님에 의해 성별된 공동체의 특성을 상실한 것이다. 모든 것이 함께 혼합된 사회 속에서 사람들은 무엇인가 유일하고 신실한 열정이 살아 있는 구별된 사람들과 세속의 사회와는 질적으로 차별된 공동체에 소속되기를 원하지만 사회동화에 주력했던 많은 교회들은 세상의 빛과 소금으로서의 유일한 기독교 정체성을 상실한 것이다. 예수의 제자들에게서 무언가 다른 점을 찾으려 해도 이미 동화된 저들의 삶 속에서는 찾을 수 없는 요소가 되었다. '무언가 세상과는 차별된 것을 보여 달라! 이것이 거룩함이든, 경건함이든 아니면 도덕과 윤리관이든 그리고 차별된 삶의 모습이든 당신들이 우리와 무엇이 어떻게 다른가를 보여 달라!'고 외치는 오늘날의 대중들에게 아이러니하게도 그리스도인들은 특별히 보여 줄 수 있는 믿음의 고유성이나 소중하게 보존하고자 하는 정체성이 없다. 이 얼마나 비통한 일인가? 이것은 생명체에 주어진 축복이면서도 동시에 저주이기도 하다. 믿음의 균형과 유일성 그리고 동화에 대한 딜레마가 함께 있는 것이 목회 현장이다. 어떻게 적절한 균형을 잃지 않고 복음의 공동체로서 정체성을 보존하며, 바리새인적인 교만을 버리고 유동적인 적응력으로 세상에 복음을 전할 수 있을까? 성경의 경고가 오늘날 우리의 귓가에서 메아리치고 있다. "너희는 세상에 있으나 세상에 속하지 않았나니."You're in the world, but not of the world.

2. 항상성Homeostasis과 살아 있는 생명체인 교회

생명체의 특성을 여러 면으로 수용하고 있는 믿음의 공동체에서 나타나는 독특한 특성 중 하나가 '항상성'이다. 이것은 생물학적 관점에서 이 해할 수 있다. 항상성은 생명을 지닌 세포가 주위 환경과 상호 존속적 관계를 지니면서 세포의 생명을 유지하기 위해 스스로 세포 내의 적절한 압력을 유지하는 능력을 말한다. 예를 들면 세포의 체내 소금량의 밀집도가 주위 환경에 비해 월등히 높으면 소금량의 밀집도를 줄이기 위해 더 많은 수분을 수용한다. 세포 내의 소금량의 밀도와 주위 환경의 소금량의 밀집도가 거의 비슷할 때 세포는 더욱 원활한 활동을 유지할 수 있다. 반대로 세포 내의 소금의 밀도가 주위 환경에 비해 월등히 낮으면, 세포는 소금 수분을 체내에 유치시키던지, 만일 이것이 가능하지 않으면 스스로 체내의 수분량을 감소시킴으로 주위 환경과 비슷한 소금량의 밀도를 유지한다. 이러한 주위 환경과의 적절한 균형과 조합은 생명체의 생명력과 활동의 지속을 위해 실로 중요하다. 이런 균형이 깨지면 생명체는 과다한 소금의 밀도를 유치하거나 또는 과다의 수분을 유치함으로 세포 체내의 적절한 압력을 유지할 수 없게 되고 급기야 생명체에 치명적인 손상을 입게 되어 생명력을 잃게 된다.

생물학적인 견해에서 항상성이 목회 현장에 던지는 교훈은 실로 중요하다. 첫째로 살아 있는 생명체인 주님의 교회, 즉 믿음의 공동체는 하나님께서 허락하신 핵심적 사명과 정체성에 대해 주위의 환경과 적절한 균형을 유지해야 한다. 즉 스스로 공동체의 정체성과 사명의 진실성을 상처 내지 않는 범위 안에서 늘 변화하는 주위 환경이것은 바로 하나님께서 공동체에게 허락하신 목회 현장이기도 하다에 복음적으로 적용해야 한다. '우리'라는 정체성을 잃지 않으면서도 '저들'을 그리스도의 사랑 안에서 품어야 한다. 그리고 저들이 이해할 수 있는 종교적, 신학적 언어와 복음의 메시지를 전해야 한다. 생명력의 유지는 조화된 균형을 유지하는 것이다. 아무리 상황이 억압적으로 강요한다 할지라도 결코 받아들일 수 없는 세속적 요소들은 거부할 수 있는 힘과 능력이 필요하다. 그리고 공동체 내에서 아무리 고수하고 집착하려는 정체성의 부분들도 새로운 시대를 향한 하나님의 선지자적 명령을 깨달으면 그대로 스스로의 안정을 흔드는 두려움이 따를지라도 시행해야 한다.

항상성을 교육목회적 관점에서 이렇게 정의할 수 있다. 항상성이란 공동체나 조직 내에서 함께 존속하고 상호적으로 사역할 수 있도록 공동체에 속한 소속원들의 생각구조나 행동을 예측할 수 있도록 기존의 형태에 넣어 변형시키고 교육하는 현상이다. 마치 세포가 생명을 유지하며 원활하게 기능할 수 있도록 적당한 밀도와 압력을 유지하는 것처럼, 생명체의 특성을 지닌 믿음의 공동체 역시, 외부적 요소들새로 등록한 교인들, 새로 주입된 제도들과 삶의 패턴들 등로 인해 내부의 생명력과 관계가 혼동되며 분란되지 않도록 유지하는 현상이다. 공동체의 유일성과 독특성에 따라 모든 공동체는 스스로 어느 정도의 변화와 그로 인한 불안과 압력을 견딜 수 있다. 하지만 모든 생명체가 그러하듯 교회 역시 이러한 수용성에는 한계가 있다. 목회자는 이 한계점을 잘 이해할 필요가 있다. 이러한 체내적 수용력과 유지력은 많은 지도자들을 어렵게 만든다. 종종 주위의 목회자들에게, "우리 교회는 도무지 변화하려 하지 않는다" 또는 "우리 교회는 공동체의 모든 내적 에너지와 자원을 동원하기까지 하면서 변화하지 않으려고 애쓴다"라는 탄식을 듣는다. 잠시 변화가 되는 듯 하는데, 어느새 다시 원점으로 돌아간다. "옛날 버릇을 고치기 힘든 것같이, 정말 변화와는 벽을 쌓은 사람들같이 느껴질 때도 있다"라는 말을 듣기도 한다.

이러한 고백 속에는 항상성이 교육목회에 던지는 중요한 교훈을 제시한다. 변하지 않을 것 같은 이유는 어느 공동체든 살아 있는 생명체로서 스스로의 생명을 유지하기 위해 끝까지 보존하려는 어떤 것들이 존재하기 때문이다. 진정 이것이 무엇인지 깊이 생각해 보았는가? 왜 공동체의 소속원들이 생명을 내걸고 이것을 사수하는지 생각해 보았는가? 한마디로 저들은 급변하는 어떤 상황과 환경 속에서도 결코 흔들리지 않는 것을 갈망하고 있다. 스스로 이런 점들을 유지하고 존속시킬 때 저들은 더욱 깊은 차원에서 존재의 안정성을 찾고자 한다. 내가 고집할 수 있는 것, 우리에게 반드시 필요한 그것을 유지하고 보존하기 위한 노력과 결투가 곧 살아 있다는 증거이다.

그러므로 어떠한 변화를 시도하기 전에 반드시 기억하라. 어떻게 공동체가 서로 공감하고 신뢰할 수 있는 변치 않는 영구성을 소개할 수 있을 것인가? 그 무엇인가 변치 않는 것은 공동체에 속한 많은 사람들에게 안정감과 영구적인 관계 안에서 느낄 수 있는 존재성의 안위를 제공한다. 그러므로 지도자들은 '이런 것들은 반드시 변해야 한다'고 주장하기 전에 '이런 점들이 우리 공동체에서 너무나도 아름답고 귀한 것들이다'라고 교육해야 한다. 언제까지 교육해야 할까? 대부분의 사람들이 함께 공감하고 공유할 수 있으며, 공동체의 생명력에 아무런 해를 끼치지 않을 것이라는 확신을 심어 줄 때까지 해야 한다. 이렇게 변치 않는 정체성의 핵심을 유지시켜 줄 때 공동체는 더욱 활발하고 자유스럽게 변화를 수용할 수 있고 새로운 환경에 창조적으로 반응할 수 있다.

앞에서 언급했던 것처럼 모든 생물체는 각자 고유한 능력과 한계를 지니고 있다. 카멜레온은 카멜레온으로서의 장점과 한계성을 지닌다. 비록 스스로를 주위의 환경에 적절하게 은폐하며, 적으로부터 생명을 보존할 수 있지만, 카멜레온이기에 할 수 없는 것들이 있다. 적을 피해 원숭이들처럼 재빠르게 나무 위로 오를 수 없다. 대신 자기의 처소인 땅 구멍 속으로 피신할 수 있다. 따라서 자신이 행동할 수 있는 한계와 특성의 범주 안에서 활동한다. 이러한 한계를 인식하지 못하고 이런 범위를 자주 벗어나게 되면 반드시 타격을 입고 생명마저 유지할 수 없게 될 것이다.

우리 공동체는 어떠한가? 우리에게 주어진 장점과 특성은 무엇인가? 우리는 무엇을 능통하게 처리하며, 반면에 어떤 일들에 대해 고통하며 괴로워하는가? 하나님이 우리 공동체에 허락하신 능력은 무엇인가? 우리는 어떤 사역들을 잘 감당해 내고 있는가? 우리에게 아픔을 줄 수 있는 잠재적 요소들은 무엇인가? 결국 생명의 유지를 위해, 사역할 수 있는 공동체의 체질을 유지하기 위해 어떻게 적절한 균형을 유지할 수 있는가? 이런 모든 질문들은 공동체가 반드시 육성해야 할 연합적 정체성에 대해 교육하는 목회자들에게 반드시 필요한 질문이다. 이는 기도와 묵상, 분석을 통해서 끊임없이 수용해야 할 목회의 과제이다.

3. 생명체로서의 공동체의 입력과 산출Inputs and Outputs of Congregation

생명체는 소중하다. 아무리 작은 금붕어라 할지라도 살아 있기 때문에 주위 환경에 미치는 영향은 무시할 수 없다. 딸아이를 위해 금붕어를 두 마리 기른 적이 있다. 한 마리는 '죤', 다른 한 마리는 '셸리'라고 이름을 붙여 주었다. 한 주도 안 되어 이 작은 금붕어들의 영향력을 볼 수 있었다. 붕어의 배설물로 어항 속은 이끼가 끼고 날이 갈수록 더러워졌다. 생명체는 계속적인 상호작용을 통해서 무언가를 환경으로부터 유입하고 살아 있음으로 인해 무언가를 배출한다. 이러한 환경으로부터의 유입Input과 환경을 위한 산출Output은 생명력의 존속을 위해 공동체에게 필수적이다.

그렇다면 생명체인 공동체는 주위 환경으로부터 어떤 것을 유입하고 어떤 것을 배출하는가? 만일 공동체에서 배출하는 것이 주위를 혼란과 혼동을 초래하는 것이라면, 그리스도의 생명력이 이미 그 공동체를 떠났다고 보는 것이 나을 것이다. 공동체의 정체성과는 판이한 산출이 있다면 이것 역시 곤란할 것이다. '사랑제일교회'가 있었다. 그런데 이 교회는 늘 목회자와의 갈등과 성도 간의 갈등이 심해서 여러 그룹으로 분열되었다. 사랑 제일이 아닌 미움과 다툼이 제일인 교회로 인식되어 주위 사람들로부터 비웃음거리가 되었고 마침내 교회 문을 닫게 되었다. 믿음의 공동체에서 배출되는 생명력의 산물이 주위 환경에 미치는 영향과 종국적으로 공동체 자체에 있는 생명력마저 상실하게 만들었다. 생명력을 지닌 공동체는 어떠한 유입과 산출이 있을까?

1) 공동체의 유입물Inputs

살아 있는 생명체가 음식, 수분 등 필요한 요소들을 체내에 유입하듯, 공동체도 생명의 유지를 위해 항상 주위 환경으로부터 필요한 여러 가지를 유입한다. 외부로부터 아무것도 유입하지 않는 공동체는 서서히 기능이 저하되고 생명력을 잃게 된다. 유입을 허용하는 목회의 구조는 교육 프로그램, 다양한 사역 창구, 필요에 대처하기 위해 요구되는 노력들이 있다. 생명을 지닌 공동체는 이런 요소들을 사명의 달성을 위해 유입하고, 유입된 요소들을 통해서 목표달성과 성장을 이룬다. 존 A. 셀러John A. Seiler는 유기체적 공동체가 유입하는 네 가지를 다음과 같이 설명한다.[17]

---

17) John A. Seiler, *Systems Analysis in Organizational Behavior* (Homewood, IL: Richard A. Irwin, Inc. and The Dorsey Press, 1967), p.27을 참조하라.

(1) 인적 유입Human Inputs

새로 등록하는 교우들은 개인의 고유성과 함께 나름대로의 배경을 가지고 공동체의 한 일원이 된다. 저들이 보유한 잠재력, 재능, 독특성을 통해 공동체는 새로운 인적 자원을 유입한다. 목회자는 이러한 새로운 유입을 통해 공동체의 정체성에 어떤 기여를 할 수 있고 이런 잠재력과 재능이 목적달성을 위해 어떻게 사용될 수 있는지 신중히 생각해야 한다.

(2) 기술적 유입Technical Inputs

공동체는 여러 프로그램을 위해 새로운 컴퓨터 시스템이나 영상 기구와 음악 기구 등을 구입하면서 기술적 유입을 시도한다. 새로운 기술의 보유와 유입은 공동체의 문화와 삶에 신선한 체험을 허락한다. 물론 이런 유입의 과정에서 공동체의 정체성이 무엇이며 어떠한 목적의 달성을 위한 것인가를 신중하게 고려할 필요가 있다.

(3) 구조적 유입Organizational Inputs

새롭게 청빙된 담임목사, 부교역자, 교육목회자 그리고 성가대 지휘자와 반주자 등 새로이 공동체의 일원이 된 사역자들은 나름대로 새로운 비전과 새로운 리더십 스타일로 공동체에 새로움을 가져온다. 이러한 새로운 스타일은 새로운 관계적 역동성과 공동체 구조에 긍정적, 부정적 영향을 끼칠 수 있다.

(4) 사회적 유입Social Inputs

공동체가 속해 있는 도시나 인근 지역에서 일어나는 규칙과 법의 개정이나, 도시에서 시행되고 있는 새로운 규칙들, 우리 주위에서 일어나고 있는 새로운 트랜드와 함께 부상하는 문화요소들의 유입은 공동체로 하여금 어떻게 대응할 것인지에 대해 기회의 창을 열어 줄 뿐 아니라, 동시에 기존 형태를 개혁해야 하는 도전을 준다.

(5) 영적 유입Spiritual Inputs

사회문화적인 요소들도 중요하지만, 결국 믿음의 공동체는 그리스도를 구주로 고백한 성도들의 집단이기 때문에 영적 각성이 절실히 요구된다. 대부분 목회자들은 공동체에 당면한 문제들을 조직의 개편으로 해결하려는 한다. 즉 비조직적인 문제로 갈등하는 공동체의 아픔을 단순히 조직의 문제로 해결하려고 하는 것인데, 이 방법은 오히려 갈등을 더 고조시킨다. 영적인 고갈로 인한 갈등은 행정의 개편으로는 해결되지 않는다. 이런 경우에는 새로운 말씀사역자를 초청하여 영적 각성을 위한 수련회나 부흥집회를 가짐으로 영적 충전을 위한 유입을 시도하는 것이 좋다.

이러한 여러 요소들을 통해 공동체는 필요한 영적 에너지와 목적달성을 위한 자원을 공급받게 된다. 이 과정에서 무조건 뛰어들기보다는 '내가 무엇을 위해 지금 이 일을 하려 하는가?'를 자문하는 것이 중요하다. 인근 교회에서 성공적인 결과를 얻었거나, 사회적으로 인기를 얻은 프로그램이라고 무조건 유입하는 것은 자제되어야 한다. 어느 교회에서 좋은 성과를 얻었다고 해서 반드시 다른 교회에 유익할 것이라는 보장은 없다. 따라서 공동체의 유일한 점들을 찾아내어 이해하고 적절하게 응용할 필요가 있다. 조지 파슨스와 스피드 B. 리스의 주장처럼 오늘날 많은 공동체가 과거의 성공에 집착하여 포로로 살아가고 있다.[18] 지난날 찬란했던 성

---

18) George Parsons and Speed B. Leas, *Understanding Your Congregation as a System*

공시대를 비교하면서 그때의 조직을 유지한다면, 정작 지금의 시대가 요구하는 필요에 타당하지 않은 조직과 신념을 고집하게 될 수도 있다. 이것은 마치 테니스 라켓을 가지고 물고기를 잡으려는 것과 같다. 무엇을 위한 도입이고 무엇을 위한 유입인지를 깊이 심사숙고하고 공동체가 갈망하는 사명을 성취할 수 있을지 생각해야 한다. 이것이 비전에 초점을 맞추고 목적이 주도하는 교육과정에 충실한 목회이다.

2) 공동체의 산출물Outputs

의도적인 삶은 인간 됨의 참된 추구와 문화의 산물을 남기게 된다. 생명력을 지닌 그리스도의 몸 된 교회도 마찬가지다. 교회가 있는 곳에는 반드시 교회의 존재로 인한 영향Impact이 있어야 한다. 즉 공동체에게는 그리스도의 사랑의 눈길과, 기도와 헌신의 무릎, 소외되고 아픔에 처한 이웃을 섬기는 헌신의 굳은살이 박힌 손이 있어야 한다. 이렇게 그리스도의 사랑으로 주위 환경과 이웃에 훈훈한 흔적을 남겨야 한다.

또한 세상의 소금으로서 부패를 방지해야 한다. 바닷물의 염분 농도는 2.7%라고 한다. 그것으로 음식이 썩지 않는다면, 오늘날 전 인구의 30%를 육박하는 한국 교회의 교세는 어떠한가? 각종 매스컴에는 부정부패에 연루된 주인공들이 기독교인이라는 보도가 끊이지 않고 있다. 왜 아직도 한국 사회는 부정부패의 아픔을 씻어 내지 못하는가? 교육계, 정치계, 예능계, 종교계에는 부도덕한 일들이 자행되고 있다. 겨우 2.7%의 염분으로 바닷물이 소금을 제공하고 생명을 보존한다면, 30%의 염분으로 충분히 부정부패를 막는 영향력을 가져야 마땅할 것이다. 그렇지 못하다면, 이유는 단 한 가지이다. 30%에 가까운 염분이 가짜라는 말이다. 염분의 짠맛

(Washington D.C.: The Alban Institute,1993), p.1 참조

을 잃어버린 소금! 참으로 가슴 아픈 일이다.

　오하이오 주에 있는 작은 교회에서 오랫동안 헌신하던 집사님 가정이 있었다. 그런데 17세 된 큰딸이 임신을 하게 되었다. 집사님은 날벼락을 맞은 것 같았다. 이 일을 어떻게 할 것인가? 너무나도 수치스럽고 당혹스러웠다. 딸도 임신소식에 절망하고 괴로워했다. 딸과 함께 기도하던 중에 집사님은 교회에 이 잘못을 고백하고 공동체의 중보기도를 요청하기로 결정했다. 마침내 주일예배 도중 서로를 위해 기도를 요청하는 시간에 딸이 회중 앞으로 나갔다. 딸은 울먹이면서 자신의 죄를 고백하면서 임신사실을 회중 앞에 토로했다. 그리고 온 가족이 함께 서서 교회와 교인들에게 죄를 지어 미안하다고 사죄하며, 딸과 가족을 위해 교회가 힘써 기도해 달라고 간청했다. 목사님과 장로님들 그리고 모든 교인들이 집사님 가족을 사랑으로 에워싸고 저들을 위해 눈물로 기도했다. 차후에 목사님의 이야기를 들으니 그로 인해서 목회사역이 180도 달라졌다고 했다. 형식적으로 믿던 사람들이 진심으로 하나님의 사랑을 갈망하게 되었고, 교회 안에 회개운동이 일어나서 사랑으로 성도들이 하나가 되었으며, 미혼모 임신 방지와 도움Teenage Pregnancy을 위한 교육을 하면서 실제적인 도움을 주는 지역선교사역을 시작하게 되었다고 말했다. 이것이 바로 생명력을 가진 공동체가 산출하는 아름다운 사랑의 열매이다.

　금붕어가 먹이를 먹고 배설하는 것이나, 화가가 예술에 사로잡혀 그림을 그리듯이 존재하는 것은 긍정적이거나 부정적인 산출물을 배출한다. 그리스도의 몸 된 공동체인 교회도 생명력을 지니고 있기 때문에 하나님께서 기뻐 받으실 만한 열매를 주위에 산출해야 한다. 또한 사회가 개혁되고 변화될 수 있도록 개혁의 열매를 맺어야 한다. 그렇게 구체적인 열매들이 있을 때 공동체 일원과 주위 사람들은 '우리는 누구이며 또 무엇을 위해 존재하는 공동체인가?'를 확실하게 이해하여 뚜렷한 정체성을 가진 공동체로 우뚝 서게 될 것이다.

　　여기서 한 가지 반드시 기억해야 할 것은 공동체가 의도했던 산출의 열매와 실제적으로 맺어진 사역의 열매가 다를 수 있다는 점이다. 아무리 좋은 의도로 시작했어도 예상치 못한 일로 인해서 좋지 못한 열매를 맺을 수도 있다. 병든 사과가 있는 것처럼 공동체가 의도가 항상 열매와 일치하는 것은 아니다. 이러한 이상과 현실의 간격Gap을 어떻게 이해할 것인가? 이런 간격이 있는 것은 본래부터 유입하려 했던 요소에 문제가 있었거나, 아니면 유입된 요소가 조직에 분배되고 응용되는 과정에서 문제가 있었기 때문일 수도 있다. 또 이러한 과정에서 주어졌던 기회를 미처 포착하지 못한 채 낭비했을 수도 있고 공동체의 조직적인 면이 사명을 완수하기에 부적절했을 수도 있다. 또 다른 가능성은 공동체에 충분한 영적 에너지가 보강되지 못했기 때문일 수도 있다.

　　그때 목회자들이 단지 보이는 부분만 시정하려 든다면 공동체에 더 큰 혼란을 초래할 수 있다. 보다 중요한 것은 비공식적인 면에서 초래된 원인을 규명하는 일이다. 그리고 그 원인을 해결하기 위한 해결책을 마련해야 한다. 목회 현장에서 표면적으로 발생하는 문제들은 대개 증상이지 원인이 아닐 경우가 많다. 따라서 공식적, 비공식적, 운둔적인 요소들을 바르게 이해하고 이것들이 비전과 사명완수에 어떻게 응용될 것인지를 깊이 고심해야 한다. 주님께서는 나무의 정체성을 그 열매로 알게 되는 것이라고 하셨다. 추수 때에 좋은 나무는 반드시 좋은 열매를 맺고, 나쁜 나무는 아무리 포장해도 나쁜 열매를 맺게 된다. 가슴에 손을 얹고 생각해 보자. 내가 섬기는 사역의 과수원에는 어떤 열매들이 맺고 있는가?

4. 회상이 공동체 정체성에 미치는 영향들
The Roles of Memory in Congregation's Identity Formation

회상과 기억은 관계 형성에 있어서 접착제의 역할을 한다. '우리'라는 공감대는 동일한 사건을 경함하고 나눌 때 더욱 자라게 된다. 공동체를 오랜 잠에서 깨웠던 중요한 사건이나, 개혁을 과격할 정도로 추진하게 된 동기에 대한 기억에 정체성은 뿌리를 내리게 된다. 그리고 함께 경험했던 사건을 기억하고 그것을 통해 뼈저리게 느꼈던 교훈을 기억하고 재해석하는 과정을 통해서 정체성은 더욱 성숙해진다. 이런 점에서 브루스 C. 버치 Bruce C. Birch 교수가 제시했던 질문들이 꽤 유용하다.[19]

- 공동체는 과거에 의해 어떻게 영향을 받는가?
- 왜 과거에 대한 의도적 인식이 오늘을 살아가는 공동체에게 중요한가?
- 어떻게 과거의 중대한 사건들을 공동체의 오늘의 삶 속에 더 의미 있게 근접시킬 수 있는가?
- 어떻게 과거가 부여하는 목회적 자원을 오늘 당면한 사명적 과제를 달성하는 데 응용할 수 있을까?

이런 질문들을 신중히 생각해 보면 정체성의 형성과정에 회상과 기억이 얼마나 중요한 위치를 차지하고 있는지를 곧 알게 된다. 우리는 과거의 충실한 회상으로부터 오늘을 살아가는 이유와 내일을 꿈꾸는 의미를 발견할 수 있게 된다. 이 같은 회상과 기억이 미치는 영향력은 이미 초대교회의 형성과 성장 그리고 세계를 향해 뻗어 나갔던 선교운동에 막대한 힘

---

19) Bruce C. Birch 교수의 논문 「Memory in Congregational Life」를 참조하라. 이 논문은 C. Ellis Nelson 교수가 편집한 *Congregations: Their Power to Form and Transform*에 수록되어 있다.

을 불어넣어 주었다. 인류를 뒤흔들었던 그리스도의 십자가 사건과 부활, 승천이야말로 교회가 늘 충실하게 다시 기억해야 할 원천이다.

목회사역 인턴을 하던 제자로부터 재미있는 이야기를 들었다. 뉴욕 맨해튼에 이스트 빌리지East Village에 위치한 '컬리지얼교회'의 성립과정에 대한 이야기였다. 그 교회의 건물은 웅장했지만, 수십 명도 남지 않은 죽어가는 교회였다. 그곳에 담임으로 부임한 여자 목사님은 어떻게 하면 그 교회를 다시 살릴 수 있을지, 어떻게 하면 생명력 있는 성령의 바람이 이 공동체에 불어 넘칠지 늘 고심하며 기도했다. 하루는 답답한 심정으로 교회 건너편 커피숍에서 교회를 바라보며, '하나님, 어떻게 하면 당신의 교회가 다시 살 수 있겠습니까?'라고 기도하는데, 갑자기 교회의 모든 창문과 문들이 맨해튼 거리를 향해 활짝 열리고 수많은 사람들이 물밀 듯 교회로 몰려오는 환상이 보이기 시작했다. 환상 속에 수많은 사람들은 온갖 인종과 계층의 사람들로 남녀노소 할 것 없이 교회로 몰려들고 있었다. 갑자기 꿈에서 깬 것같이 정신이 들면서 목사님의 가슴은 한없는 감격과 흥분 속에 뛰고 있었다. 멈추었던 심장이 다시 뛰듯 목사님은 예배당으로 들어가 눈물을 흘리며 주님께 감사기도를 드렸다. 그리고 그때부터 컬리지얼교회의 핵심 정체성은 '모든 사람들이 어느 누구든지, 아무 때나 언제든지 환영받고 존중받는 교회'가 되었다. 또한 표어는 '다양성 속에 일치됨'Unity in Diversity이다. 그로부터 그 공동체의 사명과 비전의 초점이 바뀌면서 목회 전략과 교육초점도 바뀌었다. 온갖 다양한 인종과 계층의 사람들이 유랑하는 맨해튼 거리에서 누구든지 다 환영받고 존중받는 공동체의 분위기가 형성되었다. 이러한 교회의 비전은 예배 중에 공식적, 비공식적 모임과 프로그램들을 통해서 계속 주입되었다. 실제로 이 교회를 방문해 보니, 이 교회만큼 정치와 철학, 신학적 이념과 문화적 배경, 인종의 차이를 초월한 공동체를 익히 본 적이 없을 정도였다. 삶의 스타일이 다른 사람들, 문신을 새겨 넣은 사람들, 인디언처럼 머리를 뾰족하게 세운 사람들, 음악가들, 미술가들 그리고 동성애자들을 포함한 일반 사회에서 소외된 사람들이 함께 모여 예배드리는 모습은 마치 천국의 작은 모임을 상상케 했다.

제자로부터 종종 그 교회 이야기를 들으면, 이 교회에 등록하는 모든 교인들은 늘 담임목사님의 환상 이야기를 듣는다고 한다. 그 이야기는 공동체가 성취해야 할 오늘의 사명과 내일을 향한 비전을 엮어 가는 중추적인 연결점을 제공한다. 아름다운 진주를 꿰는 한 가닥의 비단실처럼, 다양함 속에서 존중받는 일치성은 정체성 형성에 늘 주입되는 요소였다. 이처럼 과거라는 깊은 우물에서 퍼내는 정체성의 근원이 얼마나 풍부한지 모른다. 시대에 걸맞는 새로운 자화상을 그려 가는 과정에서 과거에 대한 뚜렷한 기억과 과거의 중대한 사건은 오늘날 제시하는 현시적 의미와 내일을 향하는 과정에서 중요한 영혼의 쉼터를 제공한다.

기억과 회상이 공동체의 정체성 형성에 어떠한 영향을 미치는지 한번 생각해 보자.

1) 공동체의 영성은 공동체가 함께 공유하는 기억과 회상의 질과 비전에 좌우된다

무언가를 기억한다는 것은 공동체에서 함께 공유했던 사건과 경험을 중심으로 그 의미와 중요성을 끄집어내어 현재의 상황에 연결시키는 것이다. 비전이란 하나님의 언약이 근원이 되어 미래에 주어질 이상적 현실을 바라보며 그 비전이 지금부터 이루어지는 과정에 동참하는 것이다.

발달심리학자들에 의하면 유아기는 성인기의 모체이다. 한마디로 과거에 사랑을 나누고 필요를 공급하며 채워 주었던 부모나 관심의 대상자와의 관계에 대한 기억이 어떠했는가에 따라 정체성에 막대한 영향력을 미친다. 배고파 울 때 어머님은 사랑스러운 음성으로 안아 주시고 포근한 가슴으로 아이를 양육해 주셨다. 무서워 떨고 있을 때 다윗의 용맹스러운 이야기를 재미있게 들려주시고 용기를 심어 주셨다. 때로는 친구와 다퉜을 때 서로 존경하고 사랑하며 이해함이 예수님의 친구들에게 얼마나 중요한 책임인지 일깨워 주셨다. 교회의 어른들은 주일예배에 반갑게 맞아 주셨고 사랑으로 포용해 주시면서 내 존재에 대한 깊은 관심을 말씀해 주셨다. 이러한 종교적 경험과 공동체에 대한 좋은 기억은 인생의 다리에서 성숙해 가는 아이들에게 '하나님은 누구인가 그리고 어떤 분인가?' 하는 이미지 형성에 중요한 자원들이 된다.[20] 과거 마음속에 새겼던 종교적 경험과 그 경험들에 대한 회상의 질에 따라 수많은 젊은이들이 정체성을 찾아 갈망하고 형성하는 과정에서 결정적인 영향을 미치게 된다. 교육목회의 사명이 얼마나 큰지를 잘 말해 준다.

그렇다면 미국의 많은 청소년들이 고등학교를 졸업할 무렵, 함께 예배 드리며 양육받았던 교단이나 기독교에 대한 신앙을 유지하지 못하고 교회를 떠나가는 이유는 무엇인가? 그레그 존슨Greg Johnson과 마이크 요키 Mike Yorkey에 따르면 거의 74%에 가까운 교회에서 자란 청소년들이 부모들이 가진 기독교 교단의 신앙을 유지하지 않거나 거부하는 것으로 나타났다.[21] 이러한 현상은 한마디로 저들이 공동체에서 가졌던 종교적 경험이 부정적이거나, 비합리적이거나, 이중적이라서 도무지 삶과 신앙고백

20) C. Ellis Nelson, *Growing Up Christian: A Congregational Strategy for Nurturing Disciple* (Smyth & Helwys, 2008)을 참조하라. 특별히 제2과에 보면 아동기 아이들이 나름대로 하나님에 대한 이미지를 형성하는 과정에서 부모들과의 관계의 질과 경험이 얼마나 막대한 영향력을 끼치는지 주장하고 있다.

21) Greg Johnson & Mike Yorkey, *Faithful Parents, Faithful Kids* (Wheaton, IL: Tyndale House Publishers, 1993)를 참조하라.

의 연결점을 발견하지 못했기 때문일 것이다. 삶과 연결되지 못한 종교, 신앙고백과 판이하게 대조되는 일상의 삶을 바라보며 기독교 신앙에 대한 흥미를 잃었거나, 신앙이 삶의 개혁에 이렇다 할 도움을 주지 못한다는 사고에 따른 결과이리라. 믿음의 공동체에서 어떠한 종교적 경험을 가졌느냐에 따라 아름다운 기억과 회상을 간직할 수도 있고, 반대로 기독교에 대한 부정적이고 배타적인 견해를 형성할 수도 있다.

2) 하나님의 언약 : 회상과 기억의 근원적 뿌리

신앙 여정에 있어 가장 먼저 원초적으로 투시해야 할 기억의 초점은 바로 출애굽 사건을 통해 이스라엘, 즉 오늘날 인생의 광야를 유랑하는 하나님의 백성들인 그리스도인들에게 성립하신 하나님의 언약의 말씀이다. "나는 너를 애굽 땅, 종 되었던 집에서 인도하여 낸 네 하나님 여호와니라."출 20:2 죄와 사망의 종으로 살아가던 인간을 선택하여 부르시고 자유와 약속의 땅으로 인도하시는 하나님의 사랑 그리고 그 사랑이 성립한 구원의 관계는 늘 기억되어야 한다. 이렇게 믿음의 조상 아브라함, 모세와 같은 영도자, 믿음의 조상들과 여러 선지자들을 통하여 나타내신 사랑의 마음과 구원을 이루시려는 만군의 여호와 하나님의 열심이 그리스도의 동정녀 탄생과 십자가의 죽음, 부활과 승천을 통하여 역사의 현장에 역력하게 나타났다. 오순절 다락방의 성령과 예루살렘과 유다와 사마리아와 땅 끝까지 이르러 퍼져 나간 선교의 불길이 온 세계를 태우는 과정은 믿음의 공동체, 즉 교회의 탄생과 성장은 사회정치적 이론이나 추상적 철학에 바탕을 둔 것이 아니라, 오히려 부정할 수 없는 역사적 사건에 확실한 근거를 두고 있다. 그러므로 기독교의 신앙과 그 신앙에 입각해서 세워진 교회는 현실적이고, 존재적이고, 개혁과 혁명을 불러일으키는 변화의 능력을 역사의 현장에 나타낸다.

그러므로 하나님의 교회가 무엇이며 또 그 믿음의 공동체가 부정할 수 없는 십자가에서 나타난 구원 사건을 기억하고 회상함이 교회의 기초이다. 이 확실한 기억 속에 수많은 성도들이 순교의 피를 흘렸다. 순교자의 고귀한 피가 교회의 기초를 이루게 된 것이다. 그러므로 비전은 기억과 회상으로 말미암는다. 모든 것을 무조건 파괴하고 다시 개인의 주관대로 재정립하려고 하는 해체 비평론주의는 오늘날 공동체가 찾고 있는 방향과는 거리가 있다. 왜냐하면 비전이야말로 성화된 기억과 회상 안에서 태어나기 때문이다. 비전과 회상은 서로 분리할 수도 없고 분리되어서도 안 된다. 이러한 필연적인 상호관계로 말미암아 공동체는 역사의 토양 안에서 뿌리 깊은 정체성과 사명감을 시행할 수 있는 능력을 발견하게 된다.

아무것도 할 수 없다는 절망에 빠질 때, 이사야 선지자의 외치는 소리를 듣게 된다. "의를 따르며 여호와를 찾아 구하는 너희는 내게 들을지어다 너희를 떠낸 반석과 너희를 파낸 우묵한 구덩이를 생각하여 보라…너희의 조상 아브라함과 너희를 낳은 사라를 생각하여 보라 아브라함이 혼자 있을 때에 내가 그를 부르고 그에게 복을 주어 창성하게 하였느니라." 사 51:1-2 바벨론에 유배당한 이스라엘 백성들에게 이사야는 또다시 선포한다. "보라 내가 새 일을 행하리니 이제 나타낼 것이라 너희가 그것을 알지 못하겠느냐 반드시 내가 광야에 길을 사막에 강을 내리니…내 백성, 내가 택한 자에게 마시게 할 것임이라." 사 43:19-20 이것은 혼합주의의 해일에 밀려 바벨론에 유배당한 이스라엘 백성들처럼 오늘날 문화적으로 유배당하고 슬픔과 절망 속에 빠져 있는 하나님의 사람들에게 주시는 음성이다.

3) 기억과 회상의 요소들을 제공하는 저수지는 어디에 근거하는가?

공동체에 일어났던 어떤 중요한 사건을 기억함은 공동체의 정체성은 물론 공동체의 정체성과 긴밀하게 연결되는 성격과 성품 형성에 중요한 영향을 미친다. 하나님의 교회가 지난 2,000년 동안 어떻게 그 본질을 유지하고 고수해 왔으며, 고난과 핍박 중에도 신앙의 정직과 고결함을 보존한 것은 오늘날 공동체에게 '우리는 과연 무엇을 해야 할 것인가?'에 대한 의미와 중요성을 생각하게 만든다.

교회의 탄생 이후 신앙의 순결함을 지키기 위해 폴리캅Polycarp은 화형도 마다하지 않았고, 수많은 그리스도인들이 로마의 콜로세움에서 순교당했다. 그리고 역사의 현장 속에서 공산당들과 일제의 탄압과 전쟁 속에서도 끝까지 신앙의 순결함을 지켜 낸 수많은 선조들의 발자취는 우리가 삶의 광야에서 어떻게 순례자의 길을 걸어야 하며, 어디로 가야 하며 무엇을 위해 헌신하고 수고하며 또한 왜 신앙의 순결함을 계속 보존하고 사수해야 하는가에 대해 끊임없이 일깨워 준다.

성경에 나타난 교회의 지도자들이 지켜야 할 성품과 삶의 자세들, 복음전파와 선교를 위해 바쳐야 할 뜨거운 열정과 헌신 그리고 한 영혼의 소중함을 인식하고 구원하기 원하시는 하나님의 마음으로 구원하시는 그리스도의 사랑의 의도와 열정들이 이 길을 따르는 수많은 예수의 제자들에게 아름답고 풍요로운 전통의 밑거름이 된다. 마치 거대한 호숫가에서 작은 바가지로 물을 퍼내듯 기억과 회상을 통해 원래부터 의도되었던 하나님의 구원의 섭리와 사랑 그리고 십자가에서 나타나신 하나님의 아가페적 희생과 사랑은 변화가 끊이지 않는 오늘날에도 부정할 수 없는 권위와 능력으로 나타난다.

4) 기억과 회상이 찾고자 하는 의도는 공동체의 교육적인 삶에서 나타난다

기독교 교육의 중요한 사명 중 하나는 공동체의 기억과 신앙적 회상을 양육하고 성숙하게 하는 데 있다. 공동체는 예배를 통해서 의도적인 교육을 시행한다. 매 주일 그리고 매번 예배의 단을 쌓을 때마다 공동체는 가장 핵심적인 신앙고백과 부정할 수 없는 사명과 목적을 가르치고 주입한다. 기도를 통해서, 찬양대의 합창에서, 함께 고백하는 기도에서도 예배를 통하여 행해지는 모든 순서들과 예배의식의 표현 등을 통해서 교육이 끊임없이 이루어지고 있다. 예배당에 아름다운 빛을 투사하는 스테인드글라스를 통해서, 예배의 장소와 시간 그리고 예식적 공간에 참여하여 예배를 드리는 경험을 통해서 사람들은 계속 교육을 받는다. 성례를 집행할 때 떡과 잔의 신학적 의미와 구원의 상징과 그 중요성들이 무엇인지를 기억하며 회상함으로 공동체의 정체성을 근원적으로 다시 재정립하며 구현해 나간다. 하나님의 말씀을 봉독하고 사도신경을 고백하면서 광활하고도 풍성한 기독교의 깊은 전통의 저수지에 온몸과 영혼을 흠뻑 적시게 된다. 이런 면에서 볼 때, 교육은 분명 공동체의 모든 삶의 양상을 통해 생태학적으로 일어난다. 공식적 예배와 모임은 물론, 비공식적 모임과 친교를 통해서도 이루어진다. 성경공부반을 통해서도 교육은 계속되고 성도 간의 비공식적 만남을 통해서도 일어난다. 함께 나누는 공동체의 삶의 질에 따라 신앙의 유산과 전통의 참된 의미들이 긍정적으로, 생산적으로 재해석될 수도 있고 동시에 해체적이고 비관적으로 취급당할 수 있다.

이렇게 기억과 회상의 저수지에서 발견되고 유입된 신앙의 전통과 유산들은 새로움을 경험할 때마다 내일을 향한 비전을 꿈꾸고 정의할 때 늘 유용한 신앙의 자원이 된다. 신앙의 풍성한 자원과 언어는 공동체에게 결단을 요구할 때나 새로운 언약을 성립하게 될 때 풍부하면서도 명확하게 표현하도록 도와준다. 기도로 고난을 이겨 냈던 초대교회 교인들처럼 이러한 기억은 오늘을 살아가는 공동체에게 기도의 능력을 새롭게 체험하도록 돕는다. 말씀을 깊이 묵상함으로 막혔던 길을 열었던 예수의 제자들처럼 아무것도 보이지 않을 때 하나님의 말씀을 묵상하면서 말씀의 인도를 갈망하는 공동체는 섭리 가운데 열어 주시는 새로운 길과 기회를 체험하게 될 것이다.

5. 회상과 소망 사이에서 성숙되는 공동체의 정체성

정체성의 건강한 형성은 오로지 처음부터 끝까지 과정이다. 아무리 커다란 영향을 미친 사건이라 할지라도 '정체성'의 충분조건은 되지 못한다. 흔히 미국 사람들은 여행이나 어떤 스포츠 게임에서 믿지 못할 순간을 포착한 사진을 '코닥 모먼트'The Kodak moment라고 말한다. 한마디로 어떤 사건을 대표할 만한 가치가 있는 사진이라는 뜻이다. 가령 NFL 연맹의 미식축구 게임 중에 믿을 수 없는 패스를 와일드 리시버가 기적적으로 받아 낸 순간이라든지, 테러리스트에 의해 거대한 쌍둥이 빌딩World Trade Center이 무너져 내리는 9·11 테러의 참혹한 순간을 담은 사진 등이 이러한 부류에 속한다. 하지만 아무리 기가 막힌 순간이나 감동적 사건을 포착한 사진이라 할지라도 그 사진 한 컷이 어느 기관이나 개인의 정체성을 다 말해 줄수 없다. 정체성에 대해 거론할 때는 '그때부터 지금까지' 그리고 '지금부터 또 이 다음까지'의 과정들을 총괄적으로, 복합적으로 거론하고 이해해야 한다. 이런 면에서 정체성의 형성은 순간적, 단면적이 아닌 계속적, 복합적인 과정임을 기억하자.

이 과정 속에 '우리는 누구인가?'에 대해 깊이 생각하며 정체성을 발견하려는 노력 안에는 반드시 다음의 세 가지 양면이 있음을 기억하자. 그 하나가 정체성의 과거적 측면이다. 오늘의 우리가 있기까지는 과거로부터 지금까지 함께했던 사람들과 지금까지 함께 삶을 나눈 관계 속에 의미 있는 뿌리를 내린다. 어제가 있었기에 오늘이 가능하다. 어제에 대한 솔직한 회상이 오늘 나의 참된 모습을 바라볼 수 있게 도와준다. 반면에 어제 있었던 관계적, 사건적 회상으로 말미암아 참된 나의 모습을 바로 바라보지 못하게 하고 무언가에 허상을 찾게 하기도 한다. 오늘의 '우리' 또는 '나'라고 하는 자아는 그 정체성을 어제라는 역사적 의미와 관계성에서 맺어진 나름대로의 관념적 안경을 통해 인식된다.

과거를 바라보고 연관 짓는 인식이나 이해는 긍정적이든 부정적이든 간에 오늘의 '우리'를 이해하는 데 커다란 영향을 미친다. 공동체가 함께 공유하며 경험했던 역사적 회상이 긍정적이고 양육적이며, 무언가를 성취할 수 있도록 도움을 주었다고 생각되면, 지난날의 과오를 용서할 수 있게 된다. 즉 언급하기를 꺼리는 수치스러운 사건들조차도 그리스도의 사랑의 마음으로 용서하고 성화될 수 있다. 지난날의 성취와 성공적인 경험들조차 전능하시고 실수가 없으시며, 택하신 백성을 도우시는 하나님의 은혜임을 기억하고 감사할 수 있기에, 오늘날 '우리 됨'을 인하여 감사와 찬양을 돌리게 된다. 이러한 회상은 역사의 꾸준함과 관계적 동일함에 근거하여 정체성의 형성과정에 중요한 기초를 제공한다. 아무리 오늘이 변화무상하고 예측하기 어렵다 할지라도 이러한 신뢰와 믿음, 지금까지 도와주신 에벤에셀의 하나님이 함께하시기에 흔들리지 않는 내면의 자신감과 여유, 신뢰와 용서가 바탕이 된 정체성을 형성할 수 있게 된다.

그러나 공동체의 역사적 체험을 통해 빈번하게 경험한 부정적 기억과 감정들이 공동체 일원의 인식 속에 매장되어 있다면, 이러한 요소들은 공동체가 추구하려 했던 이상들을 성취하지 못했다는 죄의식과 실패, 수치심들이 함께 얽혀 내일을 향해 도약하려는 사람들의 발목을 잡게 된다. '솔직하게 시도하려 했던 목적과 사명의 실패'와 함께 공동체가 의식했던 이상적 가치관마저 부정적인 갈등과 대립으로 말미암아 매정하게 매도당하고 죽임을 당했을 때, 이 역사적 기억과 회상을 함께 나누는 공동체의 인식 속에 그대로 잠재되어 있음으로 죄책감과 수치심을 키우게 된다. 마치 목회 현장의 무의식 세계 속에 때를 노리고 잠복해 있는 게릴라와 같은 이치이다. 그러므로 이러한 요소들은 공동체의 꿈과 비전 그리고 마땅히 감당해야 할 사명감을 성취하기 위해서 교육목회를 통해 반드시 인식되어야 하며, 치유받아야 할 목회적 과제이다. 이런 회복과 치유의 과정을 위해 다음의 몇 가지 질문을 신중히 고려하라.

- 오늘 우리에게 주어진 사명은 무엇인가?
- 반드시 함께 마음과 뜻을 다해 성취해야 할 일들은 무엇이 있는가?
- 지금까지 사역을 함께 감당하면서 공동체에 대한 느낌은 무엇이 있는가?
- 과거에 일어났던 어떤 일이 부담이 되고 있는가? 그 이유는 무엇인가?
- 지금 공동체에 잔재하는 비공식 신념들은 무엇이며 또 함께 이상을 추구하는 데 어떤 신념들과 습관들이 잠재적 장애물로 작용할 수 있겠는가? 그럼에도 불구하고 이 사명을 함께 감당해야 할 신학적이고 성서적 중요성은 무엇인가?
- 어떻게 하면 과거의 아픔을 함께 치유하고 일반적 상식을 그리스도의 사랑과 복음을 위한 열정을 위해 '성화'할 수 있을까?

  이러한 성찰과정을 통하여 과거에 얽매여 있는 부분들이 있는지 그리
고 그러한 점들은 무엇인지를 발견하면서 사명에 충실할 수 있도록 변화
시켜야 한다. 어제 없는 오늘이 없고, 오늘이 없이는 내일도 없다. 우리가
흡족해 하든 아니든 우리의 과거, 즉 공동체가 함께 삶을 나누었던 과거는
오늘을 살아가는 공동체에게 중요한 도덕상의 태도Moral Attitude를 좌우하
게 된다. 공동체의 역사적 뿌리가 미치는 영향이 이렇게 중요하다. 다음
의 도표를 살펴보면서 계속해서 내일을 향한 공동체의 정체성은 어떻게
형성되는지 살펴보도록 하자.

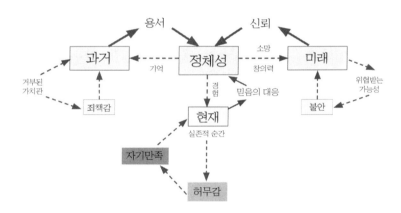

〈도표 6 유기체적 견해에서 본 정체성의 구조〉

  공동체의 역사적 의식과 경험들이 정체성 형성과정에서 영구성과 안
정을 공급해 준다면, 내일을 향한 이상이나 꿈 그리고 비전은 공동체로 하
여금 목표를 향해 달려 나갈 수 있는 역동성과 능력을 제공해 준다. 당신
은 내일을 어떠한 관점에서 바라보는가? 소망적인가, 아니면 비관적인가?
무언가를 이룰 수 있다고 믿고 있는가, 아니면 성취할 수 있는 것이 별로

없다고 낙담하고 있는가? 내일을 향한 공동체의 윤리적인 마음가짐은 '무'
Emptiness, 無에서 생성되는 것이 아니라, 지금까지 과거로부터 경험해 왔던
체험을 바탕으로 이루어진다. 새로운 가능성을 바라보며, 이 가능성의 현
실을 위해 오늘의 '우리'를 변화하고 개혁할 수 있는 것이 건강한 교회가
가진 특징이다. 이러한 가능성에 대한 두근거림과 창조적 흥분은 공동체
를 미래지향적인 순례자의 길을 충실하게 걸어갈 수 있도록 힘과 에너지
를 제공해 준다. '저 산 너머 평야가 펼쳐지고 그곳에서 우리는 안식을 누
릴 수 있다'라고 신뢰하는 마음의 자세는 목적지를 향해 달려 나갈 수 있
도록 공동체에게 용기를 준다.

  그러나 공동체의 일반 상식이나 역사적 의식들이 성화되지 않으면 내
일을 긍정적으로 바라볼 수 없다. 사사 기드온이 처했던 현실은 14만 명이
넘는 잘 훈련된 미디안 정예군대였다. 그에게는 개처럼 개울물을 마시는,
인간적으로 볼 때 형편없는 졸개 같은 군인이 고작 300명 뿐이었다. 이러
한 현실 앞에서 어떻게 소망적인 미래를 바라볼 수 있었는가? 하나님의
능력을 드러내고 기적을 이루어 낸 기드온의 정체성은 과연 무엇에 근거
한 것인가? 기드온은 지금까지 인도하신 하나님에 대해 흔들리지 않는 역
사적 신뢰가 있었다. '신실하신 하나님은 당신이 택하고 부르신 사람들을
결코 저버리지 않으신다. 하나님은 전쟁의 주권자이시기에 그분을 믿고
순종하면 반드시 전쟁에 승리한다.' 이러한 역사적 체험이 바탕이 된 믿음
이 바로 기드온으로 하여금 절망적인 현재의 지평선 너머 예비된 승리를
믿고 바라볼 수 있게 했다. 상대적으로 볼 때 제대로 훈련받지도 못한 이
스라엘 군병 한 사람이 철저하게 훈련받은 적군 400명 이상을 홀로 싸워
승리의 개가를 올린 것이다. 이러한 믿음과 소망 그리고 감추어진 무한한
가능성을 긍정적, 현실적으로 끌어안을 때, 믿음의 실용성이 현실화된다.

그러나 이와 반대로 공동체가 꿈꾸는 이상과 소망이 늘 무참하게 매장되고 학살당할 것이라 생각하면 불안과 공포가 떠나지 않는다. '분명 위험할 텐데' 또는 '지금까지 그러했듯이 아무리 노력해도 헛수고일 텐데'라고 지레 걱정하면 불안과 근심은 끝이 없을 것이다. 실존주의 철학자 키에르케고르Søren Kierkegaard가 말한 것처럼 이러한 불안은 공동체를 죽음으로 이르게 하는 치명적인 병이 되고 말 것이다. 이러한 막연한 불안과 근심의 찬바람 앞에 소망과 창의력은 서서히 생명력을 잃어 갈 것이다.

이러한 긴장을 안고 오늘을 충실하게 살아가는 것은 정체성 형성에 아주 중요하다. 어제와 내일을 양손에 거머쥐고 줄다리기를 해야 하는 현실이 바로 정체성 형성을 위한 목회자의 부름이요, 사명이다. 어떻게 어제의 검은 그림자로부터 공동체를 해방할 것인가? 어떻게 내일을 비관적으로 바라보는 안개 속에서 뚜렷한 비전과 이상을 가지고 그 목표를 향해 힘차게 달려갈 수 있도록 인도할 것인가? 이전에도 언급했지만, 이러한 긴장 관계를 잘 포용함으로 공동체는 오늘을 대처할 수 있는 내면적 마음의 자세를 양성할 수 있다. "내게 능력 주시는 자그리스도 안에서 내가 모든 것을 할 수 있느니라"빌 4:13고 말한 바울 사도의 확신을 공동체의 핵심적 정체성으로 어떻게 키워 갈 수 있을까? 나는 목회의 대부분이 교육적 사역이라 믿고 있다. 말씀을 통해 나타나신 하나님의 뜻과 의도를 바로 이해하고 하나님의 뜻이 이 땅에 구체적으로 하나님의 공동체를 통해 이루어지게 인도하는 과정 자체가 교육이 핵심이 되는 목회 현장이기에 그렇다.

오늘 주어지는 사명에 충실하게 그리고 소명을 위해 열심을 다하는 공동체로 양육하기 위해 다음의 몇 가지를 반드시 기억할 필요가 있다. 왜냐하면 오늘 공동체를 통해서 나타나는 활동과 표현 그리고 헌신의 모습들이 공동체가 정녕 어떤 정체성을 가지고 있는지 말해 주기 때문이다. 헌신된 오늘 그리고 현실에 충실한 공동체로 서기 위하여 의미 있는 목적으로 동기를 유발하는 것은 중요한 목회적 과제이다. 동기유발을 위한 면에서 해결책을 제시하고자 한다. 동기유발을 유도하는 방법 중 하나가 예상과 기대의 유도Expectation Theory에 대한 연구 결과를 응용하는 것이다. 공동체에게 오늘을 긍정적으로, 역동적으로 헌신하기 위한 동기를 불어넣기 위해 목회자는 다음의 세 가지를 감안해야 한다.

헌신적 동기유발 = 확신적 전망성 + 실용적 도움성 + 가치의 중요성
Committed Motivation   Expectancy   Instrumentality   Value Significance

그 첫 번째 요소가 기대하는 것에 대한 '확신적 전망성'Expectancy이다. 사람들의 마음을 움직이게 하는 것은 여간 어려운 일이 아니다. 목회자들은 흔히 이러한 목회적 과제를 성령의 사역으로 단정 짓고 아예 포기하기도 한다. 물론 시작하시는 이도 성령이시고 결론을 마무리 짓는 분도 성령님이지만, 목회자는 이러한 성령의 사역을 의도적으로 최선을 다해 도와야 한다. 공동체에게 확신을 북돋아 주기 위해서는 반드시 일이 성공적으로 실현될 가능성에 대해 명확한 설명을 해 주어야 한다. 또한 비전을 가지고 추진하는 일이나, 현재 당면하고 있는 어려움을 극복해야 하는 이유를 설명하고 이 일의 의미와 이 일을 감당해 냄으로 하나님의 사역에 어떻게 도움이 되는지를 명백하게 설명해야 한다. 동시에 일을 추진하고 성취하는 과정이 전혀 불가능한 일이 아니며, 반드시 공동체가 성공적으로 시행할 수 있는 과제임을 명백하게 설명하고 납득시켜야 한다. 성공할 수 있는 확률이 높으면 높을수록 더 많은 사람들이 이 일에 마음과 뜻을 모아 함께하고자 하는 동기를 가질 수 있다.

두 번째가 '실용적 도움성'Instrumentality이다. 이렇게 사명감을 가지고 추진하는 사역이 어떻게 성취될 수 있으며, 그 결과적으로 계획되고 있는 사역의 과정을 통해 어떻게 약속된 포상이 주어질 수 있는지를 설명한다. 이것은 한마디로 '과연 우리가 할 수 있을까?' 하는 질문과 '어떠한 의미의 포상이 약속되는가?'를 연결해 주는 브리지 빌딩Bridge building과정이다. 누구든지 어떤 새로운 일을 추진할 때는 성공적인 결과를 원한다. 그러므로 '이 일은 하나님께서 명하신 일이므로 반드시 우리가 시행해야 한다'고 주장하고 하나님께서 공동체에게 사명으로 주신 일이 결코 불가능하지 않으며, 이 일을 성공적으로 시행하기 위해 실용적인 징검다리를 전략적으로 준비할 수 있다는 것을 밝히 설명해야 한다.

딸아이가 세 살쯤 되었을 때, 집 근처 가까운 놀이터에 간 적이 있다. 놀이터에는 작은 미끄럼틀과 거의 3m가 넘는 높은 미끄럼틀이 있었다. 딸아이는 늘 작은 미끄럼틀에서 놀았다. 하루는 딸에게 아빠와 함께 큰 미끄럼틀에 올라가서 내려오자고 말해 보았다. 아이는 작은 머리를 흔들며 싫다고 했다. 그런 아이를 격려하면서 처음에는 큰 미끄럼틀의 가장 아래쪽에서 놀게 했다. 그리고 나서 약 50cm 높이에서 내려오게 했다. 물론 바로 아이 곁에서 응원해 주고 격려해 주었다. 한동안을 50cm 높이에서 노는 딸아이 모습을 보니 웬만큼 자신감이 생긴 듯 했다. 그래서 이번에는 약 1m 높이에 함께 올라가서는 천천히 함께 내려왔다. 딸은 무서워했지만 그런대로 잘 견뎠다. 몇 번을 함께 미끄럼틀을 이렇게 내려왔다가 한번은 딸아이 혼자 내려오게 했다. 물론 이번에도 충분한 격려와 용기를 불어넣어 주었다. 그러자 딸아이가 혼자 미끄럼을 타면서 내려오기 시작했다. 그 다음에는 1.5m 높이에서 그리고 곧 2m 높이에서 마지막에는 급기야 3m 높은 미끄럼틀 꼭대기에서 "위이~!" 하는 함성과 함께 신나게 미끄럼틀을 내려왔다. 그 모습이 얼마나 보기 좋던지 아직도 눈에 선하다.

실용적 도움성의 개념이 바로 이런 것이다. 공동체에게 성공적으로 사명을 시행할 수 있는 전략을 가르쳐주고 그 시행과정에 단계적으로 참여하도록 유도한다. 조금씩 용기를 가지게 하고 실질적으로 다음 단계의 징검다리를 걸을 수 있도록 교육적으로 도와준다. 그 다음에는 더 큰 격려와 용기를 불어넣고 지난번의 성공과 기쁨을 상기시켜 주면서 그 다음 단계의 목표를 향해 도약하도록 유도한다. 물론 이 과정에서 가장 중요한 것은 사랑이다. 나를 위한 사역이 아닌, 오로지 예수 그리스도를 향한 사명을 함께 감당토록 하는 것이다. 이렇게 하여 성공과 결과적으로 누릴 수 있는 포상을 연결시켜 준다. 이런 의도적 교육과정을 시종일관 사랑의 마음을 가지고 공동체를 인도해 나가면, 그 과정에서 하고자 하는 동기를 유지할 수 있다.

공동체의 동기를 유지하고 계속 보존하는 데 마지막으로 필요한 것이 바로 '가치의 중요성'Value Significance이다. 어려움을 감당하면서 열심히 성취하려고 하는 전략적인 과정이 진정한 가치가 있는 목적과 포상인지를 생각해야 한다. 가치의 중요성은 난관을 극복하고 비전을 감당할 수 있게 하는 데 중요한 요소이다. 공동체 모두 다 공감할 수 있는 가치성과 의미의 중요성을 가져야 한다. 어느 소수의 의미를 충당하는 것이 아닌, 어느 특정 인물여기에는 목회자 그리고 영향력을 끼치는 평신도 지도자도 모두 포함의 비전을 성취하는 것이 아닌, 오로지 진정 온 공동체가 함께 공감하고 함께 목말라 하는 의미 있는 비전이어야 한다. 함께 마음과 뜻과 정성을 다해 성취하고자 하는 목표이어야 한다. 그것은 소속원 각자에게 어떤 중요성을 부여하는가? 이것에 따라 공동체가 하고자 하는 동기가 지속될 수도 있고, 동기의 불이 금방 꺼질 수도 있음을 기억하라.

헌신적 동기를 유발하는 앞의 '확신적 전망성', '실용적 도움성' 그리고 '가치의 중요성'은 '우리는 과연 누구인가?'라는 정체성의 형성에 있어서 어느 한 요소도 누락되면 안 되는 필연적 요소들이다. 동기유발을 연구하는 학자들은 이 세 가지 중 어느 하나라도 누락되면 결과적으로 동기유발이 어렵다고 말한다. 예를 들면, 성공적으로 마감할 확률이 높은 프로젝트가 있고 이것을 시행할 수 있는 실용적인 도움도 있다. 그런데 노력으로 얻어지는 포상적인 결과가 참여하는 사람들에게나 공동체에 별다른 의미를 주지 못한다면, 함께 참여하려는 사람이 많지 않을 것이다. 또한 이 일을 시행하는 데 실용적인 도움이 있고 그 결과의 의미도 중요한데, 근본적으로 성공할 수 있는 가능성이 극히 희박하다고 하면, 아무도 이런 일에 쉽게 뛰어들 수 없을 것이다. 이렇게 세 가지 요소 중에 두 요소는 있는데, 다른 하나가 부재하다면 결과는 마찬가지이다. 이 세 가지는 늘 공동체의 참다운 동기유발을 위해 반드시 필요한 요소이다.

간단히 회상과 소망 사이에서 일어나는 창조적 긴장 안에서 더욱 확고히 형성되는 정체성에 대해 간략하게 다시 정리해 보자. 정체성은 늘 변화하는 목회에서 공동체가 어떠한 모습으로 존재하고 사명을 수행하는가에 좌우된다. 한편으로는 공동체의 성립 이후로부터 지금까지 걸어온 역사적 경험이 변화 속에서도 결코 타협할 수 없는 영구성과 지속성을 뒷받침하며, 다른 한편으로는 미래를 향한 비전과 이상의 현실화를 위해 달려가고자 하는 역동적인 반응을 통해 정체성의 다른 모습이 드러난다. 오늘의 현시점에서 공동체가 함께 나누는 사명감과 책임감은 회상과 소망의 긴장된 관계 안에서 보다 긍정적으로 생성된다. 이러한 실존적 경험은 다가오는 여러 도전들과 어려움 그리고 기쁨과 환희 속에서 공동체만이 나타낼 수 있는 특유하고도 고유한 도덕·윤리·신학적 자세를 가지게 한다.

그러므로 정체성 형성과 성장은 어제, 오늘 그리고 내일을 함께 다 같이 끌어안고 얍복강가에서 처절하면서도 진실한 씨름을 했던 야곱의 실존적 결투를 생각하게 한다. 이런 간절한 노력으로 스스로를 성찰할 때 비로소 정체성의 싹은 더 높이 고개를 들게 된다. 삶의 아픔과 고난으로 신음하며 눈물로 범벅이 된 돌베개로 예배의 제단을 쌓았던 야곱과 함께하셨던 것처럼 하나님께서는 평범한 삶의 처소를 아주 특별한 은혜의 제단으로 변화시키신다. 그러므로 정체성을 발견하기 원하는 열정 있는 목회자와 평신도 지도자들이여, 고난의 현장에서 함께 예배하라! 그 현장에서 함께 하나님의 음성에 귀를 기울이라! 어떠한 상황에서라도 공동체가 함께 기도와 찬양의 손을 높이 들 수 있다면, 바로 그곳에서 당신은 분명 '야곱'이 '이스라엘'이 되는 성화된 정체성을 발견하게 될 것이다.

늘 새롭게 주어지는 오늘의 목회 현장에서 목회에 대한 왜곡된 이해가 아니라, 비전에 초첨을 맞춘 의도적인 과정이 될 때, 세상을 향하여 공동체가 감당해야 할 명확한 사명을 발견하게 된다. 하나님 나라가 이 땅에 이루어지게 하는 목회과정에는 오직 오늘만이 있을 뿐이다. 어제를 바탕으로 하는 오늘과, 바라는 내일도 결국 오늘이 될 것이기에 우리는 늘 주님께서 감당하라고 명하신 사역을 순간마다 처음이자 마지막인 것처럼 감당해야 할 것이다. 공동체 안에 성도를 대할 때, 마치 처음 바라보는 얼굴을 대하듯, 서로가 기쁨과 감사의 마음으로 섬겨야 한다. 처음 가슴을 강타했던 메시지처럼 늘 강단에서 선포되는 말씀에 경청하고, 처음 눈물을 흘리며 감격하여 불렀던 찬송처럼 주님 앞에 가기 전에 부르는 마지막 찬송인 것처럼 감사와 감격으로 불러야 할 것이다. 이처럼 매일의 삶을 처음이고 마지막인 것처럼 목회 현장을 섬기는 것이 바로 공동체가 함께 정체성을 형성해 가는 과정이다.

제5장
세계관과 공동체 정체성 형성
Impacts of World View on Congregational Identity Formation

1. 세계관에 대한 이해

하버드대학의 행동심리학자 B. F. 스키너B. F. Skinner는 일찍이 정체성 형성과정에 환경적 요소가 얼마나 중대한 영향을 미치는지 강조하였다. 그는 1948년에 하버드대학 교수로 청빙받았을 때, 이미 *Waldon II*라는 소설을 집필하였다. 이 작품을 통해 그는 행동심리학을 통해 인간이 유토피아 사회를 건설할 수 있다고 생각했다. 이미 퇴폐화된 사회로부터 격리된 조용하고 평안한 지역에 가상적 도시를 만들고 그곳에 1,000명의 사람들을 투입한다. 그리고 그 사회의 핵심적 목적과 중요한 의무에 대한 가치관과 생각을 행동과학적 교육을 통하여 사고의 틀 안에 투입한다. 사회에 유익하고 도움이 될 만한 행동들을 보강이론에 근거하여 교육함으로 사회 구성원들의 습관과 행동을 사회의 공동 유익과 안전 그리고 행복을 위해 길들일 수 있다고 믿었다. 도움이 되는 행동을 하는 사람들에게 적절한 포상과 칭찬으로 그리고 위험적 행동을 유발하는 사람들에게는 책벌을 통해 그릇된 행동을 규제하고 교육과정을 통해 조작해 갈 수 있다고 믿었던 것이다. 물론 스키너 교수가 인간의 자유의지를 완전히 부정한 것은 아니다. 이것은 1971년에 출판된 그의 저서『자유와 존엄을 넘어』Beyond Freedom and Dignity를 통해서 알 수 있다. 하지만 스키너 교수는 인간의 사고형성과 행동발달과정에 있어 인간의 자유의지조차 완전히 환경적 영향으로부터 자유하지 않은 사실을 강조하고 있다. 한마디로 '당신이 처한 환경은 후에 당신으로 하여금 어떤 사람이 되게 하는가?Where you are will determine who you become later?에 지대한 영향력을 끼치게 될 것이라는 주장이다.

스키너 교수의 행동발달심리학을 빌어 강조하고픈 것이 있다면, 모든 사람들은 저 나름대로의 어떠한 관념적 안경을 쓰고 있는 점이다. 우리 삶 속에 일어나는 크고 작은 사건과 행사가 그냥 인간의 뇌리 속에 피동적으로 새겨지는 것이 아니다. 사람들은 어떤 사건은 기억의 파일 속에 저장하고 어떤 사건들은 인식의 감각 자료실로부터 배제한다. 우리가 어떤 이름은 쉽게 기억하지만 다른 이름은 기억하기조차 어려운 것처럼, 인간의 두뇌는 어떤 사건과 경험을 뇌리 속에 도입하여 유치하기도 하고, 반대로 무의식적으로 거부하거나 무의식 속에 깊이 매장하기도 한다.

이런 관점에서 '세계관'을 이해하면 매우 유용하다. 세계관이란 모든 사람이 처한 외부세계와 상황을 올바르게 이해하도록 돕는 창문이다. 중세 때 예배하던 사람들이 예배당의 착색한 창문을 통해 세상을 바라보았듯이 오늘날 우리가 세상을 바라보는 눈도 우리가 자라 온 사회문화적 환경과 종교철학적 관념에 의해 이미 채색되었다고 이해하는 것이다. 똑같이 동일한 사건을 보고 해석하는 관점이 다를 수 있다. 같은 시를 읽고 개인이 느끼는 감명도가 다르다. 성도들은 같은 설교를 듣고서도 각자 다른 관점에서 은혜를 받는다. 이것은 각 사람들이 성장해 온 배경과 그들의 관점을 주도하는 의미의 초점이 다르다는 사실을 보여 준다. 이런 점에서 공동체 내에 여러 모양과 형태로 관념적인 렌즈를 끼고 교회를 바라보고 인생을 논하고 세상을 바라보는 성도들을 이해해야 한다.

1) 친교시간에 서로 둘러앉은 소그룹을 자세히 살펴보라

나는 목회를 하면서 재미난 경험을 많이 했다. 예배가 끝나고 교우들이 모두 친교실에 모였다. 함께 간단한 식사를 나누며 둘러앉은 교인들을 바라보면 재미있는 현상을 많이 발견하게 된다. 늘 비슷한 사람들이 서로 함께 둘러앉는다. 물론 서로 친숙한 사람들이 한 주일 동안 떨어져 있다가 다시 만나니 얼마나 기쁘겠는가? 하지만 서로가 서로에 대해 이해하고 공동체의 일치를 이루어 가기에는 이러한 습관들은 자연적으로 저해요소가 된다. 나중에는 선교회나 소그룹, 셀 중심으로 서로 교제하도록 장려했지만, 가만히 살펴보니 교회 안에는 몇 개의 그룹이 있는 것을 발견할 수 있었다. 우선 패션스타일에 따라서 중저가 패션, 고급 패션, 명품 패션으로 그룹이 나뉘어 있었다. 남들과 달라 보이기를 원하는 것이 사람의 근본적인 취향이기도 하지만, 이것은 하나님의 교회 안에서는 중요하지 않은 요소 중의 하나이고, 내 신념도 경제적인 수준에 따라 믿음의 공동체가 나뉠 수 없다는 것이었다.

그런데 이것 외에도 개인의 사고방식이나 취향에 따라 그룹이 형성되어 있다는 것을 깨닫게 되었다. 물론 이런 그룹들은 금방 취임한 목회자들에게 쉽게 보이지 않는다. 그러나 지금까지 주장한 것처럼, 의도적인 교육목회Intentionality in Educational Ministry를 이끌어 가는 지도자들에게 반드시 필요한 목회적 안목이다. 사람들은 자신이 지니고 있는 세계관의 취향에 따라 자연스럽게 그룹을 형성해 간다. 이것을 이해하는 것은 어렵지 않다. 우리는 흔히 모임에서 여러 사람들을 만나고 담화를 나눌 때, 어떤 사람들은 왠지 서먹서먹하지만, 어떤 사람들과는 저절로 마음이 가고 편안해지기도 한다. 물론 심리적이고 사회적이며, 개인적인 요소들이 작용하겠지만, 개인이 가지고 있는 세계관이 서로 비슷하다고 생각될 때, 사람들은 무의식적으로 친해지고 그룹을 형성하게 된다.

생각해 보라. 어떤 사건이 발생했을 때, 사람들은 나름대로 사건의 의미와 중요성에 대해 해석을 가한다. 그때 "정말 당신도 그렇게 느꼈냐? 나도 그때 그렇게 느꼈다!"라고 말한다면, 어떻게 친해지지 않을 수 있겠는가? 이처럼 서로 비슷한 세계관을 가진 사람들은 쉽게 친구가 되고 이신전심을 경험하는 그룹이 된다. 교회 안에도 이러한 세계관의 동질성에 따른 그룹이 많이 존재한다는 것을 알아야 한다.

2) 교회위원회 토론 현장은 세계관 학습의 최고의 장

공동체는 지향하는 목적과 사명의 완수를 위해 많은 모임을 가진다. 특별히 위원회 모임을 참석할 경우, 참석한 위원들이 무슨 이야기를 어떻게 나누는가 자세히 살펴보라. 어떤 목적을 위해 서로 의견을 주고받을 때나 요점을 강조할 때, 대개 어떤 비유와 이미지를 사용하는지 자세히 경청해 보라. 물론 이런 요소들을 한 카테고리에 정리하기란 쉽지 않지만, 계속해서 의도적으로 관심을 기울이면 자연스러운 분류가 가능하게 된다.

한번은 국외 선교와 국내 선교 중 하나의 타깃을 결정하는 선교위원회에 참석한 적이 있다. 국외 선교를 강조하는 몇 사람들은 "가서 땅 끝까지 말씀을 전하라!"라는 마태복음 28장에 나타난 주님의 선교 강령을 성서적으로 인용하여 국외 선교의 중요성을 강조했다. 이것이 선교 강령의 궁극적인 목적이기 때문에 국외 선교는 교회의 중요한 사명이며, 내 가족, 내 친구, 내 이웃이 아닌, 이름도 얼굴도 모르는 먼 곳에 있는 사람들이지만, 주께서 이들을 우리 친지와 교우들처럼 동일하게 사랑하시며, 그들에게 복음을 전하는 것은 교회의 중요한 사명이라고 설명했다. 매우 설득력 있는 주장이었다. 반면에 국내 선교를 강조하는 사람들은 땅 끝까지 복음을 전하는 것은 중요하지만, 마태복음 28장을 자세히 읽어 보면 선교과정의 원칙이 드러난다고 강조했다. '세상 땅 끝까지' 전에 반드시 '예루살렘'과 '유다'와 '사마리아'를 거쳐서 마지막으로 '땅 끝까지!' 전해지는 것이라고 했다. 무엇보다 중요한 것은 이러한 원칙과 함께 지금 우리에게 당면한 이웃 선교라는 과제가 이루 말할 수 없는 긴급성이 요구된다는 설명이었다. 이렇게 두 그룹은 성경적 해석과 상황의 긴급성에 따라 적절한 대응의 중요성을 강조하면서 팽팽히 맞서고 있었다.

토론과정을 지켜 보면서 실로 많은 것을 느낄 수 있었다. 사람들은 자기 나름대로의 선교에 대한 중요성과 신앙의 의미를 동원하여 강조하였으며, 설명 중에 은유를 사용하여 신앙생활에서 경험했던 감동적인 사건들을 나누었다. 이런 이야기를 통해 감정적인 호소가 강하게 작용했다. 토론의 초점이 선교이든 교육이든 간에 이런 토론과정을 통해서 사람들은 각자가 중요하게 생각하는 신앙의 의미와 삶의 중요성을 명료하게 설명한다. 뿐만 아니라 대화 중에는 역사적 사건이 등장한다. 크게는 기독교 선교역사에 있었던 사건이고, 작게는 최근 교회에서 있었던 사건들이 다뤄지는데, 이것은 그들의 세계관의 중요성에 대해 설명하는 것이다. 이러한 사건들과 중요한 이야기들 그리고 성서적 해석과 이해는 풍부한 자원을 내포하고 있는 커다란 저수지와도 같다. 그 안에 풍부한 이야기와 역사적 자료들, 중요한 의미와 상징들이 산재해 있다. 내가 어떠한 세계관으로 이 자료들을 바라보며, 끄집어 내어 응용하는가 하는 것은 교육적으로 중요한 사항이다. 결국 이러한 해석적 단어와 표현, 역사적 사례와 감동적 이야기들, 성서적 상징과 공감할 수 있는 교회 내의 전례들은 모두 공동체로서 한 삶을 살아가면서 과연 무엇이 중요한지를 말하는 데 공통적인 초점을 둔다. 근대 사회학자의 아버지라 불리는 막스 베버는 이러한 현상을 '엄선된 친화성'Selective Affinity이라고 부른다. 즉 공동체 일원들이 한 사건을 다른 사건보다 더 중요시여기고, A라는 은유적 상징을 B라고 하는 상징보다 더 중요시여기는 경향에는 의식적, 무의식적으로 공동체가 강조하고자 하는 핵심적 이데올로기와 사명감을 더 부각시키며 확고히 하기 위해 엄선된 선택의 과정을 거친다.

무엇을 위한 공동체이고 무엇을 위해 존재하는지에 대해 공동체 일원들은 자신이 주로 사용하는 신앙적, 신학적 용어들과 함께 중요시여기는 상징과 인위적으로 생성된 가공품 그리고 의미를 부여하는 현재와 과거의 사건들을 통해 중요성과 의미를 주입하고 있다. 이것은 무언의 행동에서 유래하는 몸짓이나, 눈짓 그리고 새로 방문하는 교우들을 맞이하는 태도에서도 나타난다. 이러한 총집합적인 것들이 함께 조화를 이루고 연합적인 표현을 함으로써 각 공동체가 이루어 내며 삶을 통해 유일하게 창출하는 '현 지역적 고유의 언어'Local Language로 생성된다. 인류사회학자인 클리퍼드 기어츠Clifford Geertz는 그룹이나 문화적 조직에서 일어나는 현상을 '중대성의 거미줄'a web of significance[22]이라고 표현하였다. 여기저기 서로 얽

---

22) Clifford Geertz, *The Interpretation of Cultures* (Basic Books, 1977), 제1과를 참조하라.

혀 있는 이야기의 출처와 의도 그리고 다방면에서 응용되고 있는 이미지와 상징들 그리고 여러 과정 중에 도입되고 해석되는 이야기와 역사적 사건 이 모든 것들은 종국적으로 공동체의 존재의 중요성과 핵심적 정체성에 입각한 것으로, 절대 타협 불가능한 사명들을 강조하고 있다.

3) 공동체 정체성 연결의 가장 중요한 접착제는 의미추구와 해석학이다

살아 있는 생명체로서의 공동체의 특성은 늘 새로운 의미에 대한 추구와 또 그 의미에 대한 상황적 타당성을 발견하려는 데 있다. 이러한 의미 추구과정에 늘 기초적으로 전제되는 것이 바로 세계관이다. 다음 장에서 공동체가 일반적으로 가지고 있는 세계관에는 어떤 부류가 있는지 더 자세히 살펴보겠지만, 이 시점에서 강조하고 싶은 것은 의미의 중요성은 결국 해석학으로 서로 연결된다는 것이다. 어떤 해석을 적용할 것인가? 어떠한 상징Symbol이 도입될 것인가? 어떤 성서적 근거와 신학적 정당성을 강조할 것인가? 이 모든 점들을 깊이 숙고하면서 공동체는 정체성이 부여하는 의미와 역사적 사명에 충실해야 한다. 이런 의미를 추구하는 관점에서 믿음의 공동체를 살펴보면 한 가지 중요한 사실을 발견하게 되는데, 그것은 바로 교회 공동체가 교리나 행정체제 그리고 여러 모양의 프로그램으로 그 정체성을 세워 가기보다는 오히려 공동체 일원들이 서로 나누는 상징적 이야기들, 각 공동체가 지니는 지역의 고유한 신앙적 언어와 해석, 의미가 부여하는 중요성이 교묘하게 서로 연결되고 결속되어 공동체의 중요한 정체성의 핵심을 연결하고 있다. 그러므로 정체성을 여러 조각을 맞추어 세워 가는 조각품에 비유한다면, 이러한 상징적 언어와 이야기들 그리고 중요한 의미들이 가장 효율적인 접착제 기능을 하고 있다. 이런

중요한 기능과 실제적 효력을 바로 이해하기 위해 다음의 네 가지 세계관을 상세히 살펴보기로 하자.[23]

2. 세계관의 4가지 종류들

세상을 바라보는 해석의 관점을 통해 공동체는 자신의 기존 조직형태가 존속할 때와 새로운 상황을 대면할 때 일어나는 사건들을 이해하며 또한 그 사건들과 공동체가 지향하는 정체성과의 연관성과 그 의미를 해석한다. 앞에서 언급했던 바와 마찬가지로 공동체가 대처하는 방법이라든지 어떤 사건에 대해 의미를 부여하는 과정에서 저들만의 고유한 세계관은 마치 캔버스에 전반적으로 깔려 있는 배경 색깔과도 같다. 세부 사항으로부터 일반적 사건들과 과정들의 배경과 내면에 이르기까지 전반적으로 이 세계관은 잠재적으로 내포되어 있다. 다음의 네 가지 부류의 세계관을 살펴보자.

1) 성서적 세계관Canonic World View

공동체 내에 일어나는 모든 사건들과 행사들을 오로지 성경 중심적 관점에서 해석하고 의미를 부여한다. 그러므로 성서적 세계관이 주가 된 공동체는 물리적 건물구조나, 강대상 주위를 살펴보면 하나님의 말씀이 이 공동체에 어떤 위치와 권위를 가지고 있는지 알 수 있다. 전에 방문했던

---

23) 이 네 가지 세계관에 대한 설명과 이해를 위해 James Hopewell, *Congregation: Stories and Structures* (Philadelphia: Fortress Press, 1987)에 많이 의존하였음을 밝혀 둔다. 그러나 Hopewell 역시 교회의 세계관이 어떻게 공동체 정체성에 연관되는지를 연구하지 못하고 애석하게도 병으로 별세하였다. 소중한 이론적 견해를 남겨 준 그에게 진심으로 감사를 표하고 싶다.

한 교회는 예배당에 들어서자마자 강대상 위에 10m가 넘는 커다란 십자가가 걸려 있었다. 그 크기와 위치에 시선이 집중될 정도로 위엄 있어 보였다. 길게 뻗은 십자가 바로 아래에는 커다란 성경책이 펼쳐져 있었다. 그 교회를 처음 방문한 나에게도 이 교회가 하나님 말씀인 성경이 핵심을 이루는 공동체임을 알 수 있었다.

성서적 세계관이 삶의 중심적인 권위를 지닌 공동체는 삶 속에 일어나는 모든 일들을 이해하는 데 있어 하나님의 말씀을 직접적으로 적용한다. 예를 들면, "내가 그 어려운 시기를 지날 때, 하나님의 말씀이 나에게 이렇게 말씀하셨다"라고 고백한다. 하나님의 말씀이 공동체의 모든 삶에 전반적으로 가장 중요한 관심과 권위로 여겨진다. 이러한 공동체는 거듭나야 하는 중생을 중요시하며, 인간 구원을 지상 최대의 사명으로 믿는다. 이러한 세계관은 목회자의 설교 중에서 그리고 대중의 기도 속에서 종종 발견된다. 어느 교회에 방문하든지 이런 관점에서 스스로 메모를 해보면, 예배를 마칠 때쯤에는 그 교회의 세계관의 중심점이 어디에 있는지를 대충 알 수 있다. 성서적 세계관은 이 세상이 죄로 인하여 타락한 세상이므로 이 세상과 가까이 벗하여 사는 것을 권장하지 않는다. 가령 청소년들이 이런 성서적 세계관이 주도하는 공동체에서 자라났다면, 아마도 대중음악이나 영화를 자주 접하지 못했을 것이다. 공동체는 이런 세속문화의 요소들을 강렬히 배척한다. 죄와 사망의 저주 아래 있는 이 세상은 영적으로 사장되었으며 윤리적으로 타락했기 때문에 하나님의 무서운 심판이 있을 것이라고 강조한다. 회개하지 않으면 지옥의 형벌이 기다리고 있으므로 주님 앞에 굴복하고 거듭나야 한다고 강조한다. 종종 이러한 정도가 지나치면 초보수파Fundamentalist적 경향을 띄게 된다.

2) 영지주의적 세계관Gnostic World View

영지주의적 세계관은 성서적 세계관과는 완전히 반대편에 위치한다. 저들은 이 세상을 바라볼 때 비록 이 세상이 정리되어 있지 않고 무질서 속에 있다 하나 인간의 지혜와 통찰력Intuition은 더 폭넓은 깨달음을 통해 점점 더 정돈된 세계를 성립할 수 있다고 믿는다. 이 세상은 무질서에서 완전한 조화를 향해 진전하고 있으므로 우리는 이 과정에 함께 자연스럽게 동참하며 조화를 이루는 세상을 세워 가야 한다고 믿는다. 인간의 양심과 인성 그리고 지혜를 성숙시켜 나감으로 이 세상이 진정으로 완전해 지는 날이 올 것이라고 믿는다. 이런 관점에서 볼 때 이 세상은 종국적으로 아름다운 세상이며 이 세상을 살아가는 사람들은 죄로 물든 더러운 존재가 아닌, 본래부터 선한 양심을 가진 좋은 사람들이라고 생각한다. 이렇게 서로가 배려하며 조화를 이루어 나갈 때 인간이 꿈꾸는 유토피아를 건립할 수 있을 것이라고 믿는다.

대략 이러한 영지주의적 세계관이 중심이 되는 공동체는 의도적으로 교회 내에 요가나 동양적 묵상교실, 타종교와의 평화적 공존을 위한 노력을 기울인다. 이런 공동체는 세상이 본래 선하고 아름답다고 믿기에 세상이 산출하는 문화적 산물들도 유용하고 효과적으로 사용될 수 있다고 믿는다. 만일 친교행사로 주말에 '영화의 날'Movie Night을 갖는다면 이런 공동체는 인기가 있는 영화라면 기독교적이지 않더라도 별 어려움 없이 상영할 수 있을 것이다. 혼합주의적 종교관에 더욱 한발 가까이 나아가는 노력을 기울일 것이며, 이로 인해 타종교와의 열린 대화도 서슴지 않고 추진하게 될 것이다. 반드시 예수 그리스도의 이름이 아닐지라도 타종교에도 구원이 있을 수 있다는 가능성을 배제하지는 않을 것이다.

여기서 잠시 생각할 수 있는 것은 성서적 세계관으로 무장된 평신도 지도자와 영지주의적 세계관의 영향을 받은 지도자 간에 어떠한 일들이 일어날 수 있을까 하는 것이다. 가령 선교전략을 함께 의논할 때, 이 두 사람이 어떠한 발언을 하고 어떠한 방향으로 결정할지는 충분히 그 갈등 상황을 미리 짐작할 수 있을 것이다. 공동체의 사명과 그리스도께서 각 공동체에게 부여하신 목적과 정체성을 위하여 의도적이고 계획적인 목회 지도력을 발휘해야 할 공동체의 지도자들은 이 점을 반드시 유의해야 할 것이다. 서로의 이질성으로 인하여 진취적이고 창조적인 절충안들이 나올 수도 있겠지만, 잘못 인도하면 오히려 불화와 갈등이 증폭되는 과정이 될 수도 있음을 감안해야 할 것이다. 이 얼마나 중요한 일인가? 목회자들조차 이러한 세계관에 대한 바른 인식을 갖지 못하면 어떻게 효율적으로 공동체의 힘과 에너지를 유용하게 사용할 수 있겠는가? 계속해서 다음의 두 가지 다른 세계관도 살펴보자.

3) 경험주의적 세계관 Empiric World View

대부분 미국의 주류 교파에 속한 많은 교회들이 이 세계관이 중심이 된 삶을 살아가고 있는 편이다. 경험주의적 세계관은 하나님이 인간에게 허락하신 지성과 이성 그리고 판단력 등을 잘 사용하여 오늘날 주어진 사역의 현실을 합리적인 사고 Rational thought 를 바탕으로 이해한다. 지극히 현실주의적이고 실용주의적인 관점이 주도하기 때문에 경험주의적 세계관을 가진 공동체는 초자연적 또는 기적적인 목회사역에 대해 달가워하지 않는다. 이런 공동체는 모든 것을 하나님에게 떠넘기는 태도와 초자연적인 기적과 이적에 의존하려는 경향을 물리치며, 인간의 신실한 노력과 분투 그리고 이성을 동원해 우리에게 당면한 고난을 물리치며 믿음으로 승리하는 인간 승리에 초점을 둔다. 진리는 체험적으로만 그 능력이 발휘하게 된다고 믿는다. 삶을 판단하고 사건들을 통해 나타나는 의미들을 발견하는 데 있어서 인간의 경험이 커다란 권위를 차지한다. 손과 발을 다 잃고도 꿋꿋이 살아가는 닉 부이치치Nick Vujicic와 같은 그리스도인의 간증이 경험주의적 세계관이 중심이 된 공동체에서 인기가 높다. '사지도 없고, 한계도 없음'No Limbs, No Limits이라는 주제로 전 세계를 다니며 인간 승리의 간증집회를 인도하는 그는 경험주의적 세계관에 걸맞는 예이다. 인간이 진정 인간 됨은 이러한 삶의 어려움을 극복하는 데 있고, 또 공동체는 이러한 인간 승리를 격려해야 한다.

이런 세계관이 중심이 된 교회의 문화와 삶을 생각해 보라. 저들은 사회에서 소외된 어려운 사람들에게 실제적인 도움을 줄 수 있는 여러 사역과 프로그램으로 접근할 것이다. 신비적인 초자연의 세계를 말하기보다는 오늘 삶의 현장 속의 땀 흘리는 수고와 헌신에 대해 말하며, 인생이 예기치 않았던 고난의 커브 볼을 던질 때 어떻게 믿음 안에서 이 어려움을 극복해 냈는지를 이야기한다. 무조건적인 신앙의 열정보다는 충실한 사색과 고뇌와 용기를 통해서 이루어 낸 감동적인 드라마가 더 의미 있게 취급된다. 하나님께 충성하고 헌신하되 이성적으로 이해할 수 있는 범주 내에서 신앙고백을 시행한다. 합리적인 이성주의자들의 철학이나 신학의 방향을 선호하고 실질적으로 목회사역의 일들을 추진하고 시행한다.

4) 카리스마적 세계관Charismatic World View

경험주의자들과는 상반되는 위치에 카리스마적 세계관을 가진 사람들이 있다. 이들은 초자연적 현상이나 사건들을 경험하기를 원한다. 또 신앙생활 속에서 초월적인 영의 세계를 체험하기 위해 노력한다. 카리스 마적 능력을 나타내는 성령의 능력과 그 초자연적 세계에 대한 관심이 높 다. 카리스마적 세계관을 가진 사람들은 공동체가 함께 예배하는 장소에 하나님의 영이 실제로 운행하고 계신다고 믿는다. 그리스도인들이면 예 배 중에 거하시는 하나님의 임재를 다 믿지만, 특별히 카리스마적 사람들 은 그 정도가 훨씬 더 강하다. 미리 계획되지 않고 예기하지도 못한 성령 의 사역과 이적을 인정하며 또 경험주의자들처럼 모든 것을 전략적으로 계획적으로 준비하고 유도하는 신앙생활을 멀리한다. 오히려 성령 세례 를 통하여 일어나는 방언의 은사라든가, 치유의 은사 그리고 예언의 은사 에 대해 깊은 호감을 나타낸다. 어떤 공동체는 지도자를 세울 때 최소한 방언의 은사를 받고 오로지 성령님의 사역에 완전히 항복하며 성령님의 인도를 따르는 사람만을 선출한다.

카리스마적 세계관이 주도가 된 공동체에서는 어떠한 일들이 일어나 겠는가? 물론 대부분의 교인들이 성령에 대해 말할 것이고 성령의 임재 를 위해 통성으로 기도하는 모습을 볼 수 있을 것이다. 예배 중에 선지자 적 선포나 자연발생적인 찬양과 기도 등을 경험할 것이다. 성령의 이름으 로 머리에 손을 얹고 기도하며, 성령 충만의 증거로 진동하고 몸을 흔드는 등 일반적인 교회에서는 보기 드문 현상을 목격하게 될 것이다. 미국에서 는 이러한 카리스마적 세계관을 대표하는 인물로 오랄 로버트Oral Robert 목 사를 들 수 있다. 그는 설교 도중 지난밤에 성령님의 인도로 주님을 보았 다고 간증한다. 설교가 끝난 후 강대상 앞에 성도들이 나와 여러 기도제목 을 가지고 목회자들로부터 안수기도를 받는다. 이때 예기치 않던 많은 기 이한 현상들이 일어난다. 뒤로 쓰러지는 사람들, 그 자리에 털썩 주저앉아 몸을 떨며 방언으로 기도하는 사람들, 펄쩍펄쩍 뛰고 춤추면서 큰 소리로 찬양하는 사람들을 목격할 수 있다. 이러한 공동체의 지도자들은 성령의 비전을 말하며, 성도들도 성령께서 주신 꿈을 서로 이야기한다.

앞에서도 언급했던 것처럼, 같은 예배당에 앉아 동일한 설교를 듣고 동일한 찬송가를 펴 들고 찬송하지만, 대부분 공동체는 이렇게 여러 부류의 세계관을 가진 사람들이 연합하여 교회, 즉 에클레시아Ecclesia, 예수 그리스도의 이름으로 모인 군중를 이룬다. 따라서 교육적 이슈, 선교적 사명을 함께 정의하는 일이나, 교회 공동체로서 합당한 정체성을 형성하고 이 땅에서 감당해야 할 사명감을 발견하려 할 때 이러한 세계관이 어떻게 표출될지는 충분히 짐작해 볼 수 있다. 경험주의자 평신도 지도자는 카리스마적 목회자에 대해 자신도 모르게 거부감을 느낄 것이며, 목회자도 마찬가지로 성령의 창조성과 사역을 인정하려 들지 않는 평신도 지도자들을 이해하기 힘들 것이다. 평신도 지도자는 "우리 목사님은 너무 신비주의적이야. 늘 성령만 찾아"라고 말하는 반면, 목회자는 "우리 장로님은 너무나도 인본주의적이야. 어떻게 복음사역을 감당하면서 성령님께 의지하려는 자세와 의도가 저렇게 부족할까?"라고 생각하면서 늘 영적 줄다리기를 할 것이다. 생각만 해도 피곤해진다. 이렇게 서로 다른 신앙적 언어와 영적 초점을 가지고 능률적으로 서로 한마음과 한뜻으로 즐겁게 하나님의 제단을 섬겨나갈 수 있을 것인가? 목회자와 평신도 지도자들이여! 하나님께서 우리 모두를 제각기 유일한 생명체로 세우시고 주님의 사역을 위해 부르셨을 때, 우리 모두에게 있는 이러한 이질성은 서로를 피곤하게 하는 것이 아니라 서로가 서로에게 보충 작용함으로 서로 부족할 수 있는 사역의 공터를 메워 온전케 함이 아니겠는가? 하나님의 거룩하시고 온전하시고 선하신 뜻을 이 땅 위에서 이루어 가기 위해서는 이렇게 다른 세계관을 서로 공유하고 있다는 사실을 인정하고 서로 이해하면 오히려 서로 보강하여 더 온전한 사역을 이루어 갈 수 있다는 점을 기억하라. 이것은 분명 하나님께서 우리에게 긍정적으로 허락하신 사역의 선물이다.

여기서 분명히 기억해야 할 것은 이렇게 서로 다른 세계관들은 상하적 관계라기보다는 서로 수평관계를 이루고 있다는 사실이다. 어떤 세계관이 다른 세계관보다 영적으로, 신앙적으로 우월한 것은 아니다. 모두가 다 제각기 유일한 특성을 지니고 있고 이러한 특성으로 인해 고유한 신앙의 언어를 구사한다고 하는 점을 기억하고 '저 사람은 도대체 왜 저렇게 이야기할까?'라고 생각하기 전에 '아, 저분이 저런 말을 하는 것은 이런 세계관을 가지고 있기 때문일 거야'라고 이해한다면 공동체의 목표와 사명감을 가지고 열정적으로 토론하고 변론할 때 적어도 감정적인 상처를 피할 수 있다. 문제는 공동체의 성장과정에 따라 때로는 한 세계관이 더 부각될 수 있고 또 다른 시점에서는 다른 세계관이 부각될 수 있다. 한 세대가 지나가고 또 다른 세대가 오듯 이렇게 서로 다른 세계관이 하나님의 섭리에 따라 일어나고 흥황한다.

3. 세계관에 대한 발견

어떻게 이렇게 다양한 세계관을 발견할 수 있을까? 무엇보다 호프웰 James Hopewell도 인정한 것처럼 여기에 나타난 네 가지 세계관은 공동체가 가지고 있는 보다 다양한 세계관을 다 대변하지 못한다. 더 깊은 공동체의 영적 체질과 성향을 이해하기 위해서는 더욱 넓은 범위의 세계관의 유형들이 연구되고 개발되어야 한다. 하지만 지금은 세계관을 이해하기 위해서 필요한 요소들이 무엇인지를 살펴볼 것인데, 이러한 점들이 앞으로 더욱 광범위한 영역의 세계관을 이해하는 데 도움이 된다.

이 세상에 일어나는 사건들과 행사들은 수량적으로 설명할 수 없는 것들이 많다. 얼마 전 중국에서 고속열차가 서로 충돌 사고를 일으켰다. 이로 인한 사망자가 수백 명이 넘었다. 이와 같은 사고가 발생하면 부상자 수와 고속열차 충돌 당시 운행속도와 그 결과에 대해 보도된다. 그러나 이러한 수량적 보도 이면에는 보이지 않는 의도적 요소들이 더 깊게 자리 잡고 있다. 중국의 고속열차 충돌 사고를 지적하자면, 국민의 안전은 뒷전이고 오로지 세계최단시간으로 대륙횡단의 꿈을 이루어 내고자 했던 중국 철도정부의 성과주의와 몇 가지 중요한 잠재적 실점이 포착되었음에도 불구하고 무조건 철도 구간을 운행하여 이득을 올리려던 물질주의가 더 심각한 문제였다.

이런 면에서 세계관에 대한 연구나 자료 등은 수량적으로도 설명할 수 있지만, 더 깊은 내면에 잠재해 있는 공동체의 영적 체질과 종교적 언어의 중점을 집어내기 위해서는 신중한 인터뷰와 대화 그리고 실제적으로 예배나 공동체 행사에 참석할 때 그때그때 체험하는 경험들을 잘 분석하고 해석하는 일이 더 중대한 과제이다. 예를 들면 공동체 일원들이 가지고 있는 궁극적 관심의 대상과 초점은 무엇인가? 저들은 이 세상을 바라볼 때 어떠한 견해를 가지고 있는가? 예배의 중심은 어디에 있는가? 설교인가, 찬양인가, 기도인가 아니면 나눔인가? 설교자가 흔히 사용하는 신학적 용어와 설교의 초점은 무엇인가? 공동체 구성원들은 그 공동체에 대해 어떠한 이해와 이미지를 가지고 있는가? 공동체에서 어린이들과 청소년들이 차지하고 있는 위치는 어디인가? 저들은 존중받고 있는가? 아니면 제2

등급으로 변두리에 있는가? 예수 그리스도는 어떻게 이해되고 있는가? 성경의 권위와 해석을 어떻게 믿고 있는가? 성령의 사역과 능력이 공동체의 삶 속에 어떻게 표현되며 실제적으로 어떻게 일어나고 있는가? 새로 교회를 찾는 사람들에 대해서 교인들은 환대적인가, 아니면 새로운 교우들에 대해 무관심한가? 삶의 문제와 고난을 믿음의 관점에서 어떻게 바라보고 이해하는가? 고난과 고통의 출처는 어디에 있다고 믿는가? 어떻게 이 고난과 역경을 승리할 수 있는가? 이렇게 수많은 질문들에 대한 의미 있는 답을 구하고 답하는 사람들의 의도를 이해할 수 있을 때 정확한 세계관에 대한 이해가 성립될 수 있다.

교회의 중대한 사건과 회의를 마친 후, 사람들은 이에 대해서 무엇이라고 말하는가? 회의적인가, 아니면 열렬히 동의하는가? 교회 안에서 자주 듣는 농담이나 이야기들은 무엇이 있는가? 공동체는 공간을 어떻게 사용하며 얼마나 자주 그리고 주로 누구를 위해 대여하는가? 신앙적인 활동 외에 관계 형성을 위한 친교그룹은 무엇이 있는가? 새교우들이 공동체 내에서 지도자로 양성되기 위한 과정들은 어떤 것이 있는가? 중요한 정보나 이슈가 전달될 때에 어떤 대화라인을 통해 이루어지고 있는가? 공동체에서 행해지는 예식에는 어떤 것들이 있으며, 무엇이 특별한 예식으로 인식되고 있는가? 사회적 지위나 명예가 공동체 내에서 어떠한 영향력을 미치는가? 또는 거의 미치지 않고 있는가? 공동체 소속원들의 구성도는 어떤가? 주로 어떤 부류의 사람들이 중심적 구성원인가? 어떤 종류의 이슈들이나 사건들이 공동체 내에서 갈등을 유발하는가? 의식적 또는 무의식적으로 중요시되는 상징들은 무엇이 있는가? 이러한 질문을 나열하다 보면, 목회자들이나 지도자들에게 스트레스가 될 수도 있다. 하지만 적어도 하나님께서 맡겨 주신 공동체를 잘 섬기려면, 철저하게 기도하는 마음으로

이러한 질문들을 신중하게 답하고 성도들의 생각들을 발견하고 고려해야
한다. 이것이 책임감 있는 목회요, 그리스도의 몸 된 소중한 교회를 최선
을 다해 섬길 수 있는 방법이다. 절대로 목회를 주사위 던지듯 해서는 안
된다는 것이 나의 소신이다. 우연과 기회가 일치하는 아주 작은 가능성을
기대하며 주사위를 던지는 것이 아니라, 신중하게 기도하고 분석하면서
성령님의 지혜를 구하고 지도자가 소유할 수 있는 모든 자료와 이해와 공
동체에 대한 깊은 정보와 지식을 가질 때, 좀 더 의도적이고 비전에 초점
을 맞춘 목회를 할 수 있을 것이다. 이것 역시 지도자들을 향하신 하나님
의 뜻이라고 믿는다. 호프웰은 세계관을 이해할 수 있는 방법을 27가지의
설문조사를 통해 가능하다고 믿었다. 27개 항목보다 좀 더 폭을 넓히고 중
요한 신학적, 신앙적 그리고 목회적으로 중요한 13개의 사항들을 추가하
여 부록으로 옮겼다. 부록 1 세계관 테스트 참조

4. 세계관의 '프리즘'을 통해 나타나는 이해들

호프웰의 연구는 소중한 깨달음을 제공해 준다. 그는 무심하게 지나칠
수 있는 공동체의 여러 부류의 이야기들을 세심한 관심을 가지고 마치 보
석을 줍듯 꾸준하고도 성실하게 모았다. 어떤 공동체에서 들었던 영웅적
인물에 대한 이야기를 예를 들면서 공동체가 사회적 조직으로서 어떻게
운영되며 또 어떻게 그 구조를 존속하고 있는지를 연구했다. 그리고 이러
한 꾸준한 연구를 통해 공동체의 생활과 공동체가 함께 나누는 이야기들
이 근본적으로 어떤 관계를 맺고 있는지를 다음과 같이 분석했다.[24]

---

24) James Hopewell, *Congregation: Stories and Structures*, 제3과 Parish Story를 참조하라.

제5장 세계관과 공동체 정체성 형성

1) 공동체의 자기 이해는 주로 이야기 형식으로 표현된다

이야기는 주로 현재 일어나는 사건들에 대해 의미 있는 역사적 연결점을 찾기 위해 소통된다. 사람들은 이야기를 주고받으면서 과거와 현재, 미래에 대한 의미 있는 일치성을 추구하고 있다.

2) 공동체 구성원들 간에 이루어지는 대화는 주로 이야기 형태로 전달된다

공동체 내의 이야기는 연합적으로 존재 안에서 일어나는 경험과 뜻을 전달한다. 개념적 전달보다는 좀 더 실제적인 상황의 이야기를 통해 의미를 전달한다. 자주 권장되지 않아야 하지만, 공동체 내에서 소문과 수다를 통해 중요한 정보가 소통되기도 한다. 때로는 소수의 비밀스러운 통로를 통해서 전달되기도 한다.

3) 모든 구성원들은 공동체가 형성한 이야기의 조직과 틀 안에 참여하며 서로 의미와 중요성을 소통한다

공동체 안에서 발생하는 신화나 신화적 이야기에 귀 기울일 필요가 있다. 특별한 상황 속에서 생성되는 신화는 그 공동체가 무엇을 소중히 생각하며 어떤 신앙적 가치관을 추구하고 있는지를 말해 준다.

노스럽 프라이Northrop Frye의 『비평론의 해부적 구조』*Anatomy of Criticism*를 깊이 연구하면서 사람들이 신화나 전설 그리고 여러 형태의 이야기들에 대해 어떻게 문학적 비평의 관점을 투사하는지 설명한다. 이러한 문학적 비평의 렌즈를 살펴보면 대체로 앞에서 언급했던 주로 네 가지 부류의 세계관을 접할 수 있다. 그리고 호프웰은 이렇게 언급되는 네 가지 비평적 관점들을 노스럽 프라이의 네 가지 견해, 즉 '풍자적Ironic, 낭만적Romantic, 비극적Tragic, 희극적Comic'을 토대로 연구하였다. 이것을 회중적 연구에 도입하여 신앙적 표현으로 성서적, 영지주의적, 경험주의적 그리고 카리스마적으로 분류하였다.[25] 이러한 연관적 연구는 믿음의 공동체를 위한 회중연구에도 많은 기여를 하였다. 호프웰이 서술적으로 나열한 세계관의 여러 카테고리를 목회적, 신앙적인 면에서 다시 정리해 보았다. 다음 도표를 참조하라.

관념들 (중심사상) 관심의 초점	성서적 세계관 (전적 희생) 하나님의 말씀	영지주의적 (통합적 융합) 신뢰적 우주	카리스마적 (모험) 하나님의 섭리	경험주의적 (실제적 검증) 인간의 진실성
하나님 예수님 성경 복음	전능하신 아버지 나의 구세주 살아 있는 말씀 구원	신비스런 힘/능력 현존적 종교 상징 비유적 말씀 자각과 의식	하나님의 영 나의 구주 프로그램 힘/능력	궁극적 관심 영적 선생님 역사 자유와 해방
교회 목회자 성찬	언약의 공동체 말씀 전하는 자 구원/사랑의 기념	순례자의 집단 가이드 성스런 예식	추수 때 알곡 성도들 예증적 모델 하나님의 임재	함께 나누는 친교 정신적 후원자 아가페 사랑
악 시간	악마/마귀 직선적 이해	무지함 순환적 이해	악령 지복천년기 이전	악마적 존재 천년기와 무관
권위의 초점	하나님의 계시의 말씀과 의도	직관적 통찰, 심원한 지혜	개인적으로 체험된 하나님의 내재	이성적으로 검증된 객관적 자료

〈도표 7 세계관이 표현될 수 있는 여러 신앙적·목회적 카테고리[26]〉

---

25) Northrop Frye, *The Educated Imagination* (Bloomington: Indiana Univ. Press,1966)과 그의 다른 저서 *Anatomy of Criticism* (Princeton: Princeton Univ. Press,1957)을 참조하면 더욱 자세하게 Hopewell의 이론 성립과 전개를 이해할 수 있다.

26) 이 표는 Hopewell이 구성한 도표에 근거하고 있음을 밝혀 둔다. 그의 저서 *Congregation: Stories and Structures*, pp.70-71을 참조하라.

표를 통해 알 수 있듯이 세계관의 중점이 어디에 있는가에 따라 공동체가 추구하고 지향하는 교육목회적 방향과 세계관이 가지는 특성들 때문에 형성되는 신학적, 목회적 방향을 대략 짐작할 수 있다. 왜냐하면 세계관이야말로 우리가 현재 경험하는 여러 사건들에 대해 개념형성의 테두리를 제공해 주기 때문이다. 예를 들면, 나는 평생을 이중문화 속에서 살았다. 그래서 그러지 않으려 해도 한국문화와 미국문화를 자동적으로 비교하게 된다. 가령 한국인들은 새가 운다고 표현하지만, 대부분 미국인들은 새가 노래한다고 표현한다. 한국의 새가 근본적으로 슬프게 태어났기 때문일까? 이것은 한국인들이 공감하는 세계관과 미국인들이 공감하는 세계관의 차이다. 새가 지저귀는 소리를 한국인들은 슬픈 울음으로, 미국인들을 즐거운 노래로 인식한 것이다. 우리의 인식 안에 깊이 뿌리내리고 있는 역사적 의식들이 세계관의 창을 통하여 표현된 것이다. 이토록 세계관은 우리의 경험에 특별한 모양과 의미를 만들어 간다.

또 다른 한 가지는 우리가 경험하고 있는 사회문화적 자극들을 나름의 의미에 따라 실로 꿰어서 특정한 중요성을 창출한다는 점이다. 이 얼마나 놀라운 일인가? 모든 인간들은 나름대로 의미를 추구하고 중요성을 부여하며 살아간다. 그렇지 않으면 동물과 별 다를 바가 없을 것이다. 사람들의 웃음에는 나름대로의 의미가 부여된다. 저들의 눈물은 삶의 어떤 것들을 슬퍼하는지 표현한다. 저들의 환호와 기쁨의 함성은 왜 그리고 무엇을 정녕 기뻐하는지를 말해 준다. 따라서 세계관은 모든 사람에게 의미의 실을 제공하여 카테고리와 개인의 철학과 취향에 따라 하나씩 구슬을 꿰도록 만들어 준다. 따라서 모든 사람들은 자신의 삶을 통해 경험과 지식, 교육을 토대로 만들어진 목걸이를 걸고 있다. 어떤 목걸이를 즐겨 사용하고 왜 그것을 중요하게 여기는지를 의도적인 교육목회를 지향하는 모든 지도자들이 염두해 두어야 한다.

결국 공동체의 정체성은 구성원들이 어떠한 종류의 목걸이를 선호하는가에 달려 있다고 말할 수 있다. 나름대로 경험과 사건들을 세계관의 실가닥으로 정돈해 의미 있는 목걸이를 걸고 있다. 공동체의 정체성은 한마디로 공감적으로 정돈된 중요성을 나타낸다. '무엇이 저들로 하여금 혼자 아이를 양육하는 미혼모들에 대해 열정적인 사역을 감당하게 했는가?'라는 질문은 반드시 저들의 세계관이 어떻게 작용하게 되었는가에 대한 의미 있는 답을 찾기 전에는 대답할 수 없다. 그러므로 세계관은 제2과에서도 언급한 바와 마찬가지로 공동체의 정체성에 중요한 구성요소이다.

그럼 앞의 표를 근거로 구체적인 목회 상황들을 생각해 보자. 전에 방문했던 뉴저지의 한 교회는 여러 요소를 고려해 볼 때 분명히 성서적 세계관이 주도하는 공동체였다. 공동체에 소속된 평신도 지도자들과 일반 성도들, 특별히 목회사역에 주력하고 있는 담임목사와 부교역자들을 인터뷰해 보니, 저들의 신학적 설명과 의미의 전가 등의 중심부에 하나님 말씀이 있었다. 성서적 세계관이 주가 된 교회는 하나님을 전능하신 아버지로 믿는다. 예수 그리스도는 죄악과 사망에서 구원하신 구원자로 믿는다. 성경을 한낱 오래전에 기록된 종교적 경전이 아닌 바로 이 시간에도 살아 역사하시는 예리한 칼날과 같은 살아 있는 하나님의 말씀으로 여긴다. 그러므로 이런 공동체에서 목회자는 당연히 능력 있는 하나님의 말씀을 전하는 사자요 또한 메신저이다. 한 달에 한 번씩 집례하는 성찬식은 십자가에서 나타난 그리스도의 아가페적 희생과 인류 구원을 위한 하나님의 확실하신 사랑을 다시 기억하며 감사하는 성례이다.

그러나 이 세상은 여전히 악마와 마귀들의 궤계로 어지럽혀 있다. 악으로 물든 이 세상은 성도들이 아무런 소망도, 희망도 가질 수 없는 처참

한 곳이다. 성도들은 하나님의 심판의 촛대가 이미 기울기 시작한 세상을
가까이하지 말고 구별된 성도들로 복음의 순수성과 구원을 위한 간절한
열망을 간직해야 한다. 그러므로 이런 공동체는 세상의 향락과 즐거움에
근접하는 신앙생활을 정죄하고 제재할 뿐 아니라 권장하지도 않는다. 나
는 이런 교회의 대부분의 청소년들이 요즘 청소년들 간에 인기가 절정인
가수들의 음악을 잘 듣지 않고 있음을 알게 되었다. 마치 신학자 H. 리차
드 니버H. Richard Niebuhr의 패러다임으로 볼 때 세상과 등진 또는 세상에 대
해 적대시하는 경향을 살펴볼 수 있었다. 옳고 그름을 판단하는 것이 아니
라 이런 독특한 특성들이 성서적 세계관이 중심이 된 공동체에서 흔히 볼
수 있는 것임을 설명하고자 한다.

이번에는 카리스마적 세계관으로 뭉쳐진 공동체를 생각해 보라. 무엇
보다도 하나님의 임재가 중요시되는 공동체는 늘 영이신 하나님에 대해
갈망하고 특별히 성령님의 사역과 그 능력을 체험하기를 열망한다. 성서
적 세계관을 가진 공동체와 다른 점은 세상을 등지고 대적하기보다는 좀
더 열정을 가지고 세상을 성령의 능력으로 변화시키기를 자처한다. 세상
이 죄악과 더러움으로 관영할지라도 하나님의 능력을 힘입어 새롭게 변
화시키는 것이 자신의 소명이라고 생각한다. 이런 면에서 카리스마적 세
계관을 가진 공동체는 훨씬 더 사회참여도가 높다.

성도들은 이 세상 마지막 때에 남겨 놓으신 신앙의 알곡이고 지금은
가라지와 함께 섞여 고난 중에 있지만, 그날이 올 때 모든 것은 확실하게
드러날 것임을 믿는다. 이러한 공동체는 악의 존재를 의인화해서 표현하
는 경우도 많다. 즉 악의 세력을 귀신으로 간주하고 귀신축출도 서슴지 않
고 교회의 정식 프로그램으로 인정하기도 한다. 어떤 교회는 금요심야기
도회를 치유를 위한 시간과 여러 귀신을 축출하는 시간으로 정하고 매주

예배를 드린다. 개인이 병들어 시달리는 것도, 사업이 잘 안 되는 것도, 집안에 불길한 기운이 맴도는 것도 귀신의 임재로 인한 것이라고 이해한다. "나사렛 예수의 이름으로 명하노니, 귀신아 물러가라!"라고 명하며 기도한다. 그러므로 복음은 병든 사람을 치유하고 귀신들린 영혼들을 자유케 하시는 하나님의 능력임을 철저하게 믿는다.

　카리스마적 세계관이 주도된 공동체에서 우리는 이러한 표현들을 흔히 들을 수 있다. "예수 그리스도의 이름으로 명하노니 병마야 물러가라", "성령의 능력을 입어야 한다", "이적과 기적을 기대하라", "하나님께서 지금 이곳에 우리와 함께하신다." 이런 공동체에서는 성령과 성령의 능력이 초점이 되는 신학적 해석과 가르침 그리고 공동체의 신앙적 훈련이 주로 이루어진다. 만일 이 교회에 처음 방문한 교우가 오히려 경험주의적 세계관이 주가 된 성도라면, 얼마나 많은 면에서 공동체와 충돌이 있겠는가? 성령의 사역을 인정한다 할지라도 그 정도가 자신이 수용할 수 있는 항상성보다 훨씬 더 강하기 때문에 그 공동체에 있기가 어렵게 된다. 지도자들은 이런 사실들을 가볍게 여겨서는 안 되며, 목회적인 관점에서 신중하게 고려해야 할 사항임을 명시하고 싶다.

　세계관 유형에 대한 도표를 살펴보라. 그리고 서로 정반대쪽에 표기되어 있는 세계관들을 주목하여 보라. 하나님께서 허락하신 공동체에는 이렇게 여러 부류의 사람들이 함께 모여 있다. 지혜로운 지도자는 이러한 다른 모양의 사람들을 적절하고 유용하게 사역 현장에 배치함으로 함께 협동작용이 일어날 수 있도록 도와야 한다. 서로 부딪히고 해체되는 것보다는 상호 협력으로 새로운 구상과 아이디어를 창출하는 목회자가 되어야 할 것이다.

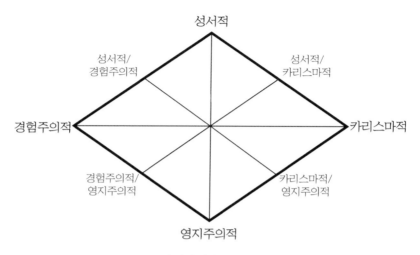

〈도표 8 네 가지 세계관에 대한 유형도〉

5. 세계관이 신앙생활과 공동체의 적응과정에 미치는 영향

사물을 인식하고 역사적 의미를 추구하는 과정에 세계관은 공동체 안에 속한 모든 사람들에게 행동과 생각 그리고 어떤 사건에 대해 해석을 가하는 과정에 크게 영향력을 미친다. 특별히 사회동화를 유도하는 과정에서 새로이 공동체의 일원이 된 사람들에게 공동체가 추구하는 가치관, 공동체 내에서 장려되는 행동과 습관들 그리고 공식적인 과정과 예배 등에서 허용될 수 있는 것들과 또 허용되지 않는 것들에 대해 규칙과 원칙을 세울 때도 작용한다. 특별히 공동체가 어떠한 세계관이 주도적 영향력을 발휘하는가에 따라 신앙생활의 모습과 형태가 달라질 수 있다. 개인적으로, 연합적으로 경험하는 신앙성장을 위한 갈등을 어떻게 대면하며, 성숙하게 대처할 수 있는가 하는 것은 중요한 관점이다.

　　이러한 관점은 신앙의 순례자의 길에 입성하는 신앙인으로서 자신을 어떻게 바라보며 또한 자신이 처한 상황을 어떻게 이해할 수 있을지 설명한다. 전에 인터뷰했던 한 사람은 유년시절에 철저히 성서적 세계관을 교육받았다. 하지만 그러한 종교적 경험이 그에게는 너무나 무겁고 자신을 압박했으며, 현세를 바라보는 자신의 세계관이 비관적이라고 불만을 토로했다. 성인이 되면서 세상 사람들이 죄로 인해 하나님의 심판 아래에 있기보다는 원래부터 선한 양심을 가진 자들이며, 계몽을 통해 얻어지는 깊은 깨달음과 지혜를 가지고 세상의 불균형과 불협화음을 균형과 조화를 되찾는 아름다운 세상으로 변화시킬 수 있다는 생각을 가지게 되었다. 어떻게 보면 경직되고 교리적인 교육과 타협이 허용되지 않는 답답한 분위기에서 생긴 자연스러운 반감일 수도 있다. 그가 가진 그리스도인으로서의 사명은 이러한 무지에서 방황하는 사람들을 해방하고 양심의 깊은 깨달음을 통해 창조의 세상을 아름다운 조화로 인도할 수 있는 지혜를 심어주는 데 있다고 보았다. 다음 표를 살펴보고 이러한 상황 속에서 세계관이 어떠한 신앙생활을 유도할 수 있을지 생각해 보라.

	성서적	영지주의적	카리스마적	경험주의적
개인적 1. 현재 상황 2. 필요 반응 3. 해결	1. 오만과 불손함 2. 철저한 항복 3. 칭의	1. 무지함 2. 깊은 깨달음 3. 평화	1. 연약함 2. 내적 번민 3. 능력 부여	1. 구속과 속박 2. 정직함 3. 사랑
연합적 1. 현재 상황 2. 필요 반응 3. 해결	1. 부도덕 결점 2. 의로움의 인정 3. 재판	1. 불화와 분쟁 2. 지혜 3. 완전한 조화	1. 관례의 고수 2. 비범한 영도력 3. 새로운 변화	1. 압박과 통제 2. 정의 3. 진실한 공동체

〈도표 9 세계관과 신앙생활〉

앞에서 언급했다시피 경험주의적 세계관을 가진 사람은 인간이 어떤 교리나 경직된 신학 테두리 안에서 참된 인간성을 상실한다고 생각했다. 무조건적으로 교리를 가르쳤기 때문에 저들은 순수한 정직성을 상실했고 저들의 이성과 양심은 속박되어 있다. 그러므로 이런 어려움은 인간이 참된 인간의 정직성을 회복할 때에 해소될 수 있으며, 이러한 인간의 참된 인성이 부활할 때 진정한 사랑은 꽃피울 수 있다. 나아가 공감대를 이루는 연합적인 정체성을 형성하기 위해서 제도와 조직, 전통의 요구로 인해 생성된 불필요한 압박과 통제를 규명하고 이것을 이성의 판단과 분석을 통해 재정립할 때, 비로소 진실한 공동체가 형성된다고 믿는다.

따라서 목회 상황을 고려할 때, 이런 세계관에 주도된 사상은 초자연적인 성령의 능력과 기사를 이해하려 하지 않을 뿐만 아니라 오히려 반감을 가질 수도 있다. 경험주의적 세계관을 가진 사람에게는 모든 것을 영적화하는 책임감 없는 신앙생활이 위험하게 보인다. 예를 들어 교회에 선교 캠페인이 있다면, 그 선교적 사명을 이행하기 위해서는 더 많은 노력과 인적, 물적 자원이 요구된다. 그러나 현실적 상황은 전혀 이런 일들을 시행하기에 역부족이다. 이럴 때 경험주의적 사람들은 지금까지 헌금의 내역이 이렇고 보통 매년 총수입이 이 정도이니 새로운 일을 추진하려면 앞으로 몇 년 동안 얼마만큼의 자금이 더 필요하고 이를 축적하기 위해서는 이런 기간 동안 지출을 삼가해야 한다고 주장한다. 이러한 실질적인 분석은 카리스마적 세계관을 가진 사람들에게는 못마땅하게 들린다. 도무지 새로운 일을 행하시려는 하나님의 역사는 상관하지도 않고 처음부터 끝까지 객관적 정보를 가지고 계획하는 사람들로 보인다. 저들은 특별히 기도하지 않고 하나님의 기적을 믿지 않는 나아가서는 믿음이 부족한 사람들이라고 몰아붙이기도 한다.

이에 맞서서 경험주의자들은 카리스마적 사람들을 향하여 성령에 모든 것을 밀어붙여 무조건 일을 저지르는 무책임한 사람들이며, 그리스도인으로서 기본이 되는 책임감을 갖지 않는 사람들이라고 비난할 수도 있다. 여기서 필요한 것이 무엇이겠는가? 목회자들은 이러한 경우 이러지도 저러지도 못하며 갈대처럼 여론이 기우는 대로 흔들릴 수밖에 없다. 이런 상황에서 공동체가 규명하고 공감하는 확실한 초점과 비전적 사명이 있다면 일은 훨씬 더 수월하다. 지금 공동체가 추구하는 제일 사명감은 바로 이런 것이다. 그러므로 이 사명을 잘 수행하기 위해서는 '지금은 이렇게 해야 옳을 것이다'라고 지도력을 발휘할 수 있게 된다. 이것이 처음부터 계속적으로 공동체의 정체성이 목회사역에서 왜 그렇게 중요한지를 강조한 이유이다.

사회개혁과 변화를 위해 공동체가 주력해야 하는 상황이고 또 공동체도 이러한 상황적 요구를 잘 이해하고 있어 앞으로 3년은 이 사회적 개혁을 위한 사명에 전폭적인 투자All in를 하겠다고 다짐했다면, 경험주의적 세계관이 유도하는 신앙적 생활형태와 신념—압박과 통제를 넘어서 하나님이 의도하시는 정의를 구현함으로 진정한 공동체를 세워 가는 일—을 사회개혁과 변화를 위해 재조율할 수 있게 된다. 이미 카리스마적 세계관을 가진 사람들은 이 일에 적극적으로 올인할 것이다. 그러므로 변화와 진실성에 긴장감을 늦추지 않고 적절한 균형을 유지해야 한다. 이것은 곧 성령의 능력으로 개혁하고자 하는 열망과, 조직과 전통으로 유지하려는 열망의 두 고삐를 함께 잡고 있는 것과 같다. 그러므로 다른 세계관을 가진 사람들로 하여금 소외당하거나 공동체의 본질적 체질과 문화가 갑자기 혁명적으로 변하고 있다는 불안감을 초래하지 않을 것이다.

세계관과 공동체 이미지 형성

World Views and Congregational Church Images

1. 공동체 교회상에 대한 이해

　　사람들이 공동체에 소속되고 그 사역에 동참하는 이유는 공동체가 추구하는 교회의 이미지와 자신들이 추구하는 교회의 이미지가 동일하다고 생각하기 때문이다. 어떻게 보면 공동체 내에서 이루어지는 교육은 독특하고도 의미 있는 이미지를 통해서 이루어진다. 텍사스의 한 교회는 교회 정문으로 들어가자마자 현관 로비 중앙에 베드로의 발을 씻으시는 예수님의 동상이 진열되어 있다. 그 교회의 모토는 '섬김의 기쁨을 누리자'JOY in Serving Others이다. 즉 여기서 공동체가 말하는 JOY기쁨는 아주 특별한 의미가 있다. J는 Jesus first이고, O는 Others second 그리고 Y는 You last이다. 골로새서 3:23에 바울이 종용하였듯이 주님의 제단에서 무엇을 하든지 오직 그리스도 예수께 하듯 하라는 말씀이 바탕이 되어 늘 자기보다 남

을 낮게 여기고 서로 존중하는 마음으로 섬기는 그리스도인의 자세를 강
조하였다. 섬기는 종의 모습을 몸소 보이신 예수님의 리더십을 배우고 익
히며 서로 실천하고자 노력하는 공동체였다. 교회에 들어서자마자 보이
는 섬기는 예수님의 조각상은 이 공동체가 어떤 가치를 중요시여기며, 무
엇에 존재의미를 두는지 이미지로 교육하고 있었다.

자기 자신에 대한 어떠한 내부적 이미지는 사람들의 행동과 태도를 판
이하게 다른 길로 인도한다. 무엇보다도 가슴 아프게 생각하는 것은 만왕
의 왕 되신 전능하신 하나님을 아버지로 모시고 사는 그리스도인들이 그
리스도 예수 안에서 주어진 왕이신 하나님의 공주와 왕자들이라는 정체
성을 상실하는 것이다. 오히려 불신과 의혹에 사로잡혀 마치 우주에 버려
진 고아처럼 힘없이 기쁨을 상실한 채 세상의 조롱거리로 인생의 장터에
서 배회한다. 한마디로 저들의 가슴속에 '나는 만군의 여호와, 왕 중의 왕
이신 하나님의 자녀'라는 정체성은 물론 그 감격적인 이미지를 상실한 것
이다. 마치 지금 눈에 보이지 않는 하나님을 의지할 수 없고 또 그분의 신
실하신 언약조차 믿을 수 없기에 무능하게 장터에 버려진 고아처럼 머리
를 떨구고 어깨가 축 늘어진 채 거리를 방황하고 있다.

그러나 만일 '나는 정녕 왕 중의 왕이신 하나님 아버지의 아들이요, 딸
이다'라는 확실한 믿음과 신뢰 그리고 그에 합당한 자신에 대한 내적 이미
지를 소유한 자라면, 그 사람은 삶을 살아가는 태도가 전혀 다를 것이다.
잠언의 말씀, "대저 그 마음의 생각이 어떠하면 그 위인도 그러한즉"잠 23:7
이라는 말씀은 진리이다. 사람들의 외향적으로, 현상적으로 나타나는 표
현과 말, 태도 등은 내적 중심으로부터 바깥으로 투시된다. 감사를 영혼에
투시하면 감사가 넘치는 삶의 자세와 행동이 나온다. 절망과 외로움과 불
안함이 투시되면 삶의 현장에서 절망적인 견해와 늘 두려움 속에 조아리

며 살아갈 것이다. 생각해 보라. 세상의 모든 하나님의 놀라운 권세가 그리스도를 통해 나에게도 주어졌다고 믿는 사람은 그만큼 삶의 태도와 자세가 늠름하고 자신감 있게 주도적으로 살아갈 수 있다. 정말 이런 면에서 "믿음은 바라는 것들의 실상이요 보이지 않는 것들의 증거"히 11:1이다. 심리학에서도 마음속에 지니고 있는 자신에 대한 이미지가 성장과정에 어떠한 영향을 미치게 되는지 많은 연구결과가 발표되었다. 무엇보다도 에릭 H. 에릭슨의 발달심리는 자신의 정체성을 형성하는 발달과정에 많은 깨달음을 배려한다.[27] 자기 자신에 대한 이미지는 유아·아동기를 지나는 동안 어머니와 같이 자기를 돌보아 주는 대상과의 관계적 감정 그리고 관계의 질에 따라 형성된다. '나는 정말 존중받고 있어' 내지는 '우리 엄마는 정말 나를 사랑하시는 자상하신 분이야'라는 원초적 경험이 있는 아이들은 버려지고 외면당하는 아이들과 비교할 때, 자기 자신에 대한 자아의 건강과 이미지가 판이하게 다르다. 결과적으로 저들의 행동과 태도부터도 외적으로 다르게 표현된다. 험난한 세상을 살아가면서 이 얼마나 중요한 일인가?

1) 보이는 교회와 보이지 않는 교회

'당신은 당신 교회에 대해 어떤 이미지를 가지고 있습니까?'라고 물어보면 좀 당황해 하지만 사람들은 '우리 교회는 이렇고 또 저렇다'라고 대답한다. 이야기를 잘 들어보면 우선 외관적으로 보이는 교회 이미지에 대해

---

27) Erik H. Erikson, *Childhood and Society* (New York: W.W.Norton and Company, 1950), *Identity: Youth and Crisis* (NewYork: W.W.Norton and Company, 1968), *Identity and the Life Cycle* (W.W.Norton and Company, 1959, 1980), *Young Man Luther: A Study in Psychoanalysis and History* (W.W.Norton and Company, 1958), *The Lifecycle Completed* (W.W.Norton and Company, 1987)를 참조하라.

많이 언급하는 것을 볼 수 있다. 즉 '우리 교회는 깨끗하고 반듯한 교회'라고 말하며, '목사님도 항상 깨끗하시고 매사에 반듯하게 일을 처리하신다'라고 이야기한다. 전반적으로 보이는 교회의 설비나 시설을 통해 형성된 나름대로의 교회에 대한 이미지일 것이다. 때로는 예배나 여러 행사들을 통한 경험을 토대로 설명한다.

어떤 목회자는 이런 교회의 편의시설을 중요시하면서 교회에서 가장 먼저 개조하고 수리해야 할 곳이 있다면 당연히 화장실이라고 말한다. 하필이면 화장실이라니? 많은 분들이 의아해 하지만 예배 분위기 외에 교회에 대한 첫인상이 남을 수 있는 곳이 바로 화장실이다. 교회를 방문하는 사람들이 적어도 한 번 이상 사용하는 시설이 화장실이다. 개인적으로도 화장실로 인해 불쾌했던 경험이 있다. 처음 교회를 방문하는 사람에게 이런 경험이 어떤 영향을 줄지 생각해 본다. '왜 식당의 화장실은 대부분 깨끗한데 교회의 화장실은 이렇게 더러울까?' 그리스도의 몸 된 제단인 교회, 믿음의 공동체로서 만민의 기도하는 집인 교회가 이렇게 더러운 부분들을 방치하고 있는 것은 정말 이해되지 않는다. 결국 방문자로 하여금 교회에 좋지 않은 이미지를 주게 된다. '화장실이 청결하지 않는 이 교회 교인들은 교회에 대해서 얼마나 관심을 가지고 있을까?' 또는 '도대체 이 교회 사람들의 수준은 어느 정도인가?' 등 여러 의문점을 가지게 될 것이다.

오번신학교Auburn에서 주관한 회중연구팀에 종사할 당시, 뉴욕과 뉴저지, 코네티컷 주를 다니며 여러 교회를 방문한 적이 있다. 교회를 방문하며 늘 느끼는 것은 공동체는 나름대로 독특한 방법으로 공동체 삶에 투사하는 어떤 특별한 이미지로 사람들을 교육하고 있다는 사실이다. 앞에서 언급한 바와 마찬가지로 교회의 시설과 설비, 공동체에서 실행되는 여러 행사와 프로그램 또 지역사회에 나타나는 목회자상이나 미디어가 그리는 이미지는 모두 정체성의 일부를 드러낸다. 오래전이지만, 로버트 슐러 목사님이 담임하셨던 수정교회Crystal Cathedral Church에 방문했을 때가 생생하게 기억난다. 그 교회의 시설은 타 어느 문화 단체나 식당과 비교해도 조금도 뒤떨어지지 않았다. 교회 정문으로 향하는 길이 아름다운 꽃과 나무로 가꿔져 있었고 창 밖을 통해 예배당 옆에 있는 아름다운 호수와 분수대를 볼 수 있었다. 특별히 화장실은 화강암으로 장식된 세면대가 아름다웠고 자동으로 물과 비누가 나와서 마치 고급 연회장에 온 것 같은 느낌이 들 정도였다. 늘 강대상에서 긍정의 힘을 주장하고 하나님의 축복을 누리며 살아야 한다는 로버트 슐러 목사님의 메시지는 TV를 통해 수많은 사람들에게 전해졌다. 수정교회의 이미지는 그야말로 모든 것을 최고로 추구하는 것이었다. 가장 호적하고 깨끗한 예배분위기와 최고의 연출적인 요소를 포함하여 흥미 있고 감동적인 예배를 시도하고 있었다. 물론 2011년도 봄에 여러 내부적 갈등과 행정의 어려움으로 부도신청을 하여 그 명예가 하락한 것은 실로 가슴 아픈 일이 아닐 수 없다.

공동체는 이렇게 눈에 띄는 상징이나 형체, 내부시설, 행사진행형식이나 특별행사를 통해 표출되는 이미지와 경험으로 독특한 이미지를 형성하고 교육한다. 이렇게 공동체에 투사되는 이미지는 구성원들에게 지향하고자 하는 이상적인 교회 이미지가 무엇이고 일원으로서 무엇을, 어떻게, 어떤 자세로 임해야 하는지를 교육한다. 이러한 이미지는 관계나 행동적인 측면에서도 명백한 테두리를 제시하기도 한다. 목회자나 지도자들이 공동체 일원에게 갖는 기대와 요구라든지 또는 성도들 간에 서로가 서로에게 던지는 기대와 그 기대에 대한 적절한 응답이 무엇인지를 교육한다. 이런 면에서 이미지가 관계적, 영적으로 제시하는 교육적 가치는 대단한 것이다. 이러한 보이지 않는 과정과 기대 그리고 기대에 대한 응답 등을 통해 공동체는 나름대로의 중요한 관심사나 핵심적인 가치관 등을 전달하고 교육한다. 그러므로 교회상은 공동체가 간직하고 있는 가장 중요한 이념과 간절한 소원이 함께 어울려져 창출되는 작품과도 같다.

2) 반복되는 이야기가 말하는 관심의 주축들

어느 공동체든지 교인들을 통해 반복적으로 듣게 되는 이야기가 있다. 어떤 교회에서 들었던 이야기는 담임목사님께서 골프를 아주 좋아하신다는 이야기였다. 물론 종종 골프를 함께 치는 사람들과 그렇지 않은 사람들로부터 들었던 이야기이다. 심지어 담임목사님은 사역실에 있는 골프채와 비슷한 나무 지팡이로 종종 스윙 연습을 하시기도 했다. 대부분의 교인들의 결론은 목사님께서 골프에 대한 흥미가 지나치다는 것이었다. 이런 이야기를 비공식적으로 여러 번 들으면서 그들의 의도를 생각하게 되었다. 아니나 다를까? 이 교회가 청빙한 후임 목사는 골프를 전혀 하지 않는 분이라는 이야기를 들었다. 들리는 이야기가 당신에게 중요하게 느껴지든 그렇지 않든 간에 자주 반복되는 이야기는 전달하고자 하는 중요한 메시지가 있음을 기억하라.

어떤 공동체는 새로 등록한 교인들이나 목회자에게도 과거의 중대한 사건을 이야기하는 경우가 있다. '왜 이 교회는 과거지향적인가?'라고 비평하기에 앞서 반드시 기억해야 할 것은 '왜 이 이야기를 되풀이해야만 하는가?'라는 것이다. 이야기를 통해서 저들이 전달하고자 하는 중요한 포인트가 무엇인지를 찾아내야 한다. 전에 방문했던 어떤 교회에서 교인들로부터 교회의 모 권사님에 대한 이야기를 들었다. 그 권사님은 테레사 수녀와 같은 분으로 늘 아픈 자들을 성심껏 방문하여 도움의 손길을 펼치셨다. 어떤 집사님이 위절제술을 하고 거의 몇 개월을 집에서 누워 지내다시 피 했을 때도 한 번도 빠지지 않고 새벽기도 후에 집으로 찾아오셔서 죽을 쑤어 주고 가셨다. 하루 이틀도 아닌 수개월을 변함없는 사랑으로 돌보아 줬던 것이다. 교회 안에 권사님에 대한 이런 전설적인 이야기는 수도 없이 많았다. 이러한 이야기를 통해 공동체가 강조하고 싶은 것은 사랑을 나눈 아름다운 관계의 중요성이었다.

연구를 위해 거의 35개가 넘는 교회를 방문하여 인터뷰와 설문조사를 하면서 수많은 이야기를 들었다. 감동적인 이야기도 있고 가슴을 치며 듣 게 되는 쓰라린 이야기도 있었다. 이렇게 공동체 안에 소통되는 이야기들 은 저마다 그 뿌리를 다른 곳에 두고 있었다. 예를 들면, 성서적 토양에 뿌 리를 내린 이야기가 있고, 사회적 토양이나 공동체가 성취해야 할 목적에 관련된 이야기가 있고, 신앙의 정통성이나 전통에 관련된 이야기, 신선한 개혁과 새로움을 갈망하는 이야기도 있다. 이런 관점에서 볼 때, 칼 S. 더 들리Carl S. Dudley 교수가 연구한 네 가지 주축들을 이해할 필요가 있다.

2. 4가지 이야기 형태와 8가지 교회상[28]

교회라는 공동체는 눈에 보이는 조직이나 내규 그리고 공식적으로 인 정된 프로그램만을 통해서 다 설명될 수 없다. 교회는 조직보다 더 크고, 행사나 프로그램보다 더 깊은 존재이다. 조직 같은 특성을 가지고 있으면 서도 생명체의 삶을 나타내기도 한다. 그러므로 공동체의 생명력은 언제

---

28) Carl S. Dudley, 「Using Church Images for Commitment, Conflict, and Renewal」을 참조하라. 이 논문은 C. Ellis Nelson이 편집한 *Congregations: Their Power to Form and Transform*, pp. 89-113에 잘 나타나 있다. 특히 이 네 가지 교회상에 대해 논할 때 Dudley 교수의 이론을 많이 반영하였다.

든지 나타나는 행위나 행동보다 더 복잡하고 심오하다. 구성적 짜임새에
다 나타나 있지 않는 내적인 결단과 핵심적 가치관들은 소속원들이 서로
주고받는 이야기의 의미와 형태에 의해 표현된다. 특별한 표현들, 무심코
사용하는 상징적 언어와 비유 그리고 반복되는 이야기 안에 아직도 살아
있는 과거의 영웅들을 통하여 사람들은 나름대로의 결단적 가치와 중요
성을 말하고 있다. 이러한 이야기들을 일반적으로 분석해 보면, 관계적 측
면이나, 신앙적 측면 그리고 사회개혁적 비전이나 섬김의 관점에서 주로
나누어진다. 이렇게 다른 주축을 이루는 이야기들의 실태를 좀 더 자세히
살펴보기로 하자.

1) 교회상과 관계적 측면의 중요성

여기서 중요한 관점은 '무엇이 우리 모두를 하나로 엮어 가고 있는가?'
하는 것이다. 이야기들의 중점적인 관심은 관계성이 공동체에 부여하는
안정과 격려하는 효과이다. 목표를 효율적으로 성취하는 것보다 아름다
운 성도의 관계를 유지하는 것이 더 성서적이라는 신념이 배여 있다. 하
나님의 구원의 의도가 관계의 회복으로부터 시작해서 십자가를 중심으로
나타난 사랑의 관계성립과 유지에 내포되어 있기에 공동체의 주된 관심
사는 관계의 성립과 유지이다. 이러한 관심사를 가운데 두면서 대체로 두
가지 부류의 교회상이 생성된다.

(1) 가족적 교회

마치 한 가족이 유일한 공감대를 형성하듯 동일한 신앙적 언어와 공
동체 문화를 소유한다. 비록 혈육으로 이루어진 가족은 아니지만 그리스

도 안에서 한 가족임을 강조하면서 가족의 규칙과 규율을 엄밀히 엄수할 것을 강조한다. 종종 비슷한 인종적 배경과 사회적 배경을 가진 사람들이 가족적 교회를 이루는 경우가 많이 있다. '우리는 전통적으로 항상 이렇게 섬겼다'라는 표현을 자주 듣게 되며, 만일 이러한 전통과 규율을 무시했을 경우, 상당한 보응이 뒤따르게 된다. 전도에 대한 관심도 일가친척을 위주로 한 범위를 먼저 생각한다. 공동체 안에서 이루어지는 목회사역이 타인이나 타민족들을 향한 미션보다 더 중요시한다. 서로 끈끈한 사랑과 정으로 관심을 가지고 돌보며, 단단한 관계적 일치를 유지하기에 힘쓴다. 목회자조차 양자·양녀로 인정받고 가족으로 입양되어야만 가족적 교회 안에서 효과적인 지도력을 발휘할 수 있게 된다.

(2) 양육적 교회

가족적 교회와 비슷한 점들이 많이 있다. 그러나 개인에 대해 관심을 쏟기보다는 가족 별로 지대한 관심을 쏟고 사역을 감당한다. 가족에게 일어나는 생활주기를 중심으로 한 목회사역이 활발하게 진행된다. 새 생명의 탄생과 세례, 약혼과 결혼, 장례와 가족생활의 다반사에 대한 높은 관심을 가진다. 그러므로 미혼모를 위한 프로그램, 스포츠 클럽, 부부 클럽 등등 라이프 사이클을 통해 일어나는 다반사에 대해 민감하게 관심을 가지며 양육적으로 사역한다. 가족적 교회와는 달리 가정들이 당면하는 여러 도전적, 사회적 이슈들에 대해서도 활발하게 대응하여 사역한다. 예를 들어 '알코올중독자 재활 프로그램'AA클럽, '인공유산', '좋은 부모가 되는 길', '건강 서비스', '이혼과 노년기 사람들을 위한 사역'들을 서슴지 않고 활발하게 진행한다. 성도들은 이런 교회의 목회자를 인생의 전환기를 맞이하는 교인들에게 반드시 필요한 인도자로 생각한다.

2) 교회상과 신앙 전통성 측면

이야기의 대부분이 '어떻게 신앙의 전통과 유산을 잘 계승할 수 있는 가?'에 관심을 둔다. 특별히 소속된 교단에서 어떻게 리더십을 발휘해 왔는지 그리고 예배의 경건성과 올바른 예배의 예식과 형태 그리고 신학적 요소들을 잘 전수할 수 있는가 하는 것은 신앙 전통성 측면에서 볼 때 아주 중요한 관심사이다. 공동체의 일반적인 삶과 생활을 통하여 신성한 종교적 참여와 영성을 양육할 수 있을까? 이런 공동체에서 흔히 들을 수 있는 이야기는 '모 집사님의 기도는 참으로 은혜롭다' 내지는 '우리 교회 분위기를 참으로 경건하다' 또는 '예배 도중에 인간의 군소리들이 많지 않아 은혜롭다' 등으로 표현될 수 있다. 신성하고도 경건한 예배 분위기와 더불어 교단의 전통과 뿌리의식 등이 의도적으로 공동체 안에서 교육된다. 신앙의 전통성을 유지하려는 측면에도 두 가지 부류의 교회상이 생성된다.

(1) 교단 정통적 교회

신앙의 경건성과 정통성은 확실한 교단적, 개혁적 신앙의 틀과 역사 안에 뿌리를 두고 전통에서 벗어나지 않도록 노력한다. 공동체 내에서 사용되는 언어나, 리더십 스타일 그리고 예배전례도 늘 전통과 신앙의 유산을 염두한다. 주로 어느 마을에 가든지 '제일'자가 교회 이름 앞에 붙어 있는 경우가 많다. 예를 들어 '데마레스트제일교회,' '경주제일교회' 또는 '시애틀제일교회' 등 교단의 역사에 따라 인근 지역에 제일 먼저 세워진 역사 깊은 교회들이 많다. 주로 미국에서는 하얀색의 높은 종탑을 가지고 아름다운 성전을 자랑하는 교회들이다. 이런 교회에서는 예배의 형식과 전례 등을 아주 중요시여긴다. 늘 미리 계획하고 철저하게 준비해서 실수 없는 예배와 행사를 치르기에 힘쓴다. 일반적으로 성탄절 시기에 주로 이런 교회에서 바흐의 "칸타타"를 연주하는 경우가 많고 또 공동체는 이런 행사들을 아주 자랑스럽게 여긴다. 능숙한 설교와 스타일이 있는 목회자 그리고 어느 정도 교육적 배경이 있는 목회자가 담임으로 섬기는 경우가 많다.

(2) 지성소적 교회

마치 지성소에 신앙의 전통과 유산을 상징하는 물건이 많은 것처럼, 지성소적 교회에서는 이러한 하나님의 임재하심을 상징적 유품과 소품 등을 통해 느낄 수 있다. 언제나 변화무상한 상황 속에서 늘 갈등을 경험하지만, 변치 않는 하나님의 신실하심과 사랑하심을 예부터 전해 내려오는 귀중한 소품들과 유물들을 통해 다시 기억하고 확인한다. 특히 극심한 전환기에 있던 개인이 어려움을 극복하도록 도와주었던 성스러운 장소로도 많은 사람들에게 기억되는 지성소적 교회는 성소 안에 있는 모든 것들—강대상, 십자가, 의자, 스테인드글라스, 특별히 기부된 상징적 유물 등—이 사람들에게 안정과 평안 그리고 변치 않는 하나님의 언약과 지속성을 체험케 한다. 마치 풍랑 가운데 있는 세상으로부터 '바다여, 잠잠하라!'고 외치신 주님의 명령에 따라 이 세상이 결코 줄 수 없는 내적 평강과 고요함을 체험하는 성스러운 장소로 기억된다.

3) 교회상과 사회를 위한 봉사적 측면

교회가 존재하는 이유는 이 세상을 섬기고 소외당한 사람들을 그리스도의 사랑으로 품고 돌아보는 것임을 강조한다. 다른 측면에 비해 좀 적은 신앙인들이 이 부류에 속하지만 섬김에 대한 사명과 존재의식을 늘 중요시한다. 신앙과 정치가 서로 격리되지 않고 오히려 신앙과 정치, 사회, 문화가 함께 어우러져 조화를 이루어야 한다고 믿는다. 개인적으로도 지역사회에 활발한 리더십을 발휘하는 담임목사님을 자랑스럽게 여기는 교인들을 보기도 했다. 이런 교회는 한 국가의 국민이자 한 지역사회의 시민으로서 마땅히 감당해야 할 사명은 어려움에 처한 소외된 사람들을 그리스도의 사랑으로 돕는 일이라는 것을 강조한다. 역시 이 관점도 두 가지 종류의 교회상을 생각할 수 있다.

(1) 기독 시민적 교회

기독 시민적 교회는 교회의 여러 시설과 자원 등 동원될 수 있는 방법을 통해 사회운동 참여에 힘쓰는 공동체이다. 지역사회의 공화당 또는 민주당 소그룹들이 교회 내 시설을 이용하도록 권장하며, 이를 통해서 지역사회와 의미 있는 연결을 시도하려 애쓴다. 시 경찰국장이나 의원들을 초청해서 강연을 듣기도 하고, 소방서장을 만나 지역사회를 위해 힘쓰고 수고하는 저들을 격려하며 만찬을 베풀기도 한다. 주로 여러 민족들이 함께 어울려 사는 지역, 또는 여러 사회계층의 사람들이 섞여 사는 지역사회에서 봉사하면서 공동체의 존재적 의미를 발견하기도 한다. 이러한 교회들이 긍지를 가지고 자랑스럽게 생각하는 두 가지가 있다. 하나는 교회 구성원들의 다양성이고, 또 다른 하나는 다양한 필요에 적응하는 여러 종류의 포괄성 있는 프로그램이다. 보이스카웃, 걸스카웃은 물론이고, 지역사회 로터리클럽 등도 교회 내에 적을 두고 활발히 활동한다. 이러한 공동체의 목회자는 사회의 여러 현황과 상황에 대해 해박한 정보와 이해를 가진 지역 리더로써 활발하게 인근 지역 주민들과 연결되어 사역한다. 지역사회에 필요한 또 지역사회에 기여하는 교회로 자리매김을 한다.

(2) 기독 섬김의 교회

그리스도의 연민의 가슴을 가지고 소외당한 자들과 어려움에 처한 자들에게 사랑과 도움의 손길을 마지않는 교회의 모습이다. 이런 관계를 통하여 절친하게 인근 주민들과 연결된다. 섬기는 예수 그리스도를 모델로 삼아 이웃을 섬기고 돌보는 일에 열중하기 때문에 예배 도중에 성가대의 음악 수준과 파이프 오르간이 튜닝이 잘 안 된 것들에 대해서는 비교적 관대하게 지나간다. 늘 사회에서 소외되고 아파하는 사람들을 먼저 생각하고 교회의 존재적 가치를 섬김의 삶을 통해 발견하기에 늘 이러한 섬김의 종의 자세를 공동체에서 강조한다. 신앙적으로 회복과 치유는 고난의 사랑을 통해 이루어짐을 믿기에 공동체 안에서 지켜져야 할 규범과 형식, 예절 등에 대해서는 별 관심을 보이지 않는다. 공동체의 일원으로 환영함에 있어 대체로 관대하며 많이 열려 있다. 이러한 관심의 주축으로 말미암아 섬김의 필요와 공동체 내 자원이 균등하지 않을 때 어려움을 겪기도 한다. 그러나 대부분 이러한 어려움조차도 복음사역을 위해 필요한 고통이라 여기며 스스로 견디어 낸다. 이런 교회의 목회자들은 감당할 수 없는 다량의 사역들과 미흡한 자원으로 인해 기진맥진하여 탈진하기도 한다.

4) 교회상과 사회개혁적 측면

믿음의 공동체로서 감당해야 할 사명은 개인과 사회를 향하여 어떻게 개혁의 씨앗이 될 수 있는가 하는 것이다. 내가 변해야 주위가 변하고, 주위가 변해야 국가가 변할 수 있듯, 그리스도 안에서 새로운 피조물로 지음 받은 그리스도인들은 이 변화를 위해 한 알의 밀알처럼 자기 자신들을 내어 주어야 한다고 믿는다. 종종 이러한 개혁과 변화에 대한 소망은 강한 열망으로 표현된다. 공동체가 선지자적 사명을 감당하여 하나님 말씀으로 주변 사람들을 전도하는 선교적 교회Missional Church가 되어야 한다고 강조한다. 기존의 조직과 형태 그리고 전통에 얽매여 있지 않고 과감하게 새로운 상황에 대처하며 또 새로움을 향한 도약의 발걸음을 내디뎌야 한다고 믿는 것이 이 부류의 특징이다. 이 관점의 측면에도 두 가지 부류의 교회상을 생각할 수 있다.

(1) 사회 선지자적 교회

변화와 개혁을 위한 결단은 사회 선지자적 교회의 성도들을 아모스 선지자나 미국의 인권운동가 마틴 루터 킹Martin Luther King 목사처럼 사명감에 불타게 만든다. 사회 정치적, 경제적 구조 내에 현존하는 어떠한 모양과 형태의 탄압이나 불공평, 억압이 감지되면 희생적인 선한 싸움을 마다않는 의지로 평등과 참다운 변화를 위하여 투쟁한다. 누가복음 4:18-19에 나타난 것과 같이 공동체의 존재목적을 "가난한 자에게 복음을 전하게 하시려고 포로 된 자에게 자유를, 눈 먼 자에게 다시 보게 함을 전파하며 눌린 자를 자유게 하고 주의 은혜의 해를 전파하게 하려 하심이라"고 이해한다. 이 교회는 가난하고 억눌림 받은 자들과 함께할 때에 복음은 진실되게 전파될 수 있다고 믿는다. 변화와 개혁을 위한 참된 동기가 행정적 모임을 하는 건물과 장소보다 더 중요하다고 생각한다. 종종 너무나 조직적인 교회로부터 실망하고 상처받은 교인들은 이렇게 건물과 장소 중심이 아닌 개혁과 변화를 위한 운동 중심인 교회를 선호하기도 한다.

그들에게 있어서 성경적인 모델은 구약에 나타난 여러 선지자들의 사역과 예수님의 공생애사역이다. 그들은 깊이 이 부분을 공부하고 감동을 받은 대로 사회에 나아가 예수님의 심장으로, 예수님의 손으로 상처를 싸

매고 배고픈 사람에게 빵을 나누면서 그리스도의 사랑을 전한다. 현세를 유지하려는 기득권에 대한 반항적 태도를 엿볼 수도 있지만, 이런 공동체를 인도하는 목회자는 사회의 불의나 부정 그리고 잘못된 점들을 기탄없이 비평하고 지적하는 선지자적 지도자이다. 종종 사회적으로 이슈화된 토픽들을 끌어안고 온 공동체가 열심히 투쟁할 때도 있다. 국회나 정부의 정책이라든지, 소수민족에 불리한 현행법 그리고 인공유산 등 사회적으로 중요하고도 무거운 이슈들을 끌어안고 투쟁하기도 한다. 공동체가 이러한 것들에 대해 깊은 신념과 각오로 무장되어 있어서 실수하기도 하지만 결코 확신 없이 의심하거나 주저하지 않는다.

(2) 복음전도주의자 교회

사회 선지자적 교회가 수평적인 관계에서 개혁과 변화를 주도한다면, 복음전도주의자 교회는 수직적인 면에서의 거듭남과 변화를 갈망한다. 전능하신 하나님과 피조물인 인간의 수직적인 관계를 새롭게 함으로 신앙의 변화를 유도하기에 힘쓴다. 새로운 교인들이나 기존 교인들에게 늘 이러한 신앙적, 영적 변화를 위하여 노력하며, 구원론에 입각한 신앙적인 언어들을 구사한다. 참다운 인간회복을 위한 예배의 중요성은 다른 모든 8가지의 교회 중에서 가장 심각하게 다룬다. 예배순서나 흐름은 매일 주어지는 삶 속에 하나님의 개입을 갈망하는 데 그 초점을 맞춘다. 더 많은 사람들을 주님께 인도하고 하나님과의 바른 신앙관계를 성립하기 위하여 선교적 교회의 특성을 많이 가지고 있다. 신앙생활에서는 경건훈련이나 복음증거를 위한 프로그램과 교육에 주로 투자한다. 전도의 과정에서 흔히 느끼게 되는 사회적 이슈나 문제점들을 가지고 갈등하지만 대부분 교회는 정치와 관련해서는 안 된다는 의식을 가지고 있으므로 직접적 정치

참여는 스스로 통제하는 편이다.

이러한 공동체의 목회자는 하나님의 임재와 섭리를 삶으로 나타내는 롤모델이다. 목회자는 믿지 않는 사람들을 그리스도께로 인도하는 길을 성도들에게 선교적 행동을 통하여 나타내며 훈련한다. 이러한 경향은 복음을 믿지 않는 사람들에게 전하기를 애쓰는 성도들이라 할지라도 성령의 체험과 확신이 없는 사람들에게 하나님을 체험하게 하기 위한 노력을 끊임없이 기울인다. 복음을 증거함으로 영혼구원에 이르게 하는 목적을 위하여 온 공동체가 열심으로 전도훈련을 받고 전도에 힘쓴다. 이러한 노력은 가정방문과 실버타운 그리고 노숙자들을 친히 방문하여 말씀을 증거하고 헌신한다.

이러한 8가지의 교회상을 정리하는 면에서 다음의 표를 신중히 살펴보자. 목회 현장에서 사역의 닻을 어디에 내려놓고 있는지 살펴보라. 아래 도표는 네 가지 관점을 통해 어떻게 8가지 교회상이 생성되는지를 한눈에 볼 수 있을뿐더러, 각 교회상들이 어떠한 기대와 사역에 대한 중심을 가지고 있는지에 대한 폭넓은 이해를 증진시킨다.

교회상	중점적 초점	목회자의 역할	핵심적 가치관	주요 프로그램
가족적 교회	상호 관계성	돌보는 부모	가족의 정체성 보존	식사친교 병자방문
양육적 교회	상호 관계성	양육인 상담자	삶의 문제들 보조	소그룹 모임 이슈 중심적 세미나
전통적 교회	신앙의 경건성	경건한 종교인	전통의 계승	교단적 전통 예식에 대한 교육
지성소 교회	신앙의 경건성	예배 인도자	체험적인 하나님의 임재	예배, 찬양, 기도

기독 시민적 교회	사회봉사	사회개혁자	사회적 정의와 긍휼	정치적 서명운동과 계몽
기독 섬김의 교회	사회봉사	섬기는 지도자	사회조화와 서비스	지역사회 선교 프로젝트
선지자적 교회	사회개혁과 변화	사회적 선지자	사회개혁	사회시위와 개혁운동
복음전도주의 교회	사회개혁과 변화	복음전도자	거듭남의 변화	결단의 시간 가정방문과 말씀 증거

〈도표 10 8가지 교회상에 대한 비교표〉

3. 세계관과 교회상의 상호적 연관성
Mutual Interconnectedness between World Views and Church Images

세계관이란 세상을 바라보는 관점의 창이다. 중세시대 사람들이 가졌던 세상에 대한 관점은 지구는 평면적 디스크 모양이라고 생각했다. 그래서 포르투갈의 리스본Lisbon 항구 최서단에 이렇게 새겨져 있다고 한다. '여기가 마지막이다. 이제 더 이상은 없다.' 항구를 떠나 너무 멀리 바다 밖으로 나가면 밑도 끝도 없는 거대한 암흑의 공간Abyss에 영원히 떨어진다고 믿었다. 이 얼마나 끔찍한 착각인가? 그러니 수평선을 넘어 세상 끝까지 탐험할 생각은 꿈도 꾸지 못했던 것이다. 선박들은 늘 수평선이 멀리 보이는 뭍을 바라보며 항해를 거듭했다.

그런데 과학문명이 발달하고 자연계의 깃든 법칙들을 새롭게 발견하면서 사람들은 자연을 무조건적으로 숭배하고 두려워하는 미신적 세계관에서 벗어나게 되었다. 갈릴레오 갈릴레이Galileo Galilei, 코페르니쿠스

Copernicus 등의 새로운 천문학적 발견은 인류에게 계몽사상의 촛불을 더욱 밝히게 되었고, 우리가 살고 있는 지구도 원형모양의 디스크가 아닌 둥근 공 모양의 행성임을 발견하게 되었다. 그리고 지구도 태양을 중심으로 공전하는 여러 혹성 중 하나임을 깨닫고, 지구 위에 존재하는 모든 물체들이 지구의 중력으로 인하여 우주 가운데 떨어지지 않고 거할 수 있게 됨을 발견하게 되었다. 아이작 뉴턴Isaac Newton의 이러한 중력과 힘의 발견은 현대물리학과 과학에 지대한 공헌을 했다. 계몽시대를 중심으로 자연의 신비성을 깨뜨리고 이성과 지성의 연구와 판단력으로 새로운 세계관을 열기 시작했다. 인간은 더 이상 자연에게 무조건적으로 굴복할 필요가 없이, 과학과 기술의 힘을 빌어 대자연을 정복할 뿐만 아니라, 그 자연을 인간의 의지대로 통제할 수 있는 방도를 찾게 된다. 인간 지성의 성장과 과학의 발견은 인간으로 하여금 점점 더 '과학과 지성의 힘으로 우리는 무엇이든 할 수 있다'는 자신감과 함께 경이로운 진보라는 신화를 창조하게 된다. 인간은 교만 속에 점점 더 높아졌고 하나님은 점점 더 낮아지게 되었다.

이러한 낙관주의적 세계관은 인간으로 하여금 수많은 새로운 도전들을 용기 있게 대처하게 했으며, 서쪽으로 끝없이 가면 신비의 세계인 인도를 만날 수 있다고 생각했다. 그래서 포르투갈과 영국, 스페인, 네덜란드 등 수많은 유럽국가 간의 탐험시대가 막을 올리게 된다. 크리스토퍼 콜럼버스Christopher Columbus의 신대륙 발견으로 인하여 오늘날 미국을 비롯한 북미의 여러 나라가 건국을 맞이하게 되었다. 그러나 아이러니하게 이러한 탐험의 시대는 오히려 식민시대의 모체가 되었고, 급기야는 노예제도라는 씻지 못할 인류적 과오를 범하게 되었다. 그럼에도 불구하고 과학과 문명의 성장은 멈추지 않고 과속화되어 산업혁명을 거쳐 달나라에까지 인간의 발자국을 남기게 되는 초근대화시대까지 쉬지 않고 달려왔다.

　다음의 그림을 살펴보자. 우주항공학과 더욱 발전된 천문학은 우리에게 지금까지 볼 수 없었던 지구의 객관적이고 전체적 모습을 보여 준다. 그리고 이 거대한 지구가 전체적 우주 안에서 어떤 위치에 있는지를 생각할 수 있도록 더욱 총괄적인 이해를 더해 준다.

　이러한 면에서 세계관에 대한 목회적 견식을 넓히기 위해서는 부분과 전체가 서로 어떻게 연관되고 영향을 주는지 살필 수 있어야 한다. 평면 디스크 모양으로 알던 지구에서 둥근 지구로의 전환이 인류에게 던진 새로운 영향과 150억 광년에 이르는 지름을 가진 우주의 어마어마한 크기 속에 한 부분인 지구의 관계성을 보다 총괄적인 면에서 이해할 필요가 있다. 영성지도자이자, 교육가인 파커 팔머는 일찍이 인간을 교육하는 과정에서 부분과 전체의 상호 관계성을 잘 이해하고 다룰 수 있는 교사가 숙련된 교사라고 말했다.[29] 너무 한 부분을 세밀하게 가르치면, 학생들이 의미를 찾는 데 어려울 것이고, 반대로 너무 광범위하게 가르치면 배우고자 하는 호기심과 자신과의 실질적인 관계성을 찾지 못해 배우고자 하는 동기를 잃게 될 것이기 때문이다. 세계관에 대한 이해도 마찬가지다. 너무 지

---

29) Parker J. Palmer, *To Know As We Are Known: A Spirituality of Education* (San Francisco: Harper & Row, Publishers, 1983)을 참조하라.

역적이고 세부적이면 좀 더 크고 깊은 차원에서 연관성을 찾지 못하게 되고, 반대로 너무 일반적으로 다루면 실제적으로 목회 현장에 다가오는 실용성과 깨달음을 발견하기 힘들게 된다.

이런 관점에서 세계관은 목회 현장에 좀 더 포괄적인 견해를 깨닫게 하며, 교회상은 좀 더 구체적이고 실질적인 이해를 증진시킨다. 세계관과 성도들이 생각하는 이상적인 교회상은 서로 밀접한 관련을 가진다. 아래 도표에서 볼 수 있듯이 세계관은 위, 아래 그리고 좌우에 놓인 인식적 자석과 같다. 사건을 해석하고 의미를 부여하는 과정에서 여러 이미지들을 인식적 자석처럼 동일하고 타당한 방향으로 끌어당긴다. 더들리 교수의 이미지 유형연구는 관심을 주축으로 한 구분에 초점을 맞추었다. 나는 이런 이미지 뒤에 강력하게 작용하고 있는 중심을 향한 집중을 관계적 차원에서 해석하였다. 이 관계성이 이 과의 초점이다. 도표를 자세히 살펴보라.

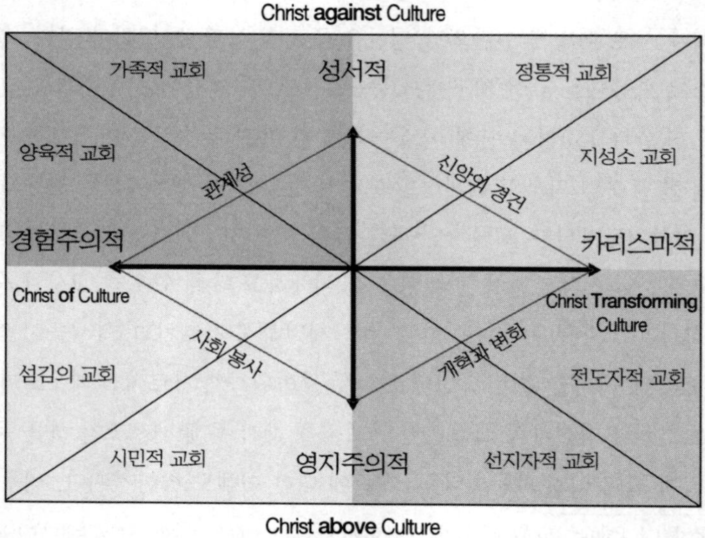

〈도표 11 세계관과 교회의 이미지〉

제6장 세계관과 공동체 이미지 형성

1) 세계관의 중력과 교회 이미지의 관계성

세계관과 교회 이미지의 연관성을 나타내는 도표를 보면서 위 아래 그리고 좌우에 4가지 세계관이 마치 중력을 가지고 합당한 부류의 교회 이미지를 끌어당기고 있다고 상상하라. 이것은 단지 비유적인 표현이지만, 각 코너에서 성서적 세계관은 이에 더욱 친밀성을 느끼고 자연적으로 성서적 세계관이 생성할 수 있는 교회적 이미지를 중심점으로 끌어당긴다. 마찬가지로 반대쪽에 위치하고 있는 영지주의적 세계관도 그에 합당한 교회 이미지들을 밀접하게 끌어당긴다. 무질서한 세계를 조화와 평등을 이루어 가는 우주의 흐름 속에 초청하기 위해서 때로는 필요한 사회개혁과 사회참여를 통해 조용히 조화와 질서를 회복해 간다. 그러기 위해서는 시민적 교회상이나 선지자적 교회상이 영지주의적 세계관에 근접할 수밖에 없다. 각 세계관의 중심력을 초점으로 해서 하나씩 살펴보기로 하자.

(1) 성서적 세계관과 근접한 교회 이미지들

성서적 세계관은 일반적으로 가족적 교회상과 정통적 교회상에 민첩하게 연관된다. 말씀의 권위를 인정하고 존중하는 것이 공동체의 핵심인 것처럼, 성서적 전통과 순수성을 중시하는 것은 정통적 교회상을 추구하는 공동체에게 자연스럽게 일어날 수 있다. 교단적인 배경과 전통의 순수성을 지향하는 교회에는 하나님의 말씀이 차지하는 비중이 대단히 크다. 규모가 큰 교회가 아니어도 이런 헌신적인 신념과 열정은 상호 관계를 긴밀하게 하고 일치하도록 도와준다. 이러한 일치성은 공동체를 친밀한 가족처럼 만들어 주기 때문에 서로 사랑하고 돌보는 가족의 특성을 가지게 된다. 또한 타락한 세상을 멀리하는 경향이 있는 성서적 세계관은 사회개

혁에 대한 헌신적인 참여와 투자가 신앙의 순수성과 정결을 유지해야 하
는 그리스도인에게 적합하지 않을 것이라고 생각한다. 따라서 성서적 세
계관은 앞의 도표에서 나타난 것같이 순결한 신앙과 의미 있는 관계성을
중심으로 목회사역의 영역이 그려진다.

(2) 영지주의적 세계관과 근접한 교회 이미지들

성서적 세계관과는 반대적인 견해로서 하나님 중심적이라기보다는
인간 중심적인 경향을 갖는다. 인간은 죄와 사망으로 이미 하나님의 형상
을 상실한 존재이므로 오로지 죄 용서만을 갈구하며 하나님의 구원으로
인한 회복을 갈망하기보다는 하나님의 형상대로 지음 받은 인간들이 양
심과 신실한 진실성을 다시 회복함으로 이 땅 위에 모든 것이 아름답게 조
화와 균형을 이루는 하나님 나라를 건설해야 한다고 믿는다. 세속사회의
문화적인 산물들도 유용하게 사용하면, 무질서에서 질서로 조화롭게 변
할 수 있다는 신념을 가지며, 열정과 신념이 강한 공동체는 사회개혁과 변
화를 주도하는 선지자적 견해를 가지고 열심히 사회참여에 힘쓴다. 그들
은 사회에서 소외당한 사람들이나 불공평한 사회정치적인 이슈들을 가지
고 시청이나 국회의사당 앞에서 시위를 벌이기도 하며 종종 매스컴에서
이런 시위가 보도되기도 한다. 또한 사회봉사와 참여정신이 어느 교회보
다 투철하기 때문에 최선을 다해 의무를 실행하려고 노력한다. 소수민족
이나 취업이민으로 일하고 있는 타민족을 위해 인권운동이나 프로그램을
활발히 진행한다. 이처럼 영지주의적 세계관에는 사회참여를 통한 사회
개선과 사회변화와 진정한 개혁을 위한 열정이 중심축을 이루고 있다.

(3) 카리스마적 세계관과 근접한 교회 이미지들

카리스마적 세계관은 오로지 그리스도의 영, 즉 성령의 주관과 역사하심에 사역의 초점을 둔다. 따라서 예배나 기도회 등을 통해서 공동체가 목적하는 것은 '어떻게 하면 참여자들이 하나님의 살아 계신 임재를 경험할 수 있을까?'이다. 치밀한 계획과 구상이 아니더라도 예기치 못하게 역사하시는 하나님의 능력과 기적을 체험해야 한다고 믿는다. 이러한 체험 속에 구습을 좇던 옛사람의 모습을 청산하고 오로지 그리스도 안에서 하나님의 의에 따라 새롭게 지음 받은 새사람으로 살아갈 수 있다고 믿는다. 이러한 세계관의 중심에는 신앙의 순결성과 능력 그리고 성령의 역사 안에서 일어날 수 있는 참신한 변화에 관심을 두기 때문에 자연적으로 지성소 교회상이나 전도자적 교회상과 밀접한 관계를 갖게 된다. 영적으로 충전된 예배를 통해서 예수님을 구주로 영접하는 결단의 초청이 이루어지고, 치유예배와 기도회를 통해서 오늘도 살아 역사하시는 성령님의 능력을 나타내고자 한다. 또한 불신자에게 말씀을 증거하는 일과 공동체에서 예배와 프로그램, 기도회를 통해서 하나님의 임재를 체험하고 그리스도를 구주로 영접하도록 하는 사역에 많은 관심이 있다. 세계관 설문을 통해 주축을 이루는 세계관을 이해하고 이러한 이미지와의 연관성을 목회 현장에 응용하는 것이 목회자들과 지도자들의 과제이다.

(4) 경험주의적 세계관과 근접한 교회 이미지들

카리스마적 세계관과는 판이하게 다른 위치에 있는 경험주의적 세계관은 그 중심이 인간의 성실함과 진실함에 있다. 아무리 성령의 은사를 사모하고 또 체험했다 하더라도 인간 스스로가 진실함이 부재하다면 모든 사역과 헌신이 의미가 없다. 이 세상에 태어나서 한 줌의 흙으로 다시 돌아갈 때까지 인간은 정처 없는 순례자의 길을 떠난다. 이 여정 중에 다가오는 삶의 도전과 고난들을 그리스도의 사랑과 마음으로 서로 도와주고 격려함으로 삶의 어려움을 극복하고 승리할 수 있다면 이것이 바로 주님께서 원하시는 교회상이라 믿는다. 예수님께서 이 세상을 끝까지 섬기신 것처럼, 이 세상을 포용하고 그리스도의 사랑으로 섬기는 길이 예수의 제자 됨의 참된 도라고 믿기에 손을 걸고 사회에 열심히 참여한다. 그리고 사랑과 존중을 통해 공동체를 교육하고 양육한다. 인간의 아름다움은 고난의 역경을 딛고 일어서는 참된 승리에 있다고 믿는다. 인간 승리의 이야기들이 풍부한 공동체가 바로 경험주의적 세계관이 중심이 된 교회들이다. 사회에 대한 헌신적 봉사와 참여 그리고 그리스도 안에서 한 형제자매 됨을 존중히 여기고 서로 양육하며 공동체 안에서 성장하는 교회를 꿈꾸며 섬긴다. 이러한 세계관에 가장 근접한 교회상은 양육적 교회와 섬기는 종의 교회이다.

세계관과 교회상이 이렇게 상호적으로 연관되어 있음을 인식하고 그 관계성을 자세히 분석하며 이해할 때 목회자들을 그리스도의 몸 된 교회를 더욱 총괄적으로 이해할 수 있게 된다. 이것은 조직적인 측면에서뿐만 아니라, 생명체적인 측면에서 그리고 목적과 비전의 달성을 위해 역동적인 과정을 통해 새로운 환경에 적응하며 또한 변화해 가는 교회를 총괄적으로 바라볼 수 있도록 돕는다. 이러한 인식과 견해는 모든 지도자들에게 그저 단순히 '보수적 공동체'와 '진보적 공동체'라는 평면적이고 환원주의적인 이해에서 보다 깊이 나아가, 생명체로서 창출하는 교회의 통괄적인 아름다움과 그 안에 필연적으로 나타나는 생명체의 추함을 볼 수 있게 한다. 이 얼마나 오묘한가? 인간으로써는 감당할 수 없는 이 소명을 잘 감당

할 수 있도록 성령께서는 지혜와 경험 그리고 오로지 주님만을 의지하게
하시는 순수한 신뢰함으로 우리 모두를 인도하고 계신다.

2) H. 리차드 니버의 '예수와 문화' 패러다임과 교회상의 형성

우리는 이와 같이 세계관과 교회상이 어떻게 서로 연관되어 있는지 살
펴보았다. 조용히 흐르는 큰 강이 세계관이라면, 세계관 아래의 역동적 흐
름은 깊은 강 밑바닥을 힘차게 흐르는 물과 같다. 또 목회 현장이 화가의
캔버스라면, 화가의 팔레트에 짜여 있는 원색적인 신학 색깔과 같다. 목회
현장에서 세계관이 차지하는 이러한 신학적 견해는 때로는 무의식적으로
의미를 추구하고 정체성을 확고히 하는 과정에 사용된다. 일찍이 H. 리차
드 니버 교수가 제시한 예수 그리스도와 현대사회와의 관계적 위치는 신
학적 견해가 성도들이 추구하고자 하는 이상적 교회상을 형성함에 어떻
게 간접적인 영향을 미치는가에 중요한 이해를 제공한다. 이러한 비교 연
구의 배경은 니버 교수가 막스 베버의 사회학적 연구에 근거한 것이다. 베
버의 사회학적 연구는 종교적 단체들이 사회와 어떠한 관계를 형성하는
가에 대해 분석했다.[30] 이러한 연구는 니버 교수에게 예수 그리스도를 이
해하는 신앙관과 신앙생활의 형태가 현 사회와의 관계에서 어떠한 영향
을 미치는지 새로운 이해를 가지게 하였다. 이런 점에서 칼 S. 더들리 교
수도 애브리 덜레스Avery Dulles 교수의 교회 모델들Models of the Church을 통해
서 많은 영향을 받았으며 또한 그의 연구 전반적인 면에서 이러한 깨달음
이 다방면으로 표현되기도 했다.[31]

---

30) 이 설명을 위하여 H. Richard Niebuhr, *Christ and Culture* (New York: Harper and Row,
    1951)를 참조하였음을 밝혀 둔다.
31) Avery Dulles, *Models of the Church* (Garden City, NY: Doubleday, 1974)를 참조하라.

여기서 니버 교수의 신학적 패러다임을 간단히 거론함으로 어떻게 세계관과 교회상에 간접적으로 연관되는지 살펴보기로 하자. 이와 관련해서 앞의 도표 11을 다시 한 번 신중하게 살펴보는 것이 유익하다.

(1) 문화에 대응하는 예수Christ against Culture

이 견해는 세속문화가 죄로 인해 타락했기 때문에 신앙의 순결을 지향하는 교회라면 이런 세속문화를 기피해야 한다고 본다. 즉 '예수가 아니면 세상'이라는 배타주의적인 양자택일의 신앙관을 강조한다. 특히 "이 세상이나 세상에 있는 것들을 사랑하지 마라"요일 2:15는 말씀을 바탕으로 이 세상을 사랑하면 아버지의 사랑이 그 안에 있지 않다고 믿는다. 흔히 이러한 신앙관은 사회학적인 면에서 문화에 상관하지 않는 격리주의자의 길을 택한다.

이러한 길을 고수하는 신앙관은 몇 가지 문제점을 제시한다. 무엇보다도 모든 사람은 이미 자기가 속한 문화에 어느 정도 동화되어 살아가고 있기 때문이다. 죄로 인하여 타락한 세상이지만, 모든 사람이 이미 원죄로 인해 하나님의 영광에 이르지 못한다는 것을 기억하면, 세속문화를 배척하는 사람들도 이미 죄에 물든 문화 속에서 살아가고 있음을 자각해야 한다. 이러한 관점에서 세속문화와 세속사회를 부정하는 것은 오늘도 저들을 사랑하시며, 구원하시기를 원하시는 그리스도의 마음을 부정하는 일이기에 목회적 관점에서 다소 문제점이 제기된다. 이러한 문제점들은 성서적 세계관을 과도하게 주장하는 사람들에게서 발생할 수 있다. 그들은 세속적인 사회와 격리되어 신앙격리주의자 같은 인상을 준다.

(2) 문화적 예수Christ of Culture

문화의 그리스도인이나 문화적 그리스도인들이 지니는 신앙적 경향
이다. 그리스도야말로 문화가 지향하는 가장 고차원적인 이상의 실현이
라는 견해이다. 그리스도를 통해 문화의 여러 견해를 해석하면서도 동시
에 그리스도를 문화적인 견해로 해석한다. 이런 면에서 신앙의 타협주의
Faith Accommodationism적 특성이 강하다. 변화하는 문화에 타당하게 적용할
수 있는 종교적 언어를 제공하는 것 같지만 신앙의 순수성과 순결성을 타
협할 수 있는 위험을 안고 있다.

이러한 신앙관은 이 세상에서 수평적인 관계론과 이해를 증진시킬 수
있지만, 수직적인 신앙의 순수성과 열정을 가볍게 여길 수 있다는 위험이
따른다. 인간의 고뇌와 갈등을 실존적인 측면에서는 아름답게 여길 수 있
으나, 신앙의 전통성이나 진실성을 상실할 수 있는 위험이 늘 도사리고 있
다. 앞에서도 살펴본 바와 마찬가지로 경험주의적 세계관을 중심으로 한
섬김의 교회나 양육적 교회에서 교회 내면적으로특별히 양육적 교회에서 그리고
외면적으로섬김의 교회에서 일어날 수 있는 타협적인 신앙관과 환경에 적응하
고자 하는 믿음의 정체성에 혼란을 초래할 수 있다. 세상과 더욱 비슷해
지면서 세상적 언어와 상징을 사용하며 세상과 더욱 타당성 있게 접근하
는 가운데 정녕 간직해야 할 그리스도인의 구별된 신앙적 정체성이나 믿
음이 고유성을 잃게 될 때, 우리는 더 이상 이 세상을 향하여 말씀으로 변
화시키고 또한 사회적 바탕에 기준을 두지 않은 새로운 대안적 공동체
Alternative Community로서의 정체성을 잃게 된다.

(3) 문화를 초월하신 예수Christ above Culture

이 신앙관에 의하면 그리스도인들에게 필요한 것은 무조건적인 신앙

의 확언과 신중히 고려하지 않은 문화에 대한 거절보다는 신앙과 문화를 조화해서 두 가지 양면을 포용할 수 있는 새로운 관계적 패러다임을 발견해야 한다고 생각한다. 세속적 문화라고 해서 무조건적으로 다 악한 것은 아니다. 문화 자체도 하나님의 창조의 일부일 뿐 아니라, '좋았더라!'라고 하신 것이기 때문이다. 아무리 악해 보이는 세속문화일지라도 그 안에 선함도 함께 내포되어 있다고 본다. 이러한 선한 요소들은 오직 그리스도의 은혜 가운데 인식되며 하나님의 나라가 종국적으로는 이 땅 위에 임할 것을 믿기 때문이다. 무소부재하신 하나님은 세속적 문화와 구별된 믿음의 공동체의 삶 속에 섭리하시기에 '이것 아니면 저것'이라는 극단적 선택은 현명한 처사가 아니라고 생각한다.

　이러한 신앙관은 기독교 신앙을 문화와 통합적으로 다루기 때문에 잘 못하면 문화에 동화된 신앙관을 산출하여 문화적 화석화 현상에 빠질 수 있다. 그렇게 되면 결국 세속문화에서 현존하는 상대주의를 절대화할 수 있게 된다. 결국 세상의 개혁에 애착을 가지고 독재주의나 사회문화적 요소들을 개조하거나 그러한 이념을 지지하는 사람들을 개심하는 데 주력한다. 때로는 교회의 권위와 영향력을 동원하여 사람들로 하여금 이러한 신념을 받아들이게 강요하면서 갈등을 조장할 수도 있다. 그러나 더 깊은 차원에서의 과오는 죄악의 파괴적인 힘과 능력을 제대로 인정하지 못하고 이러한 죄된 요소들이 세상의 모든 기관이나 공동체에 이미 근본적으로 투과되고 있음을 인식하지 못함이다. 죄악의 능력과 교회를 파괴하고자 하는 사탄의 집요한 열심을 인정하지 못하면, 하나님이 소원하시는 하나님 나라가 실제적으로 이 땅 위에 건설되기란 쉽지 않다. 결국 사회변화를 꿈꾸고 이 땅 위에 하나님의 공의와 평화가 이루어지기를 바라는 선지자적 교회와 시민적 교회가 이러한 신앙적 배경에 끌리기 마련이다.

(4) 문화를 변화시키는 예수Christ transforming Culture

마지막으로 한 가지 더 고려해야 할 신앙관은 문화를 변화시키는 예수의 패러다임이다. 신학자 니버에 따르면 변화를 주동하는 예수상이 가장 현 사회에 적합한 '문화와 예수'의 관계를 해석하는 패러다임이라고 믿는다. 그래서 사람들로 문화를 초월하는 예수상보다 더 긍정적이고 적극적인 태도를 갖게 한다. 세상의 빛과 소금인 그리스도인들의 신실한 헌신과 섬김을 통해서 이 세상은 변화될 수 있으며, 하나님 나라의 특성을 나타낼 수 있다고 믿는다. 교회는 영적인 변화를 초래하는 근본적 시발점이 될 수 있으며, 그것으로 인해 주위 사회를 변화하는 힘이 될 수 있다. 범 우주적으로 악한 영향력을 미치는 죄악의 현실과 능력을 인정하지만, 그리스도 예수 안에서 하나님의 의와 거룩하신 뜻을 이루는 성화된 도구로 쓰임 받을 수 있다고 확신한다. 이러한 결단과 헌신으로 구성된 공동체야말로 거룩한 공동체로 이 땅 위에서 천국의 일부분을 증거할 것이다. 그러나 중요한 것은 인간의 노력과 선행이 중심이 아닌, 위로부터 임하시는 성령의 역사와 능력으로 말미암아 이러한 회복과 그리스도 예수 안에서의 복음적 변화는 가능하다고 믿기에 말씀을 증거하는 전도자적 교회상과 하나님의 임재를 경험케 하는 지성소 교회상이 자연적으로 이러한 신앙관과 조화를 이루게 된다.

이렇게 신앙관과 긴밀한 연결성을 가지는 교회상은 공동체의 행사와 의미를 추구하는 해석과정이나 사회개혁, 성령의 임재를 추구하는 것이나, 인간 존재의 의미를 갈망하는 모든 과정에서 긴밀한 상호 관계성을 이룬다. 이 점을 유의하면서 세계관과 교회상 또 이러한 신앙적 배경이 공동체 정체성과 어떻게 연관되는지 살펴보자.

4. 세계관, 교회상 그리고 공동체 정체성

한 사람의 정체성에 대해서 언급하기란 결코 쉽지 않다. 외부적으로 비추어지는 한 사람에 대한 인상과 존재성이 자기 스스로 생각하는 '이것이 바로 나 자신'이라는 개념과는 동일하지 않을 수도 있다. '어떻게 저 사람이 그런 일을 저지를 수가 있을까?'라는 말은 지금까지 외부적으로 보여진 정체성과는 그 실체가 너무나 상반됐을 때 흔히 들을 수 있는 말이다. 즉 안팎으로 표출되는 언행과 인상에 서로 긴밀한 연관성과 진실성이 부여될 때 우리는 '그 사람은 믿을 수 있는 사람' 내지는 '그 사람은 역시 진실하다'라고 표현한다.

앞에서도 언급했듯이 한 공동체의 정체성을 깊이 이해하려면 적어도 다음의 세 가지가 고려되어야 한다. ① 신학적, 철학적 신념과 결단, ② 핵심적인 가치관의 정립 그리고 ③ 반드시 가져야 할 사명감. 신학적, 철학적 신념과 결단은 어떤 경우에도 흔들림 없고 타협하지 않을 수 있는 근원을 정체성에 부여한다. '누가 뭐래도 나는 이런 사람이다' 내지는 '바로 이것이 어떤 경우에도 변할 수 없는 나 자신이다!'라는 신념이다. 두 번째는 오늘날 내 삶의 중대한 결정이나 행동에 대해서 의미와 이유를 제공해 줄 수 있는 핵심적인 가치관이다. 이것이야말로 삶에 대한 열정의 불꽃을 휠휠 타오르게 할 수 있는 근본이다. '내가 왜 이 고생을 감수해야 하는가?' '우리는 왜 이 일을 감당해야만 하는가?'에 대한 의미 있는 이유와 설명이 가치관으로부터 말미암는다. 마지막으로 반드시 시행해야 할 사명감은 사람들로 하여금 목적을 향해 박차고 나갈 수 있도록 밀어준다. 한마디로 목적이 주도된 삶을 살아갈 수 있도록 도와준다.

이러한 삼위일체적 관계성을 염두하면서 우리는 세계관과 교회상 또 교회상과 신앙적 관점이 서로 어떻게 연관되는지를 살펴보았다. 니버 교수의 신앙관에 대한 비교분석과 이해는 공동체의 정체성 뒤에 전반적인 배경이 된다는 사실을 깨닫게 되었다. 마치 하늘을 그리기 위해서는 기본적으로 하늘색이 필요하듯이 공동체의 정체성을 위해서 이러한 신학적 견해와 연관성이 정체성 형성에 많은 도움을 준다. 특별히 신앙인으로서 오늘 삶의 현장에서 어떻게 서야 하며, 세속적 세상과는 어떠한 관계를 가져야 하는가에 크게 도움을 준다. 이것은 공동체가 반드시 씨름해야 할 과제이다. 이 세상이 너무나도 타락했기에 더 이상 상관할 가치조차 느끼지 못하는가? 아니면 복음으로 인한 회복이 더욱 더 절실하게 느껴지기에 세상에 뛰어들어 개혁을 부르짖을 것인가? 신앙인이라면 적어도 한두 번은 이러한 문제를 고심하게 된다. 정녕 어떻게 사는 것이 그리스도의 영광을 위한 것일까? 믿음의 공동체로서 정녕 어떠한 모습으로 서야 하는가? 이 세상을 위해 어떤 일을 감당해야 하는가? 그것이 전도이든, 섬김이든, 선지자적 역할을 감당하는 것이든지 간에 어떻게 하는 것이 종국적으로 하나님께 영광을 돌리며 이 세상을 향하신 하나님의 의도에 어긋남 없이 참여하는 길일까? 정체성이라는 자화상을 그리고자 하는 모든 목회자와 지도자에게 반드시 필요한 고민이다.

이러한 신앙적 배경은 더욱 구체적으로 세계관의 성립으로 발전한다. 목회적인 견해에서는 성서 중심적인가? 성령의 능력을 인정하며 사모하는 길인가? 하나님께서 가르치신 대로 인간의 진실성과 존엄성을 추구하는 것인가? 아니면 범 우주적으로 투시되어 있는 하나님의 뜻대로 이 세상의 모든 것들과 더불어 평화적으로 공존하며 조화를 이루며 살아가는 것인가? 이렇게 세계관의 중심은 공동체에게 특정적인 신학관이나 사명으로 알고 시행해야 할 구체적인 사역, 타협할 수 없는 신념에 대해 많은 것을 말해 준다. 앞에서 언급했듯이 가치관을 중심으로 생성된 규율들이나 신앙적인 표현, 예배 도중 전례와 기도, 종교적인 언어는 모두 세계관과 긴밀한 관계가 있다.

공동체의 정체성 형성과정에는 서로 상반된 세계관 때문에 갈등을 겪을 수 있기 때문에 목회자나 지도자는 이런 이질성이 오히려 통합적인 에너지로 산출되도록 인도해야 한다. 특별히 핵심적 가치관은 타협하거나 포기될 수 없는 정체성의 핵심임을 일깨워서 불필요한 갈등이나 개인적인 마찰을 피하도록 해야 한다. 제1과에서 언급했듯이 목표의 설정에서 달성하는 과정은 처음부터 끝까지 의도적인 과정이다. 이 과정은 오로지 인간 중심적인 것이 아니라, 성령의 역사와 '성육신화적 은혜'Incarnational Grace가 나타나도록 기다리는 과정이기도 하다. 비전을 바라보는 초점을 잃지 않으며, 동시에 목적이 주도하는 의도적 과정을 걸어가는 것이 목회이며, 하나님의 마음을 살펴 그분의 나라가 이 땅 위에 임하도록 개혁적인 과정을 선두하는 자가 바로 목회자이다. 또한 사명감에 초점을 맞추어 공동체가 사역의 열정을 낼 수 있도록 유도하는 것이 교육목회가 지향하는 목표이다. 그때 공동체는 신앙적인 체질에 맞는 교회상을 스스로 성립하게 되고 종국적으로 세계관과 교회상이 아름다운 조화를 이루게 될 것이다. 이런 면에서 가치관이 정체성에 어떠한 영향을 미치며 상호 관계성을 내포하고 있는지 다음 과를 통하여 좀 더 자세하게 분석해 보자.

제7장

가치관과 공동체 정체성의 관계

Relationship between Core Values and Congregational Identity

1. 가치관에 대해 생각할 점

복잡한 도심지에서 약 30분 정도 벗어난 조용한 교외에 자리 잡은 아담한 교회가 있었다. 일찍이 한인들이 별로 살지 않는 작은 동네에서 한 목사님이 동년배 남성들을 중심으로 축구연습을 시작하면서 하나둘씩 사람들이 모이기 시작했다. 연습하다가 간간히 쉬면서 나오는 외로운 이민 생활 이야기를 주고받으면서 친교를 중심으로 자연스럽게 교회가 창립되었다. 처음부터 구성원 자체가 다양했다. 일찍 1950년대에 미국에 유학 와서 특허를 소지한 교인부터 최근에 취업 이민으로 온 교인, 온 지 약 15-20년쯤 된 자영업을 운영하는 교인도 있었다.

처음 교회를 조직할 때부터 두 지역 사람들이 모였기 때문에 교회 안에는 지역에 따라 자연스럽게 두 그룹이 생겨났다. 지역에 따른 잠재적인 갈등을 안고 있었지만, 창립하신 목사님이 한쪽 지역 출신이고 사모님은 다른 지역 출신이었다. 그래서 목사님 부부가 함께 교회 안의 두 지역 그룹을 별 갈등 없이 잘 인도하고 있었다. 비록 열정이 넘치는 교회는 아니었지만 주일예배를 중심으로 성경공부반이나 소그룹 모임도 거의 없이 작고 아담하게 신앙생활을 나누는 교회로 약 20년의 시간이 흘렀다.

창립하신 목사님의 목회생활이 마무리되고 새로 청빙된 후임 목사님이 취임하였다. 그전에 약 2년에 가까운 청빙과정 동안 수많은 갈등이 있었다. 청빙위원회가 생각하는 이상적인 목사님의 상이 판이하게 엇갈렸다. 어려운 청빙과정 후에 40대 초반의 젊은 목사님이 부임했는데, 그분은 열성과 정성을 다하여 기진맥진한 교회 안에 생명력을 불어넣었다. 소그룹을 인도할 지도자를 양성하였고, 새벽기도를 다시 부활시켰고, 구역모임, 성경그룹 모임, 위원회 모임 그리고 남녀선교회를 재조직하면서 열심히 제자훈련에 임했다. 늘 과다한 업무에 허덕였지만 젊음의 패기를 가지고 열심히 헌신한 결과 교회가 점점 성장하게 되었고 노년층이 주를 이루던 교회에 젊고 전문직종을 가진 청년들이 늘어나게 되었다. 젊은 교인들은 현시대적 감각에 가까운 열린 예배를 요구하게 되었고 결국 당회는 많은 사람들의 요구에 떠밀려 찬양예배를 시작했다. 전통적 예배를 드리는 1부 예배보다 열린 예배 형식으로 자유롭게 드리는 2부 예배가 급성장하기 시작했다. 그리고 새로운 교육 프로그램과 젊은 세대를 위한 선교활동이 왕성해지면서 지역사회에도 많이 알려지게 되었다. 새 목사님이 부임한 지 2년도 채 안 되어 빠른 성장을 이루면서 새로 등록한 교인들이 기존 교인들의 숫자를 압도하게 되자 여기저기에서 새로 부임한 목사님과 목회방향에 대한 불평이 쏟아지기 시작했다. 물론 대부분이 기존 교인으로부터 비롯된 불평이었다.

불평을 정리해 보면 대략 이러했다. "목사님이 새교우들과 더 친숙하게 지내고 우리는 찬밥이다", "새로 시작된 프로그램들은 신앙위주라기보다는 흥미위주에 친교위주이다", "전통을 무시한 새로운 비전은 용납할 수 없다", "목사님의 설교가 예화 중심이고 성경말씀이 부족하다", "손들고 손뼉치며 드리는 찬양예배는 너무 신비주의적인 것 같다", "병원에 입원 중인 교인들에 대한 심방과 돌봄이 부족하다", "목사님이 너무 지식적이다", "교인들을 차별대우한다", "사모님이 교회 일에 너무 간섭하신다", "젊은 새교우들이 윗사람 대우를 잘 못한다", "교육관을 새롭게 증축하는 것은 교회 형편상 무리다", "우리 아이들도 똑같은 교실에서 공부했는데 왜 이 교실이 부적당하다는 것인가?" "지역사회 선교에 대한 목사님의 의도는 이해가 안 되는 건 아니지만 지금 우리 형편상 동의할 수 없다!" "목사님은 새교우들의 의견을 우리 의견보다 더 중요시여긴다" 등등 이루 나열할 수 없을 정도로 불평이 심했다. 결국 목사님은 이런 장벽에 부딪히기 시작한 후 1년을 넘기지 못하고 사임하게 되었다.

2. 상황분석

무엇이 잘못되었는가? 만약 목사님이 목회에 대한 투철한 비전이 없었다면, 사임 후에 목회를 접고 다른 진로를 택했을 것이지만, 이 목사님은 사임 후 목회에 대한 사명감과 소신으로 다른 교회에서 열심히 섬기고 있다. 목사님의 사임 후 그 교회는 큰 어려움에 빠지게 되었다. 과반수도 넘는 교인들이 교회를 떠나고 이미 노령화된 기존 교인들을 중심으로 이전같이 활발한 교육과 양육 프로그램을 운영하기에 힘에 부치게 되었다.

교회는 점점 힘을 잃고 생명력 없이 주저앉기 시작했다. 어디서부터 무엇이 잘못되기 시작한 것일까? 목회적으로 분석하고 고려해야 할 사항들이 있지만, 이 문제의 핵심은 가치관의 혼선이다.

처음부터 혼선을 빚었던 청빙과정을 살펴보면, 수많은 지원자 중에서 교회에 적합한 목사님을 선별하기란 그리 쉬운 일이 아니다. 우선 지원자들의 교육수준이 대부분 비슷하다. 대부분이 정규 신학대학원 출신이고 목회경력도 그렇게 많은 차이가 나지 않았다. 이민교회의 경우 어느 정도 한국어와 영어를 구사할 수 있는 목회자를 선호한다. 글로벌시대를 위한 목회비전을 꿈꾸는 한국 교회들도 마찬가지일 것이다. 청빙과정을 지켜보면서 늘 느끼는 것은 청빙과정 중에 혼선을 빚거나 갈등이 고조되는 경우는 대부분 공동체의 가치관이 분명하지 않기 때문이다. 즉 무엇에 초점을 맞추어야 할지 모르거나, 공동체의 정체성이 무엇인지를 잘 이해하지 못할 때 청빙은 공동체를 분열할 수 있는 파괴적 과정이 될 수 있다.

앞에서도 언급했듯이 모든 교육적, 목회적 경험과 배경이 비슷한 수십 명의 지원자들 가운데 가장 적절한 목회자를 선택한다는 것이 얼마나 어려운 일인가? 마치 모두 비슷하게 포장된 초콜릿 상자를 열고 자기가 원하는 단 하나의 맛을 고르는 것처럼 어려운 일이다. 땅콩맛을 원한 사람에게 어떻게 아몬드맛이 구미에 당길 수 있겠는가? 본질적으로 가치관에 대한 철저한 이해와 연구가 부재한 상황에서 목회자를 결정하는 것은 이렇게 제비뽑는 것과 같은 결과를 가져온다. 또한 목회는 결혼과 비슷하다. 한 목회자와 공동체의 만남은 남편이 될 청년이 아내가 될 숙녀를 만나는 것과 같다. 둘 다 자라온 환경과 배경이 다르고 교육수준도 다를 수 있다. 또 생활습관과 세계관도 판이하게 다를 수 있다. 이처럼 한 남자와 한 여자가 만나 가정을 이루는 결혼생활은 그 둘에게 많은 것을 요구한다.

그러나 진정으로 서로 존중하고 이해하며, 격려할 수 있다면, 서로에게 부족한 면들을 보충해 줄 수 있는 아름다운 관계가 될 수 있다. 서로 사랑한다는 신뢰 안에서 두 사람은 그들의 생애를 하나로 묶는다. 그리고 한 목적지를 향해 걸어간다. 목회가 바로 이런 게 아닐까? 공동체와 목회자가 함께 만나 하나님의 소원을 성취하고 사랑하며 나아가는 길이 아니겠는가? 서로 환경이 다를 수 있고, 신앙적 배경도 다를 수 있고 세계관이 다를 수 있겠지만 복음의 사명, 즉 땅 끝까지 그리스도를 전함으로 구원함에 이르게 하는 목적을 위해 서로 희생하고, 서로 돌보아 주고, 서로를 위해 기도하며, 서로에게 용기와 힘을 북돋아 주는 관계가 바로 목회적 만남이다.

　이러한 긴밀한 관계의 성사는 무엇보다도 서로 가지고 있는 가치관이 얼마나 일치하는가에 있다. 나는 무엇을 소중하게 여기며 믿고 있는가? 재물보다는 명예인가? 명예보다는 권력인가? 혹은 실질적 영향력인가? 사람들의 존경을 받고 인기를 누리는 것인가? 아니면 진정 사회에서 소외된 사람들을 돌보며 희생하는 것인가? 이런 가치관적 요소들이 동일하면 동일할수록 만남의 관계는 훨씬 더 시너지를 창출할 수 있다. 함께 기뻐해야 할 것을 기뻐하고, 함께 탄식해야 할 것을 탄식할 수 있다면, 영혼의 눈이 같은 것을 바라보며 걸어가게 되어 보다 효율적으로 복음사역을 감당할 수 있다. 서로를 향한 사랑의 중점이 같은 도덕·윤리적 카테고리 안에 닻을 내릴 때 그 사랑은 아름다운 열매를 맺을 수 있다. 한마디로 '당신이 필요해서 사랑한다'가 아니라, '당신을 진정 사랑하기에 나는 당신이 필요하다'라는 공감대를 형성함이 중요하다. 이렇게 아무런 계산도 속셈도 없는 순수한 사랑이 근원이 되면 그 관계는 단단하게 엮일 수 있다. 그러나 서로 함께 사랑한다 하면서 다른 곳을 바라보고, 함께 가면서 다른 마음을 품으면 사역의 길이 멀고도 험하게 느껴질 것이다. 목회자가 떠나게 될 때 아픔이 더 큰 이유는 마치 함께 삶을 나누던 부부가 돌아서는 아픔처럼 가슴을 멍들게 하기 때문이다.

3. 가치관에 대한 이해와 정의

1) 가치관의 정의

일반적으로 가치관은 목회적, 조직적 관점에서 이렇게 정의될 수 있다. 가치관이란 공동체에 속한 모든 사람들이 가장 소중하게, 끈기 있게 영구적 중요성을 부여하는 신념이나 이상을 말한다. 가치관은 공동체로 하여금 무엇이 함께 지향할 만큼 중요하며, 무엇이 그럴 필요가 없는지 말해 준다. 가치관이야말로 목회적인 관점에서 볼 때 목회 현장에서 사고의 형성이나 신념의 정당화 그리고 권장되는 행동과 습관에 전반적인 영향력을 미친다. 한마디로 목회 현장에 스며드는 향기와 같을 수도 있고 반대로 악취가 될 수도 있다.

가치관은 이렇게 비유될 수 있다. 당신의 집에 불이 났다고 가정해 보자. 갑자기 뜨거운 화염에 싸인 상태에서 당신이 한정된 시간에 몇 가지만을 가지고 나와야 한다면 무엇을 선택할 것인가? 무엇을 가지고 뛰어나올 것인가? 당신이 무엇을 선택하든지 가치관은 왜 그것들을 선택했는지에 대해 의미 있는 설명을 제시한다. 목회도 마찬가지다. 영적으로 고갈하고 허기진 사람들에게 생명을 떡을 나눠 줄 때 무엇부터 할 것인가? 무엇을 가지고 영적인 떡을 만들 것인가? 왜 이것이 아니라 다른 것이어야 하는가? 왜 우리 공동체가 지금 이것을 시행해야 하는가? 이런 질문들에 대해 가치관은 항상 의미를 제시한다. 또한 우리에게 삶과 사역의 이유를 말해 준다. 그러므로 가치관은 교리가 아니며 교리적 고백도 아니다. 어떤 면에서 보면 원칙적으로 설 수 있도록 기초 역할을 해 주는 것이 가치관이다. 목회 현장의 모든 원칙은 나름대로 가장 중요한 가치관을 바탕으로 세워진다는 점을 반드시 기억해야 한다.

2) 가치관의 특성들

21세기를 이끌어 갈 지도자는 단지 주어진 직위를 의지하기보다는 공동체의 비전과 가치관을 유도하고 이끌 수 있는 자질을 가진 리더이어야 한다. 필요한 변화와 개혁을 이끌어 낼 수 있는 유용한 가치관으로써 공동체에게 어떻게 영향을 미치는지 한번 생각해 보자. 우리는 대체적으로 다음의 몇 가지를 생각할 수 있다.[32]

(1) 가치관은 지속적이어야 한다

오늘날 우리는 변화가 끊이지 않는 모래 위에 서 있다. 어제의 정통성이 무너져 내리고 오늘 이단시되던 것들이 내일 정통성을 주장하는 시점에서 영구성을 지닌 가치관은 사람들에게 흔들리지 않는 존재적 기반을 제공한다. 사람들은 늘 내일을 예측하기 어려운 상황에서 하루하루를 살아간다. 목회 현장에서 다가오는 질문은 이것이다. "이렇게 변화가 끊이지 않는 격동의 시대에 믿음의 공동체는 어떻게 대응해야 하는가?"

유감스러운 이야기이지만, 교회 공동체처럼 변화에 빠르게 대처하지 못하는 공동체도 없을 것이다. 흔히 교회는 이러한 변화를 피하거나 변화라는 불청객을 맞이하지 않으려고 많은 노력을 기울인다. 기존의 구조나

---

32) Aubrey Malphurs, *Values-Driven Leadership: Discovering and Developing Your Core Values for Ministry* (Baker Books, 1996)을 참조하라.

훈련방식들을 좀처럼 바꾸려 하지 않으며, 오히려 "우리 교회에서는 늘 이렇게 해왔습니다"라는 말을 자랑스럽게 한다. 호주에서는 이런 상황을 비유해 타조가 무서워서 머리를 모랫구멍에 처박고 세상을 부정하는 것과 같다고 설명한다. 사실 이러한 대처는 타조같이 기동력 있는 동물도 가장 위험한 상태에 빠지게 만든다. 무조건적으로 기피하기보다는 때로는 어려울지라도 담대하게 변화하는 세상을 주시하면서 어떻게 대처할지를 살필 수 있어야 한다. 이 첫걸음이 바로 '우리 공동체에게 있어 우리는 어떤 변하지 않는 영구적 가치관을 가지고 있는가?'이다. 흔들리지 않는 그 무언가를 내재하고 있다면, 어떠한 상황에서도 창의력을 동원해서 대응할 수 있다. 한 가지 분명한 것은 변화는 이 변화를 기피하는 어떠한 기관이라도 조만간 장례를 치르게 할 것이기 때문이다.

격동적인 변화의 파도를 헤치고 나아가는 믿음의 공동체는 약속의 땅을 향해 항해하는 배와도 같다. 때로는 관점의 부족으로, 때로는 상황에 대한 이해의 미흡으로 칠흑 같은 캄캄한 밤을 항해하는 것 같지만, 공동체의 누구나 다 공감할 수 있는 가치관이 분명하다면, 반드시 그 항해는 목적이 주도하는 항해가 될 것이다. 아무리 방향감각을 잃어 혼란에 빠진다 할지라도 바다를 항해하는 선원들에게 영롱하게 반짝이는 북극성이 있을 때, 방향을 늘 새롭게 잡을 수 있기 때문이다. 영구성이 있는 가치관이란 바로 목회의 항해 중에 방향을 제시해 줄 수 있는 북극성이 있는가에 대한 근본적인 질문이다.

(2) 가치관에서 열정은 필수적 요소이다

가치관은 사람들로 하여금 열정을 불러일으킬 수 있어야 한다. 제1차 세계대전에 패배한 독일은 패배감과 분노, 민족적 수치심으로 갈팡질팡

하고 있었다. 아돌프 히틀러는 거리에서 가난한 삶을 살아가던 별 볼 일 없는 미술학도였지만, 열정적인 연설로 독일 사회에 팽배했던 분노의 출구를 열어 정권을 잡았다. 그리고 거대한 저수지에 고여 있던 엄청난 양의 물 같은 독일인들의 축적된 분노와 패배감의 물꼬를 터뜨려 유대인을 희생양으로 몰아 무죄한 600백 만의 유대인을 학살하였다. 이것은 지금도 씻을 수 없는 독일의 수치로 남아 있다. 독일의 잘못된 열정이 불러일으킨 참사였지만, 우리가 살펴볼 수 있는 것은 가치관은 열정을 유발시킨다는 사실이다. 이 열정 속에 공동체는 에너지를 창출하고 엄청난 일들을 감행하게 된다.

사도행전에 보면 성령 충만을 체험한 베드로가 예수님의 부활에 대한 확신과 복음에 대한 열정으로 그리스도를 증거하는 장면이 나온다. 때로는 광장에서행 2-3장, 때로는 개인적인 상황에서행 10장 열정의 불꽃 속에 자신을 내어 던져 3,000명이 그리스도 앞에 굴복하고 세례를 받는 실로 기적적인 선교역사를 이루어 낸다. 베드로를 오늘날 목회 현장의 목회자로 비유한다면, 그가 믿고 확신한 가치관이 그를 사로잡았고 그 역시 온몸과 마음과 정성과 뜻을 다해서 그 가치관을 증거했다고 말할 수 있다. 만일 가치관을 증거하고자 하는 사람이 자신도 믿지 않는 가치관을 어떻게 다른 사람들로 하여금 믿게 할 수 있겠는가? 그러므로 목회자들이나 지도자들은 신앙이나 행정이나, 도덕·윤리적인 가치관이거나 이러한 가치관에 얼마나 확신이 있는지 점검해야 한다. 그리고 완전히 가치관의 포로가 되어야 한다. 자신을 사로잡지 못하는 가치관이라면, 아예 전하지 않는 편이 낫다. 그러나 이미 그 가치관에 사로잡혀서 청중을 사로잡을 수 있는 능력이 있다면, 그 가치관은 사람들로 열정을 불러일으킨다. 가치관은 항상 열정을 담은 것이어야 하며 열정에 의해, 열정적 목적을 위해 불타야 한다.

(3) 가치관의 근원은 성서적이어야 한다

그리스도의 십자가의 보혈로 세워진 믿음의 공동체라면, 교회의 가치관은 항상 성서적이어야 한다. 세상에는 향락을 최고의 목적으로 삼는 향락주의가 있고, 물질의 부와 축적을 목적으로 삼는 황금만능주의, 물질주의가 있다. 어디 그뿐인가? 사람들의 인기와 명예를 목적으로 하는 명예주의도 있다. 이처럼 즐비한 세상의 가치관은 이미 믿음의 공동체 내면에 침투해 있다. 많은 사람들이 이러한 세속의 때를 다 벗지 못하고 여전히 부족한 모습으로 그리스도의 몸 된 교회를 섬기고 있다. 따라서 무엇보다 중요한 것은 믿음의 공동체라면, 적어도 함께 인정하고 공감하는 가치관이 성경에 뿌리를 두어야 한다.

따라서 가치관의 타당성이나, 가치관의 실용성을 논하기 전에 반드시 물어야 할 질문은 '과연 이 가치관이 성서적인가?' 하는 것이다. 우리 공동체가 그렇게 애착으로 붙잡고 있는 가치관을 성경은 과연 무어라 말씀하실 것인가? 성서적 근원은 어디에 있는가? 어떤 가치관을 평가함에 있어 과연 그 가치관에 대응하는 성경구절을 족집게처럼 집어내야 한다고 주장하는 것은 아니다. 자칫 잘못하면 이런 노력 속에 '내가복음', 즉 주관적인 견해에서 성경을 해석하려는 'Isogesis'를 감행하는 과오를 저지를 수 있기 때문이다. 하나님의 말씀을 인간이 추구하는 가치관에 끼워 넣을 수 없다. 그리고 결코 그렇게 해서도 안 된다. 비록 성경에 꼭 맞는 구절로 증명할 수 없다 해도 늘 하나님의 말씀이 의도하시는 영역 안에서 공동체의 가치관이 뿌리내려야 한다. 만일 성서적 가치관을 지향하지 못하면 세상에서 구별된 공동체인 교회가 세상의 기관들과 무엇이 다르겠는가?

(4) 가치관에는 핵심적 신념이 반드시 따라야 한다

무엇이 당신의 목회 현장에 가장 핵심이라고 생각하는가? 당신은 공동체를 섬기면서 어떤 가치관을 붙잡고 있는가? 어떤 목회적 가치관이 하나님의 마음에 합한 것이라 믿고 있는가? 여러 요소를 섞어 실험관에 넣은 후 가열하면 실험관 바닥에 마지막에 남게 되는 결정체처럼 연단의 불길을 거쳐 마지막에 남는 결정체가 있다면 그것이 무엇이겠는가? 핵심적 가치관은 공동체의 가장 깊은 내면, 성스러운 지성소 같은 곳에 보관되어 있다. 그러므로 이러한 신념의 뿌리가 깊이 내려진 가치관은 얼마간의 관계적 노력과 희생 그리고 신뢰가 필수적이다. 이러한 노력 없이 핵심적 신념을 찾아내기란 결코 쉽지 않다. 뉴욕 맨해튼 5번가장로교회Fifth Ave Presbyterian Church에서 목회하시던 토마스 트웰Thomas Twell 목사님은 설교 중에 이런 말씀을 하셨다.

> 오늘날 현대 사람들은 '조급증 바이러스'Instant-gitus에 감염되어 있다. 바로 지금 당장 무언가 이루어져야 한다고 생각하며 늘 조급하게 살아간다. 어떤 그리스도인들은 "주님, 인내를 저에게 허락해 주십시오"라고 기도하면서 "주님. 지금 당장 주세요!"라고 기도한다.

목회에는 '지금 당장!'이 없다. 목회는 신뢰를 쌓아 가는 관계가 중요하며, 관계는 오직 '심은 대로 거둔다'는 생의 근본 원칙을 벗어나지 않는다. 많이 심으면 많이 거두고 적게 심으면 적게 거둔다. 핵심을 알기 원한다면, 더 많이, 더 깊이, 더 진실하게 목회에 투자하라. 많이 쌓으면 쌓을수록 깊은 내면에 간직해 두었던 핵심적 신념을 찾을 수 있다.

이렇게 공동체의 가장 심장부, 즉 지성소 같은 곳은 보관되어 있는 핵심적 신념은 가치관을 형성해 가는 여러 요소들 중에 가장 중요한 요소이다. 가치관을 이루고 있는 필수적 요소들과 특성을 살펴보라. 핵심적 신념은 공동체의 심장부에 뿌리를 두기 때문에 공동체가 생명체로서 숨 쉬고 있는 동안에는 변함없이 사역의 박동을 뛰게 할 것이다. 그리고 이러한 핵심적 신념은 가치관으로 하여금 열정을 자아내게 하고 이러한 가치관으로 교육받고 양육되는 사람들에게 또 다른 열정을 창출하게 한다. 이렇게 중추신경계와 같은 신념은 믿음의 공동체가 세상과 구별되는 가장 확실한 증거인 하나님의 말씀 안에서 그 의미와 뿌리를 내린다. 말씀은 무엇이라 하시는가? 우리가 함께 공유하는 이 가치관이 얼마나 성서적이며 그 말씀의 능력에 합의하는가? 동시에 이러한 핵심적 신념은 공동체의 다른 부분들과 어떻게 상호 협조적인 관계를 유지하는가? 가치관이 명확할 때, 공동체의 영적 DNA는 확실하게 구분된다. 이제는 이러한 영적, 목회적 DNA를 바로 이해해야 하지 않을까? 하나님의 영광을 위해!

4. 가치관에 대한 구체적 예들

대부분 교회 웹사이트나 안내자료를 살펴보면 교회의 가치관을 나타내는 문구들을 접할 수 있다. 뉴욕 맨해튼에 소재한 한 교회는 '어떤 사람도 차별받지 않고 환영받는 교회'라고 소개한다. 실제로 이 교회를 방문해 보니, 타투이스트, 초근대파 예술가들, 재즈 가수 등 독특한 개성을 가진 사람들이 많았다. 교회를 둘러보니 누구 하나 소외되지 않고 영접받고 환영받고 있었다.

또 어떤 교회는 3V의 약자를 인용해 가치관을 소개한다. 즉 3V란,

'Vision'비전, 'Vitality'생명력 그리고 'Venture'모험이다. 3V를 중심으로 '꿈과 비전을 주는 교회'라는 주제 아래 핵심적 가치관을 이렇게 소개하고 있다.[33]

> Vision : 우리 교회는 예배를 통하여 하나님이 주신 저마다의 사명을 발견하고 그것을 이루며 살아가게 합니다.
> Vitality : 우리 교회는 역동적인 예배와 생기 있는 믿음을 갖게 합니다.
> Venture : 우리 교회는 과거의 것에 머무르지 않고 늘 개척자의 정신으로 살아가게 합니다.

위에 나타난 가치관을 살펴보면 세 가지 중심적 신념이 소개되고 있다. '사명의 발견', '생기 있는 믿음', '개척자 정신'이다. 비록 이 교회의 회중연구를 시도하진 못했지만 이러한 가치관을 성취하기 위한 프로그램이 운영되고 있을 것이다. 미국에서도 공동체의 가치관을 유일한 방법으로 소개하는 교회들이 있다. 몇 교회의 실제적 예를 살펴보자.

1) 그레이스커뮤니티성서교회 Grace Community Bible Church (Richmond, TX)

① **목적달성을 위한 결단**
우리의 주된 목적은 사람들을 예수 그리스도께로 인도함에 있고 또 주님의 성품을 닮아 갈 수 있도록 양육하는 것입니다.

② **사람을 위한 결단**
하나님은 사람들을 통해 역사하십니다. 하나님의 섭리 사역 안에 모든 사람들은 아주 고유한 존재입니다.

---

33) 영통영락교회의 웹주소를 참조하면 더 자세히 볼 수 있다. http://youngrak.org

그레이스커뮤니티성서교회는 이러한 가치관을 여러 문헌자료나 교회 뉴스레터, 소개자료 등을 통해 열심히 전달하고 있다. 그리고 교회의 행정적, 교육적, 관리적인 부분에서도 이 같은 가치관이 많은 영향을 미치고 있다.

2) 휄로십성서교회Fellowship Bible Church (Nashville, TN)

휄로십성서교회는 다음과 같은 독특한 방법으로 공동체의 핵심적 가치관을 소개하고 있다. 예를 들면 은혜의 철학에 대한 가치관을 여러 문장을 통해 해설하는 방법을 통하여 설명한다.

> ① **은혜의 철학**A Philosophy of Grace
>
> 당신은 스스로의 선행으로 하나님의 용납하심을 얻지 못합니다. 오직 예수 그리스도를 통한 믿음을 통해 당신을 지금부터 영원토록 용납하십니다. 우리 교회는 죄책감으로 인하여 사역하기보다는 하나님의 사랑으로 인하여 스스로 주를 향한 감사와 기쁨으로 섬기는 사역자를 양육하기 소원합니다.
>
> ② **그리스도인의 자아상**A Christian Self-Image
>
> 당신은 긍정적인 자아상을 소유할 수 있습니다. 그러나 이 자아상은 당신으로부터가 아닌 오로지 예수 그리스도를 통하여 이루신 하나님의 섭리로 가능한 것입니다.

3) 캐롤커뮤니티교회Carroll Community Church (Westminster, MD)

휄로십성서교회와 비슷한 방법으로 공동체의 가치관을 설명하고 있다. 가치관 중 하나인 '예수님 사랑하기'에 대해 다음과 같이 설명한다.

예수님 사랑하기

다른 아무도 우리 대신 하나님을 사랑할 수 없습니다. 우리는 반드시 각자 개인적으로 그리스도와 만남을 가져야 합니다. 요한복음 15장에 이르신 것처럼 가지가 나무에 연결된 생명적 관계를 가져야 합니다. 하나님의 말씀을 묵상하고 기도하고 예배드리며, 온전히 하나님께 마음과 뜻과 정성과 온 힘을 다하여 순종해야 합니다.

4) 윌로우크릭커뮤니티교회 Willow Creek Community Church (Chicago, IL)

이 교회는 가치관마다 한 문장으로 간략하게 중요성과 의미를 설명하고 있다.

① 우리는 성령의 기름 부음 받은 가르침이 개인과 교회의 변화와 개혁에 소중한 촉진제가 됨을 믿습니다.

② 우리는 길을 잃고 헤매는 사람들을 하나님께서 보살피심을 믿기에 우리 교회도 이들을 위해 기도하며 보살펴야 함을 믿습니다.

③ 우리는 하나님의 교회가 동시대 문화와 실제적으로 타당한 관계를 유지하지만 교리적 순수성을 보존해야 함을 믿습니다.

이와 같이 몇 교회들이 고백하는 가치관에 대한 소개문들을 살펴보았다. 모든 교회의 가치관은 분명히 어떤 철학과 신학적 배경을 안고 가치관이 성립되었음을 설명한다는 것을 배울 수 있다. 가치관은 '무'無에서 창조되는 것이 아니라 목회 현장에서 하나님의 섭리하시는 의도를 발견하고 또 그 뜻을 실행하기 위하여 최선을 다할 때 발견되는 것임을 기억하자. 공동체들이 변화를 경험하고 때로는 수용할 수 없을 정도의 갑작스런 상황적 변화를 맞이할 때마다 '그러나 이것만큼은 결코 타협할 수 없다'는 중심적이고 공동체의 얼 속에 깊이 자리 잡고 있는 것들을 재확인하게 된다. 가치관은 바로 이런 것들이다. 변화하는 목회 상황 속에 적절하게 변화를 수용하면서 신념적인 믿음과 신학 그리고 성서적 가치들을 순결하게 보존하려고 노력하는 긴장 속에서 성숙하며 더 큰 힘을 발휘한다. 가치관은 마치 생명체를 유지하기 위해 생명체의 모든 부분마다 세미하게 전달되는 피와 같다고 볼 수 있다. 피가 흐르지 않는 곳은 상처를 회복할 수 없고, 곪아 터지기 마련이다. 그러나 피가 전달되는 모든 곳에는 생명력이 보존된다. 가치관을 이런 관점에서 이해하는 것은 생명체인 그리스도의 몸 된 교회를 함께 섬겨 나가는 모든 사람에게 실로 중요한 일이다. 그렇다면 가치관이 목회에 어떤 영향을 미치는지 함께 생각해 보자.

5. 가치관이 목회와 정체성에 미치는 영향

공동체 생명력의 핵심에는 가치관이 자리잡고 있다. 그 가치관은 하나님의 은혜가 햇빛처럼 사역과 섬김의 터 위에 늘 비추어야 하듯이 목회 전반에 영향력을 미친다. 구체적으로 어떠한 면에서 영향력을 행사하는지 살펴보자.

1) 공동체의 중대사를 결정하는 과정

교회는 조직과 사회 기관적인 면에서 볼 때, 매일 중요한 사항들을 결정한다. 여러 측면에서 결정해야 할 일이 수십 가지가 넘을 수도 있다. 수도 없이 많은 결정을 내리면서 이 결정이 어떻게 옳고 그른지를 알 수 있을까? 이것에 대한 답은 가치관을 통해 발견할 수 있다.

초대교회를 보더라도 얼마나 많은 결정을 두고 갈등을 겪었는지 알 수 있다. 사도행전 6장에 보면 예루살렘교회가 구제와 말씀 선포 문제로 중대한 결정을 내리게 된다. 교회가 점점 성장하면서 헬라파 유대인들이 교회 내의 구제사역 대상에 헬라파 과부들이 빠지는 것을 목격하면서 불평을 토로한다. 이때에 열두 사도들은 모든 교인들을 불러 회의를 하였다. 그리고 사도들은 오직 기도하는 일과 말씀을 전하는 일에 전무하기를 결정하였고, 여러 제자들 가운데 성령과 지혜가 충만하여 모범이 될 만한 사람들을 선택해서 구제하는 일을 돕게 하였다. 어떻게 보면 예루살렘교회에 제일 처음 닥친 중대한 갈등이었다. 그러나 사도들은 이 갈등을 가치관의 재정립을 통하여 지혜롭게 해결하였다.

종종 지도자들은 공동체의 중대사를 사람들과 의논하지 않은 채 결정하기도 한다. 문제가 되는 것은 이러한 결정이 공동체 다수의 지지를 얻지 못할 때이다. 목회 상황을 고려하면서 공감대를 형성하지 못한 가치관을 바탕으로 결정을 내릴 수도 있다. 하지만 이런 경우 문제는 이런 결정을 실질적으로 수행해 나가야 할 공동체가 올인하지 못하거나 마지못해 지도자의 결정을 억지로 수긍하는 것이다. 좋지 않은 마음가짐으로 시행하는 많은 일들이 대부분 질적인 면에서 떨어지고 시행착오를 범하는 경우가 많다. 그러므로 어떤 중요한 결정을 내리기 전 목회자는 이 결정과정과 결과에서 공동체의 중요 가치관과 상호 관련성을 고려해야 할 것이다. 그렇지 않으면 임무완수라는 무거운 짐을 홀로 지고 가야 하는 극단적인 상황이 초래될 수 있다.

2) 위험부담을 나누어야 하는 경우

목회 현장에는 위험한 모험을 감행해야 하는 경우가 속출한다. 어떠한 형태의 사역이든지 모든 공동체는 때때로 위험부담을 무릅쓰고 가야 할 길이 있고, 반드시 시행하지 않으면 안 되는 사역이 있다. 어떠한 결정을 내리든지 그 결정들이 공동체의 내일과 늘 연관되기에 위험부담은 늘 따르기 마련이다. 아래의 다이어그램을 살펴보면 한쪽에는 위험에 대한 부담을 저항하며 피하려는 경향이고, 또 반대편에는 위험부담에 대해 모험적, 긍정적으로 수용하려는 경향을 나타낸다. 아래 도표를 살펴보며 당신이 속한 공동체가 어디쯤에 서 있는지를 생각해보라.

위험부담의 연속선

① ② ③ ④ ⑤

위험부담에 대한 저항 　　　　　　　　　　　　　위험부담에 대한 모험

사실상 대부분의 많은 교회들이 위험부담을 피하려는 왼쪽에 기울어 있다. 공동체 간에 서로 다른 점은 본질적으로 각 공동체가 가지고 있는 전형적인 가치관의 차이에 있다. 나의 관찰로는 만일 공동체가 창의성과 신앙혁신을 중요시하는 교회라면 좀 더 위험부담에 대한 모험을 시행할 수 있는 쪽으로 가깝게 접근할 것이다. 반대로 변화의 파도와 맞서기보다는 잔잔한 바다를 항해하는 것을 선호하는 공동체라면 위험부담이 적고 기존의 구조와 삶의 형태를 바꾸지 않는 쪽으로 기울 것이다. 물론 대부분의 공동체들이 ②에서 ④ 정도의 사이에 위치하고 있을 것이다. 그러나 만일 전혀 새로운 모험을 시도하기 원치 않는다면 극적으로 변화와 개혁을 완강히 거부하는 경직된 교회가 될 수 있고, 반면에 새로운 트랜드나 프로

그램을 도입하고 수용하려는 공동체는 늘 흘러가는 구름처럼 안정을 누리지 못하고 계속되는 변화를 잡으려고 이리저리 뛰고 있을 것이다. 어느 한쪽이 더 우세하다기보다는 적당한 긴장관계를 유지하면서 유동성을 가지고 위험부담의 연속선상에서 적용하는 것이 좋다.

3) 목표설정에 미치는 영향

이상적인 발언 같지만, 효율적인 목회를 위해서 모든 공동체는 반드시 한두 개쯤 명백한 비전과 사명을 가져야 한다. 비전과 사명은 목회사역에 명백한 방향을 제시한다. 공동체가 어디로 가야 하는지, 언제 돌아갈 수 있는지, 어떠한 계획을 추진하든지 간에 반드시 뚜렷한 목표가 설정되어야 하고 이런 목표를 달성할 수 있는 구체적이고 실질적인 방안들이 세워져야 한다. "하나님께서 이렇게 비전을 주셨으니 우리 다 함께 힘을 모아 추진합시다!" 물론 함께 힘을 모아 추진하는 일은 좋은 일이지만 지도자는 항상 어떻게 힘을 모을 것이며, 어떠한 구체적인 전략과 목표달성을 위한 방안을 가지고 추진할 것인지를 신중하게 기도하며 고려해야 한다.

공동체가 함께 여러 중요한 목표를 설정함에 있어 중요한 것은 핵심적 가치관으로 하여금 이러한 목표를 설정하는 일에 있어 무엇이 중요하고 덜 중요한지를 구분하도록 해야 한다. 예를 들어 성가대의 영적 성장을 위해 성가대 지휘자와 성가대장을 임명하는 결정을 한다면, 그 목표에 헌신된 사람들을 세워야 한다. 음악적 재능과 지휘 경력도 중요하겠지만 만일 성가대의 음악적 수준을 향상하는 것보다 사랑 안에서 하나가 되어 하나님께 합당한 찬양의 제사를 올려 드리는 일에 더 치중한다면, 다소 음악적 재능이 부족하더라도 거듭난 그리스도인으로 모든 과정에서 성가대를 영적으로 인도할 수 있는 사람으로 세워야 한다. 가치관의 눈이 어디를 향하고 있는가에 따라 공동체의 목표설정이 완전히 다를 수 있다.

4) 갈등해결과정에 미치는 영향

동료 목사님들로부터 '갈등 없는 목회지에서 섬겼으면 좋겠다!'라는 한탄을 많이 듣곤 한다. 이는 고난과 도전 없는 인생이었으면 좋겠다고 말하는 것과 동일한 이야기이다. 아무런 도전도 고난도 없는 인생? 분명 이런 인생은 완전히 포기하고 죽은 인생이다. 고난을 맞이하고 싶지 않거든 죽어야 한다. 그러므로 살아 있는 한, 생명을 가지고 어떠한 목적을 향해 꿈틀거리는 한 갈등과 고난은 우리가 살아 있음에 대한 산 증거이다. 따라서 공동체를 함께 섬기면서 고난을 피하게 해 달라는 기도는 사실 어폐가 있다. 오히려 그리스도의 눈을 가지고 고난 속에 숨겨진 참다운 의미와 하나님의 축복을 발견하게 해 달라고 기도해야 한다. 믿음의 공동체야말로 이세상의 어떤 사회적 기관 중에서 가장 복합적이고 각양각색의 사람들이 모인 조직이다. 사회적 신분이나, 교육 배경과 자라온 환경은 물론, 개인적 취향까지 완전히 다른 사람들이 오로지 예수 그리스도를 믿는 믿음의 고백과 그분을 사랑하는 사랑의 마음을 모아 형성된 조직이 아닌가! 이런 공동체는 시작부터가 문제점을 안고 시작한다.

만일 매사에 개인적 관점을 중시하여 개인의 취향에 따라 공동체의 중대사가 결정된다면 문제가 끊일 날이 없고 온갖 불협화음이 일어날 것이다. 동으로 가려는 사람들과 서쪽으로 가려는 사람들, 남과 북으로 달려가려는 사람들을 향해 당신은 어떻게 화합을 이루며 시너지를 창출하는 리더십을 발휘할 수 있겠는가? 이런 잠재적인 갈등을 안고 있는 교회 공동

체가 어떻게 갈등을 해결할 수 있는가? 물론 대화의 채널을 재정리하는
방법, 공동체를 하나의 가족계 조직으로 보는 관점 그리고 인간관계적 해
결방법으로 갈등을 접근하는 여러 방법들이 동원될 수 있겠지만, 가장 중
요한 것은 갈등의 근원이 가치관의 충돌에 있다 해도 과언이 아니다. 앞에
서도 언급했지만, 가치관의 충돌은 역시 세계관의 충돌로 연결되고 더 나
아가서는 교회상의 충돌 그리고 행정방식과 목회관, 신학적 해석의 충돌
로 연쇄반응을 일으킨다.

특별히 관계성이 중요시되는 목회 현장에서는 많은 갈등의 원인이 개
인적 가치관의 충돌에서 비롯된다. 가치관의 초점이 힘의 유지와 평행이
라고 할 때, 공동체는 아무리 개혁의 바람이 들이닥쳐도 그때뿐이지, 다시
힘을 유지하고 평행을 이루기 위한 조직적 패턴으로 되돌아간다. 종종 목
격하는 일이지만 새로 부임했던 목사님이 떠나고 난 후에, 다시 그 교회
를 방문해서 살펴보면 이전에 있던 행정조직과 방식으로 다시 돌아가 있
는 것을 목격하곤 한다. 생명체를 이루고 있는 공동체에서 흔한 현상이지
만, 이러한 '호메오스타시스'항상성는 끈질기게 공동체 내에 그 영향력을 발
휘한다. 갈등을 어떻게 해결할 것인가? 문제해결을 위해 어떻게 접근하는
가? 이러한 모든 것들이 결국 어떤 가치관이 주도하는가에 따라 실질적인
해결방법이 달라진다. 내가 사물을 이해하는 관점이나 공동체 내에서 발
생한 어떤 행동들은 결국 그것들을 움직이는 가치관에 의해 결정된다. 무
엇이 우리 공동체의 가장 소중한 가치관인가? 어떤 가치가 그 다음 중요
한 자리를 차지하는가에 따라 갈등의 해결책과 방법 그리고 해결과정에
지대한 영향을 미친다는 사실을 기억하자. 제시된 해결책이 아무리 타당
해 보여도 만일 그 해결책이 공동체의 핵심적 가치관과 동의하지 않으면
실질적으로 해결하는 과정에서 무수히 많은 어려움을 겪을 것이다. 왜냐

하면 해결과정에서 어떻게 공동체의 자원을 유용하게 사용할 것인가? 또는 어떻게 재정적 자원을 사용할 것인가? 어떠한 직무와 임무를 부여할 것인가에 따른 여러 과정에서 늘 부딪히게 될 것이기 때문이다. 다시 간단하게 '가치관'이 목회를 운행하며 공동체에 미치는 영향에 대해 살펴보자.

가치관이 목회에 미치는 영향들	
중대사 결정	문제해결
위험부담에 대한 모험	사역의 우선순위 결정
목표설정	직무할당
갈등해소	재정운영
사회동화과정과 방식들	공동체 자원관리와 유용

이러한 목회적 측면들을 고려해 볼 때, 가치관이 미치는 영향으로 말미암아 공동체의 운영방식과 체질, 가치관으로 말미암은 대외적으로 표현하는 공동체의 특성들, 그로 말미암은 공동체 내부와 외부에서 바라보는 공동체의 유일성들이 종합되어 각 공동체가 표현하는 고유적인 특성을 부각하게 된다. 어떻게 갈등을 해소하는가? 어떻게 문제를 해결하는가? 무엇에 중점을 두고 사역의 최고 우선순위를 두는가? 공동체 내에서 어떻게 직무가 할당되는가? 공동체에 유용한 자원들이 어떻게 사용되며 무슨 목적을 위해 주로 투자되는가? 이 모든 요소들은 마치 '퍼즐조각' Jigsaw Puzzle처럼 처음에는 잘 보이지 않지만 함께 합치고 연결될 때 점차적으로 전반적인 정체성의 특징을 나타내게 된다. 마치 공동체가 자아상을 그려나갈 때, 화가의 손에 쥐어진 팔레트에 모든 개념적이고 관점적인 색

깔들이 대부분 가치관에 의한 색상들임을 기억하자. 이처럼 가치관은 공동체 정체성 형성에도 중대한 영향을 미친다.

6. 가치관과 목회의 긴밀성

우리는 앞에서 가치관이 목회에 미치는 여러 영향에 대해서 생각해 보았다. 이젠 한 단계 더 가까이 가치관의 실체에 대해 접근해 보면서 어떻게 가치관이 목회와 긴밀하게 연결되어 있는지 살펴보자.[34]

1) 가치관과 목회의 인격적 특성

어느 교회든지 '이것이 바로 우리가 존재하는 이유입니다' 또는 '우리는 이 일을 위해 오늘도 전진합니다'라는 고백을 듣는다. 이러한 고백은 결국 가치관에 대한 고백이다. 물론 가치관을 명백하게 소개하는 공동체가 있는가 하면, 막연하게 이야기하는 공동체도 있다. 중요한 것은 이러한 가치관의 고백으로 특정하고 유일한 공동체의 특성이 형성된다. 사도 바울의 서신을 보더라도 소아시아 지역의 초대교회들은 저마다 특성이 뚜렷했다. 이것은 지역적, 사회정치적으로 겪고 있던 상황에서 생성된 고유성이다. 이 모든 교회들이 가지고 있던 공통점은 하나님의 말씀과 그 권위를 인정하는 것이었지만, 그 외에 여러 다른 가치관들을 가지고 하나님의 교회를 운영하며 섬겼다.

예를 들어 고린도교회는 성령의 사역과 선물에 대해 많이 강조하였던

---

34) 이 부분에 대해서 설명할 때 Aubrey Malphurs, *Value-Driven Leadership*에서 소개된 아이디어를 많이 응용하였다. 특별히 제1과에 나타난 '핵심적 가치관의 중요성'(The Importance of Core Values)은 많은 깨달음을 제시해 주었다.

반면, 갈라디아교회는 그리스도를 통해 주어진 선물이라는 관점에서 모세율법을 가르쳤다. 디모데가 바울의 뒤를 이어 사역하던 에베소교회는 그리스도를 믿는 믿음으로 한 가족이 된 성도란 무엇이며, 교회란 무엇인가에 대해 심도 있는 교리적 가르침에 중점을 두었다. 야고보 장로가 초대 감독으로 섬기던 예루살렘교회는 교회 안의 성도들에게 행함이 따르는 믿음이야말로 하나님의 살아 계심을 실제적으로 증거하는 삶이라고 강조했다. 이 모든 교회들은 당면했던 목회적, 선교적 상황들이 달랐을 것이다. 그리고 이러한 상황에 최선으로 적용하면서 그리스도의 죽으심과 부활과 그리스도를 통해 나타나신 하나님의 구원 섭리를 가르쳤다. 하지만 독특한 가치관은 각 지역과 교회에서 아주 독특한 목회의 인격적 특성을 부각시켰다.

즉 초대교회와 21세기를 향하여 복음을 전하는 오늘날의 교회들이 함께 나누는 항상 동일한 공통분모가 있다면 그것은 바로 복음 중심적인 핵심적 가치관이다. 한 치도 변할 수 없고 한 치도 타협할 수 없는 복음의 진리—그리스도 사건을 통하여 나타나신 하나님의 구원과 사랑—가 바로 핵심적 가치관이다. 우리는 변화무상한 이 세상에 적극적으로 대응하고 적응해야 하지만, 복음의 핵심적 가치관의 순결성과 순수성을 불순물 같은 세속적 가치관과 섞이지 않도록 성결하게 보존해야 한다. 이것이 초대교회와 오늘날의 교회가 주께서 재림하실 날까지 고수해야 할 점이다. 그러나 핵심적 가치를 제외한 부수적 가치는 어느 정도 개혁과 변화의 유용성을 포용해야 한다. 그렇지 않으면 복음을 능력 있게 효율적으로 전할 수 없게 된다. 로마에서는 로마의 법을, 한국에서는 한국 상황에 타당한 방법을, 미국에서는 미국의 상황에 적절한 목회적 방법을 부수적 가치관들을 고려하면서 응용해야 한다. 이런 면에서 가치관은 공동체의 정체성에 아주 독특한 혼합적 성분요소를 제공하는 셈이다. 세계관의 관점에서도 이미 설명했듯이 가치관 역시 공동체의 유일한 대화방식, 행동규율 그리고 행정실행능력과 과정에 중요한 영향력을 미친다.

2) 가치관과 교인들의 목회참여도

평소 여러모로 귀감이 되는 가까운 평신도 지도자가 있는데, 한번은 이사를 하고 교회를 옮기더니 갑자기 목회참여도가 곁에서 보기에도 현저하게 하락했다. 나중에 보다못해 물었더니 목사님이 지향하는 가치관이 본인의 가치관과 맞지 않다고 했다. 목사님은 매사에 교회행사를 주관할 때 상류층을 겨냥해서 화려하고 웅장하게 운영하는데, 이 친구는 행사의 규모와 프레젠테이션은 이 행사를 통하여 구원받을 영혼들의 숫자에 따라 그 성공 여부가 결정되지 프레젠테이션 자체는 구원의 열매와는 비교가 안 될 만큼 덜 중요하다고 믿었다. 어느 쪽이 더 옳고 그른가를 논하기 전에 기억하자. 목회자 역시 영혼구원을 어찌 더 소중하게 생각하지 않겠는가? 하지만 그 공동체의 특성을 고려할 때 다른 교회에 비해 프레젠테이션 자체와 행사의 완전성을 신경 쓰지 않을 수 없는 상황이었을 것이다. 가치관의 동질성을 찾지 못한 그는 목회사역에 참여하는 정도가 아주 뜸하게 되더니 결국에는 교회를 옮기고 말았다.

교회에 등록하는 새교우들은 이런 질문을 종종 하게 된다. '이 교회의 가치관은 무엇인가? 핵심적 가치관은 무엇이며, 부수적 가치관은 어떤 것들인가? 이 교회의 중요 가치관들이 나의 가치관에 얼마나 동의하는가? 목회사역에 동참하면서 교회와 신학적으로 동일한 가치관의 초석 위에 서 있는가? 아니면 서로 다른 초석 위에 서 있는가?' 이러한 질문들이 비록 인식적인 면에서 질의문답식으로 이루어지지 않아도 결국 시간이 가면서 무의식중에 그리고 비공식적인 상황 속에서 해답을 발견하게 된다. 예배에 참석하면서 친교를 나누고 프로젝트에 참여하면 이러한 가치관에 대한 동질성을 추구하게 된다. 가령 카리스마적 세계관에 투철한 한 교인이 성서적 교회에서 오랫동안 신앙생활을 하다가 영지주의적 세계관이 중심이 된 교회에서 어느 누구나 다 환영받고 또 환대해야 하는 공동체, 그 어떠한 가치관의 주장보다 더 중요한 가치관은 모든 가치관을 다 수용하는 마음과 태도라고 한다면, 과연 이 교인이 그런 진보적인 성향의 가치관을 나누는 교회에서 자연스럽게 동화될 수 있을까?

미국에서 두 교회가 서로 연합하는 사례를 지켜본 적이 있다. 한 교회는 건물이 있었지만 적은 교인들이 모이는 교회였고, 다른 교회는 건물은 없지만 훨씬 더 많은 교인들이 모이는 교회였다. 예배드릴 처소가 필요한 교회와 처소는 있지만 생기가 더 필요했던 교회 간의 만남은 환상의 만남이었다. 하지만 몇 년도 채 안 되어 연합했던 교회는 세 교회로 다시 분리되는 아픔을 겪었다. 이 교회도 아니고 저 교회도 아닌, 오직 예수님의 교회라며 제3그룹이 나누어진 것이다.

무엇이 문제였을까? 연합은 조직적인 측면과 행정적인 측면에서 볼 때 타당한 결정이었다. 그런데 연합의 과정에서 충분히 가치관의 동질성과 이질성에 대해 생각하고 서로 다른 교회 교인들에게 충분한 이해와 교육이 필요했을 것이다. 무엇이 서로 타협할 수 있는 부수적 가치관이고 또 어떤 가치관이야말로 타협될 수 없는 가치관인지를 분석하고 이해했어야 했다. 그러면서 이러한 가치관들을 함께 연합을 이루는 새로운 공동체로 거듭날 때 과연 공동체의 사명과 어떻게 연결할 것인지, 이 사명을 함께 감당해 나가기 위해 목회자들을 어떻게 섬겨야 할 것인지, 사명의 달성을 위해 공동체의 조직과 행정구조는 어떻게 재조정해야 하는지 등 많은 준비가 필요했을 것이다. 물론 목회자들과 평신도 지도자들이 이 일에 관심을 가졌을 것이다. 대부분의 공동체가 이러한 중대한 결정과 새로운 시작이 있을 때, 얼마나 이 가치관에 대해 분석하고 생각하고 기도하는가? 이것은 실로 중요한 일이다. 서로 이질성을 감지하고 다른 가치관을 추구할 수는 있겠지만 이것은 표면상의 추구일 뿐이다. 가슴을 울리고 심장을 뛰게 하는 감동과 열정은 생성되지 않는다. 즉 가치관의 초점이 교인들이 바라보는 가치관의 초점과 일치하면 할수록 더욱 높은 시너지 효과가 발생된다. 더욱 많은 공동체의 일원들이 목회사역에 뛰어들게 되고 목회에 함께 올인하는 동역자들이 될 것이다. 더 많은 동역자를 양육하는 공동체가 되기 위해서는 더욱 많은 사람들과 핵심적 가치관을 공감하고 함께 소유하도록 해야 한다. 이를 위해서는 의도적 교육목회가 반드시 필수적이다.

3) 가치관은 공동체 내에서 중요한 것을 전달하는 대화 매개체이다

공동체가 함께 나누는 가치관은 왜 공동체가 오늘 이 자리에 존재해야 하며, 무엇이 하나님께서 가장 소원하시는 사명인지를 직감하게 도와준다. 이미 사도행전 6장에서도 거론되었지만, 예루살렘교회에서 처음 갈등을 경험했을 때 사도들은 진정 무엇이 가장 중요한 교회의 가치관인지를 보여 주었다. 사도들은 저들의 제일 중요한 사역의 초점이 기도와 말씀을 가르치고 전하는 일이라고 규명하였다. 이것은 확실한 신앙 가치관을 가르친 사례이다. 그리고 여러 선택된 집사들이 헬라파 유대인 과부들과 어린이들에게 음식을 나누고 구제하는 일을 감당하도록 하였다.

여기서 반드시 기억해야 할 것은 당신이 섬기는 공동체에 갈등이 생길 때, 이 갈등해결을 위해 노력하는 과정에서 늘 가치관에 대한 견해를 잃지 말아야 한다. 갈등을 논의하고 해결할 때 우선적인 가치관들은 무엇이라고 말하는가? 결과적 상황이 가치관에 어떠한 영향을 줄 것인가? 모든 공동체는 반드시 한두 가지 저들이 생명같이 귀중하게 생각하고 믿는 가치관이 있다. 이 가치관들은 오늘이 있기까지 많은 것들을 가능하게 해 주었다. 그리고 이런 가치관들은 많은 사람들의 기억 속에 소중히 자리 잡고 있다. 공동체가 열정적으로 방어하고 보호하는 가치관은 무엇인가? '무슨 일이 있어도 우리는 선교자금을 줄일 수 없다!' 또는 '물론 그 방법이 더 타당하긴 하지만, 절대로 우리 교회에서는 허용될 수 없다!'라고 강조한다면 분명 중요한 가치관과 연관된 말이기 때문이다. 신중하게 경청해야 한다. 그리고 그러한 열정적인 자세의 근원을 찾아야 한다. 공동체에 속한 모든 사람들이 함께 이러한 가치관 위에 확고히 설 수 있다면 그 공동체는 바람이 불고 침수가 나고 홍수가 일어날지라도 결코 흔들리지 않는다. 만일 그렇지 못하면 모래 위에 세운 집같이 갈등의 바람이 불고 고난의 홍수가 덮치면 금방 쓰러지고 말 것이다.

4) 가치관과 공동체의 행동적 자세와 태도

생각이 행동과 습관에 중요한 영향을 미친다는 사실은 이미 잘 알고 있다. 생각의 씨앗을 심은 곳에 행동의 싹이 돋고, 행동의 싹이 습관이라는 나무로 자라고, 급기야 습관으로부터 인생의 열매를 거두게 된다. 공동체 안에서 행해지는 필수적인 많은 행동들—여기에는 중대한 사항을 결정하는 행동, 성도가 서로 보살피며 사랑을 나누는 행동 그리고 위기에 처했을 때 어떻게 반응하는지 공동체가 함께 표출하는 태도들—이 다 포함되어 있다. 즉 외적으로 표출된 행동과 표현들은 내적으로 자리 잡은 가치관의 뿌리로부터 시작된다.

이미 제4과에서 언급했듯이 실존적으로 당면하는 여러 어려움에 봉착하게 되었을 때, 공동체는 자기 고유의 특유한 방법과 자세로 이런 과도기를 대처한다. 공동체는 격동적인 과도기를 어떤 마음과 자세로 헤쳐 나가는가? 결국 이 질문에 대한 답은 공동체에 깊이 심긴 가치관이 무엇인가에 따라 좌우된다. 지난날의 역사적 경험과 지금까지 쌓아 왔던 체험을 바탕으로 공동체는 오늘의 위기를 어떻게 당면하고 내일을 어떻게 소망 중에 바라볼 수 있을지 스스로의 행동과 자세를 통해 표현한다.

뉴저지의 한 교회는 20년간의 놀라운 부흥을 경험했다. 그리고 외로운 이민생활의 광야에서 누구나 긍지를 느낄 수 있는 아름다운 성전을 건립했다. 그곳에서 여러 교육활동과 문화교육을 실행하고 인근 지역사회를 위해 솔선수범하였다. 급기야 지역사회로부터 인정받고 매년 선교자금을 위하여 바자회를 여는 가을에는 온 지역이 인정하는 '한국의 날'로 지정하여 기념하기도 했다. 그런데 건축자금에 대한 횡령과 문제가 드러나면서 갈등의 소용돌이에 휘말리게 되었다. 그동안 불만을 쌓아 오던 사람들을 중심으로 담임목사와 기득권을 향한 비판이 거세게 일어났다. 쉽게 사라지지 않는 갈등과 깨진 관계는 교회를 점점 더 흔들었다. 그런데 한 가지 특이한 사항은 이런 극심한 상황 중에도 대부분의 사람들은 차분하게 언성을 높이지도 않고 문제를 해결해 나갔다. 다른 교회 같았으면 수십 번은 제직회나 공동의회에서 큰소리가 났을 것이다. 무엇이 저들로 이렇게 행동하게 했을까? 답은 하나다. 그 교회의 문화와 분위기였다. 교회는 늘 차분하고 조용한 담임목사의 리더십 아래 지난 20년 동안 감정을 앞세우기보다는 차분하게 이성적으로 문제를 해결하려는 문화가 형성되었던 것이다. 그러한 문화의 타당성을 증명하고 권장하는 것이 바로 은혜가 넘치며 서로 위로하고 격려하는 교회의 가치관이었다. 이러한 가치관이 그동안 교회의 독특한 문화를 형성했고 그런 평화를 사랑하고 용서하고 이해하려는 가치관이 그 교회를 어려운 갈등의 폭풍우 속에서 살아남게 하였다. 이렇듯 가치관은 공동체의 연합과 마음의 자세를 독특하고 유일하게 형성시켜 간다.

5) 가치관과 리더십의 신뢰도

리더십의 비전과 질이 공동체의 질과 능력을 좌우한다. 성공적인 목회를 위해서는 리더십의 중요성을 이루 다 말할 수가 없다. 리더십이 부재한 공동체는 제대로 사명을 감당하지 못한다. 리더십 자체는 도덕·윤리성이 부과되지 않는 과정이다. 하지만 리더는 자신의 말과 행동을 통해 늘 도덕·윤리적인 상황에 처하게 된다. 무엇을 말하는가? 어떻게 표현하는가? 누구와 연결 짓고 안건을 추진하는가? 이러한 경우들을 통해 리더십의 도덕성과 윤리성이 좌우된다.

15세기 조선의 세종대왕은 여러 압력과 위험을 무릅쓰고 백성의 삶을 향상시키고 언어를 소통하며 문화를 꽃피우게 하기 위하여 '훈민정음'을 선포한다. 세종대왕의 리더십은 조선의 온 백성들의 사회·문화에 스며들었고 마침내 아름다운 가치관으로 꽃피웠다. 이런 관점에서 리더십을 '목적하는 사명을 성취하기 위한 모든 과정에 미치는 영향'이라 정의할 수 있다. 이러한 영향은 말로서, 때로는 무언중에 힘을 나타내기도 하며, 행동으로 나타나기도 한다. 지도자가 하는 모든 것, 말하는 모든 것, 움직이는 모든 것 그리고 행동하는 모든 것 등이 리더십의 부분이 된다. 나의 부친은 40년간 장로교회 목사로 평생 교회를 섬기셨다. 한번은 갓 목사가 된 나에게 "목사는 늘 목회적으로 살아야 한다"고 조언해 주셨다. 부친의 의도는 이런 것이다. 목회자는 늘 말을 해도 목회적으로, 길을 가도 목회적으로, 교우들과 함께 음식을 먹어도 목회적으로 그리고 운동을 같이 해도 목회적으로, 하물며 잠을 자는 것도 목회적으로 자야 한다는 것이다. 무엇이 목회적이란 말인가? 그것은 목회자는 무엇을 하든지 간에 무엇이 하나님의 교회에 덕이 되고 유익이 되며, 어떻게 섬기는 것이 복음사역에 보탬이 될 만한 것인지를 염두하며 교회를 섬겨야 한다는 뜻이었다.

　　한마디로 강단에서 선포되는 하나님의 말씀이 강단을 떠난 일상생활의 현장에서도 그대로 연결되어야 하며, 복음의 원리라고 가르친 가치관들이 늘 항상 정도에서 벗어나지 않아야 한다. '설교한 대로 살아라!' 너무나도 무겁고 부담되는 이야기지만 사실이 그렇다. 설교한 대로, 신념적 가치관을 믿는 그대로 살아야 그리스도께서 영광을 받으실 것이다. 요즈음 많은 젊은이들이 교회를 등지는 이유는 무엇인가? 말한 대로 믿지 않고, 믿는다 하면서 실행하지 않기 때문이 아닌가! 따라서 설교의 끝은 성도들을 향해 "우리 주 예수 그리스도의 이름으로 축원합니다"라고 말하는 것이 아니라, 생활 속에서 그대로 순종하고 실천하는 것이다. 이런 면에서 지금까지 18년 목회와 교단을 지켜오면서 얼마나 많은 미완성된 설교를 했는지 부끄럽기 짝이 없다. 행동과 생활이 설교하는 가치관과 일치할 때 지도자는 자신의 리더십에 대한 신뢰를 형성할 수 있다. 그러기에 바울도 자신 있게 말하지 않았는가? "내가 그리스도를 본받는 자가 된 것같이 너희는 나를 본받는 자가 되라 너희가 모든 일에 나를 기억하고 또 내가 너희에게 전하여 준 대로 그 전통을 너희가 지키므로…"고전 11:1-2 믿을 만한 리더십은 신뢰할 만한 지도자의 정직성과 일관성에 있음을 기억하자.

6) 가치관과 성공적인 목회

공동체의 간절한 필요에 적중하는 가치관은 목회를 성공적으로 이끌어 준다. 여기서 먼저 무엇이 성공적인 목회인가를 생각할 필요가 있다. 나는 성공적인 목회를 이렇게 정의한다. 성공적인 목회는 양적이기보다 질적이고 영적이어야 한다. 물론 질적인 성장에는 양적인 성장도 있기 마련이다. 그것을 부정하는 것이 아니라, 수량의 잣대를 사용하기 전에 가치관의 잣대를 사용해야 한다는 말이다. 성공적인 목회는 공동체가 추구하는 목적과 비전을 달성하되 그 어떠한 상황에서도 핵심적 가치관을 희생하지 않는다. 그러므로 성공적인 목회는 반드시 실질적인 평가의 잣대와 원칙적인 평가의 잣대를 함께 사용해야 한다. 지향하고자 하는 결과를 유도하는 것만이 성공이 아니라 이 과정에서 정말 공동체가 지켜야 할 가치관과 핵심적 신앙의 순결을 잘 보존했는가 하는 것이다.

이런 면에서 확실하게 오직 한 곳을 바라보게 하는 핵심적 가치관은 공동체가 갈망하고 성취하고자 하는 비전을 향하여 나아갈 때 지속적인 열정과 내적으로부터 흘러나오는 의욕 그리고 동기를 유발시키는 의미를 강하게 부각시켜 준다. 가치관이 분명하면 분명할수록 사람들은 목적이 달성될 때까지 결단의 시간을 더 연장할 수 있게 된다. 가치관이 분명할 때, 공동체 사람들은 한마음으로 결속할 수 있고 또 여러 모양의 공동체 내에 잠적해 있는 자원들을 목적이 주도하는 방향으로 사용할 수 있다. 겨누어야 할 과녁이 뚜렷하기 때문에 오직 한 토끼만을 겨냥하고 있는 사냥꾼과 여기저기 뛰어다니는 토끼들을 겨누고 있는 사냥꾼의 차이처럼 그 결과가 현저히 다르다. 누가 더 성공적인 결과를 유도하겠는가?

7. 가치관 발견방법 : 실제적인 두 가지 예

가치관 발견에 있어 오브리 맬퍼스Aubrey Malphurs는 세 가지를 염두해 두라고 주장한다.[35] 그 첫째는 '누가 가치관을 발견할 것인가?'이다. 둘째는 '무슨 가치관을 발견하려 하는가?'를 결정하는 일이고 나머지는 '왜 가치관을 발견하려 하는가?'이다.

많은 경우 가치관을 발견하고 형성하는 과정에서 목회자나 대표적 평신도 지도자들을 바라본다. 그러나 이것은 잘못된 것이다. 물론 소수의 리더들을 통해서 핵심적 가치관을 유도할 수도 있지만, 모든 공동체가 함께 공감하고 비전을 꿈꾸기에는 무리가 된다. 그러므로 공동체에 속한 모든 사람들에게 합당하고, 구성원들의 가슴을 울릴 수 있는 가치관을 발견해야 한다. 더 많은 사람들의 가슴을 사로잡으면 잡을수록 가치관의 생명력과 능력도 그만큼 더 커질 수 있다. 목회자나 리더들은 가치관을 발견하는 과정이 혼동을 초래하는 고문의 과정이 아닌, 오히려 이해를 넓힐 수 있는 배움의 과정이 될 수 있도록 준비하고 힘써야 한다. 늘 언급하는 말이지만 이것이 할 수 있도록 상황을 만들어 주고 성장할 수 있도록 의도적으로 양육의 징검다리를 놓아 주는 일이 바로 교육목회의 핵심이다. 주로 교회가 작으면 더 많은 사람들이 참여할 수 있고 교인이 수천 명에 이르는 큰 교회는 여러 배경을 고려한 선택된 대표자들이 이 과정에 함께 참여할 수 있을 것이다.

무슨 가치관을 발견할 것인가? 여러 사람들이 함께하는 공동체에는 개인적으로 지향하는 가치관과 연합적인 가치관이 있을 수 있다. 몇몇 개인들이 모여서 교회를 성립할 때 주로 동질성을 가진 개인적 가치관들이

---

35) Aubrey Malphurs, *Values-Driven Leadership*의 제3과를 참조하라.

합해지지만, 점점 사람들이 늘고 공동체가 성장하면, 이렇게 성립된 가치관들이 연합적으로 어떻게 공감대를 형성할 수 있을 것인가를 생각해야 한다. 먼저 지도자들은 어떠한 가치관을 바탕으로 공동체가 성립되었는지를 명확하게 이해할 필요가 있다. 그리고 그런 가치관들이 어떻게 새롭게 부상하는 가치관들과 다른지도 이해해야 한다. 무엇이 공동체가 함께 고백하는 교리적 가치관인가? 이러한 가치관은 공동체의 유일한 정체성에 대해 말해 준다. 가장 핵심적인 가치관이라 말할 수 있다.

두 번째는 부수적인 가치관들이다. 예를 들면, 공동체 내에 행해지는 기독교 교육, 예배, 소그룹, 전도와 선교 프로그램에 연관된 가치관들이다. 비록 이러한 부수적 가치관들이 각각 속해 있는 목회기관과 위원회에 따라 다소 다를 수 있겠지만, 결국 핵심적 가치관의 DNA를 모든 가치관들이 포함하고 있다. 만일 선교 중심적 교회라면 선교에 대한 가치관이 여러 목회사역에 반영된다. 교육사역에서는 특별히 선교의 중요성을 강조하는 커리큘럼이나 신학적 가르침이 반영될 것이다. 예배를 통해서는 선교팀을 파송할 때마다 특별예배를 통하여 선교의 중요성을 강조하게 될 것이다. 이처럼 무슨 가치관을 어떻게 발견하고 응용하는 것은 계속적으로 공동체 정체성 형성에도 중요한 역할을 한다.

마지막으로 왜 가치관을 발견하려 하는가? 이에 대해서는 이미 많은 이유를 제시하였다. 공동체의 특별한 가치관을 발견하는 것은 공동체의 유일성과 독특성을 이해하는 데 많은 도움을 준다. 그리고 가치관을 이해하면 공동체사역의 참여도를 증진시킬 수 있다. 뿐만 아니라 공동체의 핵심적 가치관을 잘 알고 있으면 전반적으로 더 효율적이고 성공적인 목회를 인도할 수 있다. 가치관을 이해하면 공동체의 비전이 왜, 어떻게 형성되었는지를 이해할 수 있다. 여러 목회적 이슈나 사역들이 가치관과 긴밀하게 연관되어 있기에 가치관의 발견은 모든 목회자들의 필수적 과제가 되어야 한다. 그러면 오브리 맬퍼스의 아이디어를 빌어서 실제적으로 가치관을 발견할 수 있는 방법을 살펴보자.[36]

1) 가치관 발견 _실습 1

첫 번째 실습은 카테고리를 중심으로 가치관을 발견하고자 하는 시도로 설문조사에 참여하는 사람들에게 많은 부담을 주지 않는다는 장점이 있다. 하지만 좀 더 깊이 있는 면에서 왜 그러한 가치관을 설정했는지에 대해서는 침묵한다. 따라서 이러한 설문조사에는 늘 공동체에 대한 충분한 배경적 이해나, 사람들을 대하면서 어떠한 성격의 참여자들인지, 어느 정도 목회사역에 참여하는지에 대해 여러 가지를 이해할 필요가 있다. 다음의 실습을 살펴보자.

안내 : 아래에 제시되어 있는 각 가치관을 평가해 주시기 바랍니다. 가장 낮은 평가는 1, 가장 높은 평가는 5로 점수를 매기시면 됩니다.

_____ 1. 종으로 섬기는 거룩한 리더십

_____ 2. 효과적인 평신도 동원 사역

_____ 3. 성경 중심의 설교와 가르침

_____ 4. 가난하고 소외된 이들을 위한 돌봄

_____ 5. 창의성과 혁신성

_____ 6. 세계선교

_____ 7. 사람은 하나님께 아주 중요한 존재

36) 다음에 응용된 가치관 발견 _실습 1과 2는 Aubrey Malphurs, *Values-Driven Leadership*의 아이디어를 그대로 반영한 것이다. p.185-187을 참조하라.

_____ 8. 잘 갖추어진 시설

_____ 9. 재정적인 견실함

_____ 10. 현 상태의 유지

_____ 11. 방문자들에게 대한 환대

_____ 12. 문화적인 적절성

_____ 13. 중보기도

_____ 14. 한결같은 탁월함이나 수준

_____ 15. 교제를 통한 공동체의 형성

_____ 16. 전도

_____ 17. 강한 가족 의식

_____ 18. 은혜가 중심인 삶

_____ 19. 경배와 찬양

_____ 20. 그리스도인의 자아상

_____ 21. 사회 정의

_____ 22. 헌신된 그리스도인제자훈련

_____ 23. 봉헌/십일조

_____ 24. 상담

_____ 25. 시민권리운동

_____ 26. 모든 연령층을 위한 기독교 교육

_____ 27. 기독교 예식

_____ 28. 동등한 권리

_____ 29. 기타 : _____

안내 : 4점이나 5점을 받은 모든 핵심가치들을 기록하되 7개는 넘지 않도록
하십시오. 그 다음 우선순위에 따라 가장 높은 것은 1번에, 그 다음은
2번에, 그 나머지도 이런 식으로 배열하시기 바랍니다.

당신이 속해 있는 공동체의 상위 7개 핵심가치들

1._____

2._____

3._____

4._____

5._____

6._____

7._____

2) 가치관 발견 _ 실습 2

두 번째 실습은 좀 더 깊이 있는 인터뷰와 설명을 요구하는 방법이다. 첫 번째 간단한 가치관 발견의 방법을 사회인류학자 클리퍼드 기어츠가 설명한 대로 공동체가 형성한 문화구조에 대한 복합적, 연관적 설명과 묘사Thick description를 제공하는 설문조사이다. 충분한 시간을 배려하도록 준비하라. 그리고 확실하지 않은 경우는 재인터뷰도 추가해야 함을 기억하라. 더 많은 이야기와 배경을 모으면 모을수록 가치관 발견에 실질적인 도움을 준다. 다음의 예들을 살펴보자.

안내 : 아래의 질문들을 통해 당신은 이미 조직된 한 기관의 핵심사역 가치들을 발견하고 구체화할 수 있게 될 것입니다. 이 질문들을 그 기관에 속해 있는 리더, 관계자 등의 사람들에게 물어보고 당신 자신에게도 질문해 보십시오. 혹 비슷하거나 동일한 답이 있을 수도 있지만 최대한 많은 질문에 답해 보시기 바랍니다.

1. 이 목회사역에 있어서 당신이 시간을 헌신하는 부분은 어디이며, 그 이유는 무엇입니까?

_____

2. 이 교회에서 재정을 많이 투자하는 사역분야는 어디입니까? 그리고 왜 투자한다고 생각합니까?

_____

3. 사람들은 교회 밖이나 교회 안에서 그것에 관해서 어떻게 말하고 있습니까?

_____

4. 이 교회에서 당신을 열정적으로 자극하며, 당신의 가슴을 뛰게 하는 것은 무엇입니까?

_____

5. 이 목회사역의 어떤 매력이 당신을 이끌어 왔습니까? 이곳에서 섬기는 이유는 무엇입니까?

_____

6. 사람들이 이 교회의 사역에 대해서 자랑스럽게 내세울 때 구체적으로 어떤 점이 그렇습니까?

_____

7. 이 교회에 대해서 당신이나 주변의 사람들이 가장 칭찬하는 것은 무엇입니까? 그리고 가장 탐탁지 않게 생각하는 것은 무엇입니까?

8. 당신이 이 교회의 리더라면, 어떤 동기로 그 직분을 맡게 되었습니까? 만일 사임하게 된다면, 무슨 이유 때문이겠습니까?

9. 당신이 이 교회에 속해 있거나 직원으로 일하고 있다면, 어떤 경우에 교회를 떠나거나 그만두게 되겠습니까?

10. 이 사역이 보다 나은 사역이 될 수 있으려면 어떤 변화가 필요하겠습니까? 변하지 않고 반드시 유지되어야 할 1~2가지는 무엇입니까?

11. 만일 하나님께서 이 교회를 위한 당신의 한 가지 소원을 들어주신다면, 어떤 소원을 말하시겠습니까?

12. 이 교회 회중들에게 가장 결정적으로 중요한 것은 무엇입니까?

13. 이 회중의 핵심가치는 어떤 것들이 있습니까?

14. 당신의 사역에 있어서 개인적 핵심가치들은 무엇입니까? 그리고 그것들이 회중이 가지고 있는 핵심가치들과 조화를 이룹니까, 아니면 상충됩니까?

이러한 두 차례에 걸친 설문조사를 통해 수집된 여러 자료들을 신중하게 고려하면, 무엇이 자주 언급되는 가치관인지 그리고 그 가치관의 영역과 깊이를 공동체의 삶과 사역의 범위를 통해 알 수 있게 된다. 이런 가치관들은 다음 제8과에서 살펴보겠지만 공동체 세계관과 정체성과도 긴밀한 관계를 가지고 있다.

8. 가치관 교육을 위해 생각해야 할 것들

가치관 형성과 교육 그리고 가치관의 전달은 목회 현장에서 대단히 중요한 자리를 차지한다. 때로 가치관은 상황과 갈등을 통하여 모습을 드러내어 공동체의 역사의식 속에 뿌리를 내린다. 가치관은 오랜 기간을 거치며 중대한 일들을 실행하면서 목회사역의 모든 부분에 세미한 영향을 미친다. 이러한 가치관을 어떻게 교육하고 전달할 것인가? 어떻게 목회전략과 계획서에 작성된 가치관을 공동체의 삶과 구성원들의 가슴속에 불어넣을 수 있을까?

처음부터 목회의 상당한 부분은 이미 교육적 과정이라고 강조한 바 있다. 현재의 시점에서 비전의 성취를 위해 달려가고자 한다면, 교육목회적인 신념이 없이는 매우 어렵다. 그렇다면 가치관을 교육하고 전달하는 데 필요한 요소들을 잠시 생각해 보자.

먼저 생각할 것은 가치관에 대해 말하고 전달하는 '메신저'의 사명이다. 메신저는 가치관을 온몸에 담은 사람이어야 한다. 가치관에 사로잡혀 중요성을 말할 때마다 열정과 확신에 찬 증거를 보여 주어야 한다. 물론 이것은 가식적으로 될 수 있는 것이 아니다. 가치관의 중요성을 진실로 믿고 그 가치관이 공동체에 부여할 수 있는 영향에 대해 확신하는 사람이어야 한다. 물건 하나를 팔기 위해 갖은 노력을 다하는 판매원을 생각해 보라. 물건에 대한 그의 긍지와 자부심이 느껴지지 않는가? 그러한 매력과 카리스마가 메신저에게 없다면 가치관은 성공적으로 전달되기 어렵다.

　그러므로 가치관 메신저는 공동체가 함께 발견한 가치관을 기록된 가치관 백서에서 사람들의 가슴속으로 옮겨 놓아야 한다. 과연 어떻게 보이지 않는 가치관을 경험적인 세계 속에 옮길 수 있는가? 어떻게 머릿속에 있는 가치관을 사람들이 가슴으로 느낄 수 있도록 할 것인가? 여기에는 마술이 없다. 오로지 신실함과 성실함이 있을 뿐이다. 계속 의도적인 반복과 교육을 통해서 이전에는 생각하지 않았던 가치관을 이제 생각할 수 있도록 인식의 자리에 이동시켜야 한다. 어떤 공동체에서는 주일마다 교회의 사명고백을 예배 중에 온 교우들이 함께 낭독한다. 내가 방문차 갔을 때나 설교자로 초청되어 갔을 때도 거른 적이 없었다. 단 1분밖에 걸리지 않는 순서지만, 매 주일 1년에 52번을 이렇게 온 공동체 일원들이 한마음과 한목소리로 반복하면서 서서히 마음속에 가치관이 뿌리를 내리고 있었다. 이렇게 창의적인 방법을 동원하여 핵심적 가치관을 주입해야 한다. 반복과 주입만큼 효과적인 교육방법은 흔하지 않다.

　또 한 가지 반드시 기억해야 할 것은 메신저의 신뢰도이다. 가치관의 중요성에 대해 말하는 메신저는 지도자로서 믿을 만한 사람인가? 공동체로부터 '전에도 저랬다가 그만두었지'라든가 '우리 교회가 하는 일은 늘 용두사미야'라는 평가를 받는다면, 가치관의 전달부터 쉽지 않을 것이다. 따라서 지도자는 지속성이 있어야 한다. 즉 핵심적인 가치관에 대해서 초지일관해야 한다. 유연하게 상황을 포용해야 하지만, 포기해서는 안 되는 가치관에 대해서는 목숨을 걸어야 한다. 그때 열정이 전해지고 그러한 자세

에서 공동체는 지도자의 굳은 의지를 보게 된다. 늘 약속만 하는 것이 아
니라, 약속한 것을 최선을 다해 지킬 수 있을 때 사람들은 믿고 따른다.

가치관을 교육하고자 하는 목회자나 지도자는 사역의 장에서 긍정적
인 트랙 레코드를 남겨야 한다. 하나님께서 허락하신 달란트로 꾸준히 섬
기며, 하고자 하는 일에 대해서 열정과 확신이 있어야 한다. 또한 이러한
가치관에 대한 성서적 근거를 확실히 알아야 한다. 뿐만 아니라 강대상에
서 말씀을 선포할 때 하나님의 뜻이 감동적으로 전달될 수 있도록 최선을
다해야 하며, 사람들과의 관계도 원만해야 한다. 마지막으로 꾸준히 인내
하고 기다리는 참을성이야말로 가치관을 전달하고자 하는 목회자와 지도
자들에게 반드시 필요한 덕목이다.

느헤미야 선지자는 이런 관점에서 하나님의 은혜를 입은 자다. 초토
화된 예루살렘 성벽을 다시 재건하고자 하는 그의 비전은 이방인의 왕 아
닥사스다Artaxerxes도 감동시켰다. 느헤미야의 의도는 순수했고 확고한 신
념 위에 흔들리지 않았다. 그는 진실로 믿을 만한 지도자였다. "또 그들에
게 하나님의 선한 손이 나를 도우신 일과 왕이 내게 이른 말씀을 전하였더
니 그들의 말이 일어나 건축하자 하고 모두 힘을 내어 이 선한 일을 하려
하매."느 2:18 성도들로부터 신뢰를 받지 못하는 지도자라면, 그 사역의 자
리를 다시 생각해 볼 필요가 있다. 하나님의 말씀은 언약적인 관계 안에서
믿음과 신뢰로 전해지기 때문이다. 신뢰를 잃어버린 상태에서 사역의 자
리를 고집한다면, 사역은 마지못해 감당하는 성가신 일거리가 될 뿐이다.
어떤 교인들은 목회자와의 의리를 지키려고 같은 길을 가기도 한다. 물론
하나님의 뜻을 온전히 이루는 길을 이렇게 같이 걸어간다면, 아름다운 일
이지만, 교회에 상처가 되고 아픔을 초래하는 상황이라면, 그 의리마저도 거
침돌이 될 수밖에 없다. 하나님의 복음사역이 인간의 의리로 이루어지는

것인가? 복음사역은 오직 만군의 여호와의 열심과, 오늘도 탄식하시면서 하나님의 나라가 이 땅 위에 이루어지도록 기도하시는 성령님의 도우심에 있다. 가치관을 전달하는 메신저의 자리가 얼마나 중요하고 책임이 따르는 자리인지를 기억하자. 주님께서는 거짓 선지자들과 교사를 조심하라고 경고하셨다. 눈에 보이지 않는 저들의 진실성은 나무의 열매를 통해 나타난다고 가르치셨다. "그들의 열매로 그들을 알지니 가시나무에서 포도를 또는 엉겅퀴에서 무화과를 따겠느냐 이와 같이 좋은 나무마다 아름다운 열매를 맺고 못된 나무가 나쁜 열매를 맺나니 좋은 나무가 나쁜 열매를 맺을 수 없고 못된 나무가 아름다운 열매를 맺을 수 없느니라."마 7:16-18 디모데전서 3:1-13과 디도서 1:6-9을 보면 공동체를 이끌며 교육하는 지도자들의 인격과 섬김의 자세가 얼마나 중요한지를 깨닫는다. 그리스도 예수를 닮은 성품과 진실성보다 더 중요한 지도자의 자질은 아무것도 없다. 이러한 진실성은 오로지 예수 그리스도를 통한 십자가의 사랑을 절감할 때 그리고 그 사랑으로 허락하신 사역의 공동체와 믿음의 식구들을 대하고 섬길 때 능력을 발하게 된다. 반드시 기억하자. 이것을 벗어난 지름길은 목회에서 허용되지 않는다.

어떻게 하면 가치관을 통해 그저 듣기만 하는 '청중'에서 '예수의 제자'로 양육할 수 있을까? 새들백교회의 릭 워렌Rick Warren 목사도 사역의 현장에서 늘 이러한 질문을 고심하였다. 그는 『목적이 이끄는 교회』*The Purpose-Driven Church*에서 매 주일 교회에 모이는 사람들을 아래와 같이 5가지로 구분한다. 그저 별 의미와 중요성을 찾지 않고 교회에 들리는 '지역 주민과 같은 그리스도인'Community에서, 사역의 변두리에서 팔짱 끼고 구경만 하는 '구경꾼 같은 그리스도인'Crowd, 주일마다 정기적으로 모여 예배드리는 '교인들'Congregation, 한발 더 나아가서 여러 목회사역에 관심을 두고 열심히 참여하는 '헌신적 그리스도인'Committed, 마지막으로 가장 핵심에서 목회 사역에 전심으로 동참하는 '동역자 같은 그리스도인'Core이 있는데, 문제는 어떻게 하면 사역의 변두리에서 팔짱 끼고 물끄러미 관람만 하는 그리스 도인들을 사역의 중앙으로 끌어들이며 양육시키는가 하는 것이다. 여기에 워렌 목사가 중요시여기는 것은 명백한 목적이다. 이것은 다른 말로 확실한 핵심적 가치관이라고 생각한다. 핵심적 가치관이 명백하게 전달되고 그 중요성이 이해될 때 사람들은 사역의 현장에서 구경하기보다는 복음사역의 동역자까지 성장할 수 있다.

사람들을 리더십의 핵심에 초대하려면 전달하고자 하는 가치관의 내용도 중요하다. 가치관의 내용에는 다음의 네 가지가 필수적이다. 즉 가치관의 중요성, 타당성, 긴박성 그리고 유용성이다. 전달하고자 하는 가치관이 왜 그리고 어떻게 공동체에게 중요한지를 설명하라. 공동체의 핵심적 사명과 어떻게 연관되는지도 설명하라. 그리고 이러한 가치관들이 어떻게 사명을 달성하는 과정에 타당한지를 설명하라. 이것은 재정 상황을 보고하듯 하면 안 된다. 여기서 중점은 가치관과 비전을 전하는 것이다. 그 다음에 왜 이 가치관을 바탕으로 이 사역이 진행되어야 하는지 그 긴박성을 설명해야 한다. 지금 공동체에 처한 상황의 현실이 어떠한지 그리고 계속적인 공동체의 사명완수와 성장을 위해 왜 우선순위를 두고 이 일을 가급적 빨리 진행할 필요가 있는지를 설명한다. 그리고 이것에 대한 열매가 공동체 모두에게 어떤 유용한 혜택을 미치는지 설명하라. 적어도 이 네 가지를 고려하여 가치관을 진실된 마음과 확신 있는 열정으로 전해야 사람들이 귀를 기울일 것이다. 가치관을 전달하고 교육하고자 하는 지도자들이 이런 점들을 고려할 때 이 가치관들이 얼마나 사람에게 공감대를 형성하고 또 이해할 수 있는지에 대한 나름대로의 해답을 가질 수 있다.

9. 가치관을 교육하는 방법[37]

가치관 교육은 결코 쉬운 일이 아니다. 가치관은 예방주사를 놓듯 그냥 공동체 안에 투여하는 것으로 끝나지 않기 때문이다. 단 한 번의 이벤트가 아닌 계속적인 실천과 삶을 통해 형성되기 때문에 가치관을 위한 교육과정에는 비전과 소망, 끈질긴 인내가 필요하다. 그러면 목회적 차원에서 어떻게 가치관을 교육할 수 있을까?

1) 공동체의 연합적 삶을 통해

매일 주고받는 삶을 통해 가치관을 주입할 수 있다. 교회의 공동체 삶은 그야말로 풍성한 교육 현장이다. 매년 반복되는 교회절기 행사들, 결혼과 장례 등 특별행사들, 공동체의 프로젝트를 통한 지역사회 행사들 그리고 특별한 전환기에 다가오는 기도모임들을 통해 공동체는 가치관을 교육한다. 예를 들어 전 미국인들이 열광하는 수퍼볼 선데이 같은 경우, 공동체가 주최하는 파티를 교회 친교실에서 할 것인지, 아니면 다른 곳에서 할 것인지를 결정하는 과정도 교육 현장이다. 기독교 신앙교육은 이렇게 공동체의 삶 전체를 통해서 이루어진다. 생태계 환경 안에 모든 생물체가 서로 연관되어 있듯이, 공동체를 이루는 모든 요소들이 바로 교육을 위한 자료들임을 기억하자.

나는 어렸을 때부터 가정예배에 대한 교육을 철저하게 받았다. 목회자이신 아버지께서 강력하게 실천하셔서 매일 아침 가족들과 예배를 드렸다. 때로는 아버지의 기도가 길어져서 지각을 밥 먹듯이 하였다. 매일 교

---

37) Laura Davis & Janis Keyser, *Becoming the Parent You Want to Be: A Source book of Strategies for the First Five Years* (Crown Publishing Group,1997)를 참조하라. 추가로 관련 웹사이트를 참고하면 더욱 도움이 된다. http://www.becomingtheparent.com

독문을 읽고 설교를 듣고 찬송을 부른 덕에 웬만한 교독문이나 찬송은 거의 머릿속에 암기할 정도였다. 지각을 해서 벌을 설 때면 아버지가 원망되기도 했지만, 지금 되돌아 보면 이런 경험을 통해 예배가 우리 삶 속에 얼마나 중요한 것인가를 철저하게 배울 수 있었다. 아버지께서 예배의 가치관만큼은 우리에게 철저히 심어 놓으셨던 것이다. 삶을 통해 가르치고 배우며, 삶을 통해 설교하라. 또 삶을 통해 전도하라. 내가 좋아하는 교육가 도로시 놀테Dorothy Nolte 박사의 시를 소개한다.[38] 삶을 통해 가치관을 교육하는 모든 지도자들에게 필요한 교훈이다.

어린이들은 삶을 통해 배운다

만일 비평받고 자라면, 비난과 책망을 배운다.

만일 적개심을 가지고 자라면, 싸움과 분쟁을 배운다.

만일 두려움 속에 자랐다면, 염려를 배운다.

만일 동정을 받고 자라나면, 자신을 딱하게 생각한다.

만일 놀림을 받고 자라나면, 창피와 부끄러움을 배운다.

만일 시기 속에 자랐다면, 질투와 시샘을 배운다.

만일 수치심을 받고 자라났다면, 죄책감을 배운다.

그러나 만일 격려받고 자라나면, 자신감을 배운다.

만일 관용함 속에 자라면, 인내를 배운다.

만일 칭찬받고 자라면, 남을 인정할 수 있게 된다.

만일 용납받고 자라면, 사랑을 배운다.

---

38) Dorothy Nolte가 1972년에 쓴 시, 「Children Learn What They Live」를 직접 번역하였다. 더 상세한 영어버전은 J. Canfield & H. C. Wells, *100 ways to enhance self-concept in the classroom: A handbook for teachers and patents* (Boston: Allyn & Bacon, 1976)에서 찾아볼 수 있다.

만일 찬성함 속에 자라면, 사람들과 친숙하게 된다.

만일 승인받고 자라면, 목표를 세우는 것이 유익함을 배운다.

만일 서로 나누는 것을 경험하고 자라면, 관대함을 배운다.

만일 정직하게 자라면, 진실함을 배운다.

만일 공평 속에 자라나면, 정의를 배운다.

만일 친절과 보살핌을 받고 자라면, 남을 존중하게 된다.

만일 안정 속에 자라면, 주위 사람들을 신뢰하게 된다.

만일 친절함을 경험하고 자라면, 이 세상이 아름다운 곳이라 확신하게 된다.

2) 실제적 삶의 예화를 통해

하나님의 말씀을 가르치고 선포하는 당신은 모든 사람들 앞에 활짝 열린 '살아 있는 성경책'이라고 생각해 보았는가? 당신의 삶 자체가 성경말씀의 진실성을 말하고 있는 교육이다. 믿지 않는 주위의 많은 사람들은물론 여기엔 당신 자녀를 포함해서 공동체에 소속된 어린아이들도 포함 당신이 과연 믿음을 고백한 대로, 성경을 가르치는 대로 살고 있는지를 보고 있다. 안 보는 것 같아도, 관심 없이 행동해도 우리의 자녀들은 계속해서 어른들을 지켜보고 있다. 만일 이렇게 열린 성경책을 보다가 삶을 통해 전해지는 이야기들이 모두 거짓이고 솔직하지 못하다고 느낀다면, 그들은 과연 하나님의 말씀인 성경을 읽어 보려고 하기나 할까? 만일 삶을 통해서 무언가 세상에서 보지 못하는 것들을 보고 크게 감동을 받는다면 호기심에서라도 당신이 소중하게 말하는 성경을 열어 볼 것이다.

이런 웃지 못할 이야기가 생각난다. 예배를 드리고 집으로 향하는 가족이 있었다. 운전석에 앉은 아버지가 한마디 던진다.

"여보, 오늘 아무개 장로 기도 들었지? 무슨 기도가 그 모양이야?"

조수석에 있던 엄마가 맞장구치며 말했다.

"글쎄 말이에요. 창세기부터 요한계시록까지 다 훑었지요? 웬 기도가 그렇게 긴지. 그건 그렇고 오늘 성가대는 너무 우습지요? 소프라노 솔로 한 아무개 여 집사는 웬 입을 그렇게 크게 벌려요? 목소리 들어주기 괴롭더라고요."

질새라 아버지가 또 한마디한다.

"오늘 목사님 설교 포인트가 뭐지? 오늘 목사님 설교 죽 쒔어."

계속되는 예배에 대한 불평과 교회에 대한 불만을 토로하는 부모의 대화를 듣다 못한 아들이 뒷자석에서 게임을 하다가 한마디 던진다.

"엄마, 아빠! 도대체 1달러짜리 쇼 보고 난 후에 웬 불평이 그렇게 많아요. 1달러짜리다운 쇼지 뭐."

헌금함에 단 돈 1달러를 넣었던 아버지를 보고 하는 소리였다. 성서적 가치관을 교육하는 우리 모두는 바로 열린 성경책임을 늘 기억하자.

3) 함께 가치관을 실천하려고 노력하는 과정을 통해

가치관 교육이라는 중대한 사명에 대한 한가지 오해가 있다. 그것은 가치관을 교육하기 전에 완전히 가치관에 대해서 다 이해해야 하고 가치관을 완전하게 습득해야 한다는 강박관념이다. 특별히 공동체가 함께 세워 가는 가치관은 마치 여러 색실들이 함께 짜여진 아름다운 태피스트리를 만드는 것과 같다. 이 과정은 어떤 가치관에 대해 완전히 통달하고 습득했다기보다 오히려 열린 마음을 가지고 함께 배우며 세워 가는 과정이라 생각함이 더 중요하다. 그래서 충분히 이해한 것 같은데도 아직 배워야 할 점이 있음을 깨닫게 된다. 항상 배우려는 자세로 가치관을 더욱 견고히 세우기 위하여 상호 협력하며 나아가는 과정이 바로 교육 현장이다. 이런 관점에서 보면, 지도자인 당신이 성서적 가치관이나 공동체가 추구하는 핵심적 가치관을 잘 지키지 못해 실망하고 갈등하며 고통하는 모습도 효과적인 교육의 연장이 된다. 아프면 아프다고 말하고, 잘못되었으면 아니라고 솔직하게 털어놓을 수 있는 열린 공간을 통해 가치관은 효과적으로 교육된다. 이런 솔직한 과정을 통해서 자녀들은 부모들의 의도와 결단에도 불구하고 초래되는 결과를 함께 보게 된다. 그래서 신앙의 길 자체가 순례자의 과정임을 깨닫고 미숙한 신앙의 부분과 가치관에 대해서 성장할 때까지 실망하지 않고 전진할 수 있게 된다.

4) 믿음의 한 가족으로 믿음을 실행하는 것을 보며

어떤 공동체의 가치관은 후세대 어린이들을 내일의 지도자로 배양하는 것이었다. 이 가치관은 예배시간부터 철저하게 실행되고 있었다. 예배당에 들어가기 전에 주보를 나누어 주는 안내자들 사이에 어린이들도 함께 당당하게 안내를 거들고 있었다. 예배 중에도 한 달에 한 번 어린이들이 성경봉독을 하고 가끔씩 대중기도도 인도했다. 기도문을 미리 준비해서 정성껏 읽으며 기도하는 모습이 참 깜찍했다. 물론 교회학교 교육을 통해서 준비되고 훈련을 받았을 것이다. 예배가 끝난 후에도 소그룹 별로 어른과 어린이들이 함께 식탁에 둘러앉아 간단한 친교와 식사를 함께 나누면서 미리 준비된 한두 가지 포인트를 가지고 설교에 대해서 어떻게 삶에 적용될 수 있을지 서로 상의하는 시간을 가졌다. 그런 후에 자유로운 대화를 꽃피운다. 이렇게 구체적으로 실행되는 가치관을 통해서 후세대들은 이 세상을 살아가는 데 또한 하나님의 제단과 공동체를 섬기는 데 가치관이 얼마나 중요한지를 분명하게 배울 수 있게 된다.

1950년부터 미국에서 주류를 이루는 주일학교 교육방식은 세속적인 교육학의 새로운 연구결과들을 응용하여 공립학교와 같은 조직과 방법을 따라 학년마다 다른 교실과 교사, 학생들을 배치하였다. 물론 하나님 말씀을 더 배울 수 있는 기회가 되었지만, 온 공동체가 함께 예배하고 공동체가 갈등하는 것을 함께 갈등하고 함께 헤쳐 나가는 영적 성장을 이루지 못했다는 큰 단점이 생겨났다. 차별과 격리 아래 아이들은 아이들대로, 어른들은 어른들대로 교육제도를 운영한 것이다. 최근 미국의 설문조사에 따르면, 어릴 때부터 부모들과 함께 예배하는 다세대적 예배 경험을 가진 아이들이 어른이 되어서도 신앙을 버리지 않고 믿음의 유산을 더 지속한다고 한다. 아무리 좋은 시설을 구비한다 해도 후세대들과 따로 예배드리고, 친교도 따로 하고, 심지어 선교여행도 따로 다닌다면, 후세대에게 무엇을 믿음의 유산으로 남기며 가르칠 것인가? 이제라도 세대 간에 서로 손을 잡아야 한다. 아이들은 조부모세대에게 배우고, 저들의 사랑과 믿음의 이야기를 들어야 한다. 이렇게 서로 나누고 격려하면서 함께 사역을 감당하는 것이 미래를 바라보며 준비하는 교육목회이다.

5) 좀 더 넓은 세상으로 향하는 경험과 관점을 통해

공동체가 가치관을 전수하는 과정에는 그것이 다른 가치관과 무엇이 다르며 왜 달라야 하는지도 함께 교육해야 한다. 자녀들은 어려서 부모에게 배운 것에 집착하다가 사회적 범위가 넓어지면서 가치관의 충돌을 경험하게 된다. '왜 우리 집에서는 허용되지 않는 것들이 친구 집에서는 아무것도 아닌 것처럼 용납될까?' 지금까지 주어졌던 가치관들이 새로운 가치관들과 비교될 때 가치관의 정당성을 저울질하게 된다.

특별히 세속적 가치관이 범람하는 할리우드 문화 속에서 믿음의 공동체가 왜 신앙적, 성서적 가치관을 고집해야 하는지 이해시킬 필요가 있다. 왜 이 세상 속에 함께 묻혀 사는 것 같지만 본질적으로는 항상 구별되고 차별화된 삶을 살아야 하는지 그 목적의 중요성을 이해할 필요가 있다. 안목을 넓히면 넓힐수록 이해의 관점도 넓어진다. 시야가 넓어지면 그만큼 더 많은 것을 볼 수 있고 변화에 대응할 수 있다.

비록 공동체가 추구하는 가치관과 다를지라도 무조건 배척하는 것보다 왜 우리의 가치관과 맞지 않는지, 어떤 점들이 상충하지 않는지를 설명하고 이해할 수 있도록 도와주어야 한다. 결국 교육이란 언젠가는 스스로 항해해야 할 인생의 항로를 위해 가슴속에 삶의 방향을 잡을 수 있는 방향계를 심어 주는 것과 같다. 남의 의도에서가 아닌, 바로 자신이 결정할 수 있는 경로에서 '왜'라고 하는 질문에 가치관이 바탕이 된 신앙적 이유를 제시할 수 있는 사람이 비로소 성숙한 신앙의 사람들이다. 이런 면에서 시야를 넓히고 더 넓게 포용할 수 있는 있도록 하는 것이 교육이다. 그 한가운데에 올바른 가치관 교육이 자리 잡고 있어야 한다.

공 동 체 정 체 성 을 위 한

교육목회1

정체성 형성을 위한 실질적 목회과정과 단계

Putting It All Together: Practical Steps to Implement Congregational Identity

1. 기초부터 먼저 시작하라

공동체의 정체성을 발견하고 규명하는 일은 아주 민감한 일이다. 선교 현장인 세상을 향하여 '우리는 누구인가?'를 식별하는 일은 때로는 다시는 기억하기 싫은 사건을 들춰 내야 할 수도 있기 때문이다. 정체성은 어느 공동체에게든지 중요한 보물이기 때문에 명확한 이해가 없는 공동체라도 막연하게나마 자신이 속한 공동체의 존재목적을 이해하고 있다. 그래서 전문기관에서 파견된 프로젝트 디렉터의 인도에 따라 공동체의 정체성에 대해 논하게 되면, 구성원들은 소중한 곳을 침범당하는 느낌을 받기도 한다.

지도자들은 정체성 규명과 형성을 위해 모든 과정에 충실해야 함은 물론 어떠한 모습의 정체성이라 할지라도 존중해야 한다. 지금이 있기까지 현재 교인들은 물론이고 이전에 공동체에 헌신했던 많은 이들의 헌신이 배여 있기 때문이다. 그래서 이것이 잘못 이해하고 있는 것이라고 설명할 때 당신은 공동체의 역사와 전통과 독특한 신앙의 유산에 대한 명예를 훼손할 수도 있다. 항상 조심하고 신중을 기하라. 만일 어느 가정에 방문하여 가족들의 동의 아래 유산으로 내려오는 청자를 바닥에 던져 산산조각을 낸다고 생각해 보라. 이런 과정을 바라보는 가족들은 무엇을 느끼고 있을까? 아무리 새롭게 거듭날 수 있다고 해도 소중한 것을 다시 부수고 재건하는 것은 심리적으로 부담스러운 과정이다. 목회자나 지도자는 반드시 이 점을 기억해야 한다.

따라서 이렇게 민감한 정체성 형성과정에 사람들을 초대하려면 신중하고 또 신중해야 한다. 그리고 이러한 과정을 통해서 발견되는 정체성이 공동체의 사역과 생명력에 얼마나 긍정적인 영향을 미치는지 정중하게 설명하라. 성장에 따르는 고통은 있기 마련이듯, 더 성숙한 공동체, 더 복음사역을 감당하는 공동체가 되기 위해서는 반드시 자아 성찰이 필요하다. 이런 면에서 제1과에서 언급했던 목회 초점을 다시 상고할 필요가 있다. 공동체를 인도하고 양육하는 교육목회과정은 언제든지 '비전에 초점을 맞추고 목적이 주도하는 의도적 과정'이 되어야 한다. 공동체에 열정과 에너지를 창출하는 비전이 무엇인지 그리고 공동체가 함께 감당해야 할 사역이 무엇인지를 확실하게 이해하기 위해서는 무엇보다도 정체성에 대한 이해가 필수적이다.

이 필수적 과정을 잘 실행하려면 교육목회의 기초를 다시 심사숙고해야 한다. 첫째로 생각할 것은 현실을 직시NOW하는 것이다. 막연한 자아의 이상적 투시가 아닌 현재 상황을 바로 직시하는 객관적 평가가 필요하다. 우리에게 당면한 것이 무엇이며, 우리가 할 수 있는 것들과 할 수 없는 것들은 무엇인지, 우리에게 주어진 자원은 어떤 것들이 있는지, 우리가 가진 주도적 세계관은 무엇인지, 공동체로서 함께 결단하는 것은 무엇인지, 공동체 내의 관계적 다이내믹은 어떠한지 등을 고려해야 한다. 여기서 중요한 것은 이러한 자아 성찰의 산물이 긍정적인 방향에서 유용한 결과를 유도할 수 있도록 힘써야 한다. 물론 모든 공동체가 더 개선해야 할 것들이 있지만, 더 중요한 것은 우리가 어떤 긍지를 가지고 있고 또 무엇이 우리만의 장점이라고 생각하는지에 대한 확고한 이해가 있어야 한다. 공동체가 할 수 있는 것부터 먼저 시작하라. 할 수 없는 것을 거론하는 것은 아무런 결과도 초래할 수 없다.

둘째는 공동체가 진정 지향하고자 하는 목표WHERE가 무엇인지를 생각하는 것이다. 왜 이러한 목표가 공동체에게 중요하며, 목회사역지와 주위 환경에 어떻게 중요한지를 고민하고, 이러한 목표를 달성하려고 하는 이유가 무엇인지 생각해야 한다. 앞으로 10년 후에 어떤 공동체로 이 지역사회에서 자리매김하기를 원하는가? 어떤 하나님의 사람들로 이 세상에서 서기를 원하는가? 목표가 확실하면 할수록 사역에 참여하고자 하는 동기와 열정도 높아진다. 그러므로 확실한 목표, 달성할 수 있는 목표, 모든 사람들이 그 결과의 가치를 인정할 수 있는 것이 되도록 인도해야 한다.

마지막 셋째는 '어떻게 목적을 달성할 것인가?'에 대한 것이다. 이것은 HOW의 문제다. 방법론의 문제인 것 같지만, 사실 철학적이고 원칙적인 문제다. 여기서 기억해야 할 것은 '어떻게'라는 질문보다 '왜'라는 질문에 더 관심을 쏟아야 한다. '왜'라는 질문을 무시하고 '어떻게'만 추구하다가 신앙적 도덕과 성서적 윤리성을 매도하지 않도록 늘 믿음의 공동체는 최선을 다해야 한다. 교육목회적으로는 강 이편에서 저편으로 건너가기 위해 다리를 건축하는 과정이다. 이 목적을 달성하기 위해서 커리큘럼을 어떻게 구축해야 할까? 이 과정에는 늘 실용성과 이상적 추구의 갈등을 겪는다. 실제적인 면과 신앙적인 면이 긴장 상태에 빠지기도 한다. 실용적으로 생각하면 간단한 방법이긴 하지만, 공동체의 신앙관과 가치관에 어긋나는 방법을 채택할 수도 있다. 이럴 때 어떻게 할 것인가?

성경에 보면 무수히 많은 지도자들이 이런 상황을 경험했다. 기드온을 생각해 보라. 병거와 창과 수검으로 적을 무찔러야 하는 상황에서 항아리와 횃불로 미디안 대군과 격전을 벌였다. 실용적인 방법은 아니지만, 하나님의 개입으로 대승을 거두게 되고, 전쟁의 승리는 오직 하나님께서 주관하신다는 신앙의 핵심적 가치관을 확실히 깨닫게 된다. 이번에는 오병이어의 기적을 생각해 보라. 주님은 장정 5,000명이 넘는 사람들에게 먹을 것을 주라고 명하셨다. 주님은 실용적인 해결책을 물으신 것이 아니다. 아주 작은 것을 가졌더라도 하나님께서 의도하시면 가능하다는 가치관을 가르쳐주신 것이다. 오직 순종이라는 방법으로 아무리 작아 보이는 것이라도 믿음으로 드린다면 하나님께서 기뻐 받으시고 놀라운 기적을 초래할 수 있음을 입증하셨다. 여기서 초점을 맞추어야 할 것은 바로 '순종의 행실'과 '믿음으로 드린 것들'이라는 원칙이다. 이 원칙이 실용적 방법론을 초월하는 결과를 가능케 한다.

애굽을 떠나 약속의 땅으로 진군하는 과정은 섬김의 광야에서 하나님께서 의도하시는 아름다운 공동체의 정체성을 형성하기 위해 순례자의 여정을 떠나는 모든 공동체에서 볼 수 있는 모습이다. 이것은 또한 모든 공동체가 반드시 거쳐야 할 필수적인 과정이다. 다음의 도표를 보면, 현재적 상황고찰과 지향하는 미래의 정체성과 목표달성을 위한 실제적 과정에 무엇이 중요한 교육적 이슈인지를 전반적으로 볼 수 있다.

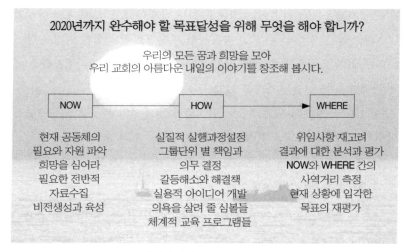

〈도표 12 정체성 형성을 위한 전체적 그림 보기〉

2. 사례연구: 피츠버그 선셋힐장로교회

피츠버그 북쪽에 위치한 조용한 마을 마운트 레바논Mt. Lebanon에 150
년 가까이 지역사회를 섬겨 온 선셋힐연합장로교회가 있다. 거의 백인 중
심의 중산층 교인들로 형성된 교회이다. 몇 마일 이내에 다양한 프로그램
을 구비한 2개의 대형교회가 근접해 있고 거기에 인근 교인들이 많이 몰
리는 추세였다. 많은 선셋힐교인들이 이에 대해 염려하기 시작했다.

나는 선셋힐교회 담임목사인 빌 그레이시 목사님의 요청으로 공동체
가 정체성과 핵심적 사명을 발견할 수 있도록 컨설팅하는 일을 맡게 되었
다. 먼저 선셋힐교회 목회자와 평신도 지도자를 중심으로 새롭게 변화하
는 마운트 레바논의 목회 상황을 분석하고 또 저들에게 맡겨진 고유한 복
음 사명을 발견함의 중요성을 강조했다. 출석교인은 약 250명 정도로 모

든 프로그램을 운영하기에는 힘에 부치는 상황이었다. 그보다는 선셋힐 교회가 가장 잘 감당할 수 있고 공동체의 체질에 가장 적합한 사명을 발견하여 목회의 초점을 맞출 것을 제안했다. 목회자와 평신도 지도자들은 이런 과제에 대한 열망을 가지고 있었다.

컨설팅을 통해서 어떻게 선셋힐교회가 정체성의 본질적인 부분들을 발견하고 선교적 사명을 책정하게 되었는지를 소개하려고 한다.

1) 공동체의 현주소 분석과 이해

고대 중국의 병법가였던 손자Sun Tzu는 '손자병법'에서 이렇게 종용하였다. "나를 알고 적을 알면 백전백승할 수 있다." 손자병법의 이러한 병법 전략은 목회 현장에서도 그대로 적용할 수 있다. 우선 나를 알아야 한다. 지도자인 나 자신을 알아야 하고, 섬기는 공동체의 체질과 열망을 알아야 하고 사람들이 무엇에 배고파 하는지 알아야 한다. 그 다음에 반드시 알아야 할 것이 복음사역의 목표가 되는 사람들과 그들의 상황을 깊이 이해해야 한다. 나를 알고 남을 이해하면 성공적인 목회전략을 세울 수 있으므로 영적 전쟁에서 '백전백승'할 수 있다.

(1) 우리의 목회 환경 이해하기 | Understanding Our Ministry Environment

하나님께서 그리스도의 보혈로 세우신 믿음의 공동체, 즉 교회는 반드시 하나님의 정하신 뜻과 목적이 있기에 세워진다. 하나님의 뜻을 살피는 실제적 방법 중 하나가 바로 교회를 설립하신 지역의 독특한 환경과 상황에 대한 철저한 이해다. 이 환경을 보다 깊게 이해할 수 있는 실제적 방법들이 있다.

그중 하나가 일주일에 몇 시간을 투자하여 사람들이 자주 모이는 공원이나 상점 중심지로 가서 사람들과 자연스럽게 대화를 나누는 것이다. 요즘 저들의 관심거리는 무엇인가? 경제 사정은 어떠한가? 새롭게 창업한 가게는 어떤 가게들이며, 또 문을 닫은 업소는 어떤 업소들인가? 주로 한 낮에 길거리에 붐비는 사람들은 어떤 부류의 사람들인가? 은퇴한 노년층인가, 젊은 직업인들인가, 아니면 대학생 또는 고등학생들인가? 관심을 가지고 살펴보라. 실제적 설문조사를 위한 몇 가지 예를 들어보자.

- 질문 1: 당신 주변과 이웃에 어떠한 새로운 변화가 일어나고 있습니까? 요즘 우리 지역에서 이런 변화로 인하여 새로 부각되는 필요들은 무엇입니까?

- 질문 2: 당신 교회의 사명은 무엇입니까? 이 사명에 있어서 교회 안에서 어떤 필요가 채워져야 하며 또 어떤 기회가 주어질 수 있다고 생각합니까?

- 질문 3: 이런 주변의 변화와 필요를 위해 당신은 교회에서 어떤 도움을 제공하고 있습니까? 아니면 도움을 제공하지 못하는 이유는 무엇입니까?

- 질문 4: 당신 교회와 지역사회는 어떤 관계를 성립하고 있습니까? 어떻게 당신의 교회는 주변과 인근 지역사회에 영향력을 행사하고 있습니까?

- 질문 5: 지역사회에서 목사님의 역할은 무엇입니까? 목사님께서 지역사회 리더십 조직에서 활동하고 있습니까?

- 질문 6: 대부분의 등록교인들이 주로 어느 지역에 근접해 살고 있습니까?

- 질문 7: 구청이나 동사무소에서 센서스 자료를 얻어 자세히 살펴보십시오. 요즘 지역사회에서 주류를 이루고 있는 사람들은 누구입니까? 연령대 분포도는 어떻습니까? 교육 수준은 어떻습니까? 어떤 직업이 가장 많습니까?

- 질문 8: 혹시 지역사회에서 계획 중인 개발구역이 있습니까? 어떤 사업들이 추진되고 있습니까?

이렇게 필요한 정보는 소그룹 모임을 통해서 한자리에 모여 자료를 수집할 수도 있다. 추가적인 질문이 필요하거나 설명을 요하는 사항이 있으면 차후에 통보하여 보강하라. 별 의미가 없는 대답이나, 너무 전반적인 대답은 가능한 피하도록 하고 즉흥적으로 제공하는 답변도 액면 그대로 받아들이기보다는 좀 더 깊이 있는 분석과 사고를 요구한다.

(2) 표준적인 근거 없는 가정들 구분하기
Identifying Normative Assumptions within a Congregation

공동체 안에서 생성되는 근거 없는 가정과 관념이 있다. 그러나 때로는 이런 가정이 목회과정에 시도 때도 없이 영향을 미친다. 긍정적인 경우도 있지만, 많은 경우 부정적인 영향으로 공동체의 패기를 저하시키거나 말살시킨다. 그러므로 비공식적인 면에서 행해지는 근거 없는 가정과 일상적 행위를 깊이 이해할 필요가 있다. 그리고 중요한 것은 이러한 것으로부터 자유해야 한다. 그래야 순조로운 결정과 효과적인 사역이 가능하다.

- 질문 1: 당신 교회 안에서 행해지는 불문법 같은 일상적 행위들은 어떤 것들이 있습니까?이런 행위는 방문한 교우로 하여금 중요한 첫인상을 준다

- 질문 2: 교회의 전반적인 면을 살펴보면서 다음의 구체적인 관점을 생각해 보십시오.

  ① **예배**: 성직자 외 평신도들의 예배참여도는 어떻습니까? 어느 정도의 참여가 적절하다고 생각됩니까? 어떤 종류의 음악을 선호하십니까? 어떤 종류의 설교를 원하십니까?

  ② **공동체 내에서의 남자와 여자의 역할**: 남자와 여자의 역할에 대한 어떤 특별한 기대가 있습니까? 주로 어떤 역할을 여자들에게 또는 남자들에게 일임하는 추세입니까?

  ③ **어린이들**: 공동체는 어린이들이 어떻게 행동할 것을 기대합니까? 유아부/유치부 어린이들이 교회의 행사에서 제외되는 경우는 언제입니까?

  ④ **교회 건물 사용에 대하여**: 주일예배 후에 주로 행해지는 행사들은 어떤 것들이 있습니까? 교인들이나 외부 사람들이 교회 건물을 사용함에 있어 어떤 것들에 대한 유의 사항을 기대합니까? 건물이 사용되는 경과를 어떻게 기록하며 관리합니까?

  ⑤ **재정 관리**: 교인들의 헌금 상황에 대한 정보를 누가 알고 있습니까? 어떤 경우에 재정 관리에 대한 토론이 허용됩니까? 재정적 어려움에 봉착할 때 공동체는 어떻게 대응합니까? 큰 기부금이 들어왔을 때 어떻게 또 무엇을 위해 결정합니까?

  ⑥ **새교우 환영**: 새로 방문한 사람이나 새교우들을 어떻게 환영합니까? 혹은 환영하지 않습니까? 여러 다른 부류의 사람들에 대해 다르게 환영합니까? 혹 교회 내에 환영받지 못할 부류의 사람들이 있다고 생각하십니까?

  ⑦ **갈등을 경험할 때**: 공동체에서 교인들이 서로 상반된 의견을 교환할 때 어떻게 표현합니까? 주류적 견해에서 벗어난 의견들을 솔직하게 발언할 수 있는 기회가 교회 내에서 주어집니까? 서로 동의하지 않을 때, 회의석상에서 솔직하게 의견을 교환합니까? 아니면 회의 후에

개인적으로 논쟁합니까? 교회 내에서 뜬소문이 허용됩니까?

⑧ **교인 멤버십:** 교회 멤버십에 수반되는 사항들은 무엇입니까? 다른 부류의 멤버십이 있습니까? 예를 들면 정회원, 부회원 그리고 협력회원 등. 만일 다른 부류의 멤버십이 있다면 어떻게 적절하게 인정됩니까? 언제 새로 등록한 교우들이 정식 멤버로 검토되고 있습니까?

• 질문 3: 지난 과거에 행해졌던 일들을 생각해 보고 3가지를 적어 보십시오. 지난 과거에 행해져야 했던 일 중에 행하지 않았던 또는 행할 수 없었던 일을 3가지를 적어 보십시오. 어떤 일들이 있습니까?

• 질문 4: 위의 리스트를 신중히 살펴보고 답하십시오. 지난날 행해졌던 일들 중에 교회에서 합법적이고 정당화된 것이기에 했던 일들이 혹 있습니까? 그리고 행해졌던 일들 중에 반드시 중요한 것이고 또 필요하기에 했던 일들은 무엇입니까?

위의 질문들은 질적인 탐구를 중시한다. 따라서 설문지를 미리 준비하여 대상자들에게 약 2주간의 충분한 시간을 주는 것이 중요하다. 설문 대상자들로 하여금 솔직하고 충분하게 생각할 수 있는 시간을 배려함으로 그동안 공동체 내에서 자신도 모르게 습관적, 전통적으로 행해지는 여러 일들, 새로 등록하는 교인들에 대한 기대감들 외 공동체에서 자신도 모르는 사이 깊숙하게 침투되어 삶 속에 배어든 관념과 원칙에 대해 발견할 수 있는 좋은 기회를 제공한다. 나의 경험으로는 설문 대상자들이 한 장소에 모인 곳에서 설문조사의 의도를 설명하고 설문의 중요성을 다시 일깨워줌으로 신중히 대답하게 함도 유익하다. 어떤 경우에는 약 한두 시간씩 두 번쯤 배정하여 설문을 답하게 하는 것도 연구에 도움이 된다.

한 가지 꼭 기억해야 할 것은 이런 질적 사회학 연구Qualitative Research를 시행할 때 겉으로 나타난 공동체의 행동들을 액면 그대로 받아들여서는 안 된다. 이는 어떤 증상으로 인한 현상이기 쉽다. 다시 말해서 증상을 유발하는 더 깊은 원인들을 규명하기 위해서는 눈에 보이는 행동들과 숨은 의도를 함께 연결지어 생각해야 한다. 심문하는 수사관의 자세가 아닌, 공동체의 아픔을 연민의 마음으로 동참하면서 마음속의 갈등을 방문하고자 하는 목회자의 가슴으로 연구에 임해야 한다. 그리고 이 모든 과정마다 인도하시고 또 마음을 열게 하시며 놀랍게 임재하시는 성령님을 경험하는 산 교육의 현장이 되게 하라. 하나님의 인도하심에 귀를 기울이고 민감해져야 한다.

2) 공동체 정체성 발견에 필요한 여러 구성요소들 점검하기

퍼즐조각을 바닥에 흩뜨려 놓고 자녀들과 맞추기를 해본 일이 있을 것이다. 가끔 30조각 또는 40조각을 준비하고 성경공부시간에 누가 먼저 퍼즐조각을 맞추는지 경쟁을 붙여 놓으면 가관이다. 어른이고 아이고 할 것 없이 뜨거운 경쟁심에 교실이 훈훈해지기까지 한다. 공동체의 정체성을 이해하는 과정이 바로 퍼즐조각을 제자리에 끼워 맞추는 과정이라 생각하면 이해가 쉽다. 단지 한두 조각으로 공동체의 정체성을 말할 수는 없다. 그러기에 여러 필요한 요소들을 충분히 검토하고 고려하는 것은 필수적이다. 아래에 기재된 항목들을 자세히 검토해 보자. 신중을 기하면 기할수록 공동체의 자화상을 더욱 섬세하게 그릴 수 있다.

(1) 공동체의 역사성

앞에서 언급하였지만 기억과 회상은 '내가 누구인가?'를 탐구하는 정체성 확보에 필수과정이다. 공동체가 함께 나누는 정체성에는 함께 경험했던 중대한 사건에 대한 공감대가 중요한 자리를 차지한다. 이런 과정에 회상의 중요성은 말할 나위도 없다. 공동체의 역사성에 반드시 포함되어야 할 요소들은 교회의 개척과 설립에 관한 이야기들, 공동체에 중대한 역사적 사건과 행사들, 심각했던 전환기들 그리고 과거와 지금까지 살아 있는 공동체가 추대하는 영웅들이다. 여기서 복합적으로 생각해야 할 것이 공동체의 역사에 대한 탐구가 단순히 시간적인 사건을 연대에 따라 구분하는 정도라든지, 아니면 중요한 사람들의 족보에 관한 정보를 입수하는 정도면 곤란하다. 언제 목회자가 청빙되었고 또 언제 사임하였으며 또 언제 새로운 목회자가 부임하였는가에 관한 정보는 필요하지만 여기에 '왜'라는 질문과 '어떻게'라는 질문이 반드시 포함되어야 한다. 나는 공동체와 함께 컨설팅할 때 역사적 탐구에 있어 다음의 두 가지를 시행한다.

- **타임라인으로 생각하는 공동체의 역사** : 지난 10년 또는 20년의 역사를 커다란 종이에 라인을 그려 놓고 생각하는 것이다. 연도를 그려 놓고 언제 어떤 중대한 일들이 벌어졌는지를 표기해 놓는다. 그리고 이러한 사건들 또는 행사들이 어떻게 공동체의 영적 상태와 연합에 영향을 미쳤는지를 서로 나누게 한다. 이때 다음 도표와 같이 그래프로 공동체의 자긍심을 표시하면 정체성 이해에 효과적이다.

- **테이블에 진열된 역사자료들을 통한 공동체의 역사 이해** : 여러 사람들이 다 참석할 수 있는 넓은 공간에 긴 테이블을 서로 연결하여 한쪽 끝에는 '교회창립' 사인을 붙여 놓고, 다른 한쪽은 '앞으로의 방향과 기대'를 써 놓는다. 그리고 창립교인들과 최근에 교인이 된 여러 부류의 참석자들을 충분한 확보한 후, 테이블 라인 위에 표기된 연도에 맞추어 공동체의

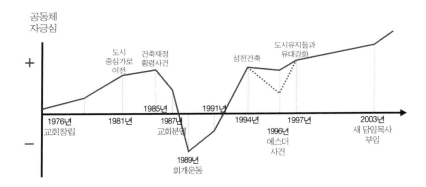

역사자료가 될 만한 사진과, 책자 그리고 기념품과 그 외 소품들을 나열하게
하라. 그리고 한 사람씩 특별한 역사자료들을 교회 역사 테이블 위에 놓을
때 그 자료들이 공동체의 정체성과 관련할 때 왜 중요한지, 어떻게 중요한지
그리고 어떤 의미를 부여하는지를 참석자들에게 발표하게 하라. 그동안
망각의 흙더미 속에 매장되었던 많은 역사자료는 물론 기억의 보물들을 함께
발견할 수 있을 것이다.

• 앞서 설명했던 도표를 서로 대조하면서 정체성에 어떠한 영향력을 미쳤는지
그리고 어떻게 중요한 의미를 내포하고 있는지를 서로 설명한다. 위의 도표를
참조하라.

• **토의와 분석:** 위의 도표를 보면 대략 공동체의 일대기를 한눈에 볼 수 있다.
대여섯 가정이 중심이 되어 창립한 작은 교회였지만, 교인들의 열심과 성의로
계속 증강 추세를 보였다. 그리고 5년 뒤에 도시 중심가로 성전을 이동하면서
활발한 성장을 이어갔다. 그러나 교회 건축을 꿈꾸며 헌신적으로 봉헌했던
건축기금에 대한 횡령 사건이 드러나면서1985년 혼란기를 겪게 되었다. 마침내
2년 후에 이 사건으로 인하여 교회가 분열되는 아픔을 겪게 되고 계속되는

침체는 1989년에 최악을 경험하게 된다. 이 혼란기를 통한 교훈은 쓰디쓴 것이었지만 공동체의 운영체제에 큰 영향을 미친다. 재정부의 정기적인 재정회록 감사는 물론 복수제 형식으로 계좌를 운영했고 체크 발행도 반드시 두 사람의 재정부장과 회계가 서명해야 지불되는 형식으로 바뀌게 되었다. 조직적, 행정적인 면뿐만이 아니라 이에 따른 관계적 체질도 바뀌어 목회자와 친분이 있는 소그룹 중심이 아닌 운영회체계로 행정조직과 원칙들이 세워졌다. 그도 그럴 것이 건축헌금을 횡령한 모 집사가 담임목사와 가장 친분이 두터웠던 교인이었기 때문이다. '공정하고 투명한 행정처리'가 새로운 가치관으로 온 공동체에 알려지게 되었다.

그러나 이 아픔의 사건을 통해 회개의 운동이 전개되고 1991년까지 2년 이상의 기간 동안 공동체 스스로를 점검하고 아픔의 뿌리를 규명하면서 재기를 향한 힘든 발걸음을 옮기게 된다. 교회를 향한 그리스도의 마음을 재발견하기 위해 공동체는 '오직 그리스도의 마음으로'라는 주제를 내걸고 기도회와 말씀 중심으로 교육받는 제자화운동이 활발이 전개되어 다시 힘을 얻기 시작했다. 마침내 건물을 대여받아 쓰면서 당면하는 여러 문제들을 해결하고자 모든 교인들이 '내집 짓기' 운동에 참여하여 마치 이스라엘 백성들이 예루살렘 성전을 건축하는 마음으로 최선을 다한 결과 1994년에 아름다운 성전을 봉헌드리고 그해부터 놀라운 성장을 거듭하기 시작했다. 집 없는 사람들의 서러움을 단번에 씻어 내리듯 새 성전으로 이사한 공동체는 여러 프로그램들을 활발하게 전개했다. 그러던 1996년 늦가을에 예기치 않던 일이 발생한다. 동부의 명문 아이비리그 대학에 다니던 에스더라는 모 집사님의 딸이 공부와 사회적인 스트레스를 견디지 못해 우울증에 시달리다가 자살을 한 것이다. 이는 온 교회에 물을 끼얹은 듯 숨을 죽이게 하는 가슴 아픈 사건이었다. 사랑하는 딸을 잃은 집사님 부부는 식음을 전폐하고 드러누웠다. 온 교우들이 힘써 위로했지만 총명한 딸을 허무하게

잃은 부모의 마음을 달랠 길이 없었다. 한동안 온 공동체가 자녀교육의
문제와 왜 그리스도인들에게 이런 불행이 닥치는지에 대해 신학적으로
고민하기 시작했다.

이 사건을 계기로 공동체는 자녀교육의 중요성을 실감하게 되었고 교육부에
많은 자원을 투자하여 교인을 훈련하는 일에 열중했다. 마침내 인근
지역에서는 교육 프로그램이 가장 좋은 교회로 소문이 나고, 많은 젊은
가족들이 영입되기 시작했다. 앞의 도표에서 볼 수 있는 하강선은 교육부에
연관되었던 일부 교인들이 이 충격으로 목회사역에 뜸했던 기간을 보여 준다.
그러나 내일을 위한 투자, 이 땅에서 내일의 요셉과 다니엘로 양육하기 위한
열정은 계속되어 인근 시 정치적 유지들과 가까운 유대를 맺고 자녀들에게
지역사회봉사와 정치에 입문할 수 있는 문도 열게 된다. 이러한 사건들을 통해
공동체는 나름대로의 유일한 가치관 형성과 궁극적으로 공동체의 고유한
정체성을 형성해 왔다. '투명하고 공평한 교회행정'과 '내일의 지도자를
양성하기 위한 교육의 열정'을 중심으로 공동체는 정체성의 중심을 잡는
도중, 이에 합당한 비전을 가진 목사님을 2003년에 모시게 된다. 이와 같이
공동체의 정체성은 역사적 사건의 중요성과 그 토양에 뿌리를 두고 있으므로
반드시 역사성을 신중히 고려해야 한다.

(2) 공동체의 독특한 개성

모든 사람들이 그렇듯 공동체에도 나름대로의 독특한 개성이 있다. 이
러한 개성은 전통적으로 물려받은 체질과 관련하여 관계적 역사를 통해
이루어진다. 역사적으로 목회자와 교인들 간의 관계는 어떠했는가? 서로
신뢰하는 관계였는가, 아니면 서로 의심하고 경쟁하던 관계였는가? 성도
들 간에 관계는 어떠한가? 새로 등록한 교인들은 공동체를 어떻게 이야기
하는가? 따뜻하고 사랑이 많은 교회라 하는가, 아니면 찬바람이 씽씽 부

는 교회라 하는가? 이 모든 것들이 공동체가 표출하는 독특한 모습들이다. 다음의 몇 가지 질문들을 신중히 생각해 보자.

- 질문 1: 당신은 당신 교회가 어떤 교회라고 생각합니까?

- 질문 2: 당신 교회의 독특한 개성과 특성은 무엇이라고 생각합니까? 인근 여러 교회들과 무엇이 다르며 어떻게 구별된다고 생각합니까?

- 질문 3: 인근 지역의 믿지 않는 사람들이 당신 교회에 대해 무어라고 말합니까?

- 질문 4: 당신 교회에서 운영하는 중요한 프로그램에 대해 말해 보십시오. 그리고 왜 이 프로그램들이 당신 교회에 중요한지를 설명해 보십시오.

- 질문 5: 교회에서 특히 중요하게 생각하는 에티켓이나 행동규율이 있습니까? 어떤 규율이며, 왜 중요하게 생각합니까?

- 질문 6: 만일 교회가 붕괴될 수 있다면, 무엇에 의해 어떻게 붕괴되겠습니까?

- 질문 7: 어떤 종류의 말이 교회의 영적 분위기를 흐트러 놓습니까?

- 질문 8: 어떤 종류의 프로그램이나 프로젝트가 당신 교회에서는 환영받지 못하거나 낙담을 불러옵니까?

- 질문 9: 교회 내에 영웅으로 존경받고 있는 사람은 누구입니까? 그 사람들의 이름은 말하지 말고 성품을 설명해 보십시오.

- 질문 10: 교회 내 신앙생활 중에 어떤 시점에서 당신은 하나님과 가장 가깝게 느꼈습니까? 언제 하나님과의 관계가 흔들릴 수 있다고 생각했습니까?[39]

---

39) Jackson W. Carroll, Carl S. Dudley, William McKinney, *Handbook for Congregational Studies* (Nashville: Abingdon Press, 1986)를 참조하라. 특별히 제2과 'Identity' 부분을 참조하면 이해하는 데 많은 도움을 줄 것이다.

이러한 질문들에 대한 대답을 신중히 연구할 필요가 있다. 이 모든 응답은 공동체의 유일한 정체성의 한 부분이기 때문이다. 한 가지 기억할 것은 공동체의 독특한 개성을 깊이 이해하기 위해서는 얼마간의 충분한 시간을 두면서 공동체 삶에 함께 참여하면서 확인하는 길이다. 공동체와 함께 예배드리고, 함께 선교하고 또 함께 여러 중요한 행사에 참가하면서 핵심적 교인들의 특성과 또 변두리 교인들의 특성들을 비교하면서 유사성과 차이성에 대해서도 이해할 수 있게 된다. 그리고 이러한 독특성이 개성 형성에 서로 어떻게 영향을 미치는지도 볼 수 있게 된다.

(3) 상징들

신앙생활은 상징적 표현과 그에 대한 신학적 해석이 중요한 자리를 차지한다. 상징은 마치 살아 있는 생명체와 같아서 단순히 표상Sign 이상의 효능을 가지고 있다. 예수의 십자가를 바라보는 것은 단순히 표상을 보는 것이 아니라, 십자가 상징의 뜻과 중요성 그리고 십자가에서 이루어지고 있는 사죄의 은총과 영혼의 회복으로 우리를 다시 초대한다.

공동체에서 일어나고 있는 모든 상징적 사건들은 사건 그 자체의 현실을 넘어선 궁극적인 의미를 제시하곤 한다. 처음 성전을 들어서는 사람들에게 인사하는 행동이나 서로 나누는 대화, 예배시간에 드려지는 기도, 떡과 잔을 떼며 나누는 성례식 등은 상징적 행동과 언어와 의미로 연결된 생명체라 해도 과언이 아니다. 상징은 눈에 보이는 '바로 그것'이외에 눈에 보이지 않는 다른 영역에도 영향력을 미치기 때문에 때로는 감정과 영혼에 미치는 신념으로 간주될 수도 있다. 물론 공동체에 존재하는 상징들이 다 정체성에 직접적으로 연관된 것은 아니지만, 그중 몇 개는 공동체 정체성에 중대한 영향력을 미치기도 한다. 이러한 상징들을 규명하고 바로 이해하는 것이 중요하다. 상징의 중요성과 제시하는 의미를 이해하는 데 다음과 같은 질문들을 생각해 볼 수 있다.

- 질문 1: 당신 교회에서 중요한 의미를 담고 있는 상징을 생각해 보십시오. 어떤 상징들이 생각납니까? 그것은 사물일 수도 있고 사람일 수도 있습니다.

- 질문 2: 왜 그 상징들이 중요합니까? 어떤 중대한 의미가 있습니까?

- 질문 3: 정체성과 관련해서 그 상징들은 무엇을 말하며 또 말하기를 기피하고 있습니까?

- 질문 4: 중앙 복도에 걸려 있는 사진 중에 왜 여자는 한 사람도 없습니까?

- 질문 5: 교회 안에 거실이 거의 사용되지 않는 이유라도 있습니까?

- 질문 6: 예배당 앞에 있는 제단 가로대 난간은 당신에게 어떤 의미가 있습니까?

- 질문 7: 왜 저 십자가는 이렇게 이상한 곳에 걸려 있습니까?

- 질문 8: 성경을 봉독할 때 모든 교우들이 다 기립하는 이유는 무엇입니까? 어떤 특별한 의미가 있습니까?

- 질문 9: 예배가 시작되기 5분 전에 목사님과 장로님 그리고 예배 인도자들이 십자가 아래서 무릎 꿇고 기도하는 의미는 무엇입니까?

교회 내에 있는 상징적 물건들과 사람들 그리고 이야기들이 공동체 정체성과 관련해 어떠한 기능을 하는지 신중히 생각해 보라. 대부분 상징들은 공동체가 거룩하신 하나님과의 관계를 설명하기 위한 역할을 담당하기도 한다. 예배당의 가장 성스러운 곳에 놓여 있는 열린 성경책은 무엇을 말하고 있는가? 공동체의 신념인 말씀의 권위와 말씀을 통해 알 수 있는 하나님에 대해 교육하고 있다. 성경인물들이 교회 스테인드글라스에 새겨져 있음은 무엇을 뜻하는가? 성경인물들이 걸었던 믿음의 길을 우리도 함께 걸어야 함을 강조하고 있다.

다른 상징들은 공동체가 음식을 어떻게 관계증진을 위해 사용하고 있는지를 말해 주기도 한다. 준비된 음식들은 테이블에 둘러앉아 주고받는 대화를 통해서 그리스도의 사랑을 나누는 상징으로 표현된다. 이런 관점에서 공동체 안에는 '음식은 곧 그리스도의 사랑' 또는 '식탁을 중심으로 한 친교는 곧 예배의 연장'이라는 공식이 성립된다. 관계를 중요시하며 사랑의 관계를 강조하는 가족적 교회에서 이러한 경우는 더욱 강하다. 특별히 어느 민족보다도 한인 교회에서 음식을 통한 관계 형성과 양육이 크게 작용하고 있다.

한 가지 더 신중히 살펴야 할 것은 공동체의 정체성을 하나님의 능력과 간접적으로 연관 짓는 데 상징들이 사용되는 것이다. 어떤 공동체에서는 재정적인 지도력을 가지는 것이 사역에 능력을 발휘할 수 있는 길이라고 생각한다. 그래서 웬만한 교인은 재정부에 발탁되지도 않을뿐더러 오직 인사이드 그룹만 가담하게 된다. 교회재정회계록을 가지는 것은 힘을 얻는 것이라고 생각한다.

교회 광고란이나 친교실 광고란을 보라. 주로 어떤 종류의 광고지가 붙어 있는가? 만일 사회참여와 정의를 실현하기 위한 세미나나 워크숍이 붙어 있거나 또는 성경공부에 대한 광고가 주를 이룬다면, 이것이 상징하는 것은 무엇일까? 이것은 교회의 선지자적 사명을 강조하기 위함이다. 이렇듯 상징들은 공동체에게 무엇이 가장 중요하고Intimacy 또 종국적으로 강조해야 하는 것인가Ultimacy를 무언중에 강조한다. 따라서 상징을 주의 깊게 관찰하고 분석할 필요가 있다. 상징이야말로 정체성의 핵심을 찾을 수 있는 유일한 연결점이기 때문이다.

(4) 공동체에서 행해지는 예식들

공동체 삶의 특성은 대개 유일하게 거행되는 예식을 관찰할 때 배울 수 있다. 이미 예식의 전반적인 이해와 교육적 효과에 대해서는 제2과 '공동체적 정체성에 대한 이해'에서 언급했다. 사람들은 예식을 그저 형식에 따른 하나의 행동적 움직임 정도라고 생각한다. 그러나 예식은 리듬과 소리, 특정한 언어에 따라 규율적으로 움직이는 행동보다 더욱 중대한 교육적 효과를 가지고 있다. 인식의 근원이 부재한 어떤 막연한 행동이라기보다는 오히려 깊은 역사적 인식과 전통적인 의미를 함축한 행동이 예식이라고 보는 것이 타당하다. 사람들은 예식을 행하면서 무엇을 말하는가? 어떤 조화를 이루며 예식을 거행하는가? 누가 먼저 하며, 나중에 따라 하는 사람은 누구인가? 예식의 처음과 중간 그리고 나중을 통해 어떠한 중심적 메시지가 전달되는가? 이러한 부분들을 중시해 보면 예식 안에 얼마나 복잡한 인식적 문법과 의미가 함유되어 있는가를 발견하게 된다. 이런 면에서 여러 정보와 전통적 의미를 통괄적으로 익히는 데 예식에 동참하는 것보다 더 교육적인 과정은 없다.

공동체가 공인하는 예식은 그것을 통해서 구성원들에게 핵심적 사명을 가르치기 위함이다. 예식을 통해서 결단이 더 증강되기 때문이다. 예식을 통해 기본적인 언어와 행동 규칙을 습득하면 공동체의 핵심으로 더 가까이 접근하게 된다. 매년 함께 맞이하는 교회의 주기적인 행사들—부활절, 성령강림절, 추수감사절, 성탄절 등—을 통하여 함께 공유하는 신앙적인 가치와 존재목적을 새롭게 부활시키게 된다. 그리고 이러한 행사를 통해서 핵심적인 가치관과 정체성을 고취시키고 경축의 시간을 갖는다. 이러한 예식적 순간들은 참여자들에게 정녕 무엇이 공동체가 지향하는 숭고한 정신이며 무엇이 공동체가 사수하려는 핵심적 가치관인지를 인식하게 하고 또 그러한 것들에 대해 연습하게 한다. 예식의 중요성은 공동체로 하여금 결단한 가치관과 사명감을 새롭게 다짐하며 또 깨닫게 하는 교육적 효과를 불러온다. 좀 더 폭넓은 차원에서는 2,000년의 기독교 역사를 통하여 반드시 보존되어야 할 그리스도 중심적인 신앙고백과 확신─그리스도의 동정녀 탄생, 십자가의 죽으심, 부활하심과 승천, 종국적으로 예수 그리스도의 재림을 통해 역사의 현장에서 전개되는 구원사역과 섭리─을 다시 새롭게 하여 재림의 날을 예비하여 예행연습을 하는 마음가짐으로 임하게 한다.

일시적이고 좀 더 구체적인 차원에서는 각 공동체가 유일하게 축하하고 기념하는 공동체의 작은 예식들이 있다. 총동원주일, 홈커밍데이, 딸기축제와 교제의 날, 교회바자회 그리고 부흥회는 공동체가 중요시하는 예식적 연중행사들이다. 공동체는 이러한 행사들을 통해 과거에 중요했던 사건이나 행사들을 다시 기념하고 미래를 소망하는 의미 있는 시간을 갖는다. 범 기독교적 예식행사들이나 동시대적 행사들을 통해 공동체로 하여금 핵심적 중요성과 목적들을 다시 기억하며 회상하는 의미 있는 시간들을 나누게 된다. 역사적 사건을 기억하고 공동체에게 미치는 중대한 의미들을 다시 발견하며 회상하는 과정들을 창출하는 예식의 참여를 통해 신앙의 계승과 전승이 이루어지게 된다. 어떻게 이러한 예식을 발견할 수 있는지 다음 질문들을 생각해 보자.

공동체 정체성을 위한 교육목회

- 질문 1: 주일예배를 뮤지컬 공연으로 생각하고 눈을 감고 생각해 보십시오. 무대와 배경은 어떤지, 의복들은 어떠한 종류들인지, 연출가들과 대본은 어떻게 전달되는지 신중히 생각해 보십시오.

- 질문 2: 예배를 종합적 오페라로 간주할 때, 당신에게 현저하게 떠오르는 것은 무엇입니까? 누가, 언제, 어떻게 움직이며, 무슨 행동을 합니까? 주로 무엇을 보고 무엇을 듣습니까?

- 질문 3: 예배에서 언어는 주로 무엇을 강조합니까? 예배와 함께 연관적으로 자주 듣는 소리, 이미지 그리고 상징들은 무엇이 있습니까?

- 질문 4: 예배 중 가슴에 다가오는 느낌은 어떤 것이 있습니까? 당신 교회에서 독특하게 행하는 어떤 행동들이 있습니까?

- 질문 5: 당신의 공동체에서 공식적 또는 비공식적으로 행해졌던 예식 행위들을 생각해 보십시오. 이러한 행위들이 어떻게 중요한 가치관과 정체성에 연관된다고 생각하십니까?

- 질문 6: 예배 중이나 친교 중에 특별하게 관찰하게 된 반복되는 행위의 패턴이 있다면 이것들은 교회에 대해 무엇을 말해 줍니까? 이러한 반복적 행위와 예식들이 계속해서 말해 주는 주제가 있다면 무엇입니까? 그리고 이런 것들이 공동체의 정체성에 대해 무엇을 말해 주고 있습니까?

- 질문 7: 주로 누가 이러한 예식을 집행합니까? 언제 예식들이 행해집니까? 매 주일? 매달? 또는 매년? 아니면 중요한 행사가 있을 때 주기적으로 행해집니까?

- 질문 8: 일상생활의 장소와 예배 예식을 행하는 장소가 어떻게 구분이 되고 있습니까?

- 질문 9: 혹시 예배당 안에 더 중요하고 덜 중요한 장소가 있습니까?

이러한 예식에 대한 자료들을 수집하면서 중요한 것은 '무엇' 또는 '어떤 예식'보다는 예식순서와 어떠한 상징이 연관되어 사용되는지 관심을 기울여야 한다. 주로 어떤 장소에서 언제 예식이 행해지는지 그리고 주로 어떤 부류의 교인들이 참여하고 있는지보다 더 중요한 것은 예식에 참여하는 사람들의 마음가짐과 태도는 어떠한지를 깊이 고려할 필요가 있다. 나는 종종 성례식을 제외한 독특한 예식적 행위들을 관찰할 때마다 교회 교인들이 이것을 어떻게 해석하며, 그것이 무엇을 의미하는지 물어본다.

공동체에서 행해지는 예식은 정체성의 여러 요소들을 다 포함하는 종합적 예술이고 정보수집센터이다. 그러므로 예식의 중요성은 물론, 예식을 행하는 문법적 기대와 사용되는 상징과 중요 언어들을 잘 분석하면 공동체가 지향하고 믿고 있는 중요한 핵심적 가치와 정체성에 대해 이해할 수 있다. 최선을 다하라. 그리고 인내를 가지고 신중하게 관찰하며 분석하라. 숙제를 잘 감당하는 지도자에게 반드시 남들이 가질 수 없는 깊은 이해를 더해 줄 것이다.

(5) 공동체의 통계적 구성요소

믿음의 공동체를 인구통계학적으로 이해하려 하는 것은 분명 사회학적으로 분석하려는 의도가 농후하다. 그러나 공동체의 가장 중요한 구성요소인 사람들에 대해 자세하고 깊게 이해함은 저들을 섬기고 신앙적으로 육성하기 위해서 반드시 필요한 작업이다. 하나님의 교회가 그리스도 안에서 믿음을 고백한 사람들의 집단이기에, 반드시 사람들에 대한 통계적 자료와 이해를 가지고 목회에 임하는 것 또한 중요한 일이다. 함께 모인 사람들이 자신의 공동체에 대해 어떻게 여기고 있고 함께 모임으로 인해 교회 사람들에게 어떻게 자신을 드러내 보이고 있는가? 그러므로 공동체의 중간 연령층, 남녀의 비율, 결혼 여부, 인종 그리고 민족적 배경과 더불어 사회경제적 특성들을 잘 이해하는 것은 책임 있는 목회를 위해서 가볍게 넘겨서는 안 될 부분이다.

일반적으로 이러한 정보들은 새교우를 영입하는 과정이나 설문카드를 통해서 정보수집이 가능하다. 미혼인지 기혼인지 또는 연령에 대한 개인 정보는 그가 어떤 사람인지를 알게 한다. 한 공동체는 이런 통계조사를 통해서 교회 안에 점점 더 많은 미혼모들이 늘어나고 있다는 것을 발견하고 특별부서를 구성하여 사역을 활발히 전개하고 있다. 이처럼 객관적인 통계자료는 미처 생각하지 못한 부분을 깨닫도록 도와준다. 그렇지만 단지 수량적인 분석이기 때문에 정체성의 질적인 부분에 대해서는 충분히 설명하지 못한다는 사실을 기억하자. 그러므로 세계관 연구와 교회상 연구와 더불어 저들의 개인적 신앙의 취향과 신앙적 경험 그리고 관계적으로 가지게 된 사람들에 대한 일반적 이해 등을 잘 이해할 필요가 있다. 우선 어떻게 충분한 자료들을 수집할 수 있는지 다음의 예들을 살펴보자.

- 방법 1: 교회나 인근 지역사회를 잘 이해하고 있는 사람들을 중심으로 소그룹을 편성하라. 그리고 저들로 하여금 대략 나이, 성별, 인종 별, 교육수준, 결혼상황 그리고 직업적인 다양성을 구분할 수 있게 한다.

- 방법 2: 교회 사이즈가 큰 공동체는 전 교인들을 상대로 설문지를 배포하라. 그리고 중요성을 충분히 설명하고 예배가 끝난 직후 이를 시행하거나 주보에 삽입하여 다음 주일에 수집한다.

- 방법 3: 인근 지방관서에 가서 10년 전 센서스 자료와 가장 최근 센서스 자료를 입수하여 직업 별, 가정 별, 나이 별, 인종 별 카테고리에 따른 비교분석을 시도한다. 물론 선택된 소그룹에게 시행할 수도 있다.

- 방법 4: 교회에서 모집한 통계자료와 인근 시청에서 구입한 센서스 자료와 비교하면서 공동체의 특성이 인근 지역사회의 특성과 비교할 때 무엇이 비슷하고 어떤 점들이 판이하게 다른지를 점검하고 분석하라.

- 방법 5: 센서스 자료를 분석하면서 최근 일어나고 있는 새로운 움직임이나 변화들은 어떤 것이 있는가? 인구통계나 가족당 통계를 고려할 때 감지되는 변화들이 있는가? 공동체가 속한 지역사회의 인구는 증가추세인가, 아니면 감소추세인가? 어떤 인종과 민족적 배경의 사람들이 증가추세에 있으며, 반대로 어떤 부류의 사람들이 감소추세에 있는가? 이러한 변화가 교회 안에서도 반영되고 있는가? 아니라면 왜 반영되고 있지 않으며, 이것은 무엇을 의미하는가?

통계자료는 공동체가 속한 인근 지역사회에 대한 객관적 이해를 제공한다. 그러나 위의 질문 4와 5는 단순히 객관적 사실에 대해서만 말해 주기보다 왜 공동체의 변화와 지역사회의 변화가 서로 비슷한지 또는 서로 판이하게 다른지를 깨닫게 하면서 목회적으로 좀 더 깊은 해석과 응용의 차원에도 많은 깨달음을 제공해 준다. 내가 연구했던 한 교회는 1970년대 통계자료에 의하면 '가족적 교회'임이 드러났다. 또 교회 안에서 제공되는 여러 프로그램들이 가족적 교회에 타당한 관계 중심적 프로그램이 주를 이루고 있었다. 그리고 마치 가족들이 거의 비슷한 인종과 배경의 사람들이 모여 구성되는 것처럼, 이 공동체 역시 주로 중하층의 백인들이 중심이 된 교회였다. 그러나 이러한 공동체의 정체성은 흔들리기 시작했다. 1990년에 들어서기 시작하면서 지역사회의 젖줄인 큰 공장 2개가 폐쇄되고 이와 관련된 종업원 수천 명이 점차적으로 마을을 떠나기 시작했다. 물론 이런 지역사회의 변화에 따라 교인수가 급감하기 시작해서 2012년에는 백인 중심의 교회에서 여러 인종들이 혼합된 공동체로 변하고 있었다. 몇 년 전 새로 부임하신 여 목사님은 새로운 비전과 적응을 위한 목회로 바쁘기에 여념이 없다. 그러나 만일 이 공동체가 당면하고 있는 내부적 변화와 변화하고 있는 지역사회의 외부적 상황에 적절하게 적응하지 못하면 공동체의 내일은 불투명할 것이다.

3. 지배적인 세계관과 자연적으로 생성되는 목회방향성

우리는 제7과 '가치관과 공동체 정체성의 관계'에서 이미 가치관이 교회의 행정과정이나 이상적인 교회상을 형성하는 데 미치는 영향력에 대해 살펴보았다. 이 과에서는 좀 더 구체적으로 가치관이 자연적으로 끌어들이는 교회의 모습에는 어떤 것들이 있는지 또 구체적으로 교회 공동체의 삶에 영향을 미치는지 실질적인 예를 통해 살펴볼 것이다.

앞에서 예를 들었던 선셋힐교회를 살펴보자. 세계관 테스트와 여러 차례의 인터뷰를 통해 발견된 사항들은 다음과 같다. 교회의 중심적인 역할을 감당하고 있는 평신도 지도자들 40명을 대상으로 설문조사를 한 결과, 선셋힐교회는 성서주의적, 경험주의적 세계관이 대체적으로 압도적인 우세를 나타냈다. 이러한 가치관으로 인하여 초래되는 몇 가지 독특한 목회상황을 살펴보자. 첫 번째로 교회에서 변두리 시민으로 소외받고 있는 부류의 사람들이 주로 영지주의적 세계관을 가진 사람들임이 분석되었다. 10년 전 새로 부임한 담임목사의 리더십 스타일과 방향이 저들에게는 부담스럽게 느껴졌으며, 때로는 성경 중심의 신앙관이 뚜렷한 담임목사의 설교조차도 수용하기 힘들었다. 다행인 것은 세계관 연구를 통해 공동체의 주류를 이루던 성서적 가치관의 리더십과 영지주의적 세계관을 가졌던 그룹의 관계가 회복되기 시작한 점이다. 신앙관의 차이와 매번 선교전략에 반대를 표명했던 사람들의 취향이 이해가 되었기 때문이다. 많은 지도자들은 영지주의 세계관을 가진 그룹이 자신을 미워하고 싫어한다고 오해했다. 그러나 이러한 객관적인 분석을 통해 관계적 거리가 많이 좁혀진 것이 사실이다.

지난 10년 동안 새로 부임한 목회자를 중심으로 점진적인 변화가 있었다. 그것은 오랫동안 신앙적인 확실성이 부재한 상황에서 성경 중심의 확실한 신앙고백이 이루어지기 시작한 것이다. 그리고 설문에 참석한 많은 사람들이 목사님의 성경 중심적 설교에 대해 대부분 흡족해 했으며, 교회 안에서는 더욱 활발한 성경공부가 시작되었다. 이러한 교육과정을 통해 공동체는 성서적인 언어로 자신의 신앙을 설명하기 시작했다. 다음의 도표는 선셋힐교회에 소개한 것으로 42%에 달하는 성서적 세계관을 중점으로 어떻게 목회방향이 현재와 미래에 결정될지를 보여 준다. 성서적 세

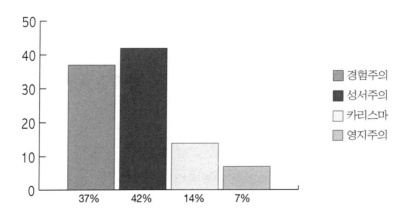

〈도표 13 선셋힐교회 세계관 분포도〉

계관이 창출하는 목회방향은 37%에 달하는 경험주의적 세계관의 영향을 함께 받지만, 전반적인 면에서 주축이 되어 목회의 많은 부분을 이끌어 간다. 앞의 도표에서 볼 수 있듯이 카리스마적 세계관은 교회 리더십의 14%를 차지하고 있으며, 목회의 다방면에서 나름대로의 영향력을 나타내고 있다. 예를 들면, 성령의 사역을 부정하지 않는 것이나, 가끔 경험주의적 세계관이 주장하는 프로그램과 성서적 세계관이 고집하는 성경공부에 대해서 기도원으로 가는 수양회와 1년에 한 번 영성훈련과 기도훈련에 대한 필요성을 강하게 주장하는 것이 바로 그 예이다. 이에 반해 영지주의적 세계관은 좀 위축되어 있었지만, 교회를 사랑하는 마음으로 함께 사역의 길을 걷고 있었다.

이러한 세계관의 조합과 역동성은 선셋힐교회로 하여금 세 가지의 독특한 정체성의 요소를 구성하고 있었다. 한 가지가 '모든 것을 성경 중심으로'였고, 두 번째가 '정직함으로 실천하는 실제적인 사역'이고, 마지막 세 번째가 '아름다운 관계를 육성하는 공동체'였다. 즉 한마디로 선셋힐 공동체가 붙잡고 있는 세 가지 맥락의 핵심적 가치관은 '성경적 신앙', '실제적 사역' 그리고 '사랑의 관계'이다. 이러한 가치관이 중심이 되어 온 공동체가 공감적으로 고백하고 있는 정체성의 특성은 다음과 같다. 이 고백들은 공동체에게 정직과 순결에 밀접한 항목들로 분석한다. 즉 신학적, 원칙적 결단들이 이런 상호 연관성에서 비롯된다. 선셋힐 공동체는 다음의 항목들을 목회사역에 있어 중요한 원칙들로 규명하였다.

- 예수 그리스도를 항상 중심에 모시는 목회사역
- 성서적 권위에 대한 존중과 경의
- 사랑과 보살핌으로 서로 격려하는 공동체

·329·
제8장 정체성 형성을 위한 실질적 목회과정과 단계

- 신학적으로 진보도 근본도 아닌 보수적 중도 노선
- 전통적 뿌리와 새 시대의 요구에 적절하게 조화를 이루는 공동체
- 개혁주의에 입각한 신학적 순결성과 전통의 뿌리
- 혁명적 변화보다는 점진적 과정을 통한 개혁적인 변화에 대한 신뢰

위에 제시된 사역의 원칙들만 살펴보아도 선셋힐 공동체가 어떤 원칙들을 중심으로 사역이 이루어지는지 잘 알 수 있다. 이러한 원칙들은 공동체 내에서 행정적 과정이나 관계를 형성하는 문화에 많은 영향을 미친다. 교인들이 무의식적으로 가정하는 공동체의 모습들을 설문을 통해 다음의 고백으로 알아볼 수 있었다.

- 우리 교회는 많은 평신도가 예배리더로 참여하는 것을 권장한다.
- 우리 교회는 어린이들을 사랑하며 용납한다.
- 우리 교회는 남녀 구별 없이 평등하게 주님을 섬긴다.
- 교회 건물과 시설은 대부분 교인들이 주로 사용한다.
- 우리 교회는 친절하고 따뜻하며, 방문자를 환대하는 공동체다.
- 우리 교회의 공동체 삶에는 예수 그리스도께서 늘 중심이 되신다.

이러한 가정은 가치관과 공동체의 삶을 통해 골격을 이룬다. 하나님의 말씀을 공동체 방향설정의 유일한 나침반으로 믿는 가치관은 성실한 인간의 노력과 정직과 실제적인 지혜를 통해서 사역한다는 신념이 바탕이 된다. 이미 상당한 양육 프로그램을 통해서 이것이 교회 내에서 이루어지고 있었다. '선셋힐 공동체는 주로 어떤 사역에 재정적으로 많이 투자하고 있습니까?'라는 질문에 참석자들은 다음과 같이 답하였다.

- 말씀을 증거하기 위해 주로 지역/해외선교 프로젝트에 투자한다.

- 후세대들에게 신앙을 교육하기 위해 교육 프로그램에 투자한다.

- 많은 사람들이 선교에 대단히 관심이 많기 때문에 당연히 선교에 많은 재정을 투자한다고 생각한다.

- 어린이들을 말씀으로 가르치고 양육하는 것도 미래를 위한 선교이다.

- 난 아이들이 셋이나 있는데, 우리 아이들은 모두 청소년 미션 프로젝트와 어린이 성경공부 프로그램에 열심히 참여하고 있다.

- 아이들을 말씀으로 가르쳐서 올바른 신앙생활을 할 수 있도록 훈련해야 한다.

위에 제시된 사항들을 살펴보면 선셋힐 공동체에 두드러지게 나타나는 관심의 초점은 신앙교육과 말씀증거, 즉 선교이다. 선셋힐교회는 카리

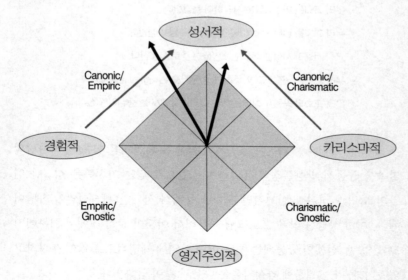

〈도표 14 주도적 가치관이 이끄는 목회적 방향성〉

스마적 동기에서 비롯된 열성적 선교에 주력하기보다는 인간회복과 말씀을 사랑하고 증거하기를 원하는 성서적 세계관이 바탕이 되어 지역사회를 중심으로 실제적인 선교활동을 하는 것이 독특하다. 이런 면에서 주로 카리스마적 세계관이 농후한 교회에서 선교에 관심을 많이 두는 것이 사실이지만, 경험주의적 세계관과 성서적 세계관이 적당한 조화를 이루면 지역사회에서 목말라 하는 필요를 실제적으로 충족시킬 수 있는 좋은 선교적 프로그램들이 생성될 수 있음을 보여 주고 있다. 이러한 동기와 배경을 바탕으로 선셋힐교회는 청소년 성경공부와 어린이 성경공부를 착실하게 운영하고 있다. 그리고 교육목회를 위한 책임자로 아동심리학에 박사학위를 가진 여 전도사님을 모시고 활발하게 교육사역을 감당하고 있다. 학위의 중요성을 떠나서 공동체가 그만큼 교육을 중시한다는 점에서 공동체의 갈망과 필요에 적합하게 조화를 이룬다. 이러한 경향은 성서적 세계관과 경험주의적 세계관이 이끌 수 있는 목회의 방향성에 대해 좋은 실례가 된다.

4. 정체성 형성을 위한 세계관과 가치관의 상호 관계성

우리는 제7과 '가치관과 공동체 정체성의 관계'에서 가치관을 발견하는 데 유용한 두 가지 실제적인 실습을 살펴보았다. 실습 1은 목회사역에 필요한 여러 조항들을 간단하게 나열하고 가장 중요시하는 사역부터 톱 7위를 설정하는 방법을 사용했다. 이것은 빠른 시일 내에 목회방향을 규명하는 데 적절한 방법이다. 그렇지만 가치관과 정체성의 관계를 이해하기에는 다소 빈 공간이 생긴다. 이 빈 공간이 바로 질적, 관계적인 사항들이다. '무엇인가?'보다는 '왜 그런가?'라는 관점에서 목회를 생각해 보면, 평상시 쉽게 보이던 사역도 그리 만만치는 않다. 목회를 더 복잡하고 어렵게 하려는 것이 아니라, 성찰과 분석을 통해 목회의 모관을 확실하게 이해하는 데 그 목적이 있다. 생각해 보라. 당신이 만일 선셋힐교회의 후임 목사로 섬기게 된다면 그 공동체가 무엇을 갈망하는지 또 무엇을 소중하게 여기고 있는지는 제대로 알아야 하지 않겠는가? 이러한 정보와 이해도 없이 열심과 열정만으로 얼마나 그리스도의 보혈로 이루신 교회를 섬길 수 있겠는가? 목회는 목회자의 열정과 헌신만으로 이루어질 수 없다. 목회자의 열정과 헌신은 분명 성장을 가져다줄 수 있다. 그러나 진정 교회의 성장이 목회 성공을 말하는 것인지는 신중하게 물어야 할 신학적 질문이다. 이전에도 언급했지만 진정한 목회 성공은 신앙적인 핵심과 가치관의 순수성을 희생하거나 타협하지 않고 목회 현장이 요구하는 필요를 적절하게 충족할 수 있는 것이다. 즉 목회의 DNA를 상실하지 말고 적절하게 대응할 수 있는 유연성과 적응력을 가질 수 있다면 이것이 참된 목회의 성공이다. 이런 목회는 누구도 앗아 갈 수 없는 확실한 정체성과 가치관의 핵심을 보존하고 육성할 수 있기 때문이다.

'가치관 발견 _실습 2'는 간단하게 규명할 수 있는 목회의 관점들을 이야기식의 설문조사로 가치관의 의도와 관계성을 발견하고자 유도한다. 공동체의 정체성에서 성도들이 함께 나누는 이야기는 아주 중요한 자원이다. 예일의 조지 린드벡George Lindbeck 교수와 한스 빌헬름 프레리Hans Wilhelm Frei 그리고 듀크대학의 스탠리 하우어워스Stanley Hauerwas 교수는 서양의 주류 인식론의 흐름—데카르트의 '나는 생각한다. 고로 나는 존재한다'는 주관적 이성 중심의 사고적 인식론—에 새로운 물고를 트면서 공동체적 삶이 주 배경이 되어 생성되는 공동체적 언어가 어떻게 정체성 형성

과 이해 그리고 공동체의 유일한 문화와 고유한 체질을 잘 설명하고 있는
지를 시사했다. 즉 개인 중심적인 주관적 인식론에서 공동체적 중심의 상
호 관계적 인식론으로 새로운 관점의 창을 연 것이다. 이러한 언어들이 때
로는 공동체로 하여금 공동체 밖의 관점을 잘 볼 수 없게 하는 부분도 있
긴 하지만, 공동체의 깊은 정체성을 이해하는 데 아주 중요한 역할을 한
다. 공동체에서 생성되는 이야기들은 모두 다 고귀한 비단실로 비유될 수
있다. 이런 비단실을 우연으로 생각하지 말고 그리스도께서 각 공동체를
통해 보기 원하시는 목적을 발견하고 목적달성을 위해 신중하면서도 의
도적으로 고유한 사역의 태피스트리를 만들도록 최선을 다해야 할 것이
다. 제임스 호프웰은 그의 논문 「The Jovial Church: Narrative in Local
Church Life」에서 공동체의 연합적 삶에서 이야기가 어떠한 교육적인 영
향을 미치는지를 세 가지로 설명하고 있다.[40] 이 세 가지 영향들은 공동체
가 정체성을 형성해 가는 과정에 아주 밀접하게 연관되어 있다.

① 이야기는 공동체 문화 속에 잠적해 있는 '이것이 바로 우리다'라는 정
체성의 요소들을 유발시키는 작용을 한다. 함께 삶을 꾸려 나가고 함께
당면한 일들을 헤쳐 나가는 과정에서 여기저기 널려 있는 '이것이 우리
다'라는 개념과 이해들은 잠재적으로 공동체의 문화 속에 포함되어 있
다. 이야기는 이러한 정체성의 잠재적 요소들을 은유적으로 공동체의
연합적 체질과 성격에 대해 설명해 준다.

② 이야기는 서로가 함께 공감하는 '우리는 누구인가?'라는 이해에 대한
성격을 묘사하는 역할을 한다. 공동체는 단순히 다른 공동체의 모방이
아니다. 연합적 관점에서 이루어지는 정체성은 서로 함께 나누는 이야

40) James F. Hopewell, 「The Jovial Church: Narrative in Local Church Life」는 Carl S.
Dudley 교수가 편집한 *Building Effective Ministry* (New York: Harper & Row, 1983) 에
수록되어 있다.

기를 통해 이루어지는데, 이 이야기들이 함께 부딪히고 상충하면서 공동체에게 주어진 유일한 고유성을 다듬어 나간다.

③ 이야기는 공동체가 가지고 있는 사명과 연관지어 '우리는 무엇이다'에 대해 고백하게 한다. 공동체의 가슴속에 늘 의식되고 있는 최종적 사명감은 공동체의 어제와 오늘 그리고 내일을 향한 소망에 대해 설명해 준다. 이야기는 우리가 지금까지 어떻게 살아왔으며, 오늘을 살아가고 있으며, 어떠한 내일을 꿈꾸며, 하나님의 사역에 동참하고 있는지를 이야기는 말해 준다.

이러한 이야기의 교육적 효과를 살펴보기 위해 나는 '가치관 발견_실습 2'의 설문조사를 실행했다. 설문조사 결과 선셋힐교회에서 다음의 세 가지 핵심적 가치관이 두드러지게 나타났다. '성경적 신앙교육', '실제적 사역과 실천' 그리고 '사랑의 관계 형성'이다. 이러한 가치관과 이야기들이 어떠한 모습으로 표현되고 있는지, '선셋힐교회의 세계관과 핵심적 가치관들'을 통해 살펴볼 수 있다. 부록 2 '선셋힐교회의 세계관과 핵심적 가치관'을 반드시 참조하라.

5. 선셋힐교회의 세계관과 핵심적 가치관에 대한 분석

부록에 있는 설문분석과 추가로 진행된 인터뷰 자료를 종합해 보면, 선셋힐 공동체는 다음의 8가지 중요한 핵심적 가치관을 지니고 있다.

- **성경 중심의 설교와 가르침**: 예배와 교육 그리고 공동체의 모든 삶과 사역에 있어 하나님의 말씀을 중심으로 가르치고 배우기를 원한다.

- **주님을 닮은 섬기는 종의 리더십:** 목회자를 비롯 장로들이나 위원회의 리더들은 제자의 발을 씻으시던 예수 그리스도를 본받아 섬기는 종의 리더십을 발휘하기를 소원한다.

- **기독교 교육을 위한 헌신:** 공동체의 비전과 올바른 신앙교육을 위해 온 교회가 헌신하기로 결심한다.

- **사람들을 위한 헌신과 양육:** 하나님은 어떤 사람이든지 사랑하신다. 그러므로 모든 사람들은 하나님 앞에서나 공동체 안에서 귀중한 존재이므로 저들을 위해 양육하고 헌신한다.

- **사랑으로 새교우 환영과 영접:** 그리스도 안에서 믿음의 가족이 되는 모든 사람들을 탕자를 애타게 기다리시는 하나님 아버지의 마음으로 영접하자.

- **친교와 공동체 육성을 위한 헌신:** 공동체의 친교행사들을 통하여 믿음으로 한 가족 됨을 확인하며 공동체를 든든하게 세워 가며 육성하기를 위하여 헌신한다.

- **건강한 가정 세우기:** 각 가정은 공동체를 세워 가는 중요한 벽돌과도 같다. 가정이 건강하고 행복해야 공동체도 더욱 강건하고 행복할 수 있다.

- **은혜로운 예배와 찬양:** 하나님을 만나는 예배시간이 성령의 운행하심을 체험하며, 은혜로운 예배가 될 수 있도록 최선을 다하여 힘쓴다.

선셋힐교회의 핵심적 가치관은 성서적, 경험주의적 세계관의 요소가 목회 현장의 전반적인 면에서 나타나고 있다. '성경 중심의 설교와 가르침'과 '섬기는 종의 리더십' 그리고 '교육과 사람 세우기를 위한 헌신'과 '공동체의 관계성을 든든하게 세워 나가기' 등의 가치관을 보면, 하나님의 말씀이 차지하는 중요성과 인간회복과 승리를 위한 경험주의적 세계관의 무던한 노력이 나타난다. 경험주의적 세계관은 양육적이며 섬기는 교회상을 추구한다. 이러한 이상적인 성도들의 바람이 선셋힐교회의 핵심적 가치관에서 그대로 드러나고 있다. 섬기는 종의 리더십을 선호하는 성도들로부터 담임목사님이 성도들이 더욱 긴밀한 관계로 양육되도록 노력하며, 성숙의 좋은 귀감이 되고 있다는 말을 여러 번 들었다. 그리고 비록 하나님의 자녀들이 죄로 인하여 연약하지만 성심과 정성을 다해 하나님을 사랑하고 말씀을 묵상하며, 꾸준히 노력하면 공동체의 관계적 친교는 물론 사회에서 소외되고 어려움을 겪는 사람들에게도 소금과 빛의 역할을 할 수 있다고 격려하여, 이미 도심지의 열악한 환경에 허덕이는 많은 사람들을 '스테반 선교 프로젝트'와 '피츠버그 프로젝트'를 통해 돕고 있다. 이 두 선교 프로젝트는 국외적인 선교이기보다는 인근 지역사회를 위한 구체적 선교 프로젝트로 많은 교인들에게 좋은 호응을 얻고 있다.

이와 비슷하게 성서적 세계관은 선셋힐교회가 속해 있는 미국장로교단과 개혁신학의 전통을 순수하게 보존하고자 헌신적인 노력을 기울이고 있다. 타 교단과 같이 예배 중에 방언을 하고 선지자적 예언을 하는 것은 아니지만 성령의 운행하심과 임재를 갈망하는 마음으로 예배의 경건성과 하나님의 임재를 체험하기를 원한다. 비록 카리스마적 세계관이 14% 정도밖에 안 되지만 인간의 헌신과 노력 외에 눈을 들어 도움을 주시는 하나님의 보좌를 바라보는 신앙의 눈을 감지 않고 계속 주시하고 있는 점도 독특한 특성이었다. 참으로 재미있는 점은 담임목사와 헌신적인 평신도 지도자들이 모두 다 신앙의 경건성과 사랑으로 돌보고 양육하는 부모 같은 심정을 가졌다는 것이다. 이러한 리더십의 특성은 나중에 담임목사를 통해 알게 된 것이지만 지난 8년 이상을 통해 서서히 형성되어 온 것이다. 목회에는 지름길이 없다고 했던가? 심은 대로 거두는 성서적 원칙이 그대로 반영되는 것을 보았다.

6. 중심적 세계관이 선호하는 가치관들

그러면 다음의 네 가지 형태의 세계관이 주로 어떠한 가치관을 선호하고 있는지를 분석해 보자. 아래에 나타난 각 가치관은 강한 주류를 이루고 있는 사례를 중심으로 분석했다. 즉 가장 두드러진 가치관과 두 번째 주류적인 세계관과의 차이가 적어도 4점 이상 나는 사례들을 살펴보면서 어떤 가치관들이 주로 대두하고 있는지 살펴보자.

① 성서주의적 세계관이 중심인 가치관들

- 성경 중심의 설교와 가르침 (7)
- 은혜로운 예배와 찬양 (7)
- 예수님 닮은 섬기는 종의 리더십 (5)
- 모든 사람들은 하나님께 다 소중하다 (4)
- 공동체를 위한 헌신적 기독교 교육 (4)
- 헌신하는 예수의 제자 만들기 (4)
- 열악한 상황에 처한 교우들과 이웃 보살피기 (3)
- 새교우들을 사랑으로 환영 (2)
- 위하여 서로 중보기도하는 공동체 (1)
- 사랑의 친교와 공동체 양육과 세우기 (1)
- 지역사회와 세계선교 (1)

성서적 세계관이 유도하는 가치관들은 직접적으로 나타난다. 성경 중심의 설교와 가르침을 다른 어느 가치관보다 더 중요시하고 있다. 이에 따라 은혜로운 찬양과 예배의 체험과 예수님 닮은 섬기는 종의 리더십 또한 성서적 가치관의 특성으로 분석된다. 여기서 특이한 사항은 경험주의적 세계관에 비해 목회자의 리더십 비중이 영적 중심 그리고 성경을 가르치고 설교하는 사역의 중심으로 분포되어 있다는 점이다. 열악한 상황에 처한 교우들과 이웃을 돌보는 일도 중요하지만 성서적으로 확실한 설교와 가르침이 없이는 목회적으로 큰 효과를 유도하지 못할 것이 드러났다. 공동체 사람들로 하여금 헌신하는 예수의 제자화를 위한 체계적 훈련과 교육의 중요성도 은근히 대두되고 있다.

② 경험주의적 세계관이 중심인 가치관들
- 사랑이 넘치고 건강한 가정 양육 (6)
- 공동체를 위한 헌신적 기독교 교육 (5)
- 성경 중심의 설교와 가르침 (5)
- 사랑의 친교와 공동체 양육과 세우기 (4)
- 새교우들을 사랑으로 환영 (4)
- 공동체의 창의력과 혁신적 사역의 개발 (3)
- 예수님 닮은 섬기는 종의 리더십 (3)
- 모든 사람들은 하나님께 다 소중하다 (3)
- 헌신적인 재정적 책임과 지원 (3)
- 열악한 상황에 처한 교우들과 이웃 보살피기 (3)
- 사회문화적 변화에 타당하게 적응하기 (2)
- 위하여 서로 중보기도하는 공동체 (1)
- 지역사회와 세계선교 (1)
- 은혜로운 예배와 찬양 (1)
- 헌신하는 예수의 제자 만들기 (1)
- 덕이 되는 그리스도인의 자아상 (1)
- 평신도 지도력의 양육과 교육 (1)
- 은혜로운 삶 영위하기 (1)

경험주의적 세계관의 특성은 실제적이고 응용이 가능한 목회사역에 주력한다는 점이다. 의도적인 교육을 통한 신앙의 전수와 무엇보다도 현실적으로 중요시되고 있는 현대 가정의 문제점들을 인식하여 건강하고 행복한 가정을 세워 가는 사역이 중점적으로 많은 관심을 차지한다. 그러면서도 전반적으로 광범위한 사회적 이슈와 공동체의 사역들이 주로 대두되었다. 인간회복과 인간 승리를 유도하기 위한 인간 중심적 헌신과 노력의 자국들이 경험주의적 교우들의 가치관에서 잘 나타나고 있다. 특이할 만한 것은 공동체의 창의력과 헌신적 사역의 개발에 다른 어느 세계관 교인들보다 지대한 관심을 쏟는다는 것이다. 그리고 재정적인 책임과 지원을 헌신적으로 감수해야 함도 실용적인 면이 강조되는 경험주의적 세계관의 특성이라 볼 수 있다.

③ 카리스마적 세계관이 중심인 가치관들

- 성경 중심의 설교와 가르침 (8)
- 은혜로운 예배와 찬양 (7)
- 예수님 닮은 섬기는 종의 리더십 (7)
- 공동체를 위한 헌신적 기독교 교육 (5)
- 십일조 봉헌과 헌신적 나눔 (4)
- 사랑의 친교와 공동체 양육과 세우기 (4)
- 새교우들을 사랑으로 환영 (4)
- 평신도 지도력의 양육과 교육 (3)
- 모든 사람들은 하나님께 다 소중하다 (3)
- 위하여 서로 중보기도하는 공동체 (2)
- 열악한 상황에 처한 교우들과 이웃 보살피기 (2)
- 평신도 지도력의 양육과 교육 (3)

- 열정적인 전도사역　　　　　　　(1)
- 지역사회와 세계선교　　　　　　(1)
- 헌신하는 예수의 제자 만들기　　(1)
- 덕이 되는 그리스도인의 자아상　(1)
- 헌신적인 재정적 책임과 지원　　(1)
- 열정적인 세계선교　　　　　　　(1)

영이신 하나님을 경배하고 초자연적인 영의 세계를 갈망하는 교우들에게 여전히 성경적 가르침과 설교가 공동체의 신앙생활에 중요한 비중을 차지하는 것으로 나타났다. 더욱이 영성 있는 찬양과 은혜로운 예배 경험은 카리스마적 세계관을 가진 교인들에게 아주 중요한 요소로 주시됨을 볼 수 있다. 그러므로 예배에 대한 준비와 투자, 예배 중 행해지는 음악적 요소들을 고려해 볼 때 선셋힐교회는 음악적으로 많은 투자와 헌신을 하는 것으로 드러났다. 특별히 목회자의 사모가 직접 파트타임 음악사역자로 헌신하면서 교회 성가대와 벨 성가대 및 어린이 청소년 성가대들이 활발하게 사역하고 있었다. 십일조와 주일성수를 중요시하는 경향은 어려운 상황 가운데서도 보이지 않는 나라에 대한 투자라고 믿기 때문에 다른 세계관을 가진 교인들보다 더욱 현저했다. 그러나 이렇게 은혜를 갈망하며 신앙의 열정을 중요시하는 교인들은 위의 가치관에서도 나타나듯이 자칫 외로움에 아파하는 이웃이나 어려움에 처한 교인들에 대한 관심이 경험주의적 세계관을 가진 교인들보다 저조하다. 공동체의 지도자들은 이 점을 유의해서 열정적인 믿음과 사랑의 행위가 따라 주는 신앙생활의 아름다운 조화와 균형을 이루는 것이 중요하리라 생각된다.

여기서 주시해야 할 점은 대부분의 카리스마적 세계관을 가진 교인들은 동시에 그에 가깝게 근접하는 성서적 세계관을 동시에 지니고 있다는 점이다. 그러므로 성서적 세계관이 유도하는 비슷한 가치관들이 카리스마적 세계관을 가진 교인들에게도 평행적으로 드러나고 있다. 그 다음에 카리스마적 세계관에 가깝게 근접한 것이 경험주의적 세계관이다. 그러나 12명의 카리스마적 세계관을 가진 리더들이 성서적 세계관과 밀접한 관계를 가지는 대신, 경험주의적 세계관과 함께 근접한 사람들은 단지 6명에 불과했다. 물론 영지주의적 세계관과 카리스마적 세계관은 이보다 더욱 적은 사람들을 기록했다.

④ 영지주의적 세계관이 중심인 가치관들

- 성경 중심의 설교와 가르침 (1)
- 예수님 닮은 섬기는 종의 리더십 (1)
- 모든 사람들은 하나님께 다 소중하다 (1)
- 사회문화적 변화에 타당하게 적응하기 (1)
- 평신도 지도력을 위한 양육과 교육 (1)
- 모든 프로그램의 질적 우수성 (1)
- 사회 평등주의와 정의 구현 (1)
- 사랑의 친교와 공동체 양육과 세우기 (1)

영지주의적 세계관을 자세히 살펴보면 몇 가지 특성이 있다. 우선적으로 성서적, 경험주의적 가치관이 주류를 이루는 공동체에서 사용하는 신앙적 언어라든지, 사명적 이해가 이 그룹에서는 판이하게 다르다는 것이다. 앞에서도 언급했듯이 대부분 영지주의적 세계관을 가진 교인들이 신앙생활에 깊이 참여하기보다는 관망하는 정도 내지는 주변인으로 지내고 있었다. 그도 그럴 것이 선셋힐교회에서는 타종교와의 의미 있는 초교파적, 종교적 대화가 없었고 말씀이 중심이 된 신앙관은 오로지 예수 그리스도 외에는 구원이 없음을 강조하며 확신하기 때문에 세상과의 조화를 선호하는 이들에게 사실 신학적으로 설 땅이 별로 없었다. 이 세계관을 가진 교인들이 표현한 핵심적 가치관은 핵심적이기보다는 주변적이라고 해야 옳을 것이다. 잠시 물방울 자국만 남기는 것 같은 정도의 참여도 내지는 확신을 보였기 때문이다.

이렇게 독특한 세계관의 관점이 이끌어 내는 가치관들이 관심과 초점의 주축에 따라 다소 다를 수 있는 것을 살펴보았다. 목회적으로 이러한 사실은 실로 중요하다. 공동체에서 중요한 사역을 담당하며 지도력을 발휘하는 리더들이 이렇게 세계관과 가치관의 관점에서 이해하게 되면 목회전략을 구상할 때나 반드시 감당해야 할 사명을 발견할 때에 생산적이고 창조적인 시너지를 생성할 수 있다. 선셋힐교회는 이러한 필요와 체질에 목회자와 평신도 지도자들이 점차적으로 함께 다듬어지면서 아름다운 조화를 이루고 있는 교회임이 분명했다. 잠시 휴식시간을 통해 담임목사와 장로들과 함께 대화했다. 담임목사가 교인들에게 이렇게 물었다.

"5년 전에 이런 개혁적 아이디어를 제의했다면, 여러분의 생각에는 우리 교회가 과연 이것을 받아들였겠습니까?"

담임목사의 질문에 장로들은 이구동성으로 "절대로 안 됐을 것!"이라고 웃으면서 대답했다. 이토록 서로 함께 마음을 모으고 한곳을 바라보며 섬겨오기를 12년이 지나 보니, 마치 부부가 함께 생활하며 서로를 닮아 가듯 담임목사와 평신도 지도자들이 신앙적으로나 세계관 그리고 가치관에서 체질적으로 유사해지고 있음을 볼 수 있었다. 함께 가야 할 곳을 한마음과 한뜻으로 바라볼 수 있다는 것이 얼마나 귀중한 축복인가!

정체성을 다듬어 가며 독특한 공동체의 체질을 형성할 때는 공동체가 갈등과 위기의 시간을 지나갈 때이다. 어려움에 봉착할 때, 지금까지 조직적, 구조적 테두리 안에서 시행했던 일들이 더 이상 같은 테두리 안에서 행할 수 없게 됨을 경험한다. 한마디로 새로운 패러다임이 요구되고 새로운 착상이 필요할 때이다. 늘 안주하던 '일반적 사고방식의 상자'에서 벗어나야만 할 시기이다. 시련의 폭풍우가 몰아칠 때 공동체가 과연 어떠한 미덕을 보이는지는 공동체의 정체성에 막강한 영향을 준다. 과도기를 겪으며 지나갈 때 공동체는 과연 어떠한 주류적인 감정적 분위기와 심기를 표출하는가? 어떠한 스타일들이 주류적으로 나타나는 행위적 생활양식인가? 사람들은 어떠한 마음자세로 과도기를 대처하고 있는가? 어려움에 봉착한 공동체를 주관하며 리드하는 전반적인 분위기는 어떠한가? 긍정적이며 소망적인가? 아니면 의심과 의혹의 먹구름이 배경에 깔려 있는 부정적, 염세적인 분위기인가? 갈등과 도전의 시간을 지나갈 때 공동체의 가장 두드러진 장점과 약점이 함께 노출되고 이로 인한 독특한 신학 윤리관이 정립된다. 이러한 면들이야말로 공동체의 정체성 이해에 중요한 요소들이다.

7. 내일을 향한 목회적 사명감의 발견과 공동체의 정체성

이미 제2과에서 공동체 정체성에 대한 세 가지 중요한 부분들에 대해 생각해 보았다. 첫째는 공동체가 함께 공감하고 믿고 있는 신학적, 원칙적인 결단들이고, 둘째는 핵심적 가치관들이다. 이러한 두 가지 요소를 바탕으로 해서 공동체는 함께 감당해야 할 사명감을 규명할 수 있다. 선셋힐교회도 이러한 과정들을 통해 저들이 끝까지 사수하는 원칙적인 결단들은 무엇이며, 함께 생각하는 중요한 가치관들은 무엇인지를 규명할 수 있었

다. 아래에 표기된 항목들을 살펴보면 과연 '우리는 누구인가?'를 이해하
고 '우리가 함께 중시하는 원칙들'을 이해하면 사명감을 재조명하는 데 많
은 유익이 된다. 선셋힐교회가 발견하게 된 신앙적인 원칙들과 핵심적 가
치관은 아래 도표에 잘 나타나 있다.

신앙적 원칙들	순위	핵심적 가치관들
성경의 권위 존중	1	설교와 모든 가르침을 성경 중심으로
전통과 동시대 간의 혼합적 균형과 조화	2	섬기는 종, 예수님을 닮은 신성한 리더십
전통적 개혁주의 신앙 보존	3	모든 교우들을 위한 열정적인 기독교 교육의 강조
개혁 신앙에 입각한 신학적 중도 보수노선과 조화	4	사람들을 소중히 여기시는 하나님
점진적 개혁과 변화과정 유지	5	방문자들을 환영하고 영접
그리스도 중심의 신앙관	6	사랑의 교제를 통한 공동체의 육성과 발전
승자와 패자가 없는 열린 토론과 결정과정	7	건강하고 행복한 가정의 육성
정치적 이슈와 정치운동참여는 가급적 자제함	8	은혜로운 찬양과 영성이 살아 있는 예배

〈도표 15 선셋힐교회의 원칙과 가치관〉

선셋힐교회는 신앙적 원칙과 핵심적 가치관들을 통해 나타나는 성서
주의적 세계관과 가치관이 공동체의 삶 속에 깊이 뿌리내려 있음을 볼 수
있다. 그리고 여기에 상등하는 경험주의적 세계관이 주도하는 가치관들
이 뚜렷하게 표현되어 있음도 볼 수 있다. 가령 '성경의 권위 존중'과 '그리
스도 중심의 신앙관'에서 비롯된 성경 중심의 설교와 가르침에 대한 강조
는 뚜렷하게 성서주의적 세계관을 나타낸다. 그리고 '전통과 동시대 간의

균형 있는 조화와 혼합'과 '열린 토론' 그리고 사회운동에 참여하되 가급적 '정치적인 운동 참여는 자제하는 경향' 자체도 경험주의적 세계관에서 비롯된 원칙들임을 알 수 있다. 이러한 세계관에서 비롯된 가치관들은 선셋힐교회 내에서 리더십, 예를 들면 '예수님을 닮은 섬기는 종의 리더십'이라든가 '사람들을 소중히 여기시는 하나님' 그리고 '방문자들에 대한 환영과 영접'과 '건강하고 행복한 가정 육성' 등은 철저하게 경험주의적 배경을 바탕으로 한 가치관들임을 볼 수 있다.

이런 원칙과 가치관의 배경을 바탕으로 다음과 같은 질문에 공동체가 함께 사명감에 대해 응답하기를 요청했다. 함께 토론에 참석한 평신도 지도자들은 다음과 같은 이슈와 프로그램을 나열할 수 있었다.

- 성경의 권위와 중요성에 대한 교육
- 의미 있는 소속감 육성
- 사랑으로 돌아보고 도와주는 일
- 수준급의 기독교 교육 프로그램
- 목회사역과 섬김에 활발하게 참여하기
- 관계 중심적인 목회사역
- 행복하고 건강한 가정 육성을 위한 가족 프로그램
- 인근 지역사회를 위한 구체적 선교사역 마련
- 젊은 가정을 돕는 섬김의 사역
- 다세대 연결을 위한 프로그램 육성
- 어려움에 처한 이웃 돕기 선교사역

위의 사역의 가능성과 프로그램들은 언뜻 보기에는 평범한 리스트 같지만, 단지 성경의 권위를 존중하는 차원을 넘어 진실로 온 마음과 정성을

다해서 온 공동체가 존중하고 하나님 말씀의 중요성을 인정한다는 의미
에서 아주 독특하다. 최근 통계자료를 바탕으로 한 젊은 가정을 돕는 섬김
의 사역은 평범한 리스트가 아닌, 선셋힐 지도자들이 함께 기도하며 토론
하는 과정을 통해 결정체로 나타난 사역의 중대성을 인식한 결과이다. 즉
이러한 필요와 가치관을 바탕으로 한 사명감은 그 뿌리와 의미 그리고 신
앙적 가치가 공동체의 모든 일원들이 함께 믿고 나누는 중요한 신앙적 원
칙들이기에 흔히 전반적으로 별 의미 없이 알고 있는 사명감과는 동기와
의욕면에서 질적으로 다른 차원임을 알 수 있다. 이러한 사명감은 어느 소
수 리더들에 의해 주입된 것이 아니기에 그 뿌리의 근원이 공동체 가장 중
심적인 문화의 토양 안에 내리게 된다. 그리고 이러한 깊은 공감대 형성으
로 인한 교인들의 동기유발 정도는 보통의 수준을 훨씬 넘게 된다. '아무
개의 비전'이 아닌 '바로 우리의 비전'이기에 창조적인 시너지가 창출된다.

선셋힐교회의 경우만 보더라도 이러한 사명감에 초점을 맞추고 전통
적으로 내려오던 교회의 사명감 고백을 다음과 같이 공동체의 목적을 달
성하기 위하여 전략적으로 재조명하고 있는 것을 볼 수 있다. 다음의 사명
고백을 살펴보라.

We are called by God
to reach out,
to nurture,
to serve
in Christ's Love.

우리는 이웃을 위해
전도하고, 양육하며, 그들을 섬기기 위해
하나님의 부르심을 받았습니다.

〈도표 16 선셋힐교회의 사명고백〉

전통적으로 선셋힐 공동체 일원들에게 전수되어 오던 사명고백은 공동체 정체성 형성과정을 통해 새로운 에너지와 의욕을 힘입게 된다. 이전에는 그냥 주보 뒷면이나 한 달에 한 번 발행되던 교회문예지 표지 안면에서 발견되던 사명고백이 이제는 모든 평신도 리더들과 지도자 그리고 교우들이 모두 함께 공감하며 사명을 불태울 수 있는 고백으로 업그레이드되었다. 사명감 발견을 위한 위원회는 이 고백을 다음과 같이 세분화하면서 앞으로 선셋힐 공동체가 함께 지향해야 할 좀 더 구체적이고 실제적인 사역들에 대해 기도하며 지혜를 구했다. 다음 도표를 잠시 살펴보자.

사명고백	구체적인 설명문
선셋힐 공동체는 주님의 사랑 안에서… (요 20:11)	• 우리를 구원하신 부활하신 그리스도의 사랑은 우리로 하여금 하나님 사역의 동역자들이 되게 하셨고 이웃을 하나님께로 인도할 수 있도록 도와주십니다.
'전도하며' (고전 9:20-22)	• 이웃에게 사랑으로 전도하고 그들을 영접함으로 생명의 말씀, 복음을 증거하게 하십니다.
'양육하고' (신 6:4)	• 하나님의 말씀으로 서로 양육하고 • 함께 영이신 하나님께 경배하게 하시고 • 서로의 짐을 서로 지고 사랑으로 돌아보게 하십니다.
'섬기기 위해' (눅 15장) 이 땅 위에 존재합니다.	• 우리는 이 땅에서 하나님의 사역을 실행하는 일꾼입니다. • 특별히 지역사회의 필요를 인식하고 실제적으로 도움을 주기 위해 최선을 다해야 합니다.

〈도표 17 사명고백의 새로운 정의와 의미〉

위에 나타난 사명고백의 재해석을 통해서 우리는 선셋힐 공동체에서 함께 감당해야 할 사명을 크게 세 가지, '전도'와 '양육' 그리고 '섬김'으로 나눌 수 있다. 그러나 이 모든 사명을 감당하기 위해 반드시 필요한 것은 오직 부활하신 예수 그리스도의 사랑이 결정적 동기가 되며, 바탕이 되고 또 그 사랑을 위해, 그 사랑에 힘입어 이런 일들을 감당할 수 있음을 고백한다. 철저하게 예수 그리스도 중심적인 믿음의 공동체임을 한눈에 볼 수 있다. 그리고 전도, 양육, 섬김의 바탕은 오로지 하나님의 말씀과 성서적인 이해가 바탕이 되고 있음을 살펴볼 수 있다. 이러한 중심적인 신념과 사상 그리고 세계관과 가치관들이 어울려 선셋힐 공동체는 자신들만의 독특한 정체성을 형성해 왔고 또 계속적으로 육성해 갈 것이다.

누구든지 선셋힐 공동체에 문을 열고 들어온 사람들은 느낄 수 있다. 얼마나 사랑으로 따뜻하게 방문자들을 영접하며 또 복음사역에 참여할 수 있도록 힘쓰는 공동체인 것을 느끼게 된다. '당신을 그리스도의 사랑으로 환영합니다.' 그리고 '하나님은 모든 사람들을 진정 소중하게 생각하시므로 우리 또한 당신을 존중하며 소중하게 생각합니다.' 이러한 무언의 고백들이 행동으로 메아리치고 있다. 공동체 내에서 행해지는 친교와 관계 형성의 행사들은 소속된 사람들 모두에게 의미 있는 소속감을 제공하며, 또 인근 지역의 교육수준과 사회경제수준에 걸맞는 열성적인 교육열 또한 선셋힐 공동체 안에 이미 반영되어 있음을 볼 수 있었다. 담임목사를 비롯 교역자들과 열심으로 섬기려는 평신도 리더들을 보아도 얼마나 열린 공동체인지 알 수 있다. 어느 누구의 의견이라도 경청하는 열린 문화 공간이지만, 함께 지향하며 나아가는 길은 뚜렷하게 묘사되어 있다. 물론 영지주의적 세계관을 가진 성도들이 비록 7%에 남짓한 소수라 할지라도 그들의 의견이 민주적 과정을 통해 묵살되지 않는 점도 특이한 체질 중 하나이다. 여기에는 지난 12년 동안 꾸준히 목회자로 섬김의 자리를 지키고 몸소 섬김의 종의 리더십을 실천해 온 담임목사의 공헌도 잊을 수 없을 것이다. 항상 열린 마음에 그 어떠한 의견도 일단 경청하고 존중하는 그의 리더십이 선셋힐의 독특한 문화형성에 지대한 영향을 미쳤다.

앞의 도표 17에서 알 수 있듯이 선셋힐 공동체는 그리스도의 사랑이 모든 섬김의 시작이요 과정이라고 믿는다. 그러기에 양육하는 과정에서 반드시 예수 그리스도를 통해 나타나신 하나님의 사랑에 대해 성경적 배움과 양육코스를 거치게 한다. 성경 중심의 교회 그리고 성경의 권위가 존중되는 교회이기에 변화무상한 오늘날 흔들리지 않는 기초 위에 믿음의 공동체를 세워 나간다. 눈물과 사랑과 헌신으로 벽돌을 굽고, 콘크리트를 발라 오늘도 교회를 세워 나간다. 하나님께서 보내 주신 모든 사람들 그리고 교회 인근 지역에 하나님을 모르고 살아가는 이웃들을 위해 열정적인 전도사역과 구제사역을 펼치면서 지역사회와의 의미 있는 관계 형성을 위해 최선을 다하리라 믿는다. 탁상공론에 그치지 않는 지역선교에 대한 열정은 '스티븐스 사역'이라는 구체적인 사역을 통해서 가난하고 어려운 이웃을 선정하여 매년 봄가을로 토요일마다 온 교우들이 헌 집을 수리하고 복구하는 일을 감당하고 있다. 특이할 만한 사항은 다세대교육을 중시하는 공동체이기에 이러한 선교사역을 청소년들과 어른들이 함께 팀을 이루어 감당한다. 아버지와 아들, 어머니와 딸들이 함께 망치질하고 창문을 달고 벗겨진 페인팅을 다시 칠하며 한 집 한 집 그리스도의 사랑으로 재건한다. 이렇게 망치 소리를 듣던 인근 주민들은 '예수 믿고 천당!'이라고 외치지 않아도 이들이 왜 이렇게 봉사하며 수고하는지 그리고 어떤 연유에서 이런 희생을 기쁨으로 감수하는지 해답을 찾게 된다. 수리하는 망치 소리가 무거운 멍에를 지고 이 세상에서 시달리는 사람들을 안식과 쉼의 자리로 초청하시는 사랑의 음성으로 변하는 기적이 바로 이러한 선교사역을 통해 이루어지고 있다.

공동체의 정체성은 공동체가 열정을 가지고 소중히 믿고 있는 신념과 어떠한 급변하는 환경 속에서도 타협하지 않는 원칙 그리고 핵심적 가치관과 주류를 이루는 세계관을 이해할 때, 비로소 의미 있는 자화상을 그릴 수 있게 된다. 더 상세히 이해할 때 더 많은 퍼즐조각들을 모을 수 있는 것처럼, 더 타당한 자화상을 끼워 맞출 수 있다. 중요한 것은 상황이 다급해지면 '무엇을 할 것인가?' 또는 '어떻게 할 것인가?' 하는 질문들이 '우리는 과연 누구인가?'라는 질문보다 앞서기 쉽다. 그러나 기억하라. 자기에 대한 올바른 이해, 즉 정체성에 대한 참다운 이해가 성립되면, 나머지 '무엇'과 '어떻게'는 자연스럽게 동반될 수 있는 측면들이다. 사랑으로 연결된 관계의 성립을 중시하는 공동체이기에 그 교회는 따뜻한 사랑의 교제와 친교가 풍성하다. 지역사회를 개혁해야 함을 믿는 사회 선지자적 교회이기에 열심히 구제활동에 참여하며 섬기게 된다. 즉 정체성의 중심은 방법과 실용적 목적이 주가 아닌, 궁극적으로 존재적 가치성과 의미의 문제이다. 사랑의 주님이시기에 모든 인류를 사랑하신 것처럼, 붓을 들지 않고는 미칠 것 같아 마지막 숨을 거두는 순간까지 손에 붓을 들고 죽어 간 피카소처럼, 정체성은 이러한 감동적인 사역의 열매를 자연스럽게 유도한다. 이것이 가슴 중심으로부터 강조하고 싶은 항목이다. '당신의 교회, 즉 믿음의 공동체는 과연 누구라고 생각하는가?' 매일 묻고 매일 대답하고 공동체 일원들과 매일 상의해야 하는 질문일 것이다. 오로지 하나님께 영광을 돌리기 위하여!

제9장

정체성 인식 형성을 위한 실제적 목회전략

Ways to Communicate and Empower Congregational Identity

1. 필요한 지식을 열망하는 인식의 갈등

샤론 파커스Sharon Parkers는 자신의 저서 *The Critical Years*에서 지난 15년 동안 하버드대학에서 교목으로 섬기면서 경험했던 중요한 깨달음을 모두 모아 기록했다. 그녀는 세계적 석학들과 전교에서 1등만 하던 수재들의 집합소인 하버드에서 학생들의 고충과 갈등을 듣고 상담하면서 느낀 점을 이렇게 설명한다. 수많은 대학생들이 자신들의 인생을 생각하면서 무언가 자신의 열정과 모든 노력을 투자할 가치가 있는 그 '무엇'인가를 발견하기 위해 열망한다는 사실이다. 이것이 이념이든, 사회운동이든, 아니면 종교적 경험이든지 자신을 던져 넣어도 후회하지 않을 그 어떤 것을 갈망하면서 대학 시절을 방황한다. 모든 지식이 총집합된 세계 최고의 대학에서 진정 자신의 삶과 인생을 주도할 만한 지식을 찾지 못해 갈등하고 있다. 이것은 마치 지식의 홍수 속에서 참다운 지식을 발견하지 못해 갈구함이요, 정보의 풍성함 속에서도 참으로 필요한 정보를 수집하지 못하는 인식의 궁핍함이라고도 볼 수 있다.

이러한 젊은이들에게 어떻게 절대적인 가치관을 심어 줄 수 있을까? 항상 유동적인 땅 위에 누가 뭐라 해도 절대 흔들리지 않을 자아상을 세우도록 어떻게 도울 수 있을까? 무언가 의미 있는 일을 위해 동기와 이유를 갈망하는 열정적인 젊은이들에게 가장 필요한 것은 바로 그들에게 본이 될 수 있는 '롤모델'이다. 직업이 무엇이든 상관하지 않는다. 수입이 얼마가 보장되는지, 얼마나 특권을 누릴 수 있는지 개의치 않는다. 다만 의욕 있는 젊은이들이 보기 원하는 것은 자신이 믿고 있는 것을 삶을 통해서 그리고 직업전선에서 그대로 믿고 실행하는 본이 되는 롤모델이다. 교수는 가르치는 일에 매혹되어 강단에서 부르짖고, 엔지니어는 프로젝트를 통해서 자신의 신념을 나타내고, 변호사는 정의를 실현하기 위한 열정으로 법정에 서며, 경영자는 경영을 통해 자신이 믿고 있는 삶의 철학을 반영하고 또한 목회자는 하나님께서 주신 소명에 사로잡혀 기쁨으로 그리스도의 포로가 된 삶을 저들에게 보여 줄 때, 오늘날의 젊은이들은 자신이 정녕 걸어야 할 길과 인생의 참된 의미와 목적을 발견할 수 있다. 탁상공론으로 전도하는 시대는 막을 내렸다. 이제는 의미 있는 관계와 신념에 사로잡힌 삶을 통해서 복음을 전하는 시대에 돌입했다.

이런 의미에서 공동체의 정체성을 말하고 교육하는 과정 또한 '내가 온전히 믿고 확신하는 바'를 이야기함이 올바른 첫걸음이 될 것이다. '아무개에 따르면'이 아닌 '내가 믿고 실행해 보았더니 정말 이렇더라'라고 접근해야 한다. 삶의 필터를 통해 걸러져 나오는 함성, 행동과 실천을 통해 전달되는 신념의 소리가 듣는 사람의 마음을 감동시킨다. 정체성을 말하고 또 교육하는 리더들은 반드시 먼저 자신이 확신하는 신념에 대해 말해야 한다. 이러한 정체성에 대한 이해가 어떠한 긍정적인 영향을 미칠지에 대한 뚜렷한 신념이 동반되어야 한다. 오늘날 많은 믿음의 공동체들이 이와 같이 자신이 속해 있는 공동체의 참된 모습이 무엇이고 지향해야 할 소중한 목적이 무엇이며, 오늘날 세상을 향하여 어떻게 서야 하는지를 알고 싶어 한다. 아무리 성경공부를 많이 하고 신학서적을 읽고 토론해도 하나님께서 불러 모으신 '내가 속한 공동체의 참된 목적과 사명감'을 잘 이해하지 못하면 의미 있는 소속감을 가질 수 없다. 그러므로 공동체의 생명력을 회복시키고 비전에 불타며 목적이 주도하는 공동체의 삶을 영위하기 위해서는 반드시 '우리는 누구인가?'라는 근본적인 질문을 의미 있고 현실에 타당하게 대답해야 한다. 바로 이 관점이 목회전략에 없어서는 안 될 중요한 부분이다.

2. 정체성을 전달하는 전달자의 모습

제8과를 통하여 그려 내고 이해하게 된 공동체의 독특한 정체성을 어떻게 전달하며, 교육할 수 있을 것인가? 이것은 아주 실제적인 질문이다. 먼저 신중히 고려해야 할 것은 정체성에 대해 말하고 전달하는 지도자의 모습이 어떠해야 할지 생각해 보자. 이것은 커뮤니케이션에 있어 아주 중요한 부분이다. 방송사에서도 뉴스 앵커를 선발할 때 아주 신중하게 고려하고 결정한다. 어떤 사람이어야 하는가? 그 사람의 성품이나 전 인격에서 표출되는 메시지가 과연 우리가 의도하고자 하는 진실성과 정체성을 말해 줄 수 있는가? 한마디로 신뢰할 만한 사람인가를 말한다. 그렇다면 공동체가 기도하고 함께 발견한 정체성을 누가 여러 교인들과 대중들에

게 전달할 수 있는가? 전달자는 어떠한 대변인이어야 하겠는가?

2005년 6월 25일 뉴욕 퀸즈에 있는 시립공원에서 6만 명 이상이 모인 가운데 세대의 전도자 빌리 그래함 목사의 마지막 전도집회가 열렸다. 뉴 저지로부터 기차를 타고 지하철을 이용해 집회장소로 가는데 온갖 대중교통이 초만원을 이루었다. 아내와 딸아이와 함께 이 광경을 지켜보면서 마치 순례자의 여정에 합류한 것 같은 느낌을 받았다. 파킨슨병을 앓고 있던 빌리 그래함 목사는 열정적으로 하나님의 말씀을 증거했다. 대중들을 바라보며 나지막한 목소리로 "주님께서 당신을 사랑하십니다!"라고 말했을 때, 그 한마디가 내 심장을 강타했던 것이 아직도 생생하다. 지금까지 신앙생활을 하면서 수백 번, 아니 수천 번 이상 들어왔던 평범한 소리가 오직 한평생을 복음증거를 위해 살아오셨던 빌리 그래함 목사님의 입을 통해 전달될 때, 그 증거되는 말의 무게와 진실성은 상상을 초월하는 것이었다. 바로 그것이다. 앵무새가 지껄이듯 아무런 사랑도, 아무런 의미도, 아무런 약속도 담지 않은 선포는 능력을 상실한다. 그러나 "주님께서 당신을 사랑합니다"라는 말 한마디도 인생을 걸고 열정을 담아 그리스도의 마음으로 진실되게 말한다면, 듣는 사람들의 가슴을 감동시킬 수 있다. 이런 마음으로 공동체가 목숨을 걸어야 할 핵심적 가치관에 대해 말하고, 이런 가슴을 안고 반드시 지키고 보존해야 할 정체성에 대해 교육하라.

우리는 이와 비슷한 전달자의 개념을 동방정교회의 신학인 '테오토코스'Theotokos를 통하여 더 잘 이해할 수 있다. 영어로 'God-bearer'로 직역하면 '하나님을 품은 자'라는 말이다. 프린스턴의 기독교 교육학 교수인 켄다 딘Kenda Dean은 포스트모던시대의 청소년들을 그리스도 앞으로 인도하기 위해 이 테오토코스를 강조하였다.[41] 나는 이 개념의 핵심을 이렇게 이

---

41) Kenda Creasy Dean, *The Godbearing Life: The Art of Soul Tending for Youth Ministry*

해한다. 기독교의 근원 자체가 처음부터 관계 회복이었다. 하나님과 인간과의 깨어진 관계를 다시 회복하기 위해 예수 그리스도께서 역사의 현장에 성육화하셨다. 이 관계의 회복은 마치 원죄의 타락이 있기 이전에 존재했던 에덴의 참된 모습을 회복하는 것이다. 인간에게 심어 주셨던 하나님의 형상을 죄로 타락하기 전의 본래의 형상으로 회복하는 것이다. 이렇게 놀라운 구원사역을 위해 하나님은 아주 위험한 방법을 택하셨다. 그것이 바로 유대 땅의 한 어린 소녀 마리아를 택하셔서 예수 그리스도를 동정녀를 통해 이 세상에 보내시는 일이었다. 두려움과 경이로움 그리고 놀라움 속에서 천사 가브리엘의 음성을 듣고 아기 예수님의 생명을 품고 지키는 마리아를 생각해 보라. 모세율법에 처녀가 아기를 갖는 것은 간음에 해당되어 사형집행을 받아야 했다. 온 인류를 구원하실 메시아를 연약한 여인의 뱃속에 품고 있는 자체가 바로 생명적인 관계론의 절정이다. 요한복음 15장에 그리스도께서 선포하신 생명적 관계의 역사적 현실이 바로 예수님을 잉태한 마리아와 하나님과의 관계에서 적절하게 나타나 있다. "그가 내 안에, 내가 그 안에 거하면"요 15:5 이 얼마나 경이롭고 신비스러운 진리인가? 하나님의 구원사역에 동참하는 모든 사람들에게 이러한 부담이 따르고 위험이 수반된다. 그러나 나의 편리와 안락을 넘어선 더 크신 하나님의 섭리와 경륜에 순종하는 자세가 바로 이 테오토코스라는 신학적 개념에서 잘 나타나 있다. 그러므로 그리스도의 피값으로 세우신 교회의 정체성을 전달하고 교육하는 리더들은 반드시 이렇게 예수를 품는 마음으로God-Bearer 이 과정에 임해야 할 것이다. 마치 내 안에 그리스도께서 살아 계심을 느낄 수 있는 영적 긴밀함과 일치성을 가지고 순종해야 하는 과정이다.

(Upper Room, 2005)를 참조하라.

3. 정체성 형성을 위한 실제적이고 다양한 목회전략들

그렇다면 좀 더 구체적이고 실제적인 목회전략을 생각해 보자. 어떻게 하면 공동체의 모든 일원들의 가슴속에 깊이 뿌리내릴 수 있는 정체성에 대한 인식을 심어 줄 수 있을까? 정체성을 전달하는 전달자의 모습과 자세에 대해 이미 언급하였다. 온전히 사로잡힌 자의 심정으로 전해야 한다. 그리고 하나님의 생명을 몸 안에 품고 있는 마음으로 하나님의 섭리와 부르심에 순종해야 한다. 이것은 상식의 선을 넘어선 순종이요, 보이지 않는 것들을 확실하게 소망하는 믿음 안에서의 순종이다. 본훼퍼Dietrich Bonhoeffer의 고백처럼 오로지 믿음 안에서 순종함으로 믿음의 실제를 증거할 수 있는 그리스도인의 삶을 살게 되는 것이다. 구체적으로 어떠한 교육적, 목회적인 방법들이 있을까? 다음의 몇 가지를 생각해 보자.

1) 보강과 강화를 통한 방법Reinforcement Method

인식 형성은 시간을 요구한다. 꾸준한 반복과 훈련을 통한 정체성 인식은 삶 속에 깊이 뿌리내린다. 여기에 교육학의 거대한 한 주류를 이루는 보강·강화 교육방법론을 다 거론할 수 없지만, 간단히 필요한 몇 가지를 생각해 보자. 간혹 우리는 늘 가던 길을 무심코 가다가 목적지를 잊어버리는 때가 있다. 또 직분이 바뀌었음에도 늘 부르던 호칭으로 상대방을 부르기도 한다. 내게는 오래전부터 친하게 지내는 집사님이 계신다. 그분이 이미 장로 안수를 받으시고 장로님이 되셨는데도, 가끔 길에서 만나면 "집사님!" 하고 부른다. 그분도 마찬가지다. 이제는 목사가 된 나를 어쩌다 길에서 만나게 되면 "반가워요, 손 전도사님!" 하며 인사하신다. 그렇다. 집사님 앞에서는 나는 영원한 전도사이다. 집사님도 나에겐 왠지 "집사님!"

이라고 부를 때 더 친근감이 느껴진다. 삶을 통해 반복되는 연습과 훈련을 통한 인식 형성은 기억의 파일에 깊은 자국을 남긴다.

이런 이야기가 있다. 농부가 오랜만에 어린 송아지를 얻었다. 늘 아침마다 어미 소를 따라가려고 하는 송아지를 묶느라 한창 골머리를 치른다. 어미 소는 하루 종일 논밭을 메야 하기 때문에 어린 송아지는 농부에게 부담스러운 존재이다. 그래서 아침마다 말뚝에 송아지를 묶어 놓는다. 처음에는 목에 피가 나도록 줄을 당기며 어미 소를 따라가려고 '음매! 음매!' 애처롭게 울어 댄다. 그리고 온갖 힘을 쓰면서 어미 소를 따라가려고 버둥댄다. 그러기를 몇 달 지나면, 아침마다 그러려니 하면서 '음매! 음매!' 울기만 하면서 아예 어미 소를 따라가는 것을 포기해 버린다. 이제 농부는 실제로 송아지를 말뚝에 묶지 않아도 아침마다 말뚝치는 소리만 몇 번 내면 으레 송아지는 말뚝 주위를 맴돌면서 울기만 한다. 송아지는 여러 번 노력했지만 할 수 없음을 알고 어미 소를 따라가는 것을 포기해 버린다. 계속되는 반복과 훈련을 통해 내가 어디에 맴돌아야 하는지 짐승인 송아지도 인식하게 된다. 정체성도 마찬가지다. 예배나 특별한 예식을 통해서 공동체에서 행해지는 여러 행사와 이벤트를 통해서 계속해서 정체성의 중요성을 주입하고 반복적으로 훈련해야 한다. 서서히 오이가 오이지가 될 때까지 정체성의 중요성과 핵심적 가치관들이 공동체의 체질 속에 서서히 베어들 때까지 계속적으로 반복하며 교육해야 한다.

한 가지 예를 더 들어보자. 미국에는 여러 종류의 차들이 즐비하다. 1970년대 후반에 미국에 처음 왔을 때만 해도 볼보Volvo 자동차는 미국에서 그렇게 인기가 높지 않았다. 그러나 시간이 지나면서 볼보 자동차의 광고전략이 서서히 효과를 발휘하기 시작했다. 신문이나 TV, 여러 잡지들을 통해서 볼보는 안전성이 가장 우수한 자동차로 대중들의 인식 속에 자리 잡게 되었다. 특히 고가도로에서 몇 번 구르며 떨어진 자동차 안에서 운전자가 멀쩡하게 걸어 나오는 광고는 기가 막힐 정도다. 한 잡지에서는 볼보 자동차 위에 7대의 다른 자동차들이 얹혀 있었는데, 볼보는 찌그러지지 않았다. 그만큼 차체가 단단하다는 것이다. 또 다른 광고에서 볼보는 이렇게 광고한다. '당신이 만일 당신 자녀를 소중하게 생각하고 사랑한다면 반드시 볼보를 구입하십시오.' 이러한 반복적인 자동차의 안정성에 대한 광고와 이미지 덕에 볼보는 미국인들에게 안전성이 탁월한 자동차로 인식되어 있다.

교회를 통해 하나님 나라를 확장하시는 하나님의 거룩한 사역에 동참한 목회자와 리더들은 볼보 자동차의 차를 팔기 위한 열정보다도 더 큰 열정과 소명을 가지고 공동체의 독특한 정체성을 알릴 필요가 있다. 이것은 분명 리더에게 주어진 책임이고 사명이다. 보통 자동차 회사들이 자동차를 팔기 위해 수없이 투자하고 노력한다면, 하물며 영원한 나라의 시민권과 구원의 엄청난 선물을 소개하는 그리스도인들이야 오죽하겠는가? 더욱 노력해야 할 것이고, 더 미쳐야 할 것이고, 더 열정을 부어야 할 것이다. 또한 다른 창구들을 통해 계속해서 정체성의 중요성을 인식시키고 교육하는 일에 최선을 다해야 할 것이다. 다음의 방법들을 살펴보면서 목회 현장에 응용해 보자.

2) 정체성 인식 형성을 위한 응용방법

다음의 사역의 가능성들은 정체성 인식 형성을 위해 응용될 수 있는 부분들이다.

(1) 목회자와 리더들의 삶을 통한 교육

진정한 설교의 결론은 언제일까? "예수의 이름으로 축원합니다!"라고 마무리 기도를 하는 순간이 아닌, 바로 설교한 내용을 삶 속에 그대로 적용하고 실천할 때이다. 바로 이 순간이 하나님 말씀이 생활 속에서 살아 있는 성경책, 즉 The Living Bible이 되는 순간이다. 사람들은 바로 이 순간을 지켜보고 있으며, 이것이 바로 리더의 삶이다. 만일 공동체의 핵심적 정체성이 그리스도의 사랑이 중심이 된 교회라면 리더들의 삶이 바로 사랑을 실천하는 장이 되어야 할 것이다. 사랑하고 용납하는 삶을 실천함으로 목회자와 리더들은 공동체의 특유한 문화를 형성한다. 특별히 담임목사는 공동체의 중요한 초점과 정체성에 대해 대언하는 대언자이며, 동시에 공동체의 사명을 완수하기 위해 공동체를 이끌어 가는 인도자이다. 그러므로 목회자들이란 목회 프로그램을 운영하기 위하여 고용된 종교적 전문경영인이 아니다. 이러한 생각은 성서적 근거가 없는 세속문화의 영향을 받은 잘못된 가정일 뿐이다.

성경은 목회자의 직분을 따로 구별해서 설명하지 않는다. 로마서 12:7과 고린도전서 12장 그리고 에베소서 4:11을 보게 되면, 하나님의 사역을 수행하는 데 있어 어느 누구에게만 그 직분을 명하고 있지 않다. 오히려 모든 사람들이 함께 한 몸의 각 지체가 서로 협력하여 사역을 감당하듯, 공동체 내에 모든 일원들은 그리스도의 몸 된 지체로서 복음사역을 함께 감당할 것을 말한다. 오히려 목회자는 공동체의 가치관을 발견하고 하나님의 말씀으로 무장된 예수의 제자들을 양육하며, 사역의 동역자들을 키워 가는 교육가이다. 우리 주님은 공생애사역 동안에 제자훈련과 양육에 중점을 두셨다. 훈련받은 제자들은 소수였지만, 결국 온 세상을 뒤집어 놓았다. 그런고로 목회자의 삶이나 리더들의 삶은 반드시 핵심적 가치와 정

체성의 중요한 원칙들을 삶 속에 적용하고 포용해야 한다. 공동체는 가치
관을 삶 속에 적용하는 리더를 통해 가치관이 리더를 어떻게 변화시키고
도전을 주는지 보게 될 뿐만 아니라, '우리는 정녕 누구인가?'를 발견하고
이해하게 된다. 만일 리더들이 지속적으로 가치관을 반영하지 않는 삶을
산다거나 오히려 가치관에 대조되는 삶을 산다면 저들의 영향력은 그 힘
을 잃게 될 것이다. 언행일치는 곧 신앙과 삶의 일치를 말하기에 리더들의
삶 자체가 바로 지도력의 신뢰성을 향상시켜 준다. 목회자와 지도자들의
삶은 신앙교육을 유도하는 아주 중요한 지침서이다.

(2) 기록된 신앙고백을 통한 교육

공동체가 중시하는 원칙과 가치관은 정체성을 이루는 중요한 골격이
다. 그러나 이러한 정체성의 요소들이 누구나 다 볼 수 있고 읽을 수 있는
고백으로 나타나지 않는다면 이러한 가치와 중요성을 전달하는 데 큰 어
려움을 겪게 된다. 그러므로 정체성에 대한 중추적인 고백문을 누구나 다
쉽게 이해할 수 있도록 성문화함이 중요하다. 마음속의 생각들을 하얀 백
지에 옮겨 놓는 것이다. 이렇게 기록된 고백문들을 통하여 공동체는 더욱
정확한 의미와 신학적 중요성을 테스트할 수 있고 토론할 수 있게 된다.
공동체의 중심적 사상을 여러모로 유도할 수 있지만, 종이 위에 확실하게
기록할 수 있다는 것은 그만큼 핵심적 가치관과 정체성의 중요 사상들을
공동체가 명백하게 이해하고 있다는 좋은 측정계이다.[42]

중요한 것은 이러한 핵심적인 고백문을 가능한 공동체의 여러 행사와
사역의 부분에 주입하는 것이다. 가령 위원회 모임을 모일 때 반드시 교회

---

42) 제8과 도표 17 '사명고백의 새로운 정의와 의미'를 다시 한 번 신중히 살펴보라. 무엇을
위해 선셋힐 공동체가 이 땅 위에 존재하는지 새삼 다시 느끼게 될 것이다.

의 가장 핵심적 가치관이 무엇이고 정체성이 무엇인지를 상기시키며 함께 이 공동 고백문을 낭독하고 위하여 기도하는 시간을 갖는 것이다. 교육에 있어서 가장 중요한 것 중의 하나가 계속되는 반복을 통해 인식의 두께와 넓이와 무게를 더하여 간다는 것을 기억하고 있는가? 반복보다 더 좋은 교사는 없다. 예배 때나 기도회 때 그리고 소그룹 미팅을 통해서 반드시 공동체의 중심 사상과 신앙고백문을 함께 읽고 기도하면 서서히 이러한 가치관들이 신앙의 인식파일에 저장될 것이다.

(3) 지도자의 메시지를 통한 교육

주일예배시간의 설교나 특별광고시간은 공동체의 정체성에 대해 교육하고 중요한 가치관을 전달하는 데 가장 유용한 시간이다. 메시지 내용만이 아니라 목회자나 지도자가 전달하고자 하는 공동체의 중요한 정체성은 듣는 사람들로 하여금 감동을 주어야 한다. 테레사 수녀가 캘커타의 거리에서 숨지는 사람들을 끌어안고 '당신도 사랑과 존중을 받기에 합당한 사람이다'라고 하자, 죽어 가던 이들이 '나도 이렇게 사랑을 느끼며 행복하게 죽을 수 있어 감사하다'고 고백할 때 가슴에 찡한 감동을 느낀 적이 있다. 평생을 복음전도를 위해 헌신하신 빌리 그래함 목사님의 한마디, '주님은 당신을 여전히 사랑하십니다'라는 말은 듣는 사람들에게 감동을 선사한다. 메시지의 전달자는 사람들의 가슴속에 메시지가 자리 잡기 위해 청중의 고유한 상황과 필요, 무엇으로 인해 울고 또 기뻐하는지를 간파해야 한다. 마찬가지로 목회자도 교인들의 아픔과 슬픔 그리고 기쁨과 환희를 깊이 이해할 때 전해지는 메시지가 저들의 가슴속 깊이 파고들 수 있다. 신학적인 오류가 없고 매끈하게 다듬어진 메시지보다도 교인들이 우는 현장에서 함께 부둥켜안고 울고 기뻐하는 삶의 현장에서 함께 춤추며 기뻐 뛸 수 있는 메시지가 필요하다. 무엇을 소망하며 갈망하는지 그 소망을 함께 말하고 그러한 꿈을 함께 나누는 목회자의 설교와 가르침은 바로 청중들의 심장에 정확하게 꽂히는 화살과도 같다. 듣는 사람들의 존재의식을 변화시키고 저들의 영혼 안에 열정의 불꽃을 타오르게 할 것이다.

(4) 공식적, 비공식적 대화를 통한 교육

공동체 안에서 서로 나누는 대화들은 지속적인 면에서 정체성 형성에 많은 영향을 미친다. 그러나 가장 등한시하며 넘기기 쉬운 것이 공식적, 비공식적 대화들이다. 대화는 공동체로 하여금 가장 핵심이 되는 의미를 추구하고 해석하는 과정에서 형체를 다듬어 가는 역할을 한다. 지금은 다 알 수 없는 것들에 대해 열린 대화의 공간들이 비공식적 대화들을 통해 생성된다. 비공식적 대화는 공동체의 사람들이 일반적으로 어떠한 견해들을 가지고 있는지 무슨 관점이 저들의 생각을 주도하는지를 이해하게 한다. 공동체는 공식적 대화과정을 통해 다 명확하게 소통하지 못한 해석의 관점들을 비공식적 대화 채널을 통해 보안하고 보충하기 때문에 통괄적인 견해를 확보하기 위해서는 비공식적인 만남이나 대화에 관심을 가져야 한다. 이러한 대화들은 공감대를 형성하고 공동체에 참여하는 사람들에게 적지 않은 행동적, 윤리적 규칙에 대해 중요한 정보를 주입하고 있으므로 이에 대하여 특별한 관심을 기울일 필요가 있다.

흔히 공식적과 비공식적 대화를 통하여 공동체는 역사적 전통과 유적 안에서 현재의 사건이 부여하는 의미가 전통적 규례와 어떻게 상통하는지 또한 대조되는지에 대한 해석을 가한다. 실제적인 상황에서 어떻게 대처할 수 있을지 그리고 어떻게 하면 중요한 정체성을 지속할 수 있는지 창의적인 방안을 모색하기도 한다. 그러므로 목회자들과 리더들은 공식적 대화의 채널에서만 정체성을 주입하고 교육하는 데 몰두할 것이 아니라, 비공식적 대화의 과정에도 의도적으로 참여하여 계속적인 인식 형성과정에 긍정적인 영향을 끼쳐야 한다. 또한 비공식적 대화에 적극적으로 참여하는 것은 공동체가 공식적으로 승인한 해석에서 미처 다루지 못한 부분을 풍성하게 다루기 때문에 반드시 목회자와 리더들이 참여해야 할 과정이다. 의례적인 친교시간이나, 인근 식당에서 나누는 비공식적인 대화들, 공식 행사 후에 로비에서 잠시 나누는 대화들, 교회학교 행사에 아이들을 데려다 놓고 잠시 부모들 간에 나누는 대화 등은 목회 현장에서 일어나는 이러한 기회들을 교육의 기회로 포착하여 공동체의 핵심적 신념과 가치관을 반복적으로 교육해야 한다.

(5) 공동체에 살아 있는 이야기를 통한 교육

우리는 흔히 공천위원회나 목회자 청빙위원회가 전 교우들에게 발표하는 중간 보고나 최종 후보에 대한 보고를 들을 때가 있다. 이러한 리포트는 공동체의 공식적 이야기이다. 어떠한 과정을 거쳐 이러한 결정에 합의를 보게 되었다는 이야기는 최종적 결과에 대한 정보를 공식적으로 선포하지만, 사실 그 모든 과정에 있는 이야기 토막들은 결과보다도 더 공동체의 체질과 문화에 대해 말해 준다. 특히 모든 교우들이 여러 번 반복하는 이야기들은 공동체의 역사와 전통 그리고 중요한 정체성의 부분들이기 때문에 귀담아들어야 한다. 누가 그 이야기를 말하는지 그리고 어떤 상황에서 나누어지는지 그 의도에 대해서 깊이 생각하라. 흔히 교회소식란을 통해서 전달되는 이야기와 교회의 공식문서가 아닌 비공식적인 상황에서 전달되는 모든 이야기를 신중히 경청할 필요가 있다.

이미 전통이 있고 목회조직이 구비된 교회에서는 특별히 이런 이야기들을 신중히 듣고 그 이야기들이 강조하고자 하는 의도를 파악해야 한다. 이야기에 등장하는 영웅적인 인물이 누구이고 왜 그 사람의 섬김과 행동이 이 공동체에 중요하게 부각되는지 생각하라. 흔히 새로 부임하는 목회자들이 저지르는 실수는 이러한 이야기를 경시한다는 것이다. 그러나 이 모든 이야기들은 공동체의 독특한 체질과 문화를 엮어 가는 중요한 실과 같으므로 결코 가볍게 여겨서는 안 될 것이다. 이야기 안에 스며 있는 공동체의 행동적 문법 같은 조항들, 이상들과 공동체에서 결코 배제할 수 없는 핵심적 가치관들이 이러한 이야기들 속에 묻어 있다. 한마디로 흥미진진한 이야기일수록 그 안에 내포된 역사적, 전통적 보물이 있으므로 목회에 유익이 되는 귀중한 정보와 실제적 원리들을 이런 이야기들을 통해 발견함이 중요하다. 이러한 이야기들을 이해하고 그 이야기의 동일한 맥락에서 공동체의 정체성을 더 부각시키고 핵심적인 가치들을 강조할 수 있다면 아주 유용한 교육과정이 될 것이다.

(6) 목회사역 프로그램을 통한 교육

흔히 공동체에서 운영되고 있는 프로그램은 전통적인 것도 있지만, 많은 경우 공동체의 핵심적인 가치관이나 정체성이 중심이 되어 표출되는 것들도 많다. 정체성의 중심에 자리 잡고 있는 눈에 잘 보이지 않는 가치관이나 신념이 결국 눈에 보이게 되는 프로그램으로 표현되는 것이다. 예를 들어 월요일 저녁 여선교회에서 주관하는 친교식사를 생각해 보라. 새로 영입된 교우들은 이러한 프로그램이 생소할지 몰라도 이 친교식사를 주관하며 참여해 온 교우들에게는 중요한 역사적 의미가 이 행사 안에 내포되어 있다.

그렇다면 공동체의 중요한 정체성을 효과적으로 전달하기 위해 어떤 프로그램을 운영하는 것이 좋을까? 누구에게 이 프로그램의 정착을 위해 리더십을 요청할 것인가? 무엇을 성취하기 원하며 어떤 결과를 유도하기를 원하는가? 이러한 질문들은 의도적으로 정체성을 교육하는 목회자들이 반드시 물어야 할 질문들이다. 프로그램의 중요성과 긴박성을 인식시키는 동시에 미리 잘 준비된 커리큘럼과 진행구조 등을 리더들과 함께 머리를 맞대고 준비하라. 그래서 이 프로그램의 중요성을 목회자만이 말하는 것이 아니라, 교회의 존경받는 리더들이 함께 강조하면 더욱 효과적이다. 혼자 북을 치며 진군하는 리더보다는 무리 가운데 함께 섞여서 양 떼를 인도하는 리더가 예수님의 리더십을 닮아 가는 리더이다. 군중의 아픔과 필요, 배고픔에 대해 민감한 목회적 반응과 이해를 갖춘 리더가 효과적인 리더십을 발휘할 수 있다.

(7) 시각적 이미지를 통한 교육

요즈음 더욱 많은 교회들이 공동체를 대표하는 로고나 이미지를 개발하는 것을 볼 수 있다. 이미 기업에서는 이런 일을 추진해 왔으며, 어떤 기업에서는 상징적 이미지나 로고를 디자인하기 위해 수십억을 들이기도 한다. 그만큼 이미지의 힘은 대단한 것이다. 처음엔 생소한 것 같지만 이미지 안에 들어 있는 의미와 신앙의 중요성을 인식시키고 교육하면, 그 이미지만 보더라도 금방 전달하고자 하는 의미와 목적을 상기시킨다. 어떤 공동체는 교회의 이미지를 전 교인에게 스티커로 나누어 주어 자동차 뒷창문에 붙이게 하였다. 우연히 길을 가다가도 같은 교회의 스티커를 보면 그렇게 반가울 수가 없다며 성도들이 좋아했다. 이러한 이미지를 교회의 공식적 발행물이나 주보 그리고 문예지 등에 착용한다면 반복적인 효과를 얻을 수 있다.

어떤 교회의 이름은 '필그림 공동체'이다. 디자인을 전공한 대학생이 구상한 로고 모양은 항해를 떠나는 십자가 모양의 돛을 단 배의 모양을 하고 있다. 어떤 교회는 후세대를 위한 교육에 전심을 다한다는 뜻에서 자라나는 꿈나무를 중심으로 주위에 행복한 얼굴들이 있는 로고를 사용하기도 한다. 그런가 하면 어떤 공동체는 친교와 화합이 핵심 가치관이어서 로고 자체가 예수님의 펼친 팔에 사람들이 안긴 로고였는데, 펼친 팔의 모양이 하트였다. 교회주보나 문예지, 어떠한 공식적 광고를 할 때 늘 이 모양의 로고는 교인들에게 사랑의 친교와 일치됨의 중요성을 일깨워 주고 있다. 이는 마치 삼성이나 애플사 그리고 여러 대기업의 로고를 통한 브랜드의 가치상승효과와 비슷하다. 공동체의 삶의 질이 진실로 추구하는 가치관과 정체성에 일치하면 할수록 가치는 더욱 상승한다. 초대교회도 단순한 생선 모양과 같은 '익투스' 상징을 사용했다. 핍박 속에 생명의 위협까지 감수하며 신앙을 지켰던 초대교회 교인들에게 이 상징은 희망이요, 안위와 격려와 소망이었다. 교회의 깊은 가치관과 신념을 상징할 수 있는 로고나 이미지에 대해 생각해 본 적이 있는가? 이러한 상징이나 이미지를 옷이나 가방에 착용할 수 있도록 버튼으로 제작하는 것도 공감대를 형성하는 데 조그마한 도움이 될 것이다.

(8) 공동체가 사용하는 언어나 은유적 표현을 통한 교육

공동체 안에서 사용하는 언어와 상징적 이미지는 공동체가 추구하고 바라는 핵심적 사명과 가치관에 밀접하게 연관되어 있다. 언어는 정체성을 구상하고 표현하는 과정에 나름대로의 독특한 문법을 동반한다. 즉 공동체가 사회참여와 개혁에 중점을 둔 선지자적 교회일 때, 카리스마적 세계관이 주도하는 독특한 표현적, 구상적 문법을 동반하게 된다. 공동체는 종종 '성령의 개혁의 바람이 우리 교회에 불게 하소서!'라든지 또는 '성령의 능력을 힘입어 사회개혁의 리더로 나가자!'라는 표현을 듣게 된다. '성령의 역사를 갈망하라!' 또는 '치유케 하시는 성령의 능력이 사회의 모든 병을 치유케 하옵소서!'라는 은유적 표현들을 통해 공동체가 추구하는 정체성에 대한 인식을 형성해 간다. 공동체가 새로운 사건과 일을 맞이할 때 이에 응용되는 언어와 은유적 이미지들은 인식의 형성과정에 저수지 같은 역할을 하게 된다. 저수지는 물고기를 비롯한 많은 생명을 포용하고 있기에 좋은 자원고의 역할을 한다. 새로운 의미를 부여하거나 정체성에 타당한 해석을 추가할 때 공동체에 존재하고 있는 신앙적 언어들, 은유적 이미지들은 필연적인 요소로 정체성 형성과정에 도입된다.

   이런 관점에서 볼 때, 목회자들이나 리더들이 사용하는 신앙적, 도덕·윤리적 언어와 표현들은 정체성 형성에 아주 중요한 영향을 미치므로 다시 한 번 생각하고 또 의도적으로 사용해야 한다. 예를 들어 어떻게 칭찬하며 격려할 것인가? "정말 성심껏 노력하신 결과로 아름다운 열매를 맺게 되었습니다!"라고 칭찬하는 것과, "하나님의 은혜로 헌신하신 모든 것들이 아름다운 열매로 나타나 우리 하나님께서 영광받으실 줄 믿습니다!"라고 칭찬하는 것은 칭찬과 격려의 공통적 분모가 있기는 하지만, 근본적으로 신앙관과 세계관이 다른 것을 볼 수 있다. 전자는 경험주의적 언어가 중심이 된 표현방법이고, 후자는 카리스마적, 성서적 세계관이 중심이 된 표현방식들이다. 이렇게 서로 다른 표현을 수년 동안 공동체 내에서 중요한 행사와 일이 있을 때마다 사용한다고 생각해 보라. 10년 후에 언어의 사용과 표현이 공동체 문화와 신앙적인 체질에 어떠한 영향을 미칠 것인지는 가히 짐작하고도 남는다. 특정 언어의 사용과 표현 그리고 독특한 이미지 사용을 위해 의도적으로, 교육적으로 생각하라. 목회자의 입술을 떠나는 한마디 한마디가 마치 대리석을 깎고 다듬는 조각가의 칼과 같이 공동체의 정체성 형성과 인식향상에 기여할 것이다. 마치 암석을 뚫는 낙수처럼 목회 현장에 깊이 새겨질 것이다.

(9) 소책자나 광고전단을 통한 교육

디자인을 생업으로 삼고 있는 전문인은 아니지만 요즘 여러 사람들의 기호를 살펴보며 느끼는 것이 있다. 공동체를 소개하는 소책자나 브로슈어 또는 전단은 깔끔하고 다양한 색상으로 잘 디자인해야 한다. 이미 이미지가 주도하는 포스트모던시대에 많은 대중들의 눈은 이미지 중심으로 길들여져 있다. 그러므로 교회 전단지를 받았을 때 한눈에 '촌스럽다'든지 시대에 뒤떨어지면 곤란하다. 아무리 좋은 내용을 담고 있다고 해도 우선 시각적으로 부족하면, 대부분의 사람들이 내용을 읽기도 전에 흥미부터 잃어버리기 때문이다. 따라서 호감을 살 수 있도록 공간을 잘 활용한 광고지나 전단지를 작성해야 한다.

방송학과를 가르치는 친구로부터 들은 이야기이다. 미국에서 흔히 잘나가는 TV 프로그램들은 1초당 적어도 7에서 8번 정도 화면이 바뀌든지, 카메라의 각도, 소리, 색깔, 느낌이 바뀐다. 그만큼 오늘날의 대중들은 계속해서 새롭게 주어지는 시각적, 청각적인 자극에 예민해져 있다. 이렇게 끊임없이 자극하는 매스미디어의 부작용으로 '주의력결핍과잉행동장애'ADHD로 고생하는 어린아이들이 늘어나고 있지만, 그만큼 사람들은 이런 이미지의 혼합과 변화에 길들어져 있다. 그렇다면 많은 자본을 들여서 영화 포스터처럼 교회광고문을 작성하지는 못해도 산뜻하고 뜻이 분명히 전달될 수 있도록 예술적인 면과 디자인에도 최선을 다해야 한다. 이렇게 광고전단을 통해서도 공동체의 정체성을 교육할 수 있다. 가능하면 교회의 주요 부서들에게 이렇게 잘 준비된 광고 전단지나 소책자를 만들게 하고, 그 책자에 공동체가 중시하는 핵심적 가치와 정체성을 표기하게 한다면 좋은 교육적 효과를 볼 수 있다. 교회조직체계나 각 위원회의 목적과 사역을 설명하는 전단지들도 정성껏 아름답고 깔끔하게 제작하는 것이 좋다. 존경하는 어떤 원로 목사님께서 이런 말씀을 하셨다. "교회주보는 곧 교회의 얼굴입니다." 이 말씀을 신중히 생각해 볼 필요가 있다.

(10) 인터넷, SNS, 스마트폰, DVD나 CD 영상매체를 통한 교육

요즘 신세대들은 비디오 문화에 아주 자연스럽게 동화한다. YouTube 나 여러 매체들을 통해 이미 저들은 나름대로 비디오 클립을 제작해서 온 세계에 배포할 정도다. 이미 이러한 이미지 중심의 비디오 문화를 예배 때 도입하는 교회들도 있다. 이미 한국에도 많은 대형교회에서 시도하고 있지만, 미국의 LA영락교회 그리고 맨해튼의 소명장로교회는 교회광고를 간단하면서도 역동성 있는 비디오 클립으로 대신한다. 물론 매달 뉴스를 맡게 되는 앵커 자리에 여러 청년들이 자원하고 있다. 재미있는 사진들과 동영상을 통해서 중요한 광고와 사역 그리고 공동체 행사들을 광고하는 모습은 창의적이고 흥미로웠다. 자칫 잘못하면 광고시간은 예배시간 중에서 가장 흥미 없고 영성이 떨어지는 시간이 되기 쉽다. 느릿한 목소리로 말하는 인도자의 광고를 듣고 있자면, 따분하게 느껴질 때도 있다. 그러나 이런 시간을 오히려 창의력과 예술성이 넘치는 흥미로운 시간으로 변화시킬 때, 광고에 귀를 기울이는 집중력도 향상될 것이다. 가장 중요한 것은 예배시간 중 어느 순서 하나 하강효과 없이 계속 은혜로운 영적 상태를 유지할 수 있는 좋은 방법이기도 하다. 물론 인적자원이 부족한 교회에서는 쉬운 일이 아니지만, 요즘 젊은 세대의 능력을 감안한다면 결코 불가능한 일은 아니다.

15세기 종교개혁 당시 마틴 루터와 칼빈을 비롯한 개혁자들이 종교개혁에 성공할 수 있었던 중요한 원인은 그 당시 첨단 기술이었던 인쇄술을 잘 활용했다는 데 있다. 근 30년 가까이 가톨릭은 첨단 인쇄술에 대해 무관심했다. 그러나 인쇄술이 대중에게 미치는 지대한 영향력을 감지했을 때는 이미 종교개혁의 힘찬 물결을 막을 수가 없었다. 그렇다면 오늘날은 어떤가? 15세기 당시 인쇄술이 최첨단 기술이었다면, 오늘날은 동영상을 포함한 인터넷과 소셜 네트워트, 영상기술 등이 있을 것이다. 이러한 기술과 문화를 잘 이용하지 못하면, 오늘날 개혁교회들도 15세기에 가톨릭이 겪었던 비슷한 실수를 저지를 것이다. 이러한 매체를 잘 응용하면, 정체성 교육에도 크게 이바지할 것이다.

(11) 공동체 내의 특별행사

파티와 향연이 있는 곳은 늘 사람들의 관심을 끌기 마련이다. 자축행사가 던지는 몇 가지 메시지는 무엇인가를 성취했다는 것, 이 과정에서 헌신한 사람들이 있다는 것 그리고 이 일을 가능케 한 것은 그룹이나 공동체에 속한 모든 사람들의 열성적인 노력이 있다는 것이다. 오늘날 믿음의 공동체는 얼마나 자주 잔치와 자축행사를 계획하고 있는가? 그리스도의 신부인 교회가 영원한 하늘나라에서 혼인잔치를 예비하시는 주님을 모시기 위하여 이 땅에서부터 자축하고 기뻐해야 하지 않겠는가? 이런 면에서 공동체의 분위기가 기쁨이 충만한 분위기로 전환할 필요가 있다. 물론 신앙의 경건과 엄숙함, 철저한 회개와 죄사함을 배제해서는 안 된다. 하지만 믿음의 공동체가 늘 무겁게 느껴지고 엄숙하기만 하다면, 신앙의 뿌리가 깊지 않은 사람들에게 이러한 종교적 경험은 무겁게만 느껴질 것이다.

공동체에 어떠한 특별행사가 있을 때 그리스도를 모시고 세상을 이기신 그분의 승리에 동참하는 자들로서 기쁨이 넘치게 하라. 바울 사도도 "그리스도의 마음을 가지고 한마음을 품어 공동체에서 무슨 일을 하든지 다툼이나 허영으로 하지 말고 오직 겸손한 마음으로 형제와 자매를 존중히 여기고 자기의 일과 남의 일을 각각 돌아보아 그리스도 안에서 느끼는 그 기쁨을 충만케 하라"빌 2:1-4고 말했다. 믿음의 공동체인 교회는 하늘의 기쁨이 충만한 곳이다. 부활의 동산에서 예수를 만난 후, 절망이 변하여 기쁨이 되고, 한숨이 변하여 노래가 되었듯이 공동체는 예수 그리스도를 중심으로 늘 이러한 기쁨의 향연이 지속되어야 한다. 심각하게 생각해 보자. 당신의 교회에는 어떠한 자축행사들이 있는가? 무엇을 기뻐하고 자축하는가? 나는 목회할 때 어머니주일에는 잊지 않고 예쁜 꽃다발 3개와 작은 외식 상품권도 함께 준비했다. 그리고 광고시간에 교회에서 가장 연로하신 어머님, 가장 자녀를 많이 두신 어머님, 가장 젊은 어머니를 찾아서 꽃다발과 함께 상품권을 드리며 어머님의 노고에 감사드리며 의미 있는 자축시간을 가졌다. 가장 연로하신 어머님을 뽑을 때에 처음에는 50세 이상의 모든 어머님들을 그 자리에서 일어나게 한다. 그리고 55세 이상 어머님들, 60세, 65세 그리고 70세 이상으로 나이를 점차 올릴 때, 서운해 하면서 자리에 앉는 어머니들의 모습들 그리고 마지막 88세 이상 연로하신 어머님이 각축전을 벌일 때가 가장 재미있는 시간이었다. 선물증정 후에 모든 교인들이 어머님들을 둘러싸고 축복을 빌며 합심기도를 한다. 이 주일은 남자들이 성대한 만찬을 준비하여 재미있는 친교시간도 가지고 온 교인들이 어머니들의 노고를 감사하며 함께 자축했다.

청소년 선교팀들이 선교 프로젝트를 완수했을 때, 교회에서는 어떤 의미 있는 시간을 마련하는가? 선교보고와 함께 간증 그리고 저들을 축복하며 자축하는 행사는 온 교우들에게 중요한 교육적인 효과가 있다. 교회학교에 충실히 봉사하는 교사들을 위한 자축행사는 어떻게 준비하는가? 내일의 꿈나무들을 지도하고 양육하는 교사의 직분이란 실로 많은 희생과 사랑을 요구한다. 교회에서 '교사의 날'을 책정하여 저들의 헌신을 치하하면 정말 '우리 교회에서 교사가 된다는 것은 영광스러운 일이다'라는 느낌을 받게 될 것이다. 목회사역을 받들고 있는 각 위원회와 위원회 리더들을 어떻게 칭찬하며 저들의 노고에 감사하는 자축행사를 갖는가? 적어도 이러한 자축행사를 통하여 공동체가 무엇을 지향하는지 그리고 어떠한 핵심적 신앙관과 가치관 위에 함께 서 있는지를 교육하는 것은 실로 중요한 일이다.

(12) 드라마나 연극을 통한 교육

모든 교회들이 예배를 위해 반드시 예배 댄스팀이나 드라마팀을 구성해야 한다고 주장하고 싶지는 않다. 그러나 공동체 내에 이런 예술적 감각이나 달란트가 있는 교인들이 있다면, 전적으로 훈련시켜서 세울 필요가 있다. 예배의 경험 자체가 늘 앉아서 주로 귀를 쫑긋하고 듣는 데서 그친다면 이보다 더 슬픈 일이 어디 있겠는가? 부활의 주님을 만나는 예배시간에 하나님을 기뻐 외치고 손들고 찬양하며 춤추는 마음으로 예배에 임한다면, 얼마나 좋겠는가! 오늘날 예배는 단순히 이차적 경험이라기보다는 더 풍성한 차원의 통괄적, 경험적 사건이 되어야 한다. 다감각 병용적 예배Multi-sensory worship의 경험이 필요하다. 하나님의 말씀을 듣고, 떡을 떼고 잔을 마시며, 특정한 향기로 후각이 연관되는 예배가 필요하다. 함께 손들어 찬양하고 드라마나 연극을 통해 더욱 말씀이 전개되는 상황 속에 더 가까이 접근할 수 있는 예배의 경험이 필요하다. 우리의 지식과 이성을 충족시키고, 가슴이 어찌할 수 없도록 뛰게 만드는 예배의 경험이 필요하다. 한마디로 온 마음과 뜻과 정성과 존재의 모든 것을 통합하여 드리며, 느낄 수 있는 예배의 체험이 절대적으로 필요하다. 성경인물들이 온 생을 다해 주님을 만난 것처럼, 예배자들이 머리로만이 아니라 가슴으로, 온몸을 통해 경험할 수 있는 통괄적인 예배의 체험이 절실히 요구된다. 단순히 흥미 위주가 아닌 이렇게 다감각적으로 병용하여 체험할 수 있는 예배는 예배자의 전인격적인 면에 도전을 주며 통괄적 변화를 유도할 것이다. 이런 면에서 창작 드라마와 연극이 기여할 수 있는 길들이 있을 것이다. 이런 요소들을 개혁신앙의 노선에서 벗어나지 않는 범위에서 창의력을 동원해 잘 활용한다면, 성령의 인도하심 안에 은혜로운 통괄적 예배의 경험을 가질 수 있을 것이다.

(13) 새교우 환영식을 통한 교육

새교우 환영식은 언제나 은혜롭다. 이는 전도에 힘썼던 아름다운 결실이기 때문이다. 어떤 공동체에서는 친교실 한가운데 커다란 나무를 만들어 놓고 새교우들이 등록할 때마다 사과모양의 사진을 나무에 매단다. 11월쯤 이 교회를 방문했을 때, 약 120개의 사과가 주렁주렁 매달려 있었다. 얼마나 보기 좋았는지! 그해 주제가 '열매 맺는 교회'로 주로 전도를 초점으로 둔 해였는데, 시각적으로도 유익한 교육 효과를 나타내고 있었다. 지금도 친교실에 서 있던 풍성한 사과나무가 생각난다. 이렇듯 하나님께서 보내 주신 새교우들을 교육하며, 양육하는 과정 그리고 마지막에는 공동체의 한 가족으로 환영하며, 자축하는 파티를 가지는 과정은 본질적으로 사회동화 교육과정으로 반드시 필요하다.

새로 영입된 교우들이 이 공동체는 무엇을 믿고 있고 무슨 목적을 위해 존재하고 있는지를 역사적, 신앙적인 관점에서 명확하게 알 필요가 있다.
새교우를 교육하는 과정이나 마지막 환영식을 준비하는 모든 사람들에게
이러한 과정 자체가 바로 교육과정으로 많은 결실을 맺을 수 있다. 나는 목
회할 때 새교우 구호를 '3-3-3'으로 정했다. 이것은 새교우가 공동체에 방
문한 이후 3개월 안에 3명의 믿음의 친구지역, 취미, 직업, 비슷한 나이 별의 친구를 연
결해 주고 공동체 내에서 자신의 달란트와 기술과 취미를 살리면서 사역
할 수 있는 사역장과 함께 성경을 공부하며 소속할 수 있는 소그룹을 연결
해 주는 것이었다. 우리는 틈이 나면 '3-3-3'을 부르짖었다. 물론 이렇게 연
결 고리를 성립해 주기 위해서는 공동체의 필요한 조직과 사역장이 잘 준
비되어 있어야 한다. 재미있는 사실은 이렇게 '3-3-3'으로 연결 고리가 지어
진 교우들은 거의 교회를 떠나지 않았다. 관계성이 얼마나 목회 현장에 중
요한지를 입증하는 사례였다. 새교우 양육과 환영식을 통해 여러 번 접할
수 있는 공동체의 각계각층의 리더들, 소그룹 리더들, 지역적으로 분산되
어 있는 셀그룹 등 이렇게 여러 부류의 사람들과 함께 연결되면서 새교우
들이 공동체 생활과 사역에 더욱 효과적으로 적응할 수 있다.

(14) 그 외에 다른 목회사역을 통한 교육

목회사역의 한계는 상상력의 한계이다. 신뢰와 믿음의 관계가 형성되
는 믿음의 한 가족이 된 공동체는 무슨 일이든지 행할 수 있다. 이외에도
얼마나 많은 창의적인 사역들이 있겠는가? 심방팀을 구성하여 어떻게 위
로하며 하나님의 말씀으로 소망을 나눌 수 있는지 훈련시킬 수 있고, 지역
사회 봉사팀을 구성하여 지역사회의 지도자들과 가까운 연대를 세워 갈
수 있다. 타민족 교회들과 함께 지역사회를 위한 선교 프로젝트도 함께 시
행할 수 있으며, 후세대 리더십 개발을 위한 프로젝트로 지역사회 유지들

과의 만남의 자리를 구상할 수 있다. 시에서 주관하는 '암 퇴치 연구기금 마련 마라톤'에 참가할 수 있고, 주민들을 위하여 특별음악행사나 서비스 행사도 준비할 수 있다. 그러나 중요한 것은 이 모든 새로운 사역들을 시작할 때나 그 과정에서 왜 공동체가 이 일에 참여하는지를 분명하게 설명하라. 이 사역이 공동체의 정체성에 어떻게 연관되며 우리 모두를 어떻게 성숙시키는지 교육하라. 이것이 의도적인 마음으로 늘 그리스도께 초점을 두고 섬기는 목회자의 자세이다. 공동체에서 일어나는 모든 일들과 사건을 통해, 함께 나누는 삶을 통해 믿음의 공동체는 필연적으로 교육적 목회를 시도하며 또 계속하게 된다. 마치 목회 환경을 떠나 사명감을 발견할 수 없듯이 공동체의 총괄적인 삶과 문화를 떠나서는 의미 있는 교육사역이 존재할 수 없다.

4. 사역의 과정과 결과에 대한 평가

의도하는 결과를 창출하고 유도하기 위해 목회는 교육적이어야 한다. 공동체에서 이러한 교육적 사명은 사회동화과정에 필연적이다. 새로 영입된 사람이 믿음의 한 가족으로 공동체 내의 특유한 체질과 습성 그리고 원칙들과 가치관들을 습득하기 위해서는 커리큘럼의 목적, 전수하고자 하는 내용 그리고 의도하는 교육학습적 결과를 늘 염두해 두어야 한다. 제1과에서도 언급했듯이 목회의 상당한 부분이 교육이며, 교육적인 과정이다. 신앙적 언어와 성서적 지식과 정보 그리고 신학적 내용들을 가르치고 함께 배우는 과정이 모두 교육이다. 공동체의 일원들은 공동체에서 함께 신앙적인 삶을 영위하면서 삶을 통해 배운다. 그리고 거듭 반복되는 참여를 통해 신앙적 지식과 공동체의 정체성에 대한 인식의 폭을 넓혀 나간다.

목회사역의 과정과 결과를 어떻게 평가할 수 있는가? 목회에 대한 평가에서 가장 어려운 것은 영적이고 질적인 사역의 결과들을 수량적인 잣대로 평가하는 문제이다. 여기서 중요한 것은 질적 수준과 수량을 격리하기보다는 오히려 서로 긴밀하게 연관 짓는 입장에서 목회 평가의 잣대를 가늠할 수 있는 점이다. 그런데 질을 강조하면서 숫자를 소홀히 하는 리더들도 있다. 대부분 그들은 '예수님도 12명의 제자를 붙잡고 목회하셨다'고 강조하면서 교회가 성장하지 않는 것이나 공동체의 중요한 행사나 프로그램에 참여도가 저조한 것 등에 대해 먼저 질적인 중요성을 강조한다. 물론 이에 동의한다. 신앙의 경이로움과 신비스러운 능력은 결코 수량에 의존하지 않는다. 하지만 기억하자. 만일 하나님의 임재가 느껴지고 참석자들의 가슴을 울리는 행사들이라면 어떻게 참여도가 저조할 수 있을까? 다시 말해서 영적으로, 질적으로 인증된 행사라면 반드시 수량적인 효과도 동반된다. 그리스도 안에서 존재의 실제가 확인되고 성령의 운행하시는 능력이 체험되는 예배라면 왜 사람들이 줄겠는가? 목회 현장에서 늘 명심해야 할 것은 질과 양은 결코 격리되지 않고 또한 격리해서도 안 된다. 오히려 질과 양은 상호적으로 시너지 효과를 창출할 수 있는 동반자이다.

생각해 보자. 만일 사역의 질적인 면이 우수한데, 수량적인 참여도가 저조하다면, 이는 질의 참 성분이 부족하다거나, 만일 그렇지 않다면 사역의 동기와 목적을 공동체에 어필하지 못한다는 의미이다. 반대로 뭔가 실질적 내용은 미흡한 것 같은데, 긍정적인 호응과 높은 참여도를 나타낸다면, 이는 분명 공동체의 필요와 갈망에 절충하는 그 어떠한 것이 있다는 증거이다. 그러므로 목회 현장에서 늘 의도하고자 하는 교육과정과 결과가 공동체 정체성의 육성과 향상에 실제적으로 어떠한 영향을 미치고 있

는지 염두해 두어야 한다. 나는 이러한 교육적 커리큘럼의 평가과정을 랄
프 테일러Ralph Tyler의 커리큘럼 설립과정에 대한 교육론을 빌어 설명하고
자 한다.[43] 이러한 교육평가과정은 필수적인 목회과정이어야 한다. 왜냐
하면 하나님께서 목회자들에게 맡기신 사람들은 정말 귀하고 소중한 사
람들이기에 마땅히 교육에 임하는 가르치는 자의 직무와 모든 의무를 충
실하게 감당해야 한다. 참다운 변화를 주도하시는 성령님의 사역은 결코
우연한 해프닝이 아니다. 하나님의 말씀을 우연의 일치를 바라는 마음으
로 가르칠 수 없다. 말씀을 대하는 자들의 영혼을 뒤집고 삶의 중심을 새
롭게 하는 흥미진진한 능력의 말씀을 우리는 전능하신 하나님의 경이로
움을 주체할 수 없어 두려움과 떨리는 마음으로 가르쳐야 할 것이다. 결코
우연이 아닌, 정성을 다해 준비하고 마련한 소중한 배움의 공간에서 성령
께서 마음껏 사역하실 수 있도록 도와야 한다.

　이러한 마음을 가지고 테일러 교수의 교육평가론을 바탕으로 한 다
음 도표를 신중하게 살펴보자. 테일러 교수의 주장을 종합하면 '교육과정'
Curriculum을 이렇게 정의할 수 있다. 교육과정이란, 지향하고자 하는 학습
결과를 유도하기 위하여 미리 계획하고 준비한 배움의 과정들을 교사의
의도적인 지도와 인도에 따라 함께 수행해 나가는 것이다. 즉 '내가 가야
할 곳'을 분명하게 설정한 뒤에 가장 효과적으로 갈 수 있는 코스를 가장
효율적인 지도와 인도를 통해 성취해 가는 과정으로, 달성하고자 하는 목
표에 초점을 맞추고 나아가는 목적이 주도하는 과정이다. 다음에 나타난
커리큘럼 설립과 평가과정을 보면, 지향하고자 하는 목적과 목표들에 대
한 지도방법 그리고 학습 경험에 대한 효율성을 평가하는 과정임을 알 수

---

43) Ralph W. Tyler, *Basic Principles of Curriculum and Instruction* (The University of
Chicago Press, 1949)을 참조하라.

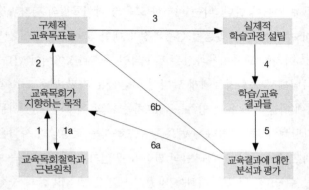

〈도표 18 교육목회 평가과정〉

있다. 이 교육과정 안에 다음의 네 가지 중요한 사항들이 전제되고 있다. 이 네 가지 사항들은 1994년 테일러 교수가 교육자로서의 생을 마감할 때까지 주장하였던 교육신념이기도 하다. 목회 상황을 고려해 볼 때 우리는 다음의 네 가지 질문을 던질 수 있다.

- **당신은 어떤 교육목회적 목적들을 달성하기를 원하는가?** 이 질문은 사회동화를 위한 교육과정에서 어떠한 학습목표를 설정하는가에 대하여 반드시 필요한 것이다. 교육경험의 테두리를 설정하도록 한다.
- **이러한 목적과 목표를 성취하기 위하여 당신은 어떠한 학습 경험들을 어느 교육과정에 도입할 것인가?** 학습에 임하는 사람들에게 의도하는 학습 결과를 유도할 수 있도록 저들에게 유용한 학습 경험들을 소개하는 데 필요한 스텝이다.
- **어떻게 이러한 학습 경험들을 구성 운영하여 효과적인 지도과정을 유도할 수 있을까?** 최대의 학습효과와 배움을 위하여 반드시 필요한 질문이다.

• **어떻게 학습 경험의 효율성을 분석하며 평가할 수 있을까?** 학습과정을
평가하고 분석함으로 개선해야 할 과정들과 요소들을 규명하고 시정하게
한다.

이상 위의 네 가지 질문은 목회 현장에서 크고 작은 프로그램과 교육
과정에서 목회자들이 늘 고심하며 스스로 답해야 하는 것들이다. 공동체
안에서 이행되는 모든 행사와 사건들, 공식적 프로그램과 비공식적 모임
들 그리고 성도 간에 서로 나누는 이야기와 관습 모든 것들이 총괄적인 면
에서 모두 다 공동체의 중요한 신념과 정체성의 핵심적 요소를 가르치는
교사라는 사실을 기억해야 한다. 자신이 숨을 쉬고 있는 것을 의식하지 못
하는 것처럼 습관적으로 또 지속적으로 이러한 질문에 대답하며 목회사
역에 임해야 한다. 이런 관점을 염두하면서 교육목회 평가과정에서 반드
시 생각해야 할 더 구체적인 요소들을 살펴보자.

위의 첫 번째 질문, 즉 **'당신은 어떤 교육목회적 목적들을 달성하기를
원하는가?'**는 도표에 나타난 과정 중에 1번 또는 1a에 해당되는 질문이다.
여기서 고려되어야 할 사항은 다음의 세 가지이다. ① 가르치고자 하는 지
식의 내용과 조직, ② 공동체의 필요 그리고 ③ 배우고자 하는 사람들의
필요이다.[44] 즉 공동체가 추구하고자 하는 교육목회의 철학과 신념 그리
고 교육목회를 통해 성취하고자 하는 구체적인 목표들은 반드시 목회 상
황을 충분히 고려한 시점에서 생성되어야 한다. 공동체의 진정한 필요가
무엇인지 그리고 공동체 일원들이 공감하는 목마름과 갈망은 정녕 무엇
인지를 바로 인식해야 효과적인 목회를 세워 갈 수 있다. 지금까지 계속해

---

44) G. F. Madeus & D. L. Stufflebeam, *The Educational Evaluation: The Works of Ralph
Tyler* (Boston, MA: Kluwer Academic Press, 1989)를 참조하라.

서 강조해 온 것처럼 이 질문은 공동체가 결코 타협할 수 없는 핵심적 가
치관과 정체성의 가장 중요한 요소들과 밀접하게 연관된 질문임을 기억
하라.

　두 번째 질문, '이러한 목적과 목표를 성취하기 위하여 어떠한 학습 경
험들을 교육과정에 선택할 것인가?'라는 질문은 도표에 나타난 2번과 3번
의 교육과정이다. 이 과정에서 목회자들이 심사숙고해야 할 사항은 다음
의 몇 가지가 있다. ① 가르치고자 하는 토픽이나 내용들이 얼마나 공동체
에 타당하며, 공동체가 추구하는 사명의 순위에서 얼마나 중요한 것인지
를 생각해야 한다. 그리고 공동체 정체성 육성을 위해 얼마나 중요한 것
인가를 고려하라. 단순히 목회자의 특별한 지식습득에 대한 호기심을 충
족하는 정도나 소수의 필요를 충족시키는 정도의 교육과정이라면 재고할
필요가 있을 것이다. ② 어느 정도의 깊이와 성숙도를 지향할 것인가? 참
석자들에게 어느 정도의 노력과 각오를 기대해야 하는가? 그리고 ③ 선택
된 자료나 학습내용들이 단순히 스킬을 향상시키기 위한 것인지, 아니면
존재의식의 깊은 면에서 도전을 불러일으키는 학습내용인지를 고려해야
한다. 전반적으로 지식의 범위를 넓히는 데 목적이 있는 것인지, 아니면
이 과정을 통해 더욱 깊은 차원의 신념과 각오 그리고 사역의 동역자로 쓰
임 받기 위하여 준비하는 제자훈련의 일환인지를 신중히 생각해야 한다.

　그리고 세 번째 질문은 '어떻게 이러한 학습 경험들을 구성·운영하여
효과적인 지도과정을 유도할 수 있을까?'라는 질문이다. 학습과 지도를 위
하여 어떻게 주어진 시간 내에서 가장 효과적인 배움과 학습의 결과를 유
도할 수 있는지에 대해 생각하게 한다. 이것은 도표의 3번과 4번 학습과정
에 속한다. 그리고 효과적인 학습과정을 위한 노력은 하나님의 말씀을 가
르치기 위해 부름 받은 목회자들에게 중요한 관심사다. 성경이야말로 가

장 흥미롭고 능력이 넘치는 교과서이다. 성경을 읽고 묵상하는 과정을 통해 수많은 사람들의 삶이 변화되었다. 성 어거스틴의 참회록이 이제는 어두움의 일을 버리고 빛의 일을 행하라고롬 13:13-14 선포하시는 성경말씀에 의해 쓰여졌고, 마틴 루터의 종교개혁이 행함으로가 아니라 오로지 부활하신 그리스도를 믿는 믿음으로 말미암아 구원함에 이른다는 말씀을 묵상하면서 얻은 깨달음에서 시작되었다. '가장 능력 있는 말씀, 인생을 뒤엎어 놓기에 충분한 말씀, 날 센 검과 같아서 영혼의 골수를 쪼개며 살아있어 오늘도 역사하시는 말씀'이 바로 성경인데, 왜 세상에서 가장 흥미진진한 하나님의 말씀을 가르치는 목회자나 교사들이 말씀을 가르치는 시간을 이토록 지루하고 따분한 시간으로 만들었을까? 오죽하면 대다수의 미국 청소년들이 교회에서의 경험을 간단히 설명해 보라고 질문하면 "지루하고 따분하다" 그리고 "늘 똑같다!"라고 응답했겠는가? 깊이 반성하고 생각해 보아야 할 것이다. 그 말씀의 묘미를 맛보지 못했기 때문은 아닐까? 아니면 그 말씀을 진정한 하나님의 말씀, 즉 부활하신 예수 그리스도께서 선포하시는 복음이라고 믿지 않기 때문일까? 내가 믿지 않으면 신념을 가지고 전할 수 없고 내가 그 능력을 체험하지 않고서는 능력의 말씀으로 선포할 수 없다. 이처럼 성경을 가르치는 목회자나 리더들이 성경에 매혹되거나 사로잡히지 않았기 때문이다. 목회자들이여! 깨어지고 부서져서 그 말씀의 위력 앞에, 새롭게 하시는 복음의 능력 아래 무릎 꿇으라.

효과적 지도방법을 위해 나는 도널드 그릭스Donald Griggs의 5 I's 원칙을 주로 적용한다.[45] 그릭스는 한 시간 남짓 주어진 학습시간을 최대한 효율적으로 사용하기 위해서 다음의 다섯 가지 학습과정에 내포되어 있는 움직임에 대해 설명한다.

---

45) Donald Griggs, *Teaching Today's Teachers To Teach* (Abingdon Press, 2003)를 참조하라.

(1) Invite : 배움으로의 초대

파티에 손님들을 초대하는 심정으로 학습에 적합한 따뜻하고 환대적인 배움의 공간을 마련한다. 가르치는 사람의 인품과 학습에 참여하는 참여자들에 대한 존중이 필요하다. 두려움에 짓눌림 받지 않은 공간으로 누구의 의견도 경청되는 열린 공간이어야 한다. 그리고 참가자들에게 관련 토픽이 어떻게 유용한지를 설명함으로 학습에 대한 동기를 유발할 수 있다. 마치 낚시꾼이 낚싯바늘을 끼워야 하는 것처럼, 참가자들로 하여금 호기심과 중요성에 대한 입질이 있도록 유도한다. 이러한 배움으로 초대하기 위하여 과연 리더들은 무엇을 준비해야 할까?

> ■ **교육적 실례들**
>
> - 참가자들의 이름을 부르며 반갑게 사랑으로 맞아 주라.
> - 지난 한 주간의 삶을 서로 나누도록 한다. 이때 일어났던 일들 중 실제 사건들과 가상적인 사건들을 구별하도록 하자. 이러한 요구는 집중력을 증진시킨다.
> - 토픽 제목이나 중요개념들을 소개하면서 어떻게 신앙과 관련되는지를 설명한다.
> - 학습 토픽에 관계된 그림, 노래, 영상을 보여 줄 수 있다.
> - 토픽에 대하여 참가자들의 의견이나 아이디어 그리고 특별한 흥미가 있는지 서로 이야기하게 한다.

(2) Inform : 학습정보제공

가르치고자 하는 학습내용을 제공하는 과정이다. 때로는 토픽에 타당한 사례를 소개함으로 배움의 자리로 끌어들인다. 학습자의 관점에서는 배움의 공간으로 들어감을 의미하기도 한다. 관련 토픽으로의 의미 있는 관여를 위해 때로는 성경본문을 함께 읽을 수도 있다. 이때 그냥 성경을 읽게 하지 말고 서로 성별로 나누어 읽을 수 있으며, 특정한 단어나 상황에 관심을 두고 읽어 보게 한다. 나는 가끔 시카고 시어스 타워Sears Tower를 기공할 때 100층 꼭대기 강철구조에서 가죽끈 하나를 허리에 두르고 공중에 매달려 땜질하고 있는 기술자의 그림을 보여 주며 '믿음'에 대해 이야기해 보라고 권유하기도 한다. 창의적인 방법으로 정체성에 대한 토픽을 설명하고 학습내용을 제공할 수 있다. 여기서 중요한 것은 학습자들의 호기심을 불러일으킬 수 있는 자료나 방법을 사용하는 것이다.

■ 교육적 실례들

- 관련 토픽에 대한 배경 이야기를 준비할 수 있다.
- 시청각자료를 동원하여 토픽에 연관시킬 수 있는 볼거리를 제공한다.
- 미리 인터뷰했던 대화나 DVD 자료를 사용한다.
- 관련 토픽에 대한 중요 내용들을 선택해서 신앙이나 배움, 사회봉사 등 관련 사역분야에 어떻게 연결될지 생각하게 한다.
- 관련 토픽에 대한 미니 강의를 할 수 있다.

---

(3) Investigate : 연구와 탐색

이 과정의 목적은 학습자들로 하여금 관련 토픽에 대하여 열심을 가지고 분석적, 해석적 의미를 발견하는 과정으로 정돈된 테두리 안에서 자유롭게 관련 토픽이 부여하는 의미와 중요성을 탐구하게 하는 것이다. 토픽에 따라 때로는 분야의 전문가들을 학습 현장에 초대하는 것도 유익하다. 더 깊은 이해와 연구를 위해 미리 필요한 자료들을 준비해야 한다. '무엇'이라는 질문보다 '왜'라는 질문에 더 많은 집중을 요구하며 전통적인 틀을 벗어나 새로운 각도에서 비춰지는 해석과 의미의 발견 또한 학습과정에 중요하다. 이 부분을 위해 목회자나 교사들은 철저히 준비하고 미리 토픽에 대한 정보나 지식을 습득할 필요가 있다.

■ **교육적 실례들**

- 가장 필요한 토픽을 선택해서 집중적으로 토론하고 연구한다.
- 반드시 탐구에 도움이 될 수 있도록 중요한 질문들을 인도자가 미리 준비하도록 한다. 잘 준비된 질문은 놀라운 견해와 이해를 학습자들로부터 이끌어 낼 수 있다.
- 중요 아이디어나 토픽에 관련된 질문을 가능한 여러 참가자들이 함께 토론하며 의견을 나누도록 한다. 때로는 토픽에 따라 전문가를 초청해서 신앙에 관련된 의견을 듣기도 한다.
- 주류적 자료들과 비주류적 자료를 이용한 새로운 의미와 중요성을 찾아볼 수도 있다. 학습자의 삶과 또는 상황에 필요한 토픽일수록 연구와 탐색은 깊이를 더할 수 있다.
- 긍정적 칭찬과 격려로 서로 개인적으로 발견한 새로운 깨달음을 나누게 한다.

---

(4) Illustrate : 실례에 대한 설명과 표현

배움의 과정에서 반드시 필요한 것들 중 하나가 학습자들로 하여금 새롭게 유입한 정보들과 내용들에 관해 스스로 사용하는 신앙적 언어와 개념들을 동원해 설명하게 하는 것이다. 무엇을 배웠는지, 왜 이러한 학습이 개인의 신앙생활에 유익을 끼치는지 그리고 공동체의 정체성에 어떻게 기여할 수 있는지에 대해 발표하게 한다. 인도자의 개념과 언어를 그대로 암기하기보다는 늘 새로운 정보와 깨달음을 자신의 인식의 틀과 언어 안에서 스스로 내면화한 것을 표현하게 하면, 장기 기억을 증진할 수 있게 된다. 창의적인 방법을 동원해 협력적인 프로젝트를 하게 하면 많은 유익이 된다. 전체 그룹에게 자신이 배운 것을 다시 소개하고 중요성을 강조할 수 있으면, 반 이상은 소화된 지식이기에 영적 성장에도 많은 유익을 끼친다. 여기서 중요한 것은 스스로 학습자들로 하여금 재미있게 느낀 점들을 창의적으로 표현하고 발표하게 하는 것이다.

■ 교육적 실례들

- 관련 토픽을 배우면서 새롭게 느끼고 깨달은 점들을 시로 쓰거나, 짤막한 노래를 작곡하거나, 신앙고백서를 작성하게 하거나, 리포트를 작성하게 하라. 예를 들면 '오병이어'의 기적에 대해 뉴스 리포터로 이 사건에 대해 리포트를 작성하여 발표하게 하면 아주 흥미 있는 배움의 시간을 제공할 수 있다.
- 관련 토픽에 대한 연극을 하게 하거나, 교회 친교실에 전시할 수 있는 간단한 3D 상자로 만든 조각을 만들게 한다면, 다른 사람들에게도 호기심과 긍정적 자극을 줄 것이다.
- 깃발을 만들게 한 후에 전 교회 앞에서 설명할 수 있는 기회를 제공하라.
- 사진을 찍거나 비디오 인터뷰를 해서 차후에 발표하게 한다.

(5) Inspire : 영감을 불러일으킴

이 마지막 학습과정의 부분은 새로운 지식과 정보의 획득으로 인한 변화를 학습자들에게 일으키게 하는 것이다. '진리가 너희를 자유케 하리라'고 하신 성경말씀은 정말 진리이다. 왜냐하면 그리스도 안에서 죄사함 받고 영원한 하늘나라를 상속한 사람들은 이러한 고귀한 지식으로 인해 삶의 형태가 바뀌고 중심이 변화한다. 마찬가지다. 머리에만 추상적으로, 개념의 습득으로 맴도는 교육은 절름발이 교육이다. 주님께서 원하시는 교육은 인식의 깨달음을 통해 가슴에 감동을 주고 실제적인 행동의 변화와 삶의 개혁을 주도하는 교육이다. 매 순간 학습을 통해 영감을 불일 듯 하게 하는 것은 결코 쉬운 일은 아니지만, 신실한 마음으로 이를 위해 목회자와 지도자들은 최선을 다해야 한다. 설교말씀을 듣고 '이번 주에는 이 말씀을 실천해 봐야지'라고 다짐하는 교우들에게 실제적으로, 구체적으로 할 수 있는 것들을 알려 주고 교육하면 더 효과가 있다.

■ 교육적 실례들

- 관련 토픽에 대해 연구하고 이해를 넓힌 후에 잠시 동안 묵상하며 영감을 구하도록 한다. 기도시간을 가질 수도 있고, 서로 손을 잡고 합심으로 찬양하며 기도하는 시간을 가지도록 한다.

- 학습자들로 하여금 구체적으로 공동체를 위하여 무엇을 할 수 있을지 서로 발견하게 하고 이를 실제로 행할 수 있도록 성령님의 도움을 구한다.

- 서로가 서로에게 '우린 반드시 실천할 수 있다'며 격려하고 힘을 북돋아 준다.

- 간단한 예배와 영감의 시간을 나누며 하나님 중심의 시간을 갖는다.

- 새롭게 깨닫고 결심한 것을 삶 속에서 실천할 수 있도록 기도하고 격려한다.

마지막 네 번째 질문을 생각해 보자. 어떻게 학습 경험의 효율성을 분석하며 평가할 수 있을까? 이 질문은 목회자와 지도자들로 하여금 의도적인 학습지도가 동반할 수 있는 의미 있는 결과에 대한 평가를 요구한다. 위의 도표 18에서는 5번 과정에 속한다. 여기서 중요한 것은 실제적인 학습결과를 평가하기 위해서는 구체적이고 명확한 교육목표가 필수적이라

는 사실이다. 무엇을 달성할 것인지에 대한 확실한 이해가 부재하면, 어떻게 교육결과를 평가해야 할지 막막하다. 그래서 흔히 말하는 '용두사미' 교육과정이 되기 쉽다. 애석하게도 우리는 이러한 경향을 종종 믿음의 공동체에서 목격하게 된다. 거창하게 선포하고 상황에 걸맞지 않는 커다란 목표를 제시하고는 마지막에는 어떻게 결말을 지었는지, 어떻게 끝났는지 그리고 학습적인 산물이 어떻게 생성되었는지 알지도 못한 채, 또다시 새로운 교육사역과 프로그램을 시도하기 쉽다. 이것은 공동체의 정체성을 확고히 하는 과정에 별 도움이 안 된다. 다람쥐 쳇바퀴 돌리는 제자리걸음인 것이다. 진보도, 성장도 없이 그냥 열심히 달리기만 하면, 열에 아홉은 모조리 기진맥진하여 포기하고 만다.

그러므로 의도하고자 하는 학습결과를 효과적으로 생성하기 위해서는 철저하게 교육목적과 구체적인 목표를 심사숙고해야 한다. 이러한 목표들이 공동체가 추구하는 일반적인 방향과 같은지 그리고 정체성의 핵심에 상반되는 것은 아닌지를 염두해 두라. 만일 의도하지 못했던 결과가 초래되었다면, 학습과정의 어느 부분에서 디폴트가 되었는지 분석해야 한다. 목표가 잘못 세워진 것인지, 아니면 의도했던 학습방법론에서 초점을 잘못 잡은 것인지를 생각하라. 원하는 결과를 산출하게 되면 더 이상 좋을 것이 없겠지만, 만일 그렇지 못하더라도 왜 디폴트가 되었는지 이해할 수 있으면 더 좋은 배움의 기회가 될 수 있다. 그래서 목회에는 진정한 면에서 완전한 실패가 없다. 우선 하나님께서 주도하시고 완전하신 하나님께서 행하심으로 실패는 불가능하다. 다만 '지금 바로 여기 내가 본 관점'에서 잠시의 실패와 절망이 있을 뿐이다. 그래도 협력해서 온전한 선을 이루시고 그분의 거룩하신 뜻이 관철됨을 믿기에 목회자와 리더들은 부르심에 순종하는 마음으로 섬기면 된다. 이것이 교육목회 결과와 과정에 대한 평가의 필요성을 강조하며 이에 대해 신중히 함께 생각하기를 권장하는 이유이다.

5. 맺는말 : 정체성과 핵심적 가치관의 형성과 인식주입

지금까지 정체성 인식 형성을 위한 목회전략들과 실제적 교육방법론을 거론했다. 이 모든 의도적 전략들과 방법은 정체성이 인식되고 공감대를 이루며 이해되었을 때 그 효력과 유용성을 최대한 발휘할 수 있다.

조용히 만물을 깨우며 지면을 적시는 봄날의 보슬비처럼, 핵심적 가치관과 공동체의 중심을 세워 가는 정체성은 땅과 그 속에 속한 모든 생명체들에게 영향력을 미친다. 공동체의 모든 사역의 깊은 곳까지 그 영향의 뿌리를 내린다. 매일 떠오르는 밝은 태양처럼, 매일 위로부터 주시는 능력에 힘입어 이것을 말하고 이것에 대해 선포한다면, 인식의 메아리 속에서 늘 울려 퍼지는 확실한 신앙고백과 정체성에 대한 핵심을 키워 갈 수 있다. 그러나 입술을 떠나는 고백과 선포에는 반드시 합당한 행동의 열매가 따라야 함을 기억하라. 그러기에 우리의 언어를 삶의 열매로 변화시켜 달라고 매일 무릎 꿇어야 한다. 교육을 통한 배움과 지식이 공동체의 새로운 에너지와 생명력을 불러일으키게 해 달라고 간구해야 한다. 그래서 목회는 처음부터 마지막까지 무릎으로 하는 것이다. 십자가 아래서 무릎 꿇을 때마다 목회의 시작과 마지막은 언제나 하나님이시며, 목회 자체가 하나님의 사역임을 철저하게 인정하는 것이다.

이 책을 집필하게 된 동기도 여기에 있다. 주위의 많은 신실하신 목회자들과 공동체의 지도자들이 혼과 열정을 다해 주님의 제단을 섬기면서 확실한 목회철학과 구체적인 방향을 미처 생각하지 못하고 달려가다가

시험에 걸려 넘어지고, 사탄의 궤계에 사로잡혀 탄식하고 절망하는 모습을 보면서 뼈를 깎는 아픔과 슬픔에 동참하여 목회에 대해 다시 생각하게 되었다. 회복을 위한 목회, 공동체에 생명을 불어넣을 수 있는 목회, 아니 정말 목숨까지 걸고 붙잡아야 할 사명감에 불타는 신명 나는 목회를 위해 반드시 필요한 것이 바로 공동체의 핵심적 정체성이요 또한 가치관이다. 이것이 바로 모든 공동체의 독특하고도 유일한 DNA를 생성하게 한다.

　변화를 향한 용기 있는 발걸음을 옮기자. 하나님께서 원하시는 참다운 개혁과정에 끊임없이 동참하자. 내가 변화되어야 이웃이 변하고 사회가 변한다. 이렇게 전통의 연속성을 한 손에 쥐고 또 새로운 비전을 다른 손에 잡고 목회할 수 있는 방법 중 하나가 그 누구도 바꿀 수 없으며, 그 어떠한 상황적 변화에도 흔들리지 않는 중심 있는 정체성과 핵심적 가치관이 투철할 때이다. 이런 면에서 진정한 변화는 그 어떠한 외부적 환경과 압박에도 결코 변하지 않는 그 어떤 것을 소유했을 때만 가능한 것이다. 어제의 긍정적 교훈을 외면하지 않고, 내일을 향한 신성한 두근거림에 첫 발을 내딛는 지도자! 그리고 오늘의 목회 현실에서 최선을 다하는 목회자! 주님은 이러한 섬김의 종을 오늘도 찾으신다. 추수할 것이 너무나도 많다시며 정녕 네가 이 길을 갈 수 있겠는지 물으시며 우리를 초청하신다. 교회를 살리고 믿음의 공동체를 통하여 새로운 일을 행하시는 주님의 이 위대한 초청에 당신은 과연 어떻게 응답할 것인가?

세계관 테스트

다음은 하나님에 대해서 그리고 인간이 처하는 상황에 대해서 각각의 그리스도인들이 서로 다른 답을 가지고 있는 일련의 질문들이 나열되어 있다. 각 질문을 읽어 보고 본인의 생각과 가장 근접한 답을 하나만 골라 표시하라.

예: 나에게 있어서 하나님의 임재란?
    a. ☐ 내가 그분의 뜻에 따르고 있는 것을 아는 것
    b. ☐ 창조세계의 아름다움을 인식하는 것
    c. ☑ 내 안에서 역사하는 우주의 힘
    d. ☐ 실제적으로 느낄 수 있는 가까움

이제 보게 될 질문에 대한 정답이나 오답은 없다. 당신이 생각하는 답이 있을 뿐이다. 각 질문에 대해서 반드시 하나의 답만 체크하라.

※ 본 세계관 테스트 항목은 제임스 호프웰 교수의 연구자료에 입각한 것으로 한국 교회 상황에 적절하게 도입될 수 있도록 설문의 관점과 범위를 더욱 보강한 것이다.

부록 1 세계관 테스트

1. 예수님은 나에게?

    a. ☐ 죄악으로부터 구원해 주시는 구세주

    b. ☐ 살아 있는 상징적인 분

    c. ☐ 하나님의 아들, 구주

    d. ☐ 인생길에 참된 가르침을 주시는 선생님

2. 내 신앙을 가장 잘 표현한다면?

    a. ☐ 인류의 가장 고귀한 가치에 대한 관심

    b. ☐ 성령 충만

    c. ☐ 그리스도 안에서 거듭남

    d. ☐ 내 자신의 신성에 대한 인식

3. 나에게 성찬예식이 갖는 특별한 의미는?

    a. ☐ 인류 구원을 위하여 십자가에서 죽으신 그리스도의 구속적인 사랑을 기념하는 추도예식

    b. ☐ 흩어진 세상을 사랑과 용납함으로 온전한 조화를 이루심에 대한 소중한 예식

    c. ☐ 성령의 내적 임재와 사역을 체험할 수 있는 성스런 예식

    d. ☐ 인류의 회복을 위하여 아가페의 희생적 사랑을 베풀어 주심을 기억하며 드리는 예식

4. 내가 죽으면?

    a. ☐ 하나님은 계속해서 나를 축복하시고 지켜 주실 것이다.

    b. ☐ 나는 주님과 함께 있게 될 것이다.

    c. ☐ 나는 하나님과의 더 큰 연합을 향한 순례를 시작하게 될 것이다.

    d. ☐ 모든 일은 순리대로 이루어질 것이다.

5. 신앙생활에서 그리스도인에게 가장 중요한 것은?

    a. ☐ 하나님의 말씀이 인도하시는 대로 전적으로 믿고 순종하는 것

    b. ☐ 세상의 지혜를 초월하시는 하나님의 지혜를 깨닫고 이웃과 화평하고 조화를 이루는 것

    c. ☐ 이 세상에 남겨 둔 신자들로서 하나님의 임재하심과 성령의 능력을 나타내는 것

    d. ☐ 이성과 명확한 분별력을 가지고 이 세상의 도전과 아픔을 믿음으로 승리하는 것

6. 굶주림으로 고통받는 아이의 사진을 볼 때 내가 하는 생각은?

    a. ☐ 모든 사람이 하나님의 뜻대로 산다면 이런 일이 없을 텐데….

    b. ☐ 그럼에도 불구하고 그 아이는 다른 방법으로 영양을 공급받는 영적인 존재다.

    c. ☐ 우리는 불공평한 세상에 살고 있다.

    d. ☐ 하나님이 그 아이와 함께하시고 고통을 덜어 주실 것이다.

7. 나는 이럴 때 내가 성숙하다는 생각이 든다.

    a. ☐ 하나님의 은사를 구하고 받을 때

    b. ☐ 나를 향하신 하나님의 계획을 따를 때

    c. ☐ 진심으로 사랑하기를 배울 때

    d. ☐ 내 안에 있는 신성한 가능성을 발견할 때

8. 같은 교회의 믿음의 친구에게 고난이 닥쳤을 때 나는 이렇게 권유한다.

    a. ☐ 어려운 고난 중에도 신앙인으로서의 진실됨과 신실한 노력을 기울여 승리할 수 있도록 최선을 다해라.

    b. ☐ 고난 중에 연약할지라도 감당할 수 있도록 성령님께 능력을 더해 달라고 기도해라.

    c. ☐ 하나님의 뜻을 깨닫지 못한 무지함을 인정하고 참다운 깨달음을 통해 내적 평안함을 간구해라.

    d. ☐ 혹 하나님 앞에서 불순종한 것이 있는지 생각해 보고 회개해라.

9. 예수님이 우리에게 공급해 주시는 것은?
    a. ☐ 나의 죄악으로부터의 구원
    b. ☐ 내 삶에 나타나는 기적적인 능력
    c. ☐ 절대자 하나님과 연합된 삶의 모범
    d. ☐ 참다운 자유와 자기 자신에 대한 신뢰적인 의존

10. 내가 주로 하나님과 교제하는 방법은?
    a. ☐ 깊이 있는 성경공부와 말씀묵상을 통해
    b. ☐ 나와 함께하시는 하나님에 대한 체험을 통해
    c. ☐ 사람들과의 인간적인 친밀함과 참다운 관계를 통해
    d. ☐ 세상과 단절된 상태에서 내적 자아와의 깊은 교통을 통해

11. 나는 찬양을 인도하는 찬양팀원들에게 이렇게 강조할 것이다.
    a. ☐ 찬양은 성령께서 우리 마음속에서 사역하실 수 있도록 돕는 귀중한 과정
    b. ☐ 찬양은 곡조 있는 하나님의 거룩하신 말씀 선포
    c. ☐ 찬양하며 마음을 열 때 깊은 영감과 깨달음을 얻음
    d. ☐ 찬양에 임하는 은혜로 약했던 마음이 다시 새 힘을 얻음

12. 예배가 가장 의미 있는 순간은?
    a. ☐ 신비로운 침묵과 임재 가운데
    b. ☐ 하나님의 말씀이 은혜롭게 선포될 때
    c. ☐ 사랑을 베푸는 공동체 안에 있을 때
    d. ☐ 하나님의 성령이 역사하실 때

13. 아직은 젊은 엄마가 암에 걸린 것을 알게 되었을 때?
    a. ☐ 나는 그녀가 말씀을 통해 진정한 안식을 얻게 될 것을 알고 있다.
    b. ☐ 나는 삶이란 때로 이해할 수 없는 고통을 동반함을 알고 있다.
    c. ☐ 나는 결국 모든 것이 합력하여 선을 이룬다는 것을 깨달아야 한다.
    d. ☐ 나는 성령께 그녀를 고쳐주실 것을 기도할 것이다.

14. 교회는?
   a. ☐ 하나님의 말씀으로 이루어진 언약 공동체
   b. ☐ 마지막 목적지를 향해 나아가는 순례자들의 공동체
   c. ☐ 말세에 하나님의 놀라우신 능력을 나타내기 위해 남겨 두신 영적 공동체
   d. ☐ 믿음으로 모인 순수하고 진실된 사람들의 연합 공동체

15. 만일 나와 가까운 어떤 사람이 죽어 간다면?
   a. ☐ 나는 견뎌 낼 힘을 찾고자 할 것이다.
   b. ☐ 하나님으로부터 위안을 기대할 것이다.
   c. ☐ 신성한 인생이 이 세상 한계를 벗어나는지를 알게 될 것이다.
   d. ☐ 그 사람의 구원의 중요성에 대해서 강조할 것이다.

16. 내 인생에서 가장 어려운 순간에 나는?
   a. ☐ 내 안에 있는 신성이 현재의 문제들은 별 것이 아님을 깨닫게 해 준다는 사실을 알게 된다.
   b. ☐ 성경말씀을 통해 위안을 얻는다.
   c. ☐ 더 좋은 때가 올 때까지 인내한다.
   d. ☐ 하나님이 새로운 방법으로 복 주심을 알게 됨을 믿는다.

17. 나에게 '성경'은?
   a. ☐ 인류를 향한 구원사역을 역사적으로 기록한 성서
   b. ☐ 하나님의 놀라우신 기사와 이적 그리고 능력과 변화를 체험하기 위한 필수적인 성경
   c. ☐ 창조세계의 회복과 완전한 조화를 위해 비유적으로 말씀하신 거룩한 책
   d. ☐ 날 센 검과 같이 성도의 골수를 쪼개며 역사하시는 살아 계신 하나님의 말씀

18. 어떤 비그리스도인이 미래를 예견할 수 있는 능력이 있다고 한다면?
  a. ☐ 이러한 능력이 우주에 있는 지적인 존재와의 연결을 통한 것일 수 있다고 생각한다.
  b. ☐ 그들이 마귀의 세력으로부터 능력을 받은 것이라고 생각한다.
  c. ☐ 그들은 아마도 잘못 판단하고 있을 것이라고 생각한다.
  d. ☐ 미래에 대한 유일한 계시는 성경 안에 기록되어 있다고 생각한다.

19. 다음에 우리 교회에 부임하실 목사님께 기대하는 자질은?
  a. ☐ 건전한 기독교 교리를 전달하는 능력
  b. ☐ 하나님의 역사를 보여 주는 성령의 능력
  c. ☐ 성도 간의 참다운 교제를 더 깊게 할 수 있는 능력
  d. ☐ 알지 못했던 내적 잠재력을 믿음 안에서 더 개발할 수 있는 능력

20. 순례자로서 당신이 어떤 새로운 행동을 할 수 있게 하는 주된 동기는?
  a. ☐ 내일에 대한 과감한 모험과 탐험
  b. ☐ 삶 속에 흩어진 것들에 대한 화합과 통합을 위하여
  c. ☐ 소중한 것들에 대한 가치 있는 희생
  d. ☐ 확실한 확인과 검증을 통한 이해와 통찰력

21. 앞으로 나는?
  a. ☐ 하나님이 나를 위해 예비해 놓으신 모든 복을 위해 간구할 것이다.
  b. ☐ 더 깊은 자아의식을 개발해 나갈 것이다.
  c. ☐ 성경말씀을 깊이 공부할 것이다.
  d. ☐ 나 자신에 대해서 더욱 솔직해질 것이다.

22. 내가 생각할 때 세상은?
  a. ☐ 선악이 공존하는 곳이다.
  b. ☐ 신적 실체에 대해 겉으로 드러나 보이는 유일한 표현이다.
  c. ☐ 하나님이 승리자로 드러나시는 역사의 현장이다.
  d. ☐ 하나님이 주신 사명을 잘 감당한다면 더 나은 세상이 될 것이다.

23. 교회가 혼동과 갈등 중에 있을 때, 나는 이렇게 충고할 것이다.
    a. ☐ 하나님의 심판을 기억하며 말씀을 상고하면서 그 해답을 찾아야
       한다.
    b. ☐ 교회를 혼란스럽게 하는 요소들을 찾아내어 현실에 타당한 해결
       책을 발견하도록 성실하게 노력해야 한다.
    c. ☐ 각자 양심을 둘러보며 직관적 통찰력을 최대한 발휘해서 화평과
       조화를 세워야 한다.
    d. ☐ 교회가 함께 금식과 기도를 통해서 아픔을 치유하시는 성령님 앞
       에 굴복해야 한다.

24. 내가 아는 누군가가 죽었을 때 나는?
    a. ☐ 이 세상은 허상일 뿐이라는 사실에 위로받았다.
    b. ☐ 그 사람이 예수 그리스도와 가지고 있는 관계로 인해 감사하거
       나, 걱정이 되었다.
    c. ☐ 하나님의 친밀하심으로 인해 더 힘을 얻었다.
    d. ☐ 상실로 인해 정말 고통스러웠다.

25. 하나님이 내 삶에 가장 결정적으로 역사하시는 순간은?
    a. ☐ 나의 깊은 헌신 가운데
    b. ☐ 기도응답을 통해서
    c. ☐ 내가 발견한 내적 안식과 조화를 통해서
    d. ☐ 선한 삶을 살아가는 믿음의 법칙들에 의해서

26. 우리 교회에 새로 부임하신 목사님을 알게 된 후 내가 기대하는 것은?
    a. ☐ 서로를 일상적인 친구처럼 대하는 것
    b. ☐ 그리스도 안에서 피차 누리는 성장에 대해서 함께 나누는 것
    c. ☐ 하나님의 진리를 드러내는 이적들을 알아 가는 것
    d. ☐ 성경말씀을 통해 함께 배워 가는 것

27. 아래 신앙의 표현과 언어 중에서 내게 가장 편안하게 들리는 것은?
 a. ☐ 성령충만을 받으라 그리고 이적을 갈망하라!
 b. ☐ 오직 일점일획도 불변 없는 하나님의 말씀만을 의지하라.
 c. ☐ 하나님의 섭리과정과 흐름에 자연스럽게 동화하라.
 d. ☐ 고난 중에도 포기하지 않으면 반드시 믿음 안에서 승리한다!

28. 한 시민으로서 내가 이 나라의 법을 지키는 이유는?
 a. ☐ 불순종은 신적인 질서를 어지럽히기 때문에
 b. ☐ 제정된 법에 동의하기 때문에
 c. ☐ 기도하고 순종하는 사람을 하나님이 복 주시기 때문에
 d. ☐ 공권력에 당연히 복종해야 하기 때문에

29. 하나님께서 나에게 말씀하시는 방법은?
 a. ☐ 성경말씀을 통해서
 b. ☐ 모든 종류의 생명체와 함께 나누는 힘을 통해서
 c. ☐ 의미 있는 인간관계를 통해서
 d. ☐ 때로는 직접적으로 하나님의 음성을 들음으로

30. 내가 사랑하는 어떤 사람이 매우 아플 때, 나는 그를 위해 이렇게 기도한다.
 a. ☐ 기적적으로 나을 수 있도록
 b. ☐ 이러한 상황을 허락하시는 하나님의 뜻을 받아들이도록
 c. ☐ 신적 완전함에 동참을 통해 치유의 인식에 이르도록
 d. ☐ 의사로부터 주의 깊게 관리받도록

31. 사탄은?
 a. ☐ 세상에 존재하는 악에 대해서 이야기하는 오래된 방식이다.
 b. ☐ 완전한 인식을 방해하는 허상에 대한 이름이다.
 c. ☐ 정죄 받은 자들을 다스리는 존재이다.
 d. ☐ 오늘날에도 각 개인의 삶에 역사한다.

32. 내게 가장 이상적인 목회자는?

   a. ☐ 심오한 하나님의 말씀을 깊이 연구하여 전하는 말씀의 대언자

   b. ☐ 인생의 광야에서 방황하지 않도록 잘 이끌어 주는 지혜로운 인도자

   c. ☐ 성령에 사로잡혀 능력 있는 삶을 살아가는 영적 롤모델

   d. ☐ 지친 영혼에게 위로와 격려와 용기를 북돋아 주는 영적 지원자

33. 만일 내 가족이 심각한 재정적인 어려움을 겪는다면?

   a. ☐ 상황을 변화시켜 주시기를 하나님께 구할 것이다.

   b. ☐ 그럼에도 불구하고 신적 풍성의 원리에 따라 번성할 것이다.

   c. ☐ 어려운 환경에 적응하고 지낼 것이다.

   d. ☐ 어려움 중에도 하나님께 순종할 것이다.

34. 올 초에 이웃이 자기 집에 귀신이 있다고 한다면, 내 생각은?

   a. ☐ 그것은 마귀일 수 있고, 하나님의 능력으로 쫓아낼 수 있다.

   b. ☐ 그(녀)는 그런 부정적인 생각으로부터 빨리 벗어나야 한다.

   c. ☐ 그러한 생소한 경험들이 그(녀)를 하나님께로 인도할 것이다.

   d. ☐ 그(녀)의 경험을 이지적으로 설명할 수 있을지도 모른다.

35. 어떤 사람이 나이가 들면서 육체적, 정신적으로 점점 기력이 쇠해진다면, 나는 이러한 현상에 대해?

   a. ☐ 우리가 언젠가는 이해하게 될 하나님의 섭리의 일부분으로 본다.

   b. ☐ 일시적인 현상으로 하나님을 향한 지속적인 성장에 대해서 정확히 보여 주는 것은 아니라고 생각한다.

   c. ☐ 그 사람을 향한 하나님의 축복에는 여전히 적절한 시기라고 본다.

   d. ☐ 우리 인생에 있어서 불행한 사실로 받아들인다.

36. 앞으로 10년 후에 우리나라는?

   a. ☐ 아주 중요한 현실적인 결정을 해야 할 것이다.

   b. ☐ 현재의 혼란을 화합과 평화로 벗어나게 될 것이다.

    c. ☐ 하나님과의 언약관계에 충실하지 않으면 징벌을 받게 될 것이다.

    d. ☐ 성령의 능력과 인도하심을 반드시 구해야 한다.

37. 전문가들이 하는 별자리 점, 운세에 대한 나의 의견은?

    a. ☐ 당신의 삶에 불경한 힘을 불러들이는 것이기 때문에 위험하다.

    b. ☐ 별이 아니라 하나님이 내 삶을 인도하시는 분이시기 때문에 틀린 것이다.

    c. ☐ 내가 미처 알지 못했던 것을 알게 하므로 도움이 될지도 모른다.

    d. ☐ 재미로 할 수 있을지는 몰라도 그 이상은 아무 의미가 없다.

38. 목사님의 설교말씀을 들을 때, 내가 만족스럽지 못한 경우는?

    a. ☐ 하나님과 우리의 연합에 대해서 말씀하지 않을 때

    b. ☐ 성령 충만한 메시지가 아닐 때

    c. ☐ 죄를 깨닫게 하는 메시지가 아닐 때

    d. ☐ 일상의 삶과 동떨어진 내용일 때

39. 내가 주로 선호하는 부류의 프로그램은?

    a. ☐ 지역사회와 이웃들에게 실질적으로 필요한 교육 프로그램들

    b. ☐ 영적 성장과 성령체험을 위한 프로그램들

    c. ☐ 타종교/다민족과의 연결과 요가를 포함한 문화 프로그램들

    d. ☐ 제자훈련 및 체계적으로 구성된 성경공부 프로그램들

40. 나는 복음The Good News을 이렇게 이해한다.

    a. ☐ 인간 구원을 위한 하나님의 희생적 사랑 이야기

    b. ☐ 인간 존엄을 억압하는 세력으로부터의 완전한 자유

    c. ☐ 인간의 참된 양심을 깨우치는 지혜와 진리의 말씀

    d. ☐ 인간을 기적적으로 변화시키는 하나님의 놀라운 능력

세계관 테스트 합산

각 질문에 답하신 항목에 동그라미 표시를 하라. 만일 답을 하지 않았다면, 주어진 자리에 ×표 하면 된다. 각 항목 맨 아래에 동그라미 표시를 한 모든 항목의 개수를 적으라. 각 항목에 대한 개수를 다음 페이지에 있는 표에 기입하라. 이때 각 질문마다 a, b, c, d의 위치가 다르다는 점에 유의하라. 그리고 맨 마지막에 세로 행에 답한 숫자를 기입하라. 응답한 항목의 총합계는 반드시 40이 되어야 한다.

1	d	a	c	b	무응답
2	d	b	a	c	무응답
3	d	a	c	b	무응답
4	c	b	a	d	무응답
5	d	a	c	b	무응답
6	c	a	b	d	무응답
7	c	b	d	a	무응답
8	a	d	b	c	무응답
9	a	d	b	c	무응답
10	c	b	d	a	무응답
11	d	b	a	c	무응답
12	c	a	b	d	무응답
13	d	c	a	b	무응답
14	d	a	c	b	무응답
15	d	b	c	a	무응답
16	a	d	b	c	무응답
17	a	d	b	c	무응답

18	b	d	c	a	무응답
19	c	a	d	b	무응답
20	d	c	a	b	무응답
21	a	c	d	b	무응답
22	c	d	a	b	무응답
23	b	a	d	c	무응답
24	d	a	c	b	무응답
25	a	c	d	b	무응답
26	d	b	a	c	무응답
27	d	b	a	c	무응답
28	d	b	a	c	무응답
29	d	b	a	c	무응답
30	d	b	a	c	무응답
31	d	b	a	c	무응답
32	d	a	c	b	무응답
33	d	b	a	c	무응답
34	d	b	a	c	무응답
35	d	b	a	c	무응답
36	d	b	a	c	무응답
37	d	b	a	c	무응답
38	d	b	a	c	무응답
39	a	d	b	c	무응답
40	b	a	d	c	무응답
총합계					
	Empiric 경험주의	Canonic 성서주의	Charismatic 카리스마	Gnostic 영지주의	

부록2

선셋힐교회의 세계관과 핵심적 가치관

	경험적	성서적	카리스마	영지주의	세계관	톱 5핵심적 가치관들
1	16	6	3	2	경험주의	1. People matter to God 2. Christian self-image 3. Strong families 4. Christian education for all age levels 5. Fellowship/community building
2	10	6	3	8	경험주의/ 영지주의	1. Godly servant leadership 2. Bible-centered preaching/teaching A 3. Cultural relevance 4. well-mobilized lay ministry 5. Fellowship/community building
3	8	12	5	2	성서적/ 경험주의	1. People matter to God 2. Welcoming visitors 3. Intercessory prayer 4. Fellowship/community building 5. Caring for the poor & disenfranchised
4	14	8	4	1	경험주의/ 성서주의	
5	8	12	6	1	성서주의/ 경험주의	1. Bible-centered preaching/teaching 2. Godly servant leadership 3. Caring for the poor & disenfranchised 4. Creativity & innovation 5. World mission (6. People matter to God)
6	4	10	12	1	카리스마/ 성서주의	1. Bible-centered preaching/teaching 2. Christian education for all age levels

6	4	10	12	1	카리스마/ 성서주의	3. Praise and worship 4. Caring for the poor & disenfranchised 5. Giving/tithing (6. Godly servant leader)
7	0	19	8	0	성서주의/ 카리스마	1. Godly servant leadership 2. Bible-centered preaching/teaching 3. Praise and worship 4. Christian education for all age levels 5. Committed Christians Discipleship
8	10	10	6	1	경험주의/ 성서주의, 카리스마	1. Godly servant leadership 2. World missions 3. People matter to God 4. Fellowship/community building 5. Committed Christians Discipleship (6. Christian education)
9	11	7	7	2	경험주의/ 성서주의, 카리스마	1. Strong families 2. Praise and worship 3. A grace-orientation to life 4. Christian education for all age levels 5. Bible-centered preaching/teaching (6. Creativity and innovation)
10	4	10	12	1	카리스마/ 성서주의	1. Godly servant leadership 2. Bible-centered preaching/teaching 3. People matter to God 4. Welcoming visitors 5. Intercessory prayer (6. Evangelism)
11	6	15	3	3	성서주의	1. Christian education 2. Bible-centered preaching/teaching 3. Godly servant leadership 4. Committed Christians Discipleship 5. Praise and worship (6. Evangelism)

12	8	13	4	2	성서주의/ 경험주의	1. Bible-centered preaching/ teaching 2. Caring for the poor & disenfranchised 3. People matter to God 4. Welcoming visitors 5. Praise and worship (6. Xn self-image)
13	2	15	8	2	성서주의/ 카리스마	1. Godly servant leadership 2. Bible-centered preaching/ teaching 3. Praise and worship 4. A Christian self-image 5. Giving/tithing (6. Xn education)
14	7	14	5	1	성서주의/ 경험주의, 카리스마	1. Committed Christians Discipleship 2. A Christian self-image 3. Praise and worship 4. A grace-oriented life 5. Evangelism (6. People matter to God)
15	11	6	7	3	경험주의/ 성서주의, 카리스마	1. Godly servant leadership 2. Bible-centered preaching/ teaching 3. Creativity and innovation 4. Financial responsibility 5. Fellowship/community building (6. Strong families)
16	4	9	11	2	카리스마/ 성서주의	1. Bible-centered preaching/ teaching 2. Godly servant leadership 3. A well mobilized lay ministry 4. Giving/tithing 5. Christian education for all age levels (6. World missions)

부록 2 선셋힐교회의 세계관과 핵심적 가치관

17					NA	1. Godly servant leadership 2. Bible-centered preaching/ teaching 3. Financial responsibility 4. Welcoming visitors 5. Christian education for all age levels
18					NA	1. Godly servant leadership 2. Bible-centered preaching/ teaching 3. Cultural relevance 4. Well mobilized lay leadership 5. Fellowship/community building
19	2	17	6	2	성서주의	1. Praise and worship 2. People matter to God 3. Bible-centered preaching /teaching 4. Christian education for all age levels 5. Committed Christians Discipleship (6. Financial responsibility)
20	7	10	7	3	성서주의/ 경험주의, 카리스마	1. Godly servant leadership 2. Bible-centered preaching/ teaching 3. Caring for the poor & disenfranchised 4. Christian education 5. Financial responsibility (6. Strong families)
21	9	10	4	4	성서주의/ 경험주의	1. Caring for the poor & disenfranchised 2. People matter to God 3. Welcoming visitors 4. Cultural relevance 5. Sustained excellence/ quality (6. Strong families)

22	6	1	2	0	경험주의	* had omitted many questions w/o answers 1. Strong families 2. Welcoming visitors 3. Christian education 4. Financial responsibility 5. Bible-centered preaching/teaching (6. Caring for the poor & disenfranchised)
23	17	5	3	2	경험주의	1. Welcoming visitors 2. Christian education 3. Bible-centered preaching /teaching 4. Creativity and innovation 5. Financial responsibility (6. Committed Christians/Discipleship)
24	11	4	9	4	경험주의/카리스마	1. Strong families 2. Bible-centered preaching/teaching 3. Welcoming visitors 4. People matter to God 5. Christian education (6. Godly servant leadership)
25	17	3	3	2	경험주의	* Omitted to answer #17, 18 1. Praise and worship 2. Fellowship/community building 3. Strong families 4. Welcoming visitors 5. Caring for the poor and disenfranchised (6. People matter to God)
26	8	8	8	3	경험주의/성서주의/카리스마	1. World missions 2. Welcoming visitors 3. Praise and worship 4. Fellowship/community building 5. Strong families (6. Giving/tithing)

부록 2 선셋힐교회의 세계관과 핵심적 가치관

27	14	0	3	6	경험주의/ 영지주의	* Refused to answer the Qs concerning with the current pastor (#12, 17, 18, 23) 1. People matter to God 2. Sustained excellence/quality 3. Strong families 4. Equal rights 5. Civil rights (6. Social justice)
28	8	7	11	1	카리스마/ 경험주의, 성서주의	1. Godly servant leadership ministry 2. A well-mobilized lay ministry 3. Bible-centered preaching/teaching 4. People matter to God 5. Welcoming visitors (6. Intercessory prayer)
29	9	11	5	2	성서주의/ 경험주의	1. Bible-centered preaching/teaching 2. Fellowship/community building 3. Christian education 4. Giving/tithing 5. Strong families (6. Welcoming visitors)
30	9	7	7	4	경험주의/ 성서주의, 카리스마	1. Godly servant leadership 2. Christian education 3. Praise and worship 4. Fellowship/community building 5. Bible-centered preaching/teaching (6. Sustained excellence)
31	21	0	1	5	경험주의	1. Cultural relevance 2. Welcoming visitors 3. Intercessory prayer 4. Fellowship/community building 5. Community outreach (6. social justice)

32	9	9	7	2	경험주의/
					성서주의
					카리스마
						1. Bible-centered preaching/
						   teaching
						2. Fellowship/community
						   building
						3. A well-mobilized lay
						   ministry
						4. Social justice
						5. Caring for the poor &
						   disenfranchised

33	0	15	10	1	성서주의/
					카리스마
						1. Evangelism
						2. Bible-centered preaching/
						   teaching
						3. Giving/tithing
						4. Committed Christians
						   Discipleship
						5. Intercessory prayer

34	5	17	5	0	성서주의	1. Bible-centered preaching/
						   teaching
						2. Strong families
						3. A well mobilized lay
						   ministry
						4. People matter to God
						5. Godly servant leadership
						(6. Welcome visitors)

35	6	8	9	4	카리스마/ 성서주의, 경험주의	1. Praise and worship 2. Godly servant leadership 3. A grace-orientation to life 4. People matter to God 5. Welcoming visitors (6. Bible-centered preaching /teaching)

36	4	5	12	6	카리스마	1. Welcome visitors
						2. Christian education
						3. Praise and worship
						4. Bible-centered preaching/
						   teaching
						5. Strong families
						(6. Fellowship/community
						   building)

37	9	9	3	2	성서주의/ 경험주의	* No core values information